한국 민주주의의 질

민주화 이후 30년

박종민 | 마인섭 편

박영사

이 저서는 2015년 대한민국 교육부와 한국연구재단의 지원을 받아 수행
된 연구임(NRF−2015S1A3A2046562)

머리말

민선 대통령에 대한 탄핵과 선거를 통한 정권교체가 있었던 2017년은 한국의 정치체제가 권위주의에서 민주주의로 이행한 지 30년이 되는 해였다. 한국 민주주의가 최근의 세계적인 민주적 불황(democratic recession)의 와중에도 탄력과 활기를 상실하지 않았음을 보여주는 사건이라고 할 수 있다. 정권마다 이어지는 일련의 중대형 정치적 추문에도 불구하고 한국의 정치체제는 동아시아에서 대만과 더불어 가장 성공적인 제3의 물결 민주주의(third-wave democracy)로 평가받고 있다. 한국 민주주의가 적어도 선거민주주의로서 공고화되었다는 점은 의심의 여지가 없다. 1987년 민주화 이후 정부 지도자들을 선출하기 위한 자유로운 공정선거가 주기적으로 시행되어왔다. 거의 모든 성인에게 투표권과 피선거권이 보장되었고 시민적 자유와 정치적 권리가 확대되어왔다. 민주주의를 보통선거권, 자유공정선거, 복수정당제로 특징을 짓는다면 현재 한국의 정치체제는 이러한 최소주의 민주주의의 기준을 충족시킨다고 할 수 있다. 그리고 보다 중요하게 한국 민주주의는 민주주의의 공고화를 나타낸다는 2회의 정권교체 테스트를 10년 전에 통과한 바 있다. 주목할 만한 것은 1997년 한국전쟁 이후 최악의 경제위기 속에서도 민주주의의 후퇴가 이루어지지 않았다는 것이다. 그러나 민주화 이후 20년이 지나면서 최근의 민주주의 지표는 한국 민주주의가 선거민주주의를 넘어 자유민주주의의 원리와 가치를 온전히 구현하지 못하고 있음을 보여준다. 또한, 각종 여론조사는 민주주의의 정당성에 대한 일반 대중의 신념이 흔들리고 민주주의의 핵심 제도에 대한 시민의 불신이 증가하고 있음을 보여준다. 이러한 배경에서 본서는 민주화 이후의 한국 민주주의의 질을 주요 차원을 중심으로 평가하고 그 변화를 추적하며, 제도적 결함과 민주적 결손의 유형을 확인하고, 이를 통해 한국

민주주의가 직면한 도전의 성격을 이해하고 온전한 민주주의의 성숙을 위한 과제를 제시하려고 하였다. 민주주의의 질에 대한 본서의 접근은 기본적으로 다차원적이고 분해적이다. 본서를 위한 연구는 한국연구재단의 사회과학연구지원(SSK)사업에 의해 이루어졌다. 각 장(제1장 제외)은 2017년 11월 3일 고려대학교에서 개최된 SSK 정부의 질과 거버넌스의 다양성 연구단 주최 '한국 민주주의의 질: 민주화 이후 30년' 학술회의에서 발표된 논문의 수정본이다. 이 학술회의에서 사회와 토론을 통해 논문들의 개선을 도와준 강신구(아주대), 문지영(숭실대), 박원호(서울대), 박현정(한양대), 신재혁(고려대), 양재진(연세대), 윤견수(고려대), 이상신(통일연구원), 이준한(인천대) 교수께 감사한다. 끝으로 본서의 편집과정에서 수고를 아끼지 않은 고려대학교 박사과정의 김영은, 정민경 연구조교에게 고마움을 표한다.

편자대표 박 종 민

차 례

서론: 민주화 이후의 민주주의의 질

박종민 · 오현진

본서의 주요 목적은 1987년 권위주의에서 민주주의로 극적인 체제 전환을 이룬 한국의 정치체제가 지난 30년 동안 민주주의의 원리와 가치를 얼마나 구현해 왔는지를 체계적으로 기술하려는 것이다. 즉, 민주화 이후 한국 민주주의의 질을 평가하고 그 변화를 추적하려는 것이다. 여기서 다루는 민주주의의 질(quality of democracy)은 2000년대 들어서 민주주의 연구자들 사이에서 주요한 연구 주제로 떠올랐다. 그 주된 이유는 1970년대 중반부터 시작된 '제3의 민주화 물결' 속에서 등장한 새로운 민주주의들이 민주주의의 원리와 가치를 구현하는 데 있어 적지 않은 변이를 보였기 때문이다. 자유로운 보통선거를 통해 정부가 민주적으로 구성되기는 하지만 여전히 자유와 평등 혹은 법치와 문책성과 같은 민주주의의 주요 원리와 가치를 충분히 실현하지 못하는 흠이 있는 결손 민주주의들이 종종 발견되었던 것이다. 최소주의 기준에 따라 민주주의로 분류되기는 하지만 선거민주주의를 넘어 특히 자유민주주의의 원리와 가치를 구현하는 정도가 달랐던 것이다. 이러한 현실과 이상 간의 간격으로 민주화 이후의 민주주의의 질에 관한 학술적 관심이 급속히 높아졌다. 선거민주주의의 시작만으로는 양질의 민주주의 혹은 온전한 민주주의를 담보할 수 없다는 현실 인식이 민주주의의 질에 관한 이론적 및 경험적 연구를 증가시킨 것이다(Diamond and Morlino 2005; Fishman 2016; O'Donnell et al. 2004). 이러한 배경과 인식에서 민주화 이후의 한국 민주주의의 질을 다루려는 것이다.

본 연구는 민주화 이후 한국의 현 정치체제가 최소주의 정의에 부합하는 민주주의, 즉 선거민주주의라는 점을 전제하면서[1] 현 정치체제의 민주적 질(democratic quality)에 초점을 둔다. 민주주의의 의미가 다중적이고 경합적인 점을 고려해 민주주의의 질을 구성하는 주요 차원을 분해하고 차원별로 한국 민주주의의 성과를 기술하며 그 변화를 추적하려는 것이다. 그리고 이를 통해 1987년 민주화 이후 지난 30년 동안 한국 민주주의가 어떤 측면에서 발전을 이루었고 또 어떤 차원에서 정체나 퇴보를 경험하였는지를 확인하고 온전한 민주주의에 근접하기 위한 도전과 과제가 무엇인지를 살펴보고자 한다.

I. 민주주의 이행과 공고화

민주주의의 질에 관한 연구는 민주주의 이행(democratic transition)에 관한 연구나 민주주의 공고화(democratic consolidation)에 관한 연구와 구분된다. 모두 민주주의를 중심 개념으로 삼지만 강조하는 민주주의의 의미가 서로 다르기 때문이다. 먼저 민주주의 이행에 관한 연구에서는 이행 이전의 정치체제와 이행 이후의 정치체제를 어떻게 구분하느냐가 중요하다. 이행의 결과로서의 민주주의가 어떤 민주주의를 의미하느냐가 핵심이다. 즉, 이행의 산물인 정치체제가 어떤 속성을 갖추어야 민주화

---

1) 민주주의를 비민주주의로부터 구분시켜주는 필수조건이 보편참정권, 자유공정선거, 복수정당제라면 민주화 이후의 한국의 정치체제는 이를 충족시킨다고 할 수 있다.

되었다고 평가할 수 있는가가 중요한 질문이 된다. 린츠와 스테판(Linz and Stepan 1996)은 선출된 정부를 구성하는 정치적 절차에 대해 충분한 합의가 이루어져 있고 정부가 자유로운 보통선거를 통해 구성되면 민주주의로 이행된 것으로 보았다. 이런 민주주의의 개념화를 선도한 슘페터(Schumpeter 1942)는 민주주의를 자유경쟁 선거를 통해 치자를 선발하고 정부를 구성하는 정치체제로 보았다. 그는 집권자들이 선거에서 패배할 수 있고 패배하면 권력을 놓고 나가는 것을 민주주의의 핵심 요소로 간주하였다. 달(Dahl 1971)의 다두체제(polyarchy) 개념은 이런 슘페터의 최소주의 민주주의 개념을 보다 정교화하였다. 그는 정치적으로 평등한 시민들의 선호에 지속해서 반응하는 정부를 민주주의의 핵심 특징으로 간주하였다. 정부가 시민들의 선호에 반응하도록 만들려면 시민들은 자신들의 선호를 형성할 기회, 개인 혹은 집단행동을 통해 자신들의 선호를 다른 시민들과 정부에 표시할 기회 및 정부 운영에 자신들의 선호가 평등하게 반영될 기회를 가져야 한다고 하였다. 이를 위해 결사의 자유, 표현의 자유, 투표권, 정치가들이 지지 획득을 위해 경쟁할 권리, 대안적 정보출처(alternative sources of information), 자유공정선거, 정책결정을 투표 등 선호표출에 의존하게 만드는 기제 등 민주주의의 제도적 조건을 열거하였다. 이들 제도적 조건들은 민주화의 두 차원인 공적 경쟁(public contestation)과 참정권(the right to participate)을 반영하는데 전자는 자유공정선거를 통한 조직된 경합을, 후자는 거의 모든 성인의 투표권과 피선거권을 의미한다. 그는 이 두 기준을 사용해 정치체제를 구분하면서 공적 경쟁과 참정권의 범위가 높아 민주주의의 이상에 근접하는 다두체제의 특징을 파악하였다.

이러한 최소주의 민주주의 개념화는 후속 연구에서 광범하게 사용되었다. 특히 민주주의 이행의 역동성에 관한 연구에서 오도넬과 쉬미터(O'Donnell and Schimitter 1986)는 정치적 민주주의의 필수 요소로 달이 제시한 최소한의 절차적 조건을 강조하였다. 역동적 이행의 산물로서의 민주주의는 이행 이전의 비민주주의와 최소한으로 구분될 수 있는 선거민주주의로 보았다. 개발도상국의 민주주의를 다루면서 다이아몬드 외(Diamond et al. 1989)는 달의 다두체제 개념에 따라 민주주의를 다음의 세 가지 조건을 만족하는 정부체제로 보았다. 첫째, 정부 구성을 위한 개인들 및 집단(정당)들 간의 경쟁이 무력의 사용 없이 주기적으로 있어야 한다, 둘째, 주요한 사회집단이 배제되지 않은 주기적인 자유공정선거를 통해 정부를 구성할 때 정치참여의 수준이 매우 포괄적이어야 한다, 셋째, 정치적 경쟁과 참여를 위한 충분한 시민적 및 정치적 자유가 있어야 한다. 즉, 경쟁, 정치참여 및 시민적·정치적 자유가 담보된 정부체제를 민주주의로 보았다.

민주주의와 경제발전 간의 관계를 다루면서 쉐보르스키 외(Przeworski et al. 2000)는 민주주의를 독재와 구분시켜주는 필수조건으로 다음의 네 가지를 제시하였다. 첫째, 행정부의 수장인 대통령이나 수상이 민선으로 직접 혹은 민선으로 선출된 기구에 의해 선출되어야 한다. 둘째, 입법부가 민선으로 선출되어야 한다. 셋째, 선거에서 경쟁하는 정당이 둘 이상이어야 한다. 넷째, 현 정권이 집권할 때의 같은 선거 규칙에 따라 정권교체가 있어야 한다. 즉 보통선거를 통해 행정부의 수장을 선출하고 보통선거를 통해 입법부를 선출하고 정당이 둘 이상이 있으며 정권교체의 실질적 가능성이 있다면 이러한 정치체제는 민주주의라고 정의하였다.

이처럼 민주주의 이행에 관한 연구가 선거민주주의 혹은 최소한의 절차적 민주주의의 수립에 초점을 두었다면 민주주의 공고화에 관한 연구는 이행된 민주주의의 안정성에 초점을 둔다(Schedler 1998). 여기서는 이행의 산물인 민주주의가 어떤 속성을 갖추어야 공고화되었다고 할 수 있는가가 중요한 질문이 된다. 공고화의 대상이 이행의 산물로서의 정치체제라면 앞서 논의한 바와 같이 이는 주로 선거민주주의를 가리킨다고 할 수 있다. 공고화의 대상이 민주적 열망을 반영한다면 이는 절차적 민주주의를 넘어 실질적 민주주의를 포함할 수도 있다. 그러나 민주주의의 공고화가 이행의 산물인 현실의 민주체제의 안정성을 가리킨다면 공고화의 대상은 선거민주주의 혹은 자유민주주의라고 할 수 있다. 선거민주주의에 국한하든 혹은 자유민주주의로 확장하든 민주주의의 공고화는 민주주의가 광범한 지지를 얻어 정당성을 갖춘 정치체제로 절대적으로 수용되어 있음을 의미한다.

린츠와 스테판에 따르면 민주주의의 공고화는 민주주의가 '유일 가능한 선택(the only game in town)'이 되어 있음을 가리킨다(Linz and Stepan 1996). 그리고 이런 의미의 공고화는 다음의 세 가지 특징을 갖는다고 하였다. 첫째, 문화적으로 국민의 압도적 다수가 민주주의를 최상의 정부 형태라고 믿고 있어야 한다. 둘째, 헌법적으로 모든 국가기구가 민주적 규범과 관행을 반영해야 한다. 셋째, 행태적으로 체제 전복과 분리 독립을 추구하는 주요한 집단이 없어야 한다. 이러한 조건을 충족시키면 민주주의는 유일 가능한 선택이 되었다고 즉, 공고화되었다고 할 수 있다는 것이다. 공고화의 대상인 민주주의를 명시적으로 정의한 것은 아니지만 그들이 염두에 둔 민주주의는 달의 다두체제와 유사하다.

다이아몬드(Diamond 1999)는 민주주의를 발전적 현상으로 보면서 민주적 공고화의 핵심은 엘리트와 대중이 행태와 태도에서 민주주의의 원리와 방법을 정당한 것으로 수용하고 그에 헌신하는 것으로 보았다. 공고화를 모든 유의미한 정치행위자들이 민주주의를 그 어떤 대안보다 더 나은 체제이며 자신들의 사회에 가장 적합한 체제라는 신념이 형성되는 과정, 즉, 체제의 정당화의 과정으로 간주한 것이다. 그가 염두에 둔 민주주의는 선거민주주의를 넘어 자유민주주의의 요소를 포함하고 있다.

슘페터의 최소주의 정의에 따라 헌팅톤(Huntington 1991)은 거의 모든 성인인구가 투표할 자격이 있고 후보자들이 표를 얻기 위해 자유롭게 경쟁하는, 공정하고 정직하고 주기적인 선거를 통해 최고 권력의 의사결정자들을 선출하는 정치체제를 민주주의라고 하였다. 그리고 그는 공고화를 측정하는 하나의 기준으로 두 번의 선거를 통한 정권교체를 제시하였다. 그가 염두에 둔 민주주의는 선거민주주의라고 할 수 있다.

공고화의 대상을 선거민주주의로 국한할 것인지 혹은 다른 유형의 민주주의, 예를 들면 자유민주주의, 참여민주주의 혹은 평등민주주의로 확대할 것인지에 따라 소극적 공고화와 적극적 공고화가 구분될 수 있다. 소극적 공고화가 절차적 민주주의 혹은 선거민주주의의 정당성에 대한 광범한 수용을 강조한다면 적극적 공고화는 절차적 최소조건을 넘어 법치, 문책성, 자유와 평등 등을 포함하는 확장된 민주주의의 정당성에 대한 광범한 수용을 강조한다고 할 수 있다. 공고화의 대상이 어떤 유형의 민주주의든지 민주주의의 공고화는 사회의 주요한 행위자들이 민주주의의 방법과 절차 혹은 민주주의의 원리와 가치를 광범하게 지지하는 상태라고 할 수 있다.

민주주의 이행이나 민주주의의 공고화에 관한 대부분의 선행 연구는 이행의 산물인 정치체제를 선거민주주의에 한정하는 경향이 있다. 민주주의 이행에 관한 연구가 선거민주주의의 수립(시작)에 초점을 둔다면 민주주의의 공고화에 관한 연구는 수립된 선거민주주의의 안정성에 초점을 둔다. 따라서 두 연구프로그램은 선거민주주의로 분류되지만 민주주의의 원리와 가치를 구현하는 데 차이를 보이는 정치체제를 다루기 어렵다. 즉, 양질의 민주주의를 결함이 있는 민주주의로부터 구분하지 못한다. 반면 후술할 민주주의의 질 개념은 선거민주주의로 분류되는 정치체제의 민주적 성과를 평가하고, 양질의 민주주의와 결함이 있는 민주주의를 구분하며, 민주적 결손의 유형을 확인해 온전한 민주주의를 위한 제도개혁을 모색하는 데 유용하다(Merkel 2004).

민주화 이후의 민주주의에 관한 연구는 민주주의의 공고화나 민주주의의 질에 초점을 둔다. 둘 다 민주화 이후의 민주주의를 다루나 전제하는 민주주의의 의미가 다르다. 앞서 논의한 것처럼 민주주의의 공고화에 관한 연구는 이행의 산물인 민주적 정치제도에 대해 구성원들이 정당성을 부여하고 있는지에 주목한다. 반면 민주주의의 질에 관한 연구는 민주적 정치제도가 실제 운용에 있어 민주주의의 원리나 가치에 부합하고 있는지에 주목한다. 이런 점에서 민주주의의 질은 권력 접근(access to power)의 민주성보다 권력 행사(exercise of power)의 민주성에 더 초점을 둔다고 할 수 있다(Mazzuca 2010). 민주주의 이행에 관한 연구는 물론 민주주의의 공고화에 관한 연구도 다중적 차원에서 민주적 성과를 분해하고 이를 통해 다양한 민주적 결손을 구분해 낼 수 있는 분석적 도구가 부족하다. 이것이 민주화 이후의 민주주의를 다루기 위해 민주주의의 질 개념이 필요한 주요한 이유라고 할 수 있다.

II. 민주주의의 질

민주화 이후의 민주주의의 질에 관한 연구는 (공고화되었든 공고화되지 않았든) 민주주의로 분류된 사례를 대상으로 한다. 이를 위해 민주주의의 베이스라인 개념이 사용된다. 즉, 민주주의의 필수조건을 구분하고 이를 사용해 분석대상이 민주주의인지 아닌지를 결정한 다음 민주주의로 분류된 사례의 민주적 성과와 질을 평가하는 것이다(Altman and Pérez-Liñán 2002; Bühlmann et al. 2012; Diamond and Morlino 2005; Lijphart 1999). 민주주의의 질에 관한 연구는 민주화 이후의 민주주의가 그 작동에 있어 민주주의의 원리와 가치를 구현하는 정도가 다를 수 있다는 것을 전제한다. 민주주의 이행에 관한 연구가 이행된 정치체제가 민주주의의 필수조건을 충족하고 있는지를, 그리고 민주주의의 공고화에 관한 연구가 민주주의로 이행된 정치체제가 광범한 정당성을 확보하고 있는지를 각각 다룬다면, 민주주의의 질에 관한 연구는 민주주의로 분류된 정치체제가 민주주의의 이상과 원리를 구현하고 있는지를 다루는 것이다. 따라서 민주주의의 질에 관한 연구는 불가피하게 최소주의 민주주의를 넘어 확장된 민주주의의 개념을 전제한다.

민주주의의 질에 관한 연구를 민주화된 사례에만 한정시킬 때 개념적 및 분석적 문제가 발생한다는 지적이 있다(Munck 2016). 민주주의의 질을 일반적 개념으로 발전시키려면 민주주의든 독재든 모든 정치체제가 분석의 대상이 되어야 하는데 민주화된 사례에만 한정하면 개념의 적용 범위가 불필요하게 제한된다는 것이다. 그리고 민주화된 사례에만 한정하면 평가 기준이 불가피하게 높아져 민주주의의 문제가 인위적으로 부풀려질 가능성이 있다는 것이다. 즉 어떤 정치체제도 달성할 수 없는 이상을 상정하고 현실의 민주주의가 이를 달성하지 못하고 있다고 비판할 수 있다는 것이다. 이러한 맥락에서 민주주의의 베이스라인을 설정하지 않고 모든 정치체제의 민주적 질을 평가하는 개념적 틀이 제시되기도 한다(Beetham 2004; Lauth 2015; Munck 2016). 그러나 민주주의의 필수조건을 충족하지 못하는 정치체제를 대상으로 민주적 질을 평가한다는 것은 앞뒤가 맞지 않는다는 지적이 있다(Roberts 2010).

본 연구는 민주주의의 질에 관한 대부분의 선행 연구의 전통에 따라 민주주의의 질과 민주주의를 개념적으로 구분한다. 즉, 민주주의의 질 개념의 적용 범위를 민주주의로 분류된 정치체제에 한정한다. 이런 맥락에서 기존의 연구는 선거민주주의를 민주화 이후의 민주주의의 질을 다루는 데 있어 민주주의의 베이스라인 개념으로 간주하고 있다. 민주주의의 질에 관한 연구는 정치체제가 민주주의인가 아닌가를 다루는 것이 아니라 민주주의라고 분류된 정치체제의 제도적 성과와 관행을 다루는 것이어야 한다(Vargas Cullell 2004). 민주주의의 질에 관한 연구에서 경계해야 하는 것은 양질의 민주주의의 조건이나 결과를 민주주의의 질에 포함되도록 개념화하는 것이다. 이는 민주주의의 질을 구성하는 속성을 지나치게 확대하는 결과를 가져올 수 있다. 그런 조건이나 결과는 민주주의 질에 정의상 포함하기보다 검증되어야 할 가설로 간주하는 것이 오히려 이론개발을 위해 더 나을 수 있다. 따라서 민주주의의 질을 정치체제뿐만 아니라 사회경제적 혹은 문화적 차원과 관련된 속성까지 확장하여 개념화하는 것은 피하려고 한다.

본 연구에서 다루는 민주주의의 질은 최소한의 절차적 조건을 갖추어 민주주의로 분류되는 정치체제의 실제적인 민주적 성과를 가리킨다. 따라서 여기서는 1987년 이후의 한국 정치체제를 민주주의로 간주하고 지난 30년 동안 한국의 정치체제가 민주주의의 원리와 가치를 얼마나 구현해 왔는지 혹은 민주주의의 이상과 목적을 얼마나 달성해 왔는지 혹은 민주주의의 잠재력을 얼마나 실현해 왔는지에 초점을 둔다. 그리고 여기서 사용되는 민주주의의 질은 사회경제적 영역까지 포괄하는 것은 아니지만 선거민주주의보다 확대된 민주주의, 특히 자유민주주의의 핵심 요소를 포함한다. 민주주의의 질에 대한 평가는 일반 대중에 의해 혹은 전문가에 의해 이루어질 수 있다(Norris 2011). 전문가 평가가 일반 대중의 평가보다 더 객관적이고 정확하다고 할 수는 있지만, 일반 대중의 평가는 민주주의에 대한 만족과 지지와 관련된다는 점에서 민주주의의 공고화에 중요할 수 있다. 이를 염두에 두고 본 연구에서는 민주주의의 질에 대한 전문가 평가만이 아니라 일반 대중의 평가도 포함한다.

Ⅲ. 민주주의의 질: 다차원성

민주주의의 질에 관한 연구는 민주주의의 의미가 다중적이고 경합적임을 강조하면서 민주주의의 질을 구성하는 다양한 차원들을 구분한다. 최소주의 정의를 반영하는 선거민주주의의 개념은 민주화 이후의 민주주의의 질을 평가하는 데 유용하지 않다. 민주주의의 질이 현실의 민주주의가 민주주의의 원리와 가치를 얼마나 구현하고 있는지를 다룬다면 그 평가는 민주주의의 원리와 가치를 무엇으로 보느냐에 따라 달라진다. 그리고 민주주의의 원리와 가치는 민주주의의 관념에 따라 달라진다.

코피지와 저링(Coppedge and Gerring 2011)과 코피지 외(Coppedge et al. 2017)는 민주주의의 관념을 선거민주주의, 자유민주주의, 다수민주주의, 합의민주주의, 참여민주주의, 숙의민주주의 및 평등민주주의로 구분한다. 각 민주주의의 관념이 강조하는 핵심 가치와 제도는 서로 다르다. 먼저 선거민주주의의 핵심 가치는 경합과 경쟁이다. 광범위한 유권자 앞에서 복수의 정당이 경쟁하는 자유공정선거를 통해 정부가 구성되는지를 강조한다. 관련 제도는 선거, 정당, 경쟁성, 참정권 및 정권교체를 포함한다. 둘째, 자유민주주의의 핵심 가치는 개인의 자유 및 다수의 횡포와 국가억압으로부터의 보호이다. 권력이 제한되어 있고 개인의 권리가 보장되어 있는지를 강조한다. 관련 제도는 시민적 자유, 미디어와 이익집단과 같은 독립적 조직, 권력분립, 집행부에 대한 헌법적 제약, 정치적 역할을 가진 강력한 사법부를 포함한다. 셋째, 다수민주주의(majoritarian democracy)의 핵심 가치는 다수결, 통치역량 및 문책성이다. 다수가 하나의 정당을 통해 통치하며 다수의 정책을 집행할 수 있는지를 강조한다. 관련 제도는 정당 중심의 권력의 통합화와 집중화, 소선거구제, 최다득표제를 포함한다. 넷째, 합의민주주의(consensual democracy)의 핵심 가치는 권력 공유를 통한 제 집단의 참여와 대표이다. 정책 결정에 참여하는 집단과 기관이 얼마나 많고 독립적이며 다양한지를 강조한다. 관련 제도는 연방주의, 비례대표, 초대다수(supermajorities), 특대 내각(oversized cabinets), 다수정당제를 포함한다. 다섯째, 참여민주주의의 핵심 가치는 시민의 직접 참여이다. 시민들이 정치적 의사결정에 적극적으로 참여하는지를 강조한다. 관련 제도는 투표, 시민사회, 지방정부, 직접민주주의의 도구를 포함한다. 여섯째, 숙의민주주의(deliberative democracy)의 핵심 가치는 논리적 토론과 합리적 논쟁이다. 정치적 결정이 공적 심의의 결과인지를 강조한다. 관련 제도는 미디어, 청문회, 패널 및 기타 심의·협의기구를 포함한다. 끝으로 평등민주주의(egalitarian democracy)의 핵심 가치는 평등한 정치적 권한의 부여이다. 모든 시민에게 정치적 권리를 행사하도록 권한을 평등하게 부여했는지를 강조한다. 관련 제도는 자원의 평등한 배분과 평등한 대우를 보장하거나 촉진하는 공식 및 비공식 관행을 포함한다.

이렇게 보면 선거민주주의 관념에 기초한 민주주의의 질은 권력을 위한 경쟁을 강조한다. 자유민주주의 관념에 기초한 민주주의의 질은 법치 및 효과적인 견제와 균형을 강조한다. 다수민주주의 관념에 기초한 민주주의의 질은 다수에 의한 책임정치를 강조한다. 합의민주주의 관념에 기초한 민주주의의 질은 모든 집단의 참여와 대표를 강조한다. 참여민주주의 관념에 기초한 민주주의의 질은 보편참정권과 시민참여를 강조한다. 숙의민주주의 관념에 기초한 민주주의의 질은 공공선 혹은 공동선에 초점을 둔 심의기반 의사결정을 강조한다. 평등민주주의 관념에 기초한 민주주의의 질은 평등한 참여, 대표 및 보호를 강조한다. 각 민주주의의 관념이 강조하는 원리와 가치를 모두 포함한다면 민주주의의 질을 평가하는 기준은 높아지고 확대될 것이다. 여기서 주목해야하는 것은 각 민주주의의 관념이 강조하는 원리와 가치가 상호 교환되는(tradeoff) 관계에 있을 수 있다는 것이다. 특히 다수민주주의의 원리와 가치는 합의민주주의의 그것과 상충적일 수 있다.

민주주의의 질에 관한 선행 연구는 민주주의의 다양한 관념들 가운데서 선거민주주의, 자유민주주의 혹은 참여민주주의와 관련된 원리와 가치를 강조하고 있다. 알트만과 페레즈-리난(Altman and Pérez-Liñán 2002)은 민주주의의 질을 다두체제가 그 잠재력을 얼마나 실현하고 있는지에 관한 것으로 보았다. 다두체제 자체를 질이 높은 민주주의의 충분조건이 아니라 민주주의의 필수조건으로 본 것이다. 그들은 달의 다두체제의 개념에 기초해 민주주의를 구성하는 세 차원, 즉 시민적 권리, 참여 및 효과적 경쟁을 구분하였다. 이들 차원은 주로 선거민주주의와 관련된 원리와 가치 및 제도를 포함한다.

포워레이커와 크레즈나릭(Foweraker and Krznaric 2000)은 자유민주주의와 관련된 원리와 가치를 중심으로 민주적 성과를 평가하는 개념틀을 제시하였다. 그들은 자유민주주의가 자유와 평등의 원리에 뿌리를 두고 있으며 법치와 시민자치로 담보된다고 하였다. 이들 원리를 달성하기 위한 일련의 가치는 제도적인 것과 법적인 것으로 구분될 수 있는데 전자에는 문책성, 제약, 대의 및 참여를, 후자에는 시민의 권리, 재산권, 소수자권리를 포함하였다.

몰리노(Morlino 2004)는 민주주의의 질을 민주주의의 최소한의 기준을 충족하는 나라들이 이상적인 민주주의의 두 가지 주요 목적인 자유와 정치적 평등을 달성한 정도와 관련되는 것으로 보았다. 그는 좋은 민주주의를 구성하는 차원을 절차, 내용 및 결과로 구분하고 그에 속하는 주요 차원으로 법치, 문책성, 반응성, 자유 및 평등을 제시하였다. 같은 맥락에서 다이아몬드와 몰리노(Diamond and Morlino 2005)는 민주주의의 질의 차원을 절차, 내용 및 결과로 구분하고 법치, 참여, 경쟁, 수직적 문책성(accountability), 수평적 문책성은 절차적 차원, 자유와 평등은 내용적 차원, 반응성(responsiveness)은 결과적 차원으로 분류하였다. 이들 차원은 선거민주주의를 넘어 자유민주주의의 원리와 가치 및 제도와 관련된다.

빌만 외(Bühlmann et al. 2012)는 자유, 평등 및 치자에 대한 통제를 민주주의의 원리로 제시하였다. 각 원리는 세 가지 기능으로 구성되고, 각 기능의 구현 정도는 두 가지 구성요소에 의해 규정된다. 먼저 기능을 보면 자유는 개인적 자유, 법치 및 공적 영역을 포함한다. 평등은 투명성, 참여 및 대표를 포함한다. 그리고 통제는 경쟁, 상호제한 및 정부역량을 포함한다. 각 기능의 구성요소를 보면 개인적 자유는 신체적 보존의 권리와 삶의 자유로운 행동의 권리로 구성된다. 법치는 법 앞의 평등과 사법제도의 질로 구성된다. 공적 영역은 결사의 자유와 언론의 자유로 구성된다. 경쟁은 취약성(선거결과의 불확실성)과 경합성으로 구성된다. 상호제한은 행정부와 입법부 간의 관계와 추가적인 권력견제로 구성된다. 정부역량은 자원의 가용성과 능률적인 집행 조건으로 구성된다. 투명성은 기밀성의 부재와 투명한 정치과정의 제공으로 구성된다. 참여는 참여의 균등과 참여의 효과적 사용으로 구성된다. 대표는 실질적인 대표와 기술적인 대표로 구성된다. 민주주의의 질은 구성요소에 의해 규정된 각 기능의 실현 및 민주주의의 원리인 자유, 평등 및 통제의 구현 정도를 나타낸다고 할 수 있다. 이들 차원은 선거민주주의, 자유민주주의, 참여민주주의와 관련된 원리와 가치 및 제도를 포함한다.

본 연구는 민주주의를 다차원적 개념으로 보고 이를 구성하는 핵심 차원을 분해해 차원별 민주적 질을 평가하는 접근법을 택하고 있다. 각 차원은 민주주의의 질을 구성하는 속성임과 동시에 민주적 성과를 평가하는 기준이 된다. 민주주의의 개념이 협소화되거나 혹은 그와 반대로 지나치게 확대되지 않도록 민주주의의 질을 구성하는 핵심 차원을 결정하는 것이 중요하다. 본 연구는 민주주의의 질에 관한 기존의 연구를 고려해 선거경쟁을 강조하는 선거민주주의 요소, 법치와 시민적 자유 및 견제균형을 강조하는 자유민주주의 요소 및 시민참여를 강조하는 참여민주주의 요소를 민주화 이후의 민주주의의 질을 평가하는 핵심 차원으로 고려한다. 본 연구는 민주주의의 질을 평가하는 중간범위의 개념적 틀을 제시한 다이아몬드와 몰리노의 제안을 따른다. 그들이 제시한 틀은 민주주의의 필수조건을 충족하는 정치체제가 이상적인 민주주의의 세 가지 주요 목적인 정치적 및 시민적 자유, 국민주권 및 정치적 평등을 얼마나 구현하고 있는지를 평가하는 요소로 구성되어 있다. 그들의 개념화에 따라 민주화 이후의 한국 민주주의의 질을 평가하는 기준을 절차적 차원과 내용적 차원으로 구분한다. 전자에는 경쟁, 참여, 법치, 부패통제 및 문책성이, 후자에는 자유와 평등이 포함되었다.

민주주의의 다차원적 개념화에 근거한 민주주의의 질에 관한 연구는 민주주의의 질을 종합하기보다 분해한다. 차원별 성과를 취합해 전반적인 민주주의 질을 평가하는 것이 때로 유용할 수도 있지만 민주주의의 의미가 다중적이고 경합적이라는 점을 고려하면 차원별로 나누어 평가하는 것이 더 현실적이라고 할 수 있다. 전반적인 질만을 보면 차원별 성과에 대한 구체적 정보가 없어서 현실의 민주주의가 다양한 차원에서 어떻게 작동하고 있고 어떤 민주적 요소가 결핍되어 있는지를 알 수 없다. 그리고 민주주의의 제 차원 간의 관계가 단기적으로는 상충적일 수 있는데 여기에서 초래되는 긴장과 갈등을 파악하기 어렵다. 이러한 측면들을 제대로 포착하려면 단일 차원의 종합적인 분석보다 다차원적이고 분할된 분석이 더 유용하다는 것이다. 차원별로 이루어진 평가는 현실의 민주주의를 온전한 민주주의에 근접하도록 만드는 제도개혁의 대상을 발견하는 데 도움을 준다. 이러한 점에서 본 연구도 민주주의의 다차원적 성격을 고려해 평가 차원을 구분하며 이를 통해 한국 민주주의의 특징을 기술하고 현실과 이상 간의 간격을 확인하려고 한다.

Ⅳ. 책의 구성

1987년 민주화 이후 한국의 민주주의가 어떻게 변했는지를 다룬 최근의 연구들은 한국 민주주의가 적어도 선거민주주의로 공고화되었다는데 별 이견이 없는 것처럼 보인다(강원택 2017; 박경미 외 2012). 그러나 선거민주주의를 넘어 민주주의의 원리와 가치를 구현하고 있는지에 대해서 부정적인 평가가 압도적이다(유종성 2014; 홍윤기 2015; Lee 2015; Mosler 2015; Yun and Min 2012). 적어도 아직 자유민주주의가 아니라는 것이다. 자유민주주의의 성과를 측정하는 다양한 지표의 점수가 민주화 이후 20년이 지나면서부터 하락하기 시작해 민주화 30년을 앞두고 1990년대 초 수준으로까지 낮아진 것이 이러한 평가를 뒷받침한다. 1987년 민주화 이후 정부 구성을 위한 자유공정선거가 주기적으로 있었고 선거를 통한 정권교체도 여러 번 있었지만, 대통령 중심의 과도한 권력집중과 수평적 문책성의 결여, 시민적 자유의 제한, 제도화 수준이 낮은 정당정치 등으로 여전히 최소주의 민주주의를 넘어서지 못하고 있다는 것이다. 예를 들면 신진욱(2016)은 한국 민주주의가 선거에서 다수를 차지한 세력이 권력을 독점하여 수평적으로는 입법부와 사법부를 압도하는 위임민주주의(delegative democracy)의 특성을, 수직적으로는 시민적 자유와 정치적 기본권을 제한하는 비자유주의적 민주주의(illiberal democracy)의 양상을 보인다고 주장한다. 강우진과 강문구(2014)는 이명박 정부 이후의 시기를 다루면서 민주주의 핵심 가치의 훼손과 제도의 퇴행적 작동에 따라 민주주의의 질이 전반적으로 하락하였다고 평가한다. Kim(2016)은 한국 민주주의가 권력 접근의 경쟁성 차원에서는 괄목할만한 성과를 이루었지만, 권력 행사의 문책성 차원에서는 상대적으로 발전이 정체되어 있다고 지적한다.

이러한 다양한 평가를 염두에 두고 본서는 민주화 30년을 맞이하여 민주주의의 질을 중심으로 한국 민주주의의 제도적 성과를 차원별로 평가하고 민주적 결손의 특징을 구체적으로 기술하며 온전한 민주주의를 위한 제도개혁의 함의를 찾고자 한다. 한국 민주주의가 동아시아에서 대만과 더불어 공고화된 선거민주주의로 인정되고 있다는 점과 지나친 개념의 확장이 비현실적인 평가 기준을 설정한다는 점을 고려해 주로 자유민주주의와 관련된 원리와 가치를 중심으로 한국 민주주의의 질을 평가한다. 이를 위해 다이아몬드와 몰리노의 민주주의의 질을 구성하는 세 가지 차원 가운데서 결과적 차원을 제외한 절차적 차원과 실질적 차원에 초점을 둔다. 절차적 차원으로 경쟁(수직적 문책성 포함), 참여, 법치, 부패통제(법치와 관련되나 별개 차원으로 분리), 수평적 책임성(문책성)을 포함하고[2] 실질적 차원으로 자유와 평등을 포함한다. 각 장은 전술한 각 차원에서의 한국 민주주의의 제도적 성과를 집중적으로 다룬다. 그리고 전문가 평가만이 아니라 일반 대중의 시각도 포함한다.

본서는 모두 10개의 장으로 구성되어 있다. 서론에 이어 제2장은 제도변화와 전문가 평가를 중심으로 민주화 이후 30년 동안의 한국 민주주의의 성과를 추적한다. 제1편을 구성하는 제3장부터 7장까지는 절차적 차원에서 한국 민주주의의 질을 평가한다. 제2편을 구성하는 8장과 9장은 내용적 혹은 실질적 차원에서 한국 민주주의의 질을 평가한다. 마지막 10장은 시민의 시각에서 한국 민주주의의 질을 평가한다.

각 장의 내용을 요약하면 제2장에서 오현진과 조인영은 민주화 이후 30년 동안 이루어진 주요한 제도변화 및 다양한 민주주의 지표에 나타난 전문가 평가를 다룬다. 그들은 선거민주주의와 관련된 제도와 관행에서는 뚜렷한 질적 개선이 있었지만, 법치, 견제와 균형 등 자유민주주의와 관련된 제도와 관행에서는 그렇지 못하다고 하였다. 주요 민주

---

2) accountability가 책임을 지는 것(負責)을 강조한 responsibility와 달리 책임을 매기는 것 즉 부과하는 것(課責)을 강조한다고 보고 이를 문책성의 용어로 표현하였으나 필자에 따라 책임성 혹은 책무성의 용어를 선호해 본서에서는 이들을 혼용하였다.

주의 지표를 종합적으로 검토하면서 한국 민주주의가 지난 30년간 분명히 발전하였으나 민주화 이후 20년이 지나면서부터 선거민주주의를 넘어 자유민주주의로 성숙하지 못하고 지연 혹은 차질을 보였다고 하였다.

제3장에서 윤광일은 선거와 투표행태에 초점을 두고 경쟁과 수직적 문책성의 차원에서 한국 민주주의의 질을 평가하였다. 지난 30년 동안 자유공정선거 및 참정확대를 위한 일련의 제도개혁으로 민주주의 지표가 보여주듯 한국의 민주주의는 의심 없이 선거민주주의라고 할 수 있지만, 다수제의 선거제도는 특히 정치적 평등의 차원에서 선거의 질을 저해하는 측면이 여전하고 특히 지역주의 투표행태와 지역독점 정당제도는 선거를 통한 수직적 문책성의 효과성을 제한하고 있다고 하였다.

제4장에서 김석호는 시민참여의 차원에서 한국 민주주의의 질을 평가하였다. 그는 민주화 이후 정치적 공간이 열리면서 시민들의 선거참여가 비교적 적극적으로 변하였고 비선거적 참여의 양식도 다양해졌지만, 전체적으로 시민성과 공공성의 부족으로 참여민주주의의 발전에 기여하지는 못하였다고 보았다. 시민사회가 외견상 성장해왔지만, 자발적인 시민참여가 뿌리를 내리지 못해 시민사회의 역량을 제도화하는 데 한계를 보였고 사회적 분열 및 양극화 속에 사회경제적 격차에 따른 시민참여의 불평등이 드러나고 있다고 하였다.

제5장에서 임현은 법치의 차원에서 한국 민주주의의 질을 평가하였다. 법치의 의미가 다양하지만, 사법권을 공통적인 요소로 보고 그 질에 초점을 두었다. 그는 지난 30년 동안 사법제도의 개혁으로 사법권의 독립, 사법에의 접근성, 사법절차와 재판의 공정성, 권리구제의 효과성 등에서 개선이 이루어져 왔지만, 법원에 대한 신뢰는 여전히 낮아 현실과 인식 사이에 적지 않은 간격이 있다고 하였다. 민주주의의 질을 높이기 위해 형식적인 사법권의 독립성을 넘어 민주적 정당성을 반영하는 사법

제도의 개혁이 주요한 과제임을 강조하였다.

제6장에서 최진욱은 부패통제의 차원에서 한국 민주주의의 질을 평가하였다. 그는 민주화 이후 일련의 반부패 제도개혁이 있었지만, 대통령 자신과 가족이 연루된 부패 추문에서 보듯이 특히 거대 부패에 대한 통제가 실패하여 왔음을 지적하였다. 그는 이것이 근본적으로 국가 권력의 오남용에 대한 견제가 충분히 제도화되지 못했기 때문으로 보면서 작은 부패에 초점을 둔 지금까지의 반부패 개혁보다 국가 권력을 최소화하는 정치개혁, 특히 민주화 이후에도 지속되어 온 '제왕적 대통령제'에 대한 근본적 개혁을 강조하였다.

제7장에서 조원빈은 수평적 책임성의 차원에서 한국 민주주의의 질을 평가하였다. 그는 지난 30년간 정부에 대한 국회의 견제 역할이 강화됐지만, 여전히 국회 자율성의 제도화가 낮고 대통령에게 집중된 권력 구조 때문에 실질적으로 정부견제에 한계가 있다고 하였다. 한편 헌법재판소의 설치로 수평적 책임성의 제도화가 강화되고 '정치의 사법화' 혹은 '사법의 정치화'에 대한 우려가 나올 정도로 사법심사가 확대되어 법치가 강화되었다고 하였다. 그러나 수평적 책임성을 통해 한국 민주주의의 질을 높이는 데 있어 다수의 지배와 법치의 균형이 중요한 도전으로 떠오르고 있음을 지적하였다.

제8장에서 홍태영은 자유의 차원에서 한국 민주주의의 질을 평가하였다. 그는 자유주의와 공화주의 양 시각에서 자유의 문제에 접근하면서, 민주화 이후 30년간의 자유의 확장과 그 방향성을 다루었다. 그는 민주화 이후 국가 권력으로부터 개인의 자유가 크게 확장되었지만, 국가 권력에 의한 자유, 즉 '공동체적 자유'는 그렇지 못하였다고 하였다. 특히 경제위기를 거치면서 사적 이익에 매몰된 생존을 위한 자유는 확장되었지만, 그에 따라 공동체의 공공선을 실현하기 위한 공민으로서의 자유의 확장은 상대적으로 위축되었다고 하였다.

제9장에서 마인섭은 민주화 이후의 경제적 불평등의 변화를 중심으로 한국 민주주의의 질을 평가하였다. 그는 경제적 불평등이 M형의 곡선으로 개선과 악화, 다시 완화되는 변화를 보였다고 하였다. 즉, 민주주의 이행 이후 불평등이 일시적으로 감소했다가 공고화 단계에서 가파르게 악화되었는데 이는 사회경제구조, 특히 중간계급의 보수화 및 노동계급의 양극화와 보수화가 결정적인 원인이라고 하였다. 그리고 민주주의의 심화 단계에서 불평등이 완화되었는데 이는 민주화 이후의 복지확대 및 성장·분배 동반의 정책 효과가 시차를 두고 나타났기 때문일 가능성이 크다고 하였다.

마지막 제10장에서 박종민은 한국 민주주의의 수준과 질에 대한 일반 대중의 인식과 평가의 변화를 다루었다. 종단 데이터 분석 결과 한국인들은 현 정치체제를 민주주의라고 생각하고 있으나 특히 평등, 법치 및 참여의 차원에서 민주주의의 질을 낮게 보는 것으로 나타났다. 그는 민선 정부의 경제실패가 민주주의에 대한 지지를 낮추었지만, 선거를 통한 문책성의 작동이 민주주의에 대한 신념을 회복시킬 수 있다고 지적하였다. 또한, 대의기구에 대한 신뢰가 급격히 하락하였지만 그렇다고 독재체제를 수용하는 것이 아님을 제시하면서 시민들의 목소리에 반응하는 통치제도의 발전이 한국 민주주의가 직면한 가장 중요한 도전이라고 하였다.

민주주의의 질의 하락은 민주주의의 정당성에 대한 대중적 지지기반을 약하게 만들 수 있으며 이는 궁극적으로 민주주의의 생존을 위협할 수 있다. 반면 민주주의의 원리와 가치를 반영하는 정치제도의 작동과 성과는 민주주의의 정당성을 강화해 온전한 민주주의를 향한 지속적 발전을 촉진할 수 있다. 차원별 민주주의의 질을 분석한 결과 현재 한국의 정치체제는 선거민주주의를 넘어 특히 자유민주주의와 관련된 원리와 가치를 충분히 구현하지 못하고 있는 것으로 보인다. 민주화 이후 30년이 지나고 새로운 10년을 시작하면서 자유민주주의는 물론 더 나아가 참여민주주의와 평등민주주의의 원리와 가치에 어떻게 근접해 갈 것인가가 현재 한국 민주주의가 직면한 중요한 도전과 과제로 보인다.

참고문헌

강우진·강문구. 2014. "이명박 정부와 한국 민주주의의 질: 부분체제 접근법을 중심으로."『경제와 사회』 104호, 265-299.

강원택 외. 2017.『대한민국 민주화: 30년의 평가』(대한민국역사박물관 한국현대사 연구총서 16). 서울: 대한민국역사박물관.

박경미·손병권·임성학·전진영. 2012.『한국의 민주주의: 공고화를 넘어 심화로』. 서울: 도서출판 오름.

신진욱. 2016. "헌법국가에 착근된 민주주의: 독일 기본법의 형성과 체계를 중심으로."『한독사회과학논총』 26권 3호, 82-113.

유종성. 2014. "한국 민주주의와 표현의 자유: '자유민주주의'의 위기."『동향과 전망』 90호, 9-44.

홍윤기. 2015. "분열성 법치주의와 저품질의 왜소화된 민주주의: '좋은 민주주의'의 관점에서 본 통합진보당 해산 결정의 문제."『사회와 철학』 29호, 79-124.

Altman, David and Aníbal Pérez-Liñán. 2002. "Assessing the Quality of Democracy: Freedom, Competitiveness and Participation in Eighteen Latin American Countries." *Democratization* 9(2): 85-100.

Beetham, David. 2004. "Towards a Universal Framework for Democracy Assessment." *Democratization* 11(2): 1-17.

Bühlmann, Marc, Wolfgang Merkel, LIsa Müller, and Bernhard Weßels. 2012. "The Democracy Barometer: A New Instrument to Measure the Quality of Democracy and Its Potential for Comparative Research." *European Political Science* 11: 519-536.

Coppedge, Michael and John Gerring. 2011. "Conceptualizing and Measuring Democracy: A New Approach." *Perspectives on Politics* 9(1): 247-267.

Coppedge, Michael, John Gerring, Staffan I. Lindberg, Svend-Erik Skaaning, and Jan Teorell. 2017. V-Dem Comparisons and Contrasts with Other Measurement Projects. V-Dem Working Paper.

Dahl, Robert. 1971. *Polyarchy: Participation and Opposition*. New Haven: Yale University.

Diamond, Larry. 1999. *Developing Democracy Toward Consolidation*. Baltimore: Johns Hopkins University.

Diamond, Larry, Juan J. Linz and Seymour Martin Lipset. 1989. *Democracy in Developing Countries*. Boulder: Lynne Rienner.

Diamond, Larry and Leonardo Morlino. 2005. "Introduction." In *Assessing the Quality of Democracy*, edited by Larry Diamond and Leonardo Morlino, x−xliii. Baltimore: Johns Hopkins University Press.

Fishman, Robert M. 2016. "Rethinking Dimensions of Democracy for Empirical Analysis: Authenticity, Quality, Depth, and Consolidation." *Annual Review of Political Science* 19: 289−309.

Foweraker, Joe and Roman Krznaric. 2000. "Measuring Liberal Democratic Performance: An Empirical and Conceptual Critique." *Political Studies* 48: 759−787.

Huntington, Samuel P. 1991. *The Third Wave: Democratization in the Late Twentieth Century*. Norman: University of Oklahoma Press.

Kim, Jung. 2016. South Korean Democratization: A Comparative Empirical Appraisal. The East Asia Institute Working Paper.

Lauth, Hans−Joachim. 2015. "The Matrix of Democracy: A three−Dimensional Approach to Measuring the Quality of Democracy and Regime Transformations." *WAPS* 6:1−30.

Lee, Hyunji. 2015. "The Democratic Deficit in South Korea: The 2012 Presidential Election and its Aftermath." *Representation* 51(3): 311−326.

Lijphart, Arend. 1999. *Patterns of Democracy: Government Forms and Performance in Thirty−Six Countries*. New Haven: Yale University Press.

Linz, Juan J. and Alfred Stepan. 1996. *Problems of Democratic Transition and Consolidation: Southern Europe, South America, and Post−Communist Europe*. Baltimore: Johns Hopkins University Press.

Mazzuca, Sebastián L. 2010. "Access to Power Versus Exercise of Power:

Reconceptualizing the Quality of Democracy in Latin America." *Studies in Comparative International Development* 45(3): 334－357.

Merkel, Wolfgang. 2004. "Embedded and Defective Democracies." *Democratization* 11(5): 33－58.

Morlino, Leonardo. 2004. "What is a 'Good' Democracy?" *Democratization* 11(5): 10－32.

Mosler, Hannes B. 2015. "The Deterioration of South Korean Democracy." In *Democratic Governance in Northeast Asia: A Human－Centered Approach to Evaluating Democracy*, edited by Brendan Howe, 25－50. London: Palgrave Macmillan.

Munck, Gerardo. L. 2016. "What is Democracy? A Reconceptualization of the Quality of Democracy." *Democratization* 23(1): 1－26.

Norris, Pippa. 2011. "Measuring Governance." In *The SAGE Handbook of Governance*, edited by Mark Bevir, 179－199. London: Sage.

O'Donnell, Guillermo, Jorge Vargas Cullell and Osvaldo M. Iazzetta(Eds.). 2004. *The Quality of Democracy: Theory and Applications*. Notre Dame: University of Notre Dame University.

O'Donnell, Guillermo and Philippe Schmitter. 1986. *Transitions from Authoritarian Rule: Tentative Conclusions about Uncertain Democracies*. Baltimore: Johns Hopkins University Press.

Przeworski, Adam, Michael E. Alverez, Jose Antonio Cheibub and Fernando Limongi. 2000. *Democracy and Development: Political Institutions and Well－Being in the World, 1950－1990*. New York: Cambridge University Press.

Roberts, Andrew. 2010. *The Quality of Democracy in Eastern Europe: Public Preferences and Policy Reforms*. Cambridge: Cambridge University Press.

Schedler, Andreas. 1998. "What is Democratic Consolidation?" *Journal of Democracy* 9(2): 91－107.

Schumpeter, Joseph A. 1950[1942]. *Capitalism, Socialism and Democracy*. New York: Harper and Row.

Vargas Cullell, Jorge. 2004. "Democracy and the Quality of Democracy: Empirical Findings and Methodological and Theoretical Issues Drawn from the Citizen Audit of the Quality of Democracy in Costa Rica." In *The Quality of Democracy: Theory and Applications*, edited by Guillermo O'Donnell, Jorge Vargas Cullell and Osvaldo M. Iazzetta, 93−162. Notre Dame: University of Notre Dame Press.

Yun, Seongyi and Min Hee. 2012. "Democracy in South Korea: Consolidated but in Deficit." *Korea Observer* 43(1): 145−174.

02

민주화 이후 한국 민주주의의 질: 제도변화 및 민주주의 지표 분석

오현진 · 조인영

I. 서론

1987년 민주화 이행 이후 30여 년, 한국의 민주주의는 어떻게 달라졌는가? 1987년 6월 민주항쟁으로 시작된 민주화 이행의 여정은 10월 개헌과 12월 첫 대통령 직선제 실시로 역사적 분기점을 이루었다. 그로부터 30여 년이 흐른 후, 한국 사회는 2016년 말 국정농단 사태로부터 시작된 촛불집회, 2017년 헌법재판소의 탄핵 인용과 대선, 그리고 2018년 전면적 개헌논의로 이어지는 또 한 번의 유사한 전환기를 경험하고 있다.

최근 학계에서도 한국의 민주화 이후 30년을 되돌아보고 현재의 질적 수준을 평가하려는 시도가 활발하다.[3] 대부분의 선행연구가 지적하듯이 한국 민주주의가 절차적 안정성과 권위주의로의 퇴행 가능성이 제거된 선거민주주의의 공고화를 이루어 냈다는 점에는 의심의 여지가 없다(박경미 외 2012; 강우진 2013; 강원택 편 2017; 강원택 외 2017). 다만 실

---

3) Mosler et al.(2018), 강원택 편(2017), 강원택 외(2017), Kim(2018) 등의 논의를 참고할 것.

질적인 제도의 운용을 살펴보면 지체된 혹은 불완전한 민주주의에 머물고 있다는 지적 역시 상당하다.

이러한 인식을 바탕으로 이 논문의 목적은 민주화 이행 이후 30년 동안의 제도변화를 추적하고, 민주주의 평가지표를 분석하여 한국 민주주의의 진전과 정체 혹은 후퇴를 확인하는 것이다. 우선 본 연구는 민주주의의 질이란 대의제 민주주의의 관점에서 상호 연계된 다양한 차원의 부분체제로 구성된다고 보며 중범위적 관점을 채택하여 한국 민주주의의 지난 30년간의 진화 과정과 현재의 질적 수준을 평가한다. 먼저, 이를 분석하기 위해 우리가 활용한 이론적 틀을 간략하게 검토한 뒤, 각 영역별로 지난 30년간 실행되어온 주요한 제도혁신의 핵심내용과 그 한계를 다루면서 관련법 개정과 실행을 중심으로 변화의 궤적을 정리해본다. 특히 헌법조항의 존재여부(rules in law)로 체제의 수준을 판단할 경우 실제로 구현되는 상황(rules in use)이나 비제도적 관행 등을 놓치기 쉽다는 점을 인식하고 제도적 설계와 실질적 운용을 구분하여 평가한다(Bühlmann et al. 2012, 527). 그리고 민주주의의 질과 관련한 다양한 지표를 소개한다. 이후 민주주의의 질에 관한 여러 국제 지표의 추세 분석을 통해 현재 한국 민주주의의 수준이 어디에 도달해 있으며, 그 결과 공통적으로 한국 민주주의의 질적 심화가 특별히 지체되거나 후퇴된 하위영역이 무엇인지를 확인한다.

Ⅱ. 이론적 분석틀: 부분체제 분석

본 연구는 민주주의의 다차원성을 전제로 부분적 속성에 주목한 기존 연구들을[4] 참고하여 크게 민주주의의 질을 구성하고 평가하는 기준

---

4) 마주카(Mazzuca 2007; 2010), 메르켈(Merkel 2004), 피쉬먼(Fishman 2016), 몰러와 스캐닝(Møller and Skaaning 2010).

으로 '권력에의 경쟁'(access to power), '권력의 행사'(exercise of power), '권력의 정당성'(legitimacy of power)의 세 가지 부분체제(partial regimes)를 상정한다. 먼저 '권력에의 경쟁(access to power regime)' 체제는 선거민주주의의 절차적 공정성과 안정성, 민주적 경쟁의 개방성 확보 여부에 초점을 두는 것으로, 피쉬먼(Fishman 2016)은 이를 민주주의 체제를 규정하는 고유한 특성(democratic authenticity)이라고 규정한 바 있다. 이는 선거결과로 대의된 국민의 요구를 실현할 대표의 선출 절차가 핵심적인 구성요소이자 평가기준으로, 메르켈(Merkel) 등이 논의한 부분체제 중 선거체제(electoral system) 및 정치참여(political participation)와도 유사하다. 이러한 기준에 토대를 둔 대표적 지표로는 폴리티(Polity Ⅳ) 지수가 있다.

다음으로는 '권력의 행사(exercise of power regime)' 체제로, 앞서 '권력에의 경쟁'의 진입 문턱을 통과한 정치적 민주주의 국가 간의 질적 차이를 구분하고, 자유민주주의 가치 실현을 위한 제도와 실질적 운용을 평가하는 데 초점을 맞춘다. 피쉬먼(Fishman)이 제시한 차원으로는 민주적 품질(democratic quality)과 관련 있으며 메르켈(Merkel)이 제시한 부분체제 중에서는 시민적 자유, 수평적 책임성, 정부의 실효적 통치가 '권력의 행사' 체제와 관련한 하위영역으로 수렴된다고 볼 수 있다. 먼저 시민적 자유는 주로 정치적 의사나 신념의 표현, 집회 및 결사의 자유와 관련되는 것으로 정부의 권력행사에 대한 의사표현이나 집단행동의 자유를 보장하는 제도적 환경을 의미하며, 수평적 책임성은 삼권분립을 통한 의회와 사법부의 독립성 확보 및 비판적 감시·감독 기능의 원활한 작동을 의미한다. 이러한 국가기관 간 권력분립이나 국가권력의 남용으로부터 시민적 권리와 자유를 보호하는 것은 무엇보다 법의 지배(rule of law) 원칙을 전제로 한다. 따라서 절차적·형식적 민주주의의 관문을 통과한 민주주의 국가 간 질적 차이 혹은 상대적 결함을 분석하기 위해서는 시민적 자유와 권리, 법의 지배, 책임성의 작동과 같은 자유민주주의 가치의 발현을 위한 제도의 실질적 기능과 운용을 관찰하여야 한다. '권력에의 경쟁'과 함께 '권력의 행사' 측면 중 시민적 자유에 초점을 맞춘 평가지표로는 프리덤하우스(Freedom House)의 자유도 지수를 들 수 있다. 다만 여기까지는 자유민주주의적 요소를 만족시키는 조건일 뿐, 좋은 거버넌스를 보장하는 것은 아니다. 이를 위해 '권력의 행사' 체제의 마지막 구성요소로 포함하고 있는 것은 메르켈(Merkel) 등이 말하는 국가의 실효적 통치로서, 이는 선출된 공직자들이 어떻게 하면 법과 정책의 집행과정에서 편파성이나 파당성을 차단한 공정한 정책을 집행하며 권력을 행사하는가를 강조하는 정부의 질(quality of government) 논의와도 연계된다고 볼 수 있다(김선혁 2011, 66). 즉 절차적 선거민주주의, 실질적 자유민주주의의 제도적 기능이 발현된 국가들 간의 차이를 구분하기 위한 평가기준으로 법 적용과 정책집행에 있어 불편부당성(impartiality)과 투명성(transparency)을 핵심 요소로 하는 민주적 거버넌스의 유무를 판단할 수 있다. 이외에도 엘리트 중심의 대의제에서 결핍될 수 있는 국가-시민간의 연계의 질에서도 민주주의 국가 간 차이를 발견할 수 있을 것이다. 따라서 유권자의 수요를 정책으로 반영하는 정책반응성(responsiveness)과 정책결정과정에 일반 시민들이 논의에 참여하여 의제를 설정하고 토론하며 정책결정에 대한 영향력을 행사하는 숙의(deliberation)의 요소가 고려될 수 있다. 이러한 '권력의 행사' 차원에서 정부의 공정한 집행능력(impartial administration)을 주요 구성변수로 삼는 지수로는 세계 민주주의 상태 지수(The Global State of Democracy Index, IDEA)가 있으며, 참여 및 숙의의 차원을 다양한 하위지표를 통해 계량화하는 민주주의의 다양성 지수(Varieties of Democracy Index)가 있다.

민주주의의 질을 평가하기 위한 부분체제 분석틀의 마지막 영역은

'권력의 정당성(legitimacy of power)' 체제이다. 흔히 민주주의의 질을 평가할 때 분석틀이 주로 권력의 창출과 행사, 혹은 '투입'의 측면에서 중요시되는 가치나 제도에 치우쳐 있을 뿐, 정책성과에 대한 만족도와 같은 '산출'적 측면에 대한 고려가 부족하다는 비판을 듣는다. 따라서 '권력의 정당성' 체제는 산출된 정책성과에 대한 대중의 만족도와 민주적 제도 운용에 대한 신뢰, 사회경제적 영역에서의 삶의 질을 높이기 위한 정부의 노력 등을 반영할 수 있는 영역으로서 앞의 두 부분체제와 차별성을 갖는다. 다만 '권력의 정당성' 체제와 관련된 논의는 정치와 정책의 결과적 측면에 대해 더욱 길고 방대한 논의가 필요하기 때문에 이 글에서는 다루지 않기로 한다.

아래에서는 이 부분체제별 분석틀을 활용하여 주로 '권력에의 경쟁'과 '권력의 행사' 체제에 속하는 제도변화의 추세와 그 실질적 운영에 대해 검토한다. 이어 전문가 인식조사, 객관적 거시지표 및 여론조사 결과 등을 취합하여 민주주의의 다양한 차원의 질을 평가해온 국제지표들을 바탕으로 지난 30년간 한국 민주주의의 질을 보다 종합적으로 확인한다.

Ⅲ. 민주화 30년과 제도개혁

아래에서는 한국 제도 정치상의 진전과 주요 쟁점들을 '권력에의 경쟁'과 '권력의 행사' 체제로 분류하여 검토한다.

1. '권력에의 경쟁' 체제

우선 '권력에의 경쟁' 체제의 핵심인 선거의 대표성과 공정성, 민주적 선거에의 참여와 경쟁의 관점에서, 그동안 어떠한 제도적 진전과 논쟁이 있었는지를 주요 관련법 개정의 측면에서 검토한다.

(1) 선거체제의 대표성과 공정성

1987년 민주화 이후 선거정치와 관련한 제도적 환경은 대표성과 투명성, 공정성을 높이기 위해 수차례에 걸쳐 관련 법규를 부분적으로 개정하는 방식으로 변화해 왔다. 한국의 선거제도는 단순다수제 방식을 중심으로 비례대표제를 부분적으로 도입한 혼합형 선거제도(mixed-member majority system)이다. 따라서 비례대표 배분방식의 변화를 살펴보면 선거의 대표성을 제고하기 위한 노력이 어떻게 실행되었는지 알 수 있다. 처음에는 지역구 선거의 의석수 제1당에 2/3 또는 절반을 우선 배정하다가 이후에는 각 정당의 지역구 의석수 비율에 따라 전국구 의석을 배분했고 2001년 헌법재판소의 위헌결정 이후에는 비례대표 정당 득표율에 따라 비례적으로 배분하고 있다. 또한 유권자의 지역구 선거 투표를 정당에 대한 투표로 간주하여 비례대표를 배분하면서 무소속 후보에게 투표했던 유권자의 의사가 무시되었는데 2004년 총선부터 실시된 1인 2표제를 통해 지역구 투표와 비례대표 투표가 분리 시행되었고, 지방선거에서도 같은 방식이 적용되었다(박명호 2017, 9). 1인 2표제로 전환한 2004년 선거제도 개혁은 17대 총선에서 민주노동당이 비례대표 8석을 확보한 것처럼 유권자의 사표심리를 줄여 지지정당에 대한 전략적 투표가 가능해지고 군소정당의 약진을 가져옴으로써 다양한 정치세력간의 경쟁구도가 형성되는 것을 도왔다. 그러나 1인 2표제 도입에도 불구하고 지역구에 비해 비례대표 의석의 전체비율이 여전히 낮은 편(5.4:1)이라 소선거구제의 득표와 의석 사이의 불비례성을 완화하는 효과는 여전히 미미하며 다당제 유도효과가 크지 않다는 비판을 받고 있다(장훈 2006, 209-210; 오승용 2005, 167-168).

민주화 선언 이후 제도개혁이 권위주의 유산의 청산과 민주적 제도의 확립을 최우선으로 했다면, 2004년 3월 개정된 선거법과 관련해서 특히 강조된 것은 저비용·고효율 선거를 위한 합동연설회, 정당 후보자 등에 의한 연설회 폐지 및 신문방송 등 각종 미디어 매체를 통한 선거운동의 확대, 선거비용 지출의 투명화를 위한 제도적 장치의 도입으로 요약될 수 있다. 금품 및 향응 관련 과태료와 포상금 제도 또한 강화되면서 위법행위가 지속적으로 감소하는 추세인데 중앙선거관리위원회의 최근 공직선거법 위반행위 조치현황을 보면 2016년 20대 총선의 공직선거법 위반행위 조치건수는 총 1,296건으로 19대 총선에 비해 18.7%(299건)가 감소하였다.

개정 정치자금법 역시 경쟁의 공정성과 투명성을 강화하는 것을 최우선으로 삼았다. 1987년 민주화 이후 한국 정치에서 불법적인 선거자금의 운용은 고질적인 병폐 중의 하나였다. 제도적 개선의 일환으로 정치자금조달의 투명성 확보를 위하여 고액 기부자의 명단을 공개하게 하였고 정치자금은 카드, 수표, 예금계좌 등 실명이 확인되는 방법으로 기부하도록 하였다. 특히 소액다수 후원제로의 전환을 위해 법인 또는 단체의 정치자금 기부와 기탁을 금지하였고 후원회의 경우도 중앙당 후원회와 시도당 후원회만 허용됨으로써 과거의 지구당 후원회를 통한 정치인의 자금조달은 원천 봉쇄되었다. 그러나 정치자금법과 관련해 정경유착의 근절과 다원적 민주주의 사회에서의 정치적 표현의 자유 사이의 갈등은 끊임없이 쟁점이 되어 왔다. 또한, 일반 시민의 당원 등록 및 당비납부비율이 낮은 현실에서 단체나 기업의 정치자금 기부를 금지하는 것은 오히려 각종 편법적인 수법을 동원한 정치자금 수수나 음성적인 정치부패를 부추길 위험성이 있다는 우려를 낳고 있다.

이상의 논의처럼 선거와 관련된 정치관계법 개정은 대표성과 공정성, 투명성 제고에 있어 가시적 성과를 거둔 것은 사실이나 보다 폭넓은 대의 정치의 확대를 통해서 다양한 계층을 대표하고 국민의 요구와 관심에 더 반응하는 정치를 원하는 국민의 기대를 완전히 충족시키지는 못했다(장훈 2006; 박경미 외 2012, 2-12). 아직도 거대정당은 득표율보다 더 많은 의석을 차지하고 있으며 상당한 지역할거체제를 유지하고 있기 때문에 국민의 요구에 반응하는 능력도 떨어진다. 또한 선거는 과거 권위주의시절부터 내려온 부정적 인식으로 인해, 여전히 규제와 통제의 대상으로 인식되고 있다(장훈 2006). 국가기관의 규제중심적 선거운영[5]으로 인해 국민의 자유로운 선거운동 참여활동을 어렵게 하고 선거과정 전반에 대한 국민의 알 권리를 침해한다는 지적은 여전히 유효하다(박경미 외 2012, 47).

전문가들은 한국의 선거가 대체로 공정하며 민주적 경쟁과정에 대한 절차적 정당성이 확보되어 있다고 평가하고 있다.[6] 하지만 최근 국정원 및 군사이버사령부 등 국가 권력기관에 의한 제18대 대통령 선거 개입사건은 선거의 완결성(electoral integrity)을 훼손한 상징적 의미가 크다고 볼 수 있다. 강우진과 강문구(2014, 276)는 민주적 경쟁과정의

---

5) 예를 들어, 공직선거법은 선거운동의 과열을 막고 금권선거를 근절하고자 선거운동의 시기와 활동에 대하여 엄격하게 제한을 두고 있다. 국회의원 선거의 경우 14일간, 대통령 선거의 경우 23일간 공식 선거운동을 허가하고 있으며(공직선거법 제33조) 이러한 제한은 현직에 있는 후보에게 지나치게 유리한 환경을 제공하고 있다는 비판을 받고 있다. 또한 중앙선거관리위원회의 경우, 2010년 6월 지방선거를 앞두고, 정부여당에 불리하다고 인식되는 '4대강'과 '무상급식' 등의 사안을 '선거쟁점'으로 규정해 선거법을 자의적으로 해석, 적용하여 두 사안에 대해 활동해오던 시민단체들의 홍보사업을 '선거에 영향을 미치게 하기 위한 것'으로 간주하여 금지시켰다. 이는 선관위가 지나친 규제로 유권자의 알 권리와 선거에 대한 자유로운 의견 개진을 방해한다는 비난을 피하기 힘들다(Haggard and You 2015, 171−172).

6) 피파 노리스(Pippa Norris) 교수가 이끄는 선거 완결성 프로젝트(Electoral Integrity Project) 팀은 국제적 기준과 규범에 의거한 선거의 전반적인 완결성을 평가하여 선거 완결성 인식 지수(Perceptions of electoral integrity index)를 도출하였다. 2012년부터 2016년까지 전세계 158개국에서 시행된 241차례의 선거를 분석하여 선거법의 공정성 여부, 선거자금의 투명성, 개표의 정확성등 총 11개 차원에서 49개의 하위지표를 합산해 0에서 100점을 부여한다. 한국 선거의 완결성은 74점으로 총 158개국 중 21위에 해당하며 매우 좋은 편(very good)으로 분류될 수 있는 경계선인 70점을 살짝 웃도는 수치이다(The Years in Elections 2016−2017, May 2017).

불확실성이 집권세력의 정치적 이해관계와 배치된다고 여길 때 불법적인 수단인 여론조작 등으로 선거지형에 영향을 미치려 했다는 점에서 한국의 정치행위자들이 민주적 경쟁의 원칙을 실제로 행위적 수준에까지 충분히 내면화했는지에 대해 의문을 제기하고 있다.

(2) 민주적 경쟁의 제고 – 정당의 제도화와 당내민주화

한편 선거정치의 역사와 연계해서 논의되어야 할 부분은 정당정치이다. 정당정치 영역에서는 1987년 민주화 이후 사회통제 대신 정치적 반대와 결사가 자유로워졌고 정당의 자유로운 창당과 해산이 허용됨으로써 제한적, 형식적 정당경쟁에서 벗어나 실질적 정당경쟁이 가능해졌다.[7] 2004년 3월 정치관계법 개정을 통해 정당민주화에 의미 있는 진전이 있었는데 소위 '3김(金)시대'의 퇴장과 함께 공천과정에서 정당 지도부가 더 이상 절대적 영향을 행사할 수 없는 구조로 전환하고자 하였다. 또한 과도한 운영비, 조직관리 등으로 '고비용 – 저효율' 정당조직 구조의 주요 원인으로 지적되어온 지구당 폐지로부터 시작하여 중앙당의 예산결산위원회 의무적 설치, 후보선출과정의 개방성을 높이기 위한 국민경선제의 도입, 중앙당의 축소와 대안으로서의 원내정당화를 위한 개혁 등 구체적인 변화로 이어졌다. 그러나 지구당 폐지로 지역 당원들이 참여하고 활동할 수 있는 통로가 사라지면서 오히려 한국 정당정치의 취약한 대표성과 책임성을 더욱 악화시킨다고 비판받았다.

즉 정당법의 주요 개혁방향은 개별 정당차원에서의 부패 및 비민주적 운영을 근절하는 데 있었고, 더 구조적이고 근본적인 문제인 한국정당체제의 불안정성과 독과점적 정당체제를 개편하는 데는 소홀했다고 볼 수 있다. 웡(Wong 2015)에 따르면 한국 정당은 3김시대 이후로는

---

7) 그러나 장훈(2006, 197)이 지적하고 있듯이, 새로운 정치세력이 정당정치에 진입하기보다는 권위주의 시대의 계승정당들이 독과점 체제를 유지하는 이른바 계승형 카르텔 정당체제를 형성해왔다고 보는 것이 보다 적절하다.

인물중심 정당에서 정책중심 경쟁으로, 선거자금법 개혁 및 경선과정의 투명성 강화와 같은 성과를 이룬 것은 사실이나, 지역주의적 선거전략과 동원이 장기간 지속되면서 정당에 대한 유권자의 높은 불신으로 이어졌다고 지적한다. 더불어 제도화 수준이 낮은 한국의 정당체제는 전통적인 지역 갈등, 세대 간 이념갈등, 사회경제적 양극화에 따른 갈등을 처리하고 해소하기에는 미흡하다고 자주 지적되어 왔다.

실제로 한국 정당사를 보면 13대 총선에서의 3당 합당과 같이 유권자들이 선거를 통해 구성해 준 원내 의석분포를 선거가 아닌 방식, 즉 잦은 분당과 합당 등 후보와 세력 간 합종연횡을 통해 인위적인 다수 집권당 체제로 변경함으로써 대의제 원리와 충돌해 온 경험이 다수이다.8) 이는 정당이 장기적 시각에서 정책을 일관성 있게 추진한다거나, 정부를 감시하고 견제하는 자원과 권위를 갖기에는 부족하게 만든다.

또한 2002년 대선에서 나타난 노사모 현상이나 2012년 대선의 안철수 현상은 민주화 이후 새롭게 등장한 시민적 정치참여 유형인 동시에 정당정치와 시민적 참여욕구 사이의 간극을 보여주는 사례이다. 정당이 제도와 시민을 연계하는 채널로 정상적으로 작동하고 있지 못하기 때문에, 시민세력의 정치참여가 정당이라는 제도적 틀로 들어가는 대신 독자적인 외부조직화 방식으로 나타난 것이다. 서복경(2017, 149)이 지적하듯이 오랜 권위주의 시기동안 정당은 시민적 의사를 제도로 대의하는 것이 아닌 집권세력의 의사를 시민들에게 전달하는 틀로 기능했고, 민주주의에서도 이러한 권위주의적 유산이 오랜 기간 이어져 왔기 때문에, 시민들로서는 정당을 우회한 다른 방식의 참여가 더 선호되었던 것으로 해석할 수 있다.

---

8) 대선 후보 중심 신생정당의 출현과 소멸 혹은 공천탈락자들의 이탈과 정당 결성은 14대 대선 정주영 후보를 중심으로 한 통일국민당으로부터 1997년 이인제 후보를 중심으로 결성된 국민신당, 2007년 대선 이회창 후보를 중심으로 결성된 자유선진당, 16대 총선의 민주국민당, 이후 '친박연대' 등의 출현 등으로 끊임없이 반복되었다.

(3) 정치참여 기회의 확대

마지막으로 정치참여 기회의 확대와 정치적 대표성 증진을 위해 도입된 법적·제도적 장치 가운데 선거연령 하향조정으로 인한 선거권의 확대보장과 여성할당제 도입, 사전투표제 실시에 관하여 간략히 언급한다.

우선 선거제도와 관련, 현행 1987년 헌법은 선거연령을 법률에 위임하였는데, 1994년 개별 선거법을 통합한 '공직선거 및 선거부정 방지법'이 제정되면서 선거연령이 20세 이상으로 규정되었다. 이러한 규정은 국민의 대표를 선출하는 과정에 참여하는 국민의 숫자를 제한함으로써 헌법이 보장하는 선거권(헌법 제24조) 및 평등권(헌법 제11조 제1항)과 같은 민주주의의 기본원리를 침해한다는 비판이 계속 제기되어 왔다. 이후 2005년 6월 30일 공직선거법 개정에서 선거연령을 현재의 19세 이상으로 하향조정하여 지금까지 유지하고 있다. OECD 가입국 35개국 가운데 우리나라만이 유일하게 선거연령을 19세로 유지하고 있는 현실에서, 최근 들어 선거연령을 현행 19세에서 18세로 낮춰야 한다는 논의가 활발하며 지난 2016년 8월 중앙선거관리위원회에서도 공직선거법 개정의견을 국회에 제출하면서 선거연령 인하를 제안한 바 있다. 병역, 납세의 의무 등이 18세부터 부과됨에 따라 책임과 권한의 형평을 기하고, 높아진 교육수준과 인터넷 등을 통한 각종 정보의 교류와 습득으로 인지능력을 충분히 갖춘 청소년의 선거참여 확대로 인해 이들을 대상으로 하는 입법과 정책적 관심을 증가시킬 수 있다는 기대를 낳고 있다.

여성의 정치 진출 역시 여타 OECD 국가와 비교할 때 가장 부진한 분야 중 하나이다.[9] 그러나 제12대 국회(1985 – 1988년)에서 여성 국회

---

9) 세계경제포럼(WEF)이 발표한 2017 세계 성 불평등 보고서(The Global Gender Gap Report 2017)에 따르면 한국 여성의 정치참여 부문은 142개국 가운데 여성 국회의원 비율 97위, 여성 국무위원 비율 115위 등을 합쳐 90위에 머물렀다.

의원은 276명 중 8명으로 2.9%만을 차지했던 것에 비해 19대 국회 (2012-2016년)에서는 47명(15.6%)으로 증가했다. 여성의원의 숫자가 늘어난 원인으로는 1998년 김대중 정부의 출범과 함께 여성부가 신설되어 적극적인 남녀평등 정책이 시행된 것과 2002년 정당법 개정으로 비례대표의 30%(16대), 17대에서는 50%를 여성후보에 할애하는 할당제가 도입된 것을 들 수 있다. 이후 2004년 정치자금법 개정에서는 지역구 30% 이상 여성공천비율 준수 정당에 여성추천 보조금을 지급하는 규정이 명시되었고, 지급받는 국고보조금의 10%를 여성정치발전을 위하여 사용하도록 규정함으로써 개정안의 실효성이 높아졌다. 2006년 공직선거법과 정치자금법 개정에서는 비례대표 자치구, 시, 군 의원의 선거에서도 시, 도 의원과 마찬가지로 여성후보를 50% 의무적으로 추천하도록 명기되었고 후보자 명부 순위의 매 홀수마다 여성을 추천하여야 한다는 남녀교호순번제가 규정되었다. 강제이행규정은 없으나 지역 선출직 또한 30% 여성할당 권고를 공직선거법에 규정하였다.

한편, 사전투표제는 선거인이 별도의 신고 없이 사전투표기간 동안 사전투표소가 설치되어 있는 곳 전국 어디에서나 투표할 수 있는 제도로 선거에 투표가 불가능한 유권자에게 공간적, 시간적 편의를 제공함으로써 선거인의 투표참여 기회를 확대시키고자 도입되었다(가상준 2016, 6). 사전투표제는 2014년 지방선거에서부터 전국 단위 선거로 실시되어 투표율 11.5%을 기록하며 사전투표제가 투표율 제고를 위한 동력이 될 수 있다는 의견에 힘을 실어주었다. 하지만 2014년 지방선거 데이터를 통해 유권자들의 정치성향, 정치정향, 사회경제적 배경을 중심으로 사전투표 유권자들이 투표 기권자 혹은 공식선거 투표 유권자 중 누구와 가까운지 살펴본 가상준(2016)의 연구는 사전투표 유권자의 특징이 공식선거 투표 유권자와 차이가 없으며 투표 기권자와 차이를 보임으로써 사전투표제의 투표율 제고 효과는 기대보다 미미하다고 지적한 바 있다.

2. '권력의 행사' 체제

(1) 수평적 책임성

입법부-행정부 관계[10]

민주화 이후 입법부-행정부 관계는 과거 행정부의 압도적 우위 체제를 상호 견제형 체제로 전환하기 위해 노력해온 과정으로 요약할 수 있다(서복경 2017, 120). 군부 권위주의 시절 국회의 입법 기능이나 행정부 감독 기능은 매우 취약하였으며 국민의 대표기관인 국회는 대통령의 정치아젠다를 정당화시켜주기 위한 '거수기'로서의 기능만이 요구되었다. 이후 1987년 개헌과 1988년 제23차 국회법 전문개정을 통해 국회 기능의 강화와 국회운영의 민주화를 도모하였으며 입법부와 행정부 간 권력분립의 원칙 하에 입법권이 상당한 독립성을 보장받았고 행정부에 대한 견제기능이 향상되었다. 실제 국회가 입법 의제설정의 주도권을 어느 정도 확보하게 된 것은 민주화 이후로 국회에 제출되는 의원안의 수가 정부안을 압도하고 있고, 정부안이 국회에서 원안대로 통과되는 비율도 현저하게 하락하고 있는 데서 확인할 수 있다. 법률안 발의의 경우 13대 국회 4년(1988-1992년) 간 국회의원의 법률안 발의는 570건 이었으나, 19대 국회(2012-2016년)에선 16,729건으로 30배 가까이 되었다. 가결된 의안 역시 2,414건으로 13대의 171건에 비해 15배 가까이 늘었다.[11] 양적인 지표뿐만 아니라 질적인 측면에서도 국회의 전문

---

10) 이 부분의 서술은 박경미 외(2012, 35-85)의 논의를 주로 참조하였다.

11) 국회의안정보시스템 http://likms.assembly.go.kr/bill/stat/statFinishBillSearch. do 참고. 의안처리 통계를 보면 14대 국회까지는 정부입법이 대체로 많았는데 이때까지만 해도 입법의 주도권을 정부가 행사하고 있었다고 볼 수 있다. 그러나 15대 국회 이후 의원발의 법률안이 급격히 증가하였으며 이러한 원인에는 국회 업무의 활성화, 의원들의 인식변화나 언론 또는 시민단체들에 의한 국회의원들의 의정활동 평가의 압력, 2003년 2월 국회법 개정으로 인한 법률안 발의 정족수의 감소 등이 의원입법 증가에 큰 영향을

성을 높이고 의정활동을 활성화하기 위해 2004년 예산정책처 및 2007년에는 입법조사처가 신설되는 등 국회의 입법지원기구도 확충되었다 (박경미 외 2012, 35-38). 다만 여전히 정부에 예산권과 더불어 법안 발의권(정부입법권)이 있다는 것 자체를 문제로 보는 시각이 존재한다. 정부의 법안 발의권이 없더라도 여당을 통한 간접적 발의가 얼마든지 가능하기 때문에 이는 이중적인 권한이 아니냐는 것이 논쟁의 핵심이다. 그러나 행정부만큼의 전문성이 없는 국회가 단독으로 법안을 발의·조율하는 것은 궁극적으로 국민의 불편을 초래할 수 있고 법안에 정치논리가 과다하게 반영될 수 있기 때문에 정부입법권이 여전히 존재해야 한다는 견해가 맞서고 있다.

입법기능과 함께 행정부를 견제하고 감독하기 위한 수단으로는 행정부의 정책집행에 대한 감사 및 조사권, 대통령의 고위공직자 임명동의권, 정부 제출 예산안에 대한 심의, 의결권 등이 있다(박경미 외 2012, 75). 그러나 법률상 부여된 권한에도 불구하고 실질적인 정책집행 감독기능은 여전히 미약한 수준에 머물고 있다. 예를 들어 13대 국회부터 18대 국회까지 총 78건의 국정조사요구서가 제출되었으나 실제로 국정조사활동이 실시된 것은 22건(28.2%)에 불과하며, 조사보고서가 채택된 경우는 9건(11.5%)에 그친다(국회사무처 2012, 458). 한편 예산심의와 관련해서도 국회는 예산액을 삭감하는 등의 조치는 취할 수 있으나 정부의 동의 없이는 예산항목의 변경과 조정은 불가능하며, 예산 법률안 작성권한 없이 단순히 정부 예산안에 대한 심의권한만 보유하고 있다. 2007년 1월부터 시행된 '국가재정법'은 예산 편성 단계에서부터 행정부

미쳤다고 볼 수 있다. 그러나 의원발의 법안의 급증에 반비례하는 가결율, 동시에 정부 제출법안에 비하여 낮은 가결율의 이유에는 의원입법이 충분한 사전검토나 준비에 의해서가 아니라 법안제출 실적을 올리기 위한 졸속 발의, 혹은 중복제출 등 효율성과 타당성, 전문성에 문제가 많은 것도 사실이다. 따라서 의원발의 법률안의 질적 개선을 위한 제도적 정비가 필요하다.

와 입법부의 긴밀한 협조와 견제가 가능한 시스템을 마련하고자 하였으나 국회의 행정부 예산 작성 및 집행에 대한 통제권은 여전히 제한적인 수준이다(박경미 외, 2012, 80-85).

이러한 제도개혁에도 불구하고 민주화 이후로 국회 의사파행과 여야 정당 간의 파국적인 대립은 수차례 반복되었다. 1988년 개원한 제13대 국회부터 원내교섭단체 대표의원 간 협의를 통해 국회운영의 기본원리는 다수제에서 협의제로 바뀌었으나 정당 간 원내갈등에 따른 잦은 입법교착과 의사파행으로 인해 입법활동이 부실하였다(박경미 외 2012, 67). 민주화 이후 국민들의 정치에 대한 기대가 높아지고, 노사갈등이나 이념갈등, 지역갈등 등 다양한 사회경제적 갈등이 분출되면서 국회의 갈등조정 및 통합기능의 중요성은 더욱 커졌지만 원내정당들이 자신들의 정파적 입장만을 관철하고자 함으로써 오히려 정당 간 갈등을 증폭시켜 왔다. 특히 정부의 '미디어법', '한미자유무역협정 법안' 등 주요 핵심 법안들을 날치기 처리하는 데 집권여당이 일조함으로써, 감시와 견제의 역할을 수행하기보다는 원내정당 간 민주적 토론과정을 통한 의회의 견제를 우회하며 직권상정을 남발하였다(박경미 외 2012, 68-72).

이러한 국회의 입법 및 행정부 통제과정에서 축적되어온 문제점들은 대부분 제도나 절차의 미비함에서 기인한다기보다는 원내정당 간 불신과 대립적인 정치문화와 같은 행태적인 측면에서 비롯되는 현상으로 볼 수 있다. 따라서 민주적이고 효율적인 의사운영과 같은 제도개혁 뿐만 아니라 정책적 차별성을 지닌 원내정당 간 협의와 신뢰의 정치문화 구축도 주요한 과제로 남아있다(박경미 외 2012, 183).

사법부-행정부 관계

사법부는 입법부, 행정부와 함께 3권의 한 축으로 민주화를 기점으로 1987년 개정 헌법에 의해 독립성이 보장되었다. 사법부의 독립성은 민주주의의 질을 측정하는 데 있어 가장 중요한 평가 요소인 법의 지배

(rule of law)의 핵심 요소이자, 법원이 정치권력, 행정부 및 대통령, 기타 이해관계자들의 외압이나 개입으로부터 독립적이고 자율적으로 재판하며, 법률에 의해 판결해야 한다는 원칙을 담고 있다.

제도적인 보장에도 불구하고, 민주화 이후 지난 30년간 사법부의 실질적인 독립에 대한 의문은 꾸준히 지속되고 있다. 정권에 따라 판결의 전체적인 방향성이 달라지는 현상이 이러한 의문을 뒷받침하고 있다. 다만 이의 원인을 정권 및 정치적 압력 때문이라고 보는 시각과, 법관의 보수화 및 기득권 계층화의 결과라고 보는 시각이 대립하고 있다(정태욱 2009). 우선 제도적인 관점에서 법원 독립성의 문제를 살펴보면, 법관 인사에서 대통령이나 정치권의 입김이 강하게 작용할 수 있다는 것이 문제로 지적되고 있다. 법률에 의해 판사는 시험제도를 통해 독립적으로 선발되지만, 대법원장은 국회의 동의를 받아 대통령이 임명한다. 이는 근본적으로 대법원장이 대통령이나 다수 여당의 정치성향과 유사한 입장을 취하게 하거나, 혹은 정권의 성향에 맞는 판결을 내리게 하는 압박으로 작용할 가능성이 높다는 점에서 법원의 독립성에 상당한 제약이 될 수 있다. 상당수의 대통령제 국가가 이와 유사한 인사제도를 가지고 있다는 점에서 이는 대통령제 자체의 한계라고 볼 수도 있다. 또한, 헌법 제105조는 대법관 및 법관의 임기에 대해 규정하고 있는데, 대법원장과 대법관이 아닌 법관의 임기는 10년으로 연임할 수는 있지만, 연임 결정이 법관 개개인의 능력과 성과에 의해 전적으로 결정된다기보다는 정치성향이나 여건에 의해 영향받는 경우가 상당하다는 점에서 임기 규정이 되려 독립성을 해치고 있다는 비판도 있다. 연방주의자 논고(The Federalist no.78)에서도 해밀턴은 사법부의 독립을 위해 필수적인 제도적 장치로 법관 종신제를 언급한 바 있지만(Hamilton 1788) 한국에서는 아직 법관 종신제에 대한 적극적인 검토나 공론화는 이루어지지 않고 있다. 또한 법관들의 인사권이 독립적인 기구보다는 실질적으로는 대법원장에게 있다는 점에서도 법관의 독립성은 상당한 제약을 받을 수 있다. 법관인사의 공정성 및 투명성을 확보하기 위하여 법관인사위원회에 외부인사가 참여할 수 있도록 2005년 법원조직법의 개정이 이루어졌으나 그 영향력은 미미한 것으로 알려져 있다. 최근 대법원은 중·장기적으로 법관의 독립을 보장할 수 있는 중립적인 기구의 설치를 검토하겠다고 발표하였으나 아직 구체적인 진전은 이루어지지 않고 있다.

수평적 책임성의 원칙에 입각한 행정부─사법부 관계 외에도 사법부 자체적으로도 국민에 대한 책임성, 공정성, 민주성의 원칙을 얼마나 잘 지키고 있는지에 대해서 그 실질적이고 제도적인 발전 여부를 되짚어볼 필요가 있다. 우선 사법부에 대한 국민의 신뢰가 그리 높지 않으며 특히 2000년대에는 지속적인 하락 추세를 보여 왔다는 점을 지적할 필요가 있다(박종민·배정현 2007). 그 원인으로 사법부 내 국민적 대표성의 부재, 사법제도의 민주성 결여, 사법부에 대한 국민적 감시의 어려움, 대법원 및 헌법재판소의 구성에 사회적 다원성이 반영되지 않고 있다는 점이 지적되고 있으며(정태욱 2009), 이는 최근 한국 민주주의가 질적으로 더 개선되지 못하고 정체되어 있는 원인과도 상당한 관련이 있는 것으로 보인다. 다만 이는 헌법 개정을 통해서만 개선될 수 있는 제도적 개선 사안이기 때문에 충분한 사회적 논의와 합의가 선행되어야 한다.

사법제도의 민주성 확보 및 민주적 사법 절차로의 개선과 관련, 우선 사법부가 공평과 공정의 원칙에 따라 중립적으로 재판하고 있는가에 대한 국민의 인식은 그리 긍정적이지 않다. 이는 크게 전관예우, 유전무죄, 온정주의에 대한 불만으로 정리할 수 있다. 전관예우 변호사의 사건에서는 판사들이 크게 편향되어 있으며, 재벌이나 부유층에게는 서민에 비해 훨씬 완화된 처벌을 내린다는 것, 재벌의 경제범죄, 강력범죄나 성폭력 등에 대한 양형 기준이 UN 등의 국제 권고안이나 국민의 법감정에 비추어 볼 때 현실적이지 않다는 점은 꾸준히 비판받아 왔다. 또한 법관이 재판 과정에서 원고나 피고에게 권위적으로 대한다는 지적도 계속되고 있다.

지난 30년간 사법부는 이를 개선하기 위한 제도적 개선을 시도해 왔다. 대표적으로 2000년 중반 이후 종합 민원실, 원스톱 민원시스템을 설치해 국민의 불만을 공식적으로 접수, 처리하는 기반을 마련했으며 2008년 이후에는 국민참여재판을 도입하여 국민의 법감정과 재판 사이의 간극을 줄이고 성문법 체제의 제도적 한계를 보완하는 제도적 장치를 마련하였다. 국민참여재판의 경우 판사가 배심원들의 평결을 존중하며, 그와 크게 다른 판결을 내리지 않는 경향이 있는데 이는 법을 일반인의 상식의 관점과 조화시키겠다는 의지이자 성문법 체제의 한계인 민주적 반응성을 보완, 절충한다는 측면에서 비교적 긍정적인 제도적 변화라고 평가받고 있다.

재판의 공정성, 신속성, 전문성의 개선과 관련, 1987년 헌법개정에 따라 같은 해 12월에 법원조직법이 개정되었으며, 이에 따라 각급 법원의 세분화·전문화가 이루어졌다. 1999년 법원조직법의 개정을 통해 재판의 효율성을 높이기 위해 간단한 행정사건을 단독판사가 처리할 수 있는 근거가 마련되었으며, 2005년 시행된 법원조직법에서는 법관이 아닌 외부 전문가를 재판연구관으로 임명할 수 있도록 함으로써 재판지원 인력을 다양화, 전문화하는 조치가 취해졌다(법제처 2013). 또한 법원은 법적 분쟁의 증가에 따른 수요 증가에 반응하기 위해 각급 법원 판사 정원법의 개정을 통해 지속적으로 각급 법원 판사의 수를 증원해 왔다. 판사 개개인의 업무부담, 3심 재판의 비용 및 소요시간을 고려하면 재판에는 여전히 긴 시간과 자원이 투입되는데, 이에 재판의 절차적 간소화 추구 및 편의성을 보장하는 것은 민주주의의 질 향상에 도움이 된다. 예를 들어 1973년 도입 이후 최근까지 총 7차에 거쳐 개정된 소액사건심판법은 사법제도의 간소화를 돕는 민주적 제도라 볼 수 있다.

하지만 여전히 양형 기준이나 전관예우, 온정주의적 판결과 관련된 제도적 개선은 크게 가시적이지 않다. 2007년부터 시행된 법원조직법은 "형을 정할 때 국민의 건전한 상식을 반영하고 국민이 신뢰할 수 있는 공정하고 객관적인 양형을 실현하기 위하여 대법원에 양형위원회를 둔다"고 규정하고 있지만, 이는 기계적인 양형기준을 수립하는 것일 뿐, 여전히 국제 기준이나 국민의 상식과는 크게 괴리가 있다고 지적받고 있다. 특히 재벌의 경제범죄와 성범죄의 기준과 양형이 지나치게 낮으며 온정주의적이라는 국민적 불만이 높은데, 최근 UN에서는 성범죄와 관련 한국의 보수적 기준과 양형에 대한 질타와 함께 개선권고안을 내놓았으나[12] 이에 대한 제도적 개선은 요원한 실정이다.

헌법재판소-행정부-입법부 관계

1987년 개헌 이후 헌법 제113조에 의해 헌법재판소의 기능 및 역할이 명시됨으로써 이전까지 유명무실했던 헌재의 역할은 6공화국 들어 구체화되었다. 헌법재판소는 위헌법률심판, 정당해산심판, 국가 기관 간 권한쟁의 심판, 헌법소원뿐만 아니라 국회에서 의결된 대통령 탄핵을 다시 한 번 헌법에 비추어 판단함으로써 행정부와 국회를 견제하는 역할을 수행한다.

헌법재판소의 9인의 재판관은 국회, 대법원장, 대통령이 나누어 지명하도록 되어 있어 삼권분립의 원칙이 준수되는 것으로 보이나, 여대야소인 경우에는 대통령의 입김이 과다하게 작용할 가능성이 여전히 높다. 헌법재판관 9인 중 3인은 대통령 임명, 3인은 대법원장 지명, 3인은 국회에서 추천되는데, 대통령이 대법원장을 지명하기 때문에 편향이 발

---

12) 회의록은 다음 링크를 참고.
http://tbinternet.ohchr.org/_layouts/treatybodyexternal/TBSearch.aspx?
Lang＝en&TreatyID＝3&DocTypeID＝5.

생할 가능성이 있고, 또한 여당이 국회 다수당인 경우 정부에 우호적인 재판관이 다수 구성될 위험이 있기 때문이다.

헌재는 위헌법률심판을 통해 국회에서 제정된 법률이 헌법에 위반되는지를 판단하고 법률에 대해 위헌 선언을 할 수 있어 그 효력을 정지시킬 수 있다. 국회가 제정한 법률을 무효화할 수 있다는 점, 정당을 해산시킬 수 있다는 점, 국회에서 통과된 대통령 탄핵을 최종적으로 가·부결할 수 있다는 점에 비추어 보아 가장 최종적인 권력기관으로 기능하고 있다는 인상을 준다. 하지만 국회가 제정한 법률의 헌법적 타당성을 심사하고, 때로는 민감한 정치적 사안도 최종적으로 헌재의 판단을 거치게 된다는 점은 민주주의의 관점에서 상당한 모순을 내포하고 있다고 볼 수 있다. 즉, 국민으로부터 직접적으로 선출되지 않은 간접적 위임을 받은 재판관들이, 직접적 대의기관인 국회가 다수결로 결정한 것을 무슨 권한으로 번복할 수 있는가와 관련된 문제이다. 한국뿐만 아니라 미국 등 여러 나라에서도 헌법재판소가 궁극적으로 정치 및 행정부의 정책결정에 관여하게 되는 현상이 발생하면서 사법의 정치화 등 헌법재판소의 과도한 권력화를 우려하는 목소리가 등장하고 있다. 이에 궁극적으로 헌법재판권의 민주적 정당성을 강화하기 위해서는 헌법재판제도의 절차적 측면에서 민주적 취약성이 보완되어야 한다는 주장이 있다(김종일 2013).

이 같은 관점에서 헌법재판소의 절차적 개선을 간략히 살펴본다. 헌법재판소법은 몇 번의 개정을 거쳤는데, 이는 주로 심판의 절차적 제도개선 및 투명성 확보와 관련되어 있다. 법이 국민의 기본권을 침해하고 있다는 문제 상황에서 청구되는 위헌심판 및 공익적 성격이 강한 헌법소원에서는 국민의 구제권이 강화될 필요가 있다. 이를 위해 2003년 이후 몇 차례에 걸친 헌법재판소법의 개정을 통해 헌법소원심판의 청구기간이 늘어났고, 국선대리인의 선임요건으로 무자력 요건 외 공익상 요건이 추가되었다. 또한 부적격자를 거르고 국민의 간접적인 검증을 거치기 위해 헌법재판소 재판관 후보자가 국회의 인사청문을 거쳐 임명, 선출되도록 하였다. 또한 탄핵심판과 정당해산심판의 경우 소수의견을 결정문에 표시하도록 하여 투명성을 높일 수 있도록 하였다(법제처 2013). 다만 이 같은 개선이 헌법재판소가 갖는 최종적이고도 궁극적인 판단의 권한에 수반되어야 할 필요충분한 제도적 보완인지에 대해서는 아직 의문이 존재한다고 하겠다.

행정부 및 기타 독립 기구: 부패방지, 감사원, 국민권익보호

입법부 및 사법부와의 견제 차원뿐만 아니라, 행정부 자체적인 법제 개선을 통한 책임성 확보 역시 민주주의의 질을 평가하는 데 있어 핵심적 요소라 할 수 있다. 입법부도 국정감사와 국정조사를 통해 행정부를 견제하지만, 감사원과 같이 전문성을 가진 독립적 기관이 행정부를 지속적으로 견제하고 감시하는 것은 입법부와 사법부의 상시적이지 않은 조사·감독 기능을 보완하고 보충하는 역할을 수행한다는 점에서 수평적 책임성의 확보에 더욱 기여한다. 아래에서는 행정부 및 공직자의 부패 방지와 관련된 제도 및 감사원 제도의 개선에 대해 논하며, 국민 권익의 보호 차원에서 법제화된 여러 제도적 개선에 대해서도 같이 검토한다.

민주화 이후 정부와 공무원의 부패방지, 책임성 및 도덕성 강화 차원에서도 일련의 제도적 틀이 마련되었다. 국가공무원법, 공직자윤리법, 공직자 등의 병역사항 신고 및 공개에 관한 법률, 부패방지 및 국민권익위원회의 설치와 운영에 관한 법률이 그 예이다. 공직자윤리법은 고위공직자의 재산등록 및 퇴직 이후 업무 관련성이 있는 사기업체에 취업하는 것을 막아 공무의 공정성을 확보하는 것을 골자로 한다. 이후 몇 번의 개정을 거쳐 재산등록의 범위 및 대상이 확대되었으며 재산등록의무자에 대한 금융거래자료의 제출 요구권이 신설되었다. 이후 1993

년부터 실시된 금융실명제로 인해 공직자윤리법의 실효성이 더욱 강화되었다. 금융실명제는 고위공직자들이 차명재산으로 감추어 둔 여러 부패 자금을 추적할 수 있도록 하여 대한민국 사회의 투명성을 크게 높이는 계기가 되었기 때문이다. 또한 2005년 주식백지신탁제도가 도입되어 고위공직자가 직위를 이용하여, 혹은 직무상 알게 된 고급 정보를 이용하여 주식거래를 하거나 주가에 영향을 미치게 하는 것을 방지하였다. 공직자 병역신고법은 공직선거 후보자와 그 직계비속의 병역사항의 신고 및 공개를 제도화함으로써 공직을 이용한 부정한 병역 일탈을 방지하는 제도이다(법제처 2013). 부패방지법은 2001년 제정되어 부정부패 신고를 용이하게 하고 보상금도 수여함으로써 공직사회의 청렴성을 개선하는 것을 목적으로 시행되었다. 이후 몇 차례의 개정을 거쳐 부정부패의 정의 및 신고의 범위를 확대하였으며, 신고자 보호 및 신분보장을 강화하였다. 하지만 여전히 내부고발자에 대한 편견과 암묵적인 차별이 존재하며, 이들의 보호와 권익 구제에 대한 제도적 보호는 미흡한 실정이다.

다음으로 감사원은 정부 부패의 통제 및 절차적 투명성, 정부의 책임성 증진과 관련하여 행정부를 감시하는 중요한 임무를 수행하고 있다. 감사원법 제20조는 감사원의 임무에 대해 "감사원은 국가의 세입·세출의 결산검사를 하고, 이 법 및 다른 법률에서 정하는 회계를 상시 검사·감독하여 그 적정을 기하며, 행정기관 및 공무원의 직무를 감찰하여 행정 운영의 개선과 향상을 기한다."고 명시하고 있으며, "감사원은 대통령에 소속하되, 직무에 관하여는 독립의 지위를 가지며, 감사원 소속 공무원의 임면(任免), 조직 및 예산의 편성에 있어서는 감사원의 독립성이 최대한 존중되어야 한다(제2조)"고 그 독립적 지위를 강조하고 있다. 하지만 여러 기존 연구는 감사원의 독립성이 매우 미흡하며 실질적으로는 정부의 통제를 받고 있다는 점을 공통적으로 지적하고 있으며, 이를 개선하기 위해 감사원 감사권의 제약과 헌법 개정을 통한 독립성 확보 방안에 대해 논의하고 있다(방동희 2011; 허전·송성록 2009; 김남철 2018). 감사원 감사의 대상이 법률상으로 명확히 정해져 있음에도 불구하고 현실적 한계로 인해 실질적인 감사가 이루어지지 못하고 있는 현실은 지난 30년 동안 한국의 부패지수가 실질적으로 크게 개선되지 못했던 점과 조응한다. 감사원의 독립성 및 감사의 현실적 어려움과 관련된 논의는 크게 1) 감사 대상 및 감사 실시의 문제 2) 감사결정권의 제한 3) 헌법상의 제약으로 나뉘며, 궁극적으로 헌법 개정을 통한 감사원 권한 강화를 해결책으로 제시하고 있다.

민주화 이후, 법치 및 절차적 투명성 개선과 관련된 제도적 개혁으로는 개인정보보호법, 공공기관 정보공개법, 행정절차법, 민원사무처리법, 행정심판법 및 행정소송법 등의 도입을 들 수 있다. 먼저 개인정보와 관련, 헌재의 판결에 따르면 '개인정보는 스스로의 의사에 반하여 공개되지 않도록 할 필요성이 있는 정보(99헌마513)'로, 국민 개개인의 인권 보호의 문제와 연계되어 있다. 전자정부, 정보화의 진전으로 개인정보가 온라인 및 전산망에 저장되면서 국가는 이를 보호할 의무를 가지게 된다. 94년 공공기관의 개인정보보호에 관한 법률을 시작으로 2011년 개인정보보호법이 시행됨으로써 보다 적극적인 제도적 기틀이 마련되었다. 1996년 제정된 공공기관 정보공개법은 정부가 무슨 일을 하고 있는지, 적법절차를 준수하고 있는지를 국민들에게 공개함으로써 '국민의 알 권리를 구체적으로 실현하고 국민 주권주의를 실질적으로 보장하는 민주주의의 핵심적 장치'(법제처 2013, 152)라 할 수 있다. 이는 상시적으로 정부 정책 및 행정에 대한 국민의 감시를 활성화하여 궁극적으로 투명성 및 국민 참여 증진에 도움이 된다.

또한 행정절차법제의 도입 및 개정은 법치 및 정부의 절차적 투명성, 책임성 증진에 도움이 되었다. 행정절차법은 행정처분 시 의견청취

절차, 청문절차, 공청회 절차 등을 규정하면서 국민의 권익을 사전적, 사후적으로 보호하는 것을 골자로 하며, 54년 제정된 소원법(訴願法)의 내용을 기본으로 96년 12월 행정절차법으로 제정되었다. 행정부 내에서도 행정입법, 행정계획, 행정처분 등의 다양한 업무에서 어떤 절차를 밟아야 하는지에 대해 혼선이 있을 수 있으므로 일반적인 절차를 명시한 행정절차법은 행정의 신속성에도 도움이 되는 입법이라 할 수 있다. 유사한 취지의 입법으로 1994년 민원사무의 처리에 관한 사항을 규정하는 행정규제 및 민원사무기본법이 제정된 바 있다.

마지막으로 국민의 인권 및 권익 보호, 국가의 책임성 강화와 관련된 제도적 개선으로 국가배상법과 국가인권위원회법의 제정을 들 수 있다. 먼저 국가배상법은 헌법 제29조 제1항의 '공무원의 직무상 불법행위로 손해를 받은 국민은 법률이 정하는 바에 의하여 국가 또는 공공단체에 정당한 배상을 청구할 수 있다'에 근거한다.[13] 기본적으로 국가가 국민의 기본권을 침해하는 것을 방지하고, 이러한 행위가 이루어졌다면 이에 대한 심사 및 보상을 용이하게 하는 제도라 할 수 있다. 다만 국가배상청구권이 성립하기 위해서는 1) 공무원의 2) 직무상 3) 불법행위로 4) 손해가 발생했다는 것을 청구인이 입증해야 하기 때문에 입증에 상당한 어려움이 있고, 배상기준과 위자료가 현실적이지 않다는 한계가 존재한다.

다음으로 국가인권위원회는 독립적 지위를 가지는 합의제 행정기관으로서 입법, 사법, 행정 3부 어디에도 속하지 않고 독자적으로 업무를 수행하는 기관이다(법제처 2013). 국제인권법의 국내적 실현을 위한 UN의 지속적 권고와 엠네스티를 비롯한 여러 시민단체의 노력으로 2001년

---

13) 그러나 헌법 제29조 제2항은 군인·군무원·경찰공무원 기타 법률이 정하는 자가 전투·훈련 등 직무집행과 관련하여 받은 손해에 대하여는 법률이 정하는 보상 외에 국가 또는 공공단체에 공무원의 직무상 불법행위로 인한 배상은 청구할 수 없다고 명시하고 있다.

국가인권위원회법이 제정될 수 있었다. 국가인권위원회법 제1조는 "국가인권위원회를 설립하여 모든 개인이 가지는 불가침의 기본적 인권을 보호하고 그 수준을 향상시킴으로써 인간으로서의 존엄과 가치를 구현하고 민주적 기본질서 확립에 이바지함을 목적으로 한다"라고 명시하고 있으며, 국가인권기구의 지위와 책임은 1993년 제정된 '국가인권기구의 지위에 관한 원칙(Principles relating to the Status of National Institutions)'에 의해 구체적으로 열거되었다. 국가인권위원회는 인권과 관련된 법, 제도, 정책, 관행들을 조사·연구하며, 인권침해행위 및 차별행위, 인권상황에 대한 실태조사를 실시하고 개선이 필요한 사항에 관해 권고하는 것을 주요 업무로 하는데, 이명박, 박근혜 정부는 이 권고들을 무시하거나 인권위원에 전문성이 없는 인사를 임명함으로써 인권위원회의 기능을 무력화시켰다는 점에서 UN과 여러 인권단체를 비롯한 언론의 비판을 받은 바 있다. 인권위원회의 활동이 정권에 따라 영향받지 않도록 독립성과 권한을 더욱 강화하는 방안에 대한 논의가 필요할 것이다.

(2) 언론과 표현의 자유

선거를 통해 선출되지 않는 관료 집단이나 국가권력기관에 대한 감시, 그리고 비선거기간 동안의 집권세력에 대한 책임성 확보는 시민사회 조직과 언론의 자유로운 비판적 감시기능에 기반을 둔 사회적 책임성(social accountability)을 통해 이루어진다(강우진·강문구 2014, 282). 정부 또는 국가기관의 정책결정이나 업무수행과 관련된 사항은 언론과 국민의 끊임없는 감시와 비판의 대상이 되어야 하며, 이러한 감시와 비판은 언론보도의 자유가 충분히 보장될 때 비로소 정상적으로 수행될 수 있다. 권력에 대한 비판과 시민사회의 다양한 선호와 이해관계를 제대로 알리기 위해 언론의 자유는 민주주의를 유지, 발전시키는 데 매우 중요하다.

그러나 언론의 자유는 지난 10년간 가장 심각하게 침해된 부분 중 하나이다. 민주화와 함께 점진적으로 향상되어온 독립적 언론의 공공성은 정부의 인사권 행사나 언론 분야 구조개편을 통한 언론의 정치화 시도에 의해 상당히 훼손되었다. 김대중, 노무현 정부 시기에도 보수편향 언론사에 대한 세무조사나 정부부처별 기자실 폐지, 통합 브리핑제도 운영조치는 정권 비판적 언론취재에 대한 탄압이라는 비난에서 자유롭지 못했다(Haggard and You 2015, 175-176). 이명박 정부하에서도 방송통신위원장이나 공영방송 사장 등의 직책에 정치적으로 편향된 인사를 임명했다는 논란이 있었고 인터넷상의 비판적 여론을 통제하고 검열했다는 의혹이 제기되었다. 종합편성채널을 허용하기 위하여 2009년 7월 '미디어법'의 국회 날치기 통과도 이루어졌다. 국제 언론 감시단체인 국경없는 기자회(Reporters without Borders)의 2017년 발표에 의하면 이념적 양극화와 자기검열로 한국의 언론 자유는 180개국 가운데 63위에 머무르고 있다는 사실이 언론의 자유가 제한된 정도를 반영하고 있다(강우진·강문구 2014, 285-286).

언론의 정부비판에 대한 'PD 수첩' 기소 사례에서도 볼 수 있듯이 '국민의 알권리와 표현의 자유' 대 '명예훼손 및 모욕죄'의 경계는 언론보도와 관련하여 많은 논쟁을 불러 일으켰다. 특히 공직자들이 언론이나 네티즌에 대해 명예훼손소송을 제기하는 경우가 많아지면서 언론의 정부 및 국가기관, 관료에 대한 감시기능에 있어서 정부의 위협 또는 형사소추에 대한 두려움으로 위축되거나 자기검열(self-censorship)을 유도하는 효과를 낳아 표현의 자유를 억압하는 측면이 있다. 형사상 명예훼손은 권력자 비판을 막기 위해 검찰을 동원하는 제도로 남용된다는 이유로 세계적으로 폐지되거나 사문화되고 있는 제도이다. 그럼에도 불구하고 한국에서는 1990년대부터 증가하기 시작하여 2007년부터 2011년 사이에 거의 두 배 이상 급증하였으며, 구금된 사람도 2010년 24명에서 2014년 111명으로 늘어나는 등 국제적 조류에 역행하고 있다 (Haggard and You 2015, 169).

또한 언론과 표현의 자유를 제약할 수 있는 화두로서 국가보안법이 지속적으로 지목받아왔다.[14] 1948년 채택 이래 국가보안법은 권위주의 정권하에서 표현의 자유를 비롯하여 국민의 기본권을 침해하는 수단으로 남용되어 왔는데 특히 최근의 보수정권 하에서 국가보안법에 의거한 무리한 수사와 기소가 남발되었다. 예를 들면 이명박 정부(2008-2010년)하에서 국가보안법 입건자수는 261명으로 참여정부에 비해 2.5배 이상 증가했으나 실제기소율은 절반에 그쳐 국가보안법의 남용 및 기소의 남발이라는 비판을 받았다(강우진·강문구 2014, 278). 국제사면위원회의 보고서(Amnesty International 2012)를 인용한 해가드와 유종성(Haggard and You 2015, 173)에 따르면 국가보안법이 표현, 집회, 이동의 자유를 제한하고 있으며 북한 관련 주제에 대한 자유로운 학문적 토론이나 북한 관련 온라인 콘텐츠에 대한 규제 및 사이트 폐쇄, 검열 등으로 표현의 자유를 심각하게 침해할 수 있다고 우려한다. 중국과 긴장관계에 있는 대만에서도 2008년 헌법재판소의 판결을 통해 공산주의와 관련한 안보위협보다 표현 및 결사의 자유와 같은 기본권의 보장이 더 우위에 있다고 본 것과 비교될 수 있다(Haggard and You 2015, 176).

---

14) 국가보안법 15개 처벌조항 중 논란이 가장 많은 조항은 제7조 1항 찬양, 고무 금지로서 "반국가단체나 그 구성원 또는 그 지령을 받은 자의 활동을 찬양, 고무 또는 이에 동조하거나 기타의 방법으로 반국가단체를 이롭게 한 자는 7년 이하의 징역에 처한다"는 내용을 담고 있다. 이 조항은 처벌조항임에도 적용이 모호해 1990년 헌법재판소가 한정 합헌 결정을 내리면서 제한적으로 적용되기 시작했다. 보안법 폐지론자들은 이 조항이 사상과 양심의 자유를 보장한 헌법 19조에 위반된다고 주장한다. 같은 논리로 유엔 인권이사회도 보안법 7조의 개정과 점진적 폐지를 권고했으며 참여정부 시절 열린우리당이 이 조항을 포함, 보안법의 전반적 개정과 폐지 등을 추진했지만 무산된 바 있다.

(3) 시민참여의 거버넌스

비(非)선거기간 국민의 직접적인 참여방식과 관련, 지난 30년간 상당히 적극적인 성격의 참여제도의 도입과 개선도 꾸준히 관찰되었다. 이는 한국에서는 주로 주민자치를 강화하고자 하는 지방자치제도의 도입과 맥을 같이 하며, 짐머만(Zimmerman 1986)이 논하듯 능동적인 성격의 참여라고 구분할 수 있다. 대의민주주의제는 주로 다수결을 통해 대표자를 선출하여 국민의 권리를 위임하지만, 대리인의 도덕적 해이나 역선택의 위험은 방지하기 어렵다는 한계를 지닌다. 또한 대의제가 국민의 적극적인 국정 참여를 억제하고, 수동적인 위치로 전락시킨다는 주장도 제기되고 있다. 헌법 개정 이후 지난 30년간, 대의민주제의 한계를 보완하고 국민의 직접 참여 및 적극적인 의견 개진을 보장하는 제도로 주민투표제도, 주민소환제도, 주민감사청구제도, 주민소송제도, 조례 개폐 청구제도, 주민참여예산제도, 행정절차법에 의한 주민참여제도, 국민신문고 제도 등이 시행되고 있다.

이 중 대표적인 제도 몇몇을 살펴보면, 주민투표제도는 1988년 전문 개정된 지방자치법에 근거를 두고 있으며 의회가 마련한 법안을 주민 투표를 통해 그 승인여부를 결정하는 제도이다. 다만 지방자치단체의 사무에 관한 주민투표는 법적으로 구속력이 있지만, 정부 정책에 대한 주민투표는 단순히 주민 의견의 수렴일 뿐, 법적 구속력이 없다는 점에서 한계가 있다고 지적 받고 있다. 중앙 정부의 일방적인 정책 결정이나 주민 합의가 부족한 사안의 경우 주민투표를 통해 그 시행을 취소하는 것은 아직 가능하지 않다. 다음으로 2006년 도입된 주민소환제도는 주민의 동의를 통해 선거직 지방정치인(지방의회의원, 지방자치단체장 등)을 해직하는 제도[15]로, 여러 가지 이유에서 주민의 신뢰를 잃은 대리인을 선거기간이 아니라 해도 수시로 교체할 수 있도록 하는 법적

---

15) 국회의원이나 일반공무원은 주민소환의 대상이 아니다.

근거라 할 수 있다. 대리인의 책임성과 도덕성, 민의에 대한 반응성을 증진시키는 제도라고 할 수 있으나, 실제로는 주민소환의 청구요건을 맞추기가 어렵고 그 소환사유도 구체화 되어있지 않다는 점에서 실질적으로는 그 적용 사례가 많지 않다. 마지막으로 주민감사청구제도는 2005년 주민소송제와 함께 도입되었는데, 지방자치법 제16조 제1항에 근거, '지방자치단체와 그 장의 권한에 속하는 사무의 처리가 법령에 위반되거나 공익을 현저히 해한다고 인정되는 경우' 주민이 직접 감사를 청구할 수 있는 제도로 일정 인원 이상의 주민의 동의를 필요로 한다고 명시되어 있다. 2009년 이후 청구 요건이 다소 완화되어 감사청구건수가 다소 늘어났으며 그 결과 이명박 정부 시절에는 연간 25－35건 정도로 가장 청구건수가 높았으나, 박근혜 정부 때는 연간 10여 건 정도로 다시 줄어들었다(한국정책학회 2015). 현 제도상으로 가장 큰 문제점은 독립된 주민감사기구가 존재하지 않음에 따라 효율성과 전문성이 떨어지고 상시적인 감시가 불가능하여 주민의 참여의지를 독려하기 어렵다는 점으로 향후 상당한 제도적 개선이 필요할 것으로 보인다. 이 외에도 법제화되어 있지는 않지만 행정자치부나 여러 정부기관들도 온－오프라인을 대상으로 국민참여플랫폼을 운영하고 있는데, 국민의 정책제언이나 아이디어를 수렴하는 방식으로 국민참여를 독려하고 있다.

Ⅳ. 국제 비교 지표로 본 한국 민주주의의 질

이상 권력에의 경쟁 및 권력의 행사라는 두 측면에서 제도상의 변화를 추적한 결과 지난 30년 동안 여러 선진적인 민주적 제도변화가 있었음을 확인할 수 있었다. 다만 권력에의 경쟁 측면에서는 선거법, 정당법, 정치자금법 개정이 선거민주주의의 공고화에 상당히 긍정적으로 작용한 데 비해, 권력의 행사 측면에서의 제도적 변화는 세부항목에 따라 다소 복합적인 평가가 가능했다. 언론과 표현의 자유를 보장하는 실질적인 제도적 뒷받침은 사실상 부재했거나 미흡했던 것으로 분석되었으며, 여타 입법부, 행정부, 사법부의 상호 견제와 균형의 측면에서도 법규의 제정 및 제도화는 분명 진행되었으나 제도의 실질적 운용에 있어서는 상당한 현실적 한계가 있음을 파악할 수 있었다.

이에 아래에서는 민주주의의 질을 측정하는 여러 국제 지표를 통해 다시 한번 한국 민주주의의 질적 수준을 종합적으로 검토한다. 이는 민주주의를 다양한 차원으로 분해하여 분석하는 여러 국제 지표를 통해 다양한 민주주의의 차원 중에서 한국 민주주의가 질적으로 결여하고 있는 영역이 무엇인지를 다시금 확인하는 작업이다. 또한, 앞장에서 진행한 제도변화 분석에서 확인한 영역별 질적 차이가 지표상으로도 뚜렷하게 드러나는지 확인하며, 그 결과 한국 민주주의의 현 위치를 재확인한다.

1. 폴리티 지수

먼저 절차적 민주주의의 개념에 기반하여 정치적 측면에서 권력에의 참여(participation)와 경쟁(competition)이 얼마나 제도적으로 보장되어 있는가를 점수로 반영하는 폴리티(Polity Ⅳ) 지수를 확인한 결과는 다음과 같다. 종합적으로 볼 때, 폴리티 지수에 따르면 한국 민주주의는 민주화 이행 이후 지난 30년 간 안정적으로 작동하고 있는 것으로 보인다. 폴리티 지수는 최고 행정책임자(chief executive)가 충원되는 과정의 경쟁성과 개방성(executive recruitment), 그리고 권력행사에 대한 제약(constraints over the executive), 정치참여에 대한 규제와 개방성(political participation)의 차원에서 제도화된 권력의 민주적인 성격과 권위주의적인 성격을 각각 측정하여 DEMOC와 AUTOC의 두 변수로 구성한 뒤 DEMOC의 값에서 AUTOC의 값을 빼는 것으로 측정한다. 폴리티 지수는 −10에 가까울수록 보다 권위주의, 10에 가까울수록 보다 민주적인 속성이 강한 제도적 성격을 갖는 것으로 해석된다. 한국의 경우 1987년 이전 −5에 머무르던 폴리티 지수 값이 1987년 민주화 이행 후 선거민주주의의 경계선에 해당하는 6점에 도달한 뒤, 10년 후인 1997년에서 98년, 공정하고 자유로운 선거를 통한 역사상 첫번째 수평적 정권교체가 이뤄지면서 행정부에 대한 견제를 제외한 나머지 정치적 경쟁과 최고 행정책임자의 충원부문에서 모두 상승하며 결과적으로 6점에서 8점으로 2점 상승하였고, 현재까지 계속 8점을 유지하고 있다. 각 구성변수 값의 변화에 따른 보다 세밀한 분석을 제공하고 있는 강신구(2017, 81−82)의 경우 최고 행정책임자에 대한 충원의 경쟁수준이 높아진 것과 정책결정과정에서의 참여의 폭이 확대된 것은 김대중 정부의 승리로 정권교체가 이루어짐에 따라 진보세력 및 호남의 참여가 확대된 것이 반영된 결과로 해석된다. 또한 현재까지 8점에 머물러 있는 것은 대통령에 집중된 권력행사와 참여의 경쟁성이라는 측면에서 여전히 발전의 여지가 있음을 보여주는 것이기도 하다. 해가드와 유종성(Haggard and You 2015, 168)은 이렇게 90년대 이후 8점에 머물러 있는 이유에 대하여 정부권력의 남용을 견제하는 제도적 환경이 미약하며 이로 인해 발생하는 시민적 자유나 표현의 자유에 대한 침해 때문이라고 지적하고 있다. 김정(Kim 2018) 역시 민주적 책임성의 결핍, 즉 대통령이나 행정부의 권력행사를 견제하기 위해 설치된 법적·제도적 장치의 실효성이 낮은 현실이 개선되지 않고 있기 때문이라 분석한다.

2. 프리덤하우스 자유도 지수

프리덤하우스(Freedom House)의 세부 지표인 정치적 권리(political rights)와 시민적 자유(civil liberties)를 보면 한국 민주주의는 진전과 퇴보를 거듭한 것으로 분석되었다. 프리덤하우스의 자유도 지수는 정치적 권리(선거제도, 정치적 다원성과 참여, 정부기능)와 시민적 자유(표현과 신념의 자유, 집회와 결사의 자유, 법의 지배, 개인의 자율성과 권리)라는 두 가지 범주의 점수를 합산하여 1점부터 7점이 부여되며 1점에서 2.5점사이가 '자유로운(free)' 민주주의, 3점에서 5점까지가 '부분적으로 자유로운(partly free)' 민주주의, 나머지 5.5점에서 7점까지가 '자유롭지 못한(not free)' 국가로 구분되고 있다. 한국은 민주화 이행 직후 정치적 권리부문에서 2점, 시민적 자유부문에서 3점으로 평균 2.5점의 '자유로운' 민주주의 국가대열에 편입했다. 문민정부를 내세운 김영삼 정권 취임 이후 군부세력의 탈정치화와 공직자 재산공개, 토지공개념의 도입, 금융거래실명제 실시와 같은 사회 경제 전반에 걸친 강도 높은 개혁으로 시민의 권한과 자유, 법의 지배가 확대됨에 따라 시민적 자유 부분의 점수는 2점으로 올라서게 됐다. 2005년 조사에서는 정치적 권리부문에서 1점 상승하여 1.5점의 공고화된 민주주의 수준으로 평가되었고 2013년까지 유지되었다. 이는 노무현 정부 취임 이후 정치적으로 불안정한 탄핵정국에서도 4월 총선이 자유롭고 공정한 절차 속에서 치러졌고 곧 이은 헌법재판소의 탄핵무효판결로 다시 정국이 안정을 되찾은 결과가 반영된 것이다. 그러나 2013년 박근혜 대통령 취임 이후 국가정보원의 17대 대선 개입 및 여론조작 의혹과 정부 고위직의 권한 남용 및 부패로 인해 정치적 권리가 다시 2점으로 후퇴하였고 따라서 자유도 지수도 2점으로 강등하였다. 즉 2013년 한국의 자유도 지수는 김영삼 정부시대인 1990년대 수준으로 후퇴한 것이다. 2014년 이후에도 2점은 유지하고 있다는 점에서 표면적으로는 수치상의 변화가 없으나, 프리덤 하우스의 보고서에 따르면 한국의 자유수준은 지속적인 하락세를 보이고 있다. 이는 주로 박근혜 정부의 권력남용, 부패스캔들, 정치적 반대세력에 대한 탄압과 세월호 관련 비판여론에 대한 정부의 억압적 대응, 그로 인한 정부불신의 증가에서 비롯된 결과이다(Freedom House 2014, 2015).

검열과 방송경영에 대한 정부의 영향력 행사로 인해 언론의 자유 (Freedom of the Press) 점수[16] 역시 2002년 이후 정체되었다가 2010년 32점으로 자유로운 국가에서 부분적으로 자유로운 국가로 강등되었고, 2016년에도 34점을 받아 언론이 자유로운 국가로 분류되는 일본(27)이나 대만(25)과 비교해서도 상당히 낮은 수준에 머물러 있다. 인터넷 자유(Freedom on the Net)에 있어서도 한국이 65개국 가운데 21위를 기록하며 7년째 부분적 자유국에 머물고 있다. 이는 나이지리아(34), 브라질(33), 콜롬비아(32) 등과 비슷한 수준이며 같은 아시아 국가 중에서는 필리핀(28)이나 일본(23)보다 한참 뒤처져 있는 수치이다. 온라인상의 표현의 자유 부문은 인터넷 연결의 접근성, 온라인 컨텐츠에 대한 검열의 정치적 남용, 온라인 이용자에 대한 권리보호의 차원으로 측정하여 합산하며 총 0-100점으로 0-30점이 인터넷상의 표현이 자유로운 국가로 분류된다. 2017년도 보고서에 따르면 프리덤하우스는 한국에서 인터넷을 얼마나 자유롭게 쓸 수 있는지에 대해서는 25점 만점에 3점을 매겼지만, 인터넷으로 주고받는 내용들이 얼마나 자유로운지에 대해서는 35점 만점에 13점, 그리고 사용자 권리보호에 대해서는 40점 만점에 19점을 각각 부여했다.[17]

---

16) 언론의 자유 지수는 신문, 방송, 디지털미디어에 걸쳐 표현의 자유에 제약을 가할 수 있는 법적 제도적 환경(30%), 보도에 대한 정치적 압력(40%), 뉴스와 정보에 접근하는 데 미치는 경제적 환경(30%)에 각각 가중치를 둔 후, 이를 합산하여 0-30점은 언론이 자유로운 국가, 31점-60점은 부분적으로 자유로운 국가, 61-100점은 언론이 자유롭지 못한 국가로 분류된다.
17) 조희정(2017, 322)의 연구에 의하면 사실상 우리나라에서는 행정기관이 사법적 판단 없이 인터넷 게시물에 대한 삭제, 차단 결정을 할 수 있고, 이에 따라 한해 10만 건이 넘는 URL이 삭제, 차단되고 있다고 한다. 또한 명예훼손을 주장하는 자의 신고만으로 인터넷 서비스 사업자들이 인터넷 게시글을 차단하도록 하는 '임시조치제도'로도 한해 45만 건이 넘는 인터넷 게시글이 차단되는 등 행정기관의 자의적 통제가 사실상 검열 역할을 한다고 볼 수 있다.

3. 베르텔스만 이행 지수

앞서 소개한 폴리티나 프리덤하우스 지수가 참여, 경쟁, 자유 등의 정치영역에 한정된 민주주의의 속성을 기준으로 평가한다면, 아래에서 검토할 지수들은 상대적 자율성을 갖는 동시에 상호연계 되어있는 국가나 사회경제적 영역, 나아가 민주적 체제나 규범에 대한 대중의 지지도 등 정치문화적 요소까지 포괄적으로 측정하고 있다. 따라서 각 지수에서 선택한 민주주의를 규정하는 다양한 차원의 속성 가운데 불균등한 발전의 양상이나 속도가 관찰된다면 어느 부분에서 상대적 지체나 결함이 발생하는지를 분별하기에 보다 용이하다.

이 가운데 먼저 베르텔스만 이행지수(Bertelsmann Stiftung's Trans—formation Index, 이하 BTI)는 정치적 결정권자의 국가 운영 능력을 분석의 핵심에 두고, 자체 수집 자료를 통해 거버넌스의 질을 종합적으로 측정하고 비교한 지표로, 전문가 조사 및 검토를 통해 매 2년 마다 업데이트 된다(Stiftung 2018). 온라인에 공개되어 있는 표준화된 기준에 따라 국가별 전문가들이 평가 및 측정한다는 점이 특징적이다. 이 글과 관련해서 눈여겨 볼 것은 민주주의 상태 지수(Democracy Status Index)로, 이는 민주주의로 향하는 길에서 한 국가가 과연 어디에 위치해 있는가를 보여주는 지수이다. 5개의 하위 영역인 국가성(Stateness), 정치참여(Political Participation), 법의 지배(Rule of Law), 민주적 제도의 안정성(Stability of Democratic institutions), 정치 및 사회 통합(Political and social integration) 각각에 대해 점수가 매겨지며, 각 영역은 또 다시 여러 하위 지표로 나뉘어 측정된다. 종합 1－10점의 스케일로 평가되며 높은 점수일수록 높은 수준의 민주주의를 의미한다.

먼저 국가성이란 '적절하게 수립되고 차별화된 권력 구조를 가지는, 국가의 존재에 대한 명확성이 있는가?'에 대한 항목으로 무력 사용의 독점성(Monopoly on the use of force), 국가 정체성(State identity),

종교 불간섭(No interference of religious dogmas), 기본적 행정력(Basic administration)으로 측정된다. 정치참여는 자유롭고 공정한 선거(Free and fair elections), 효과적 통치권(Effective power to govern), 단체 및 집회 결사권(Association/Assembly rights), 표현의 자유(Freedom of expression)의 하위항목으로 측정된다. 법의 지배는 권력분립(Separation of powers)과 사법부 독립성(Independent judiciary), (정권의) 권력 남용에 대한 기소권(Prosecution of office abuse) 및 시민권(Civil rights)으로 측정된다. 민주적 제도의 안정성은 민주적 제도의 성과(Performance of democratic institutions)와 민주적 제도에의 헌신(Commitment to democratic institutions)으로 측정된다. 마지막으로 정치 및 사회 통합은 정당 시스템/이익집단(Party system/Interest groups), 민주주의에 대한 찬성/지지(approval of democracy), 사회자본(Social capital)으로 측정된다(Stiftung 2018). 각 지표에 대한 한국의 점수를 살펴보면 다음과 같다.

표 2-1 민주주의 상태 지수: 한국 2006-2016

	종합· 민주주의 상태 지수	국가성	정치참여	법치	민주적 제도의 안정성	정치·사회 통합
2006	8.9	10	9.3	8.5	8.5	8.3
2008	8.9	10	9.3	8.3	8.5	8.3
2010	8.9	10	9.0	8.8	8.5	8.3
2012	8.7	10	8.8	8.5	8.5	7.8
2014	8.6	10	8.8	8.3	8.5	7.5
2016	8.5	10	8.3	8.3	8.5	7.5

출처: https://www.bti−project.org/en/data/rankings/status−index/.

가장 평균 점수가 낮은 영역은 정치 및 사회 통합 부문으로 조사되었다. 한국 사회는 서구 민주주의 국가에 비해 당파성의 범위가 보다

좁게 정의되어 있지만, 그럼에도 불구하고 당파 간 갈등이 심한 편이다. 서구의 기준에서라면 한국의 두 주요 정당은 좌파와 우파보다는 중도우파 및 우파 정도로 구분되지만, 안보 이슈 및 경제·복지정책에 있어 그들의 지향점은 상당히 극단적으로 대립하는 것으로 비춰지고 있으며 이는 뿌리 깊은 지역감정 및 세대 갈등과도 깊게 연결되어 있다. 특기할 만한 점은 노무현-이명박-박근혜 정권으로 이어지면서 특히 정치참여 및 정치·사회 통합 지수가 지속적으로 하락하고 있다는 점이다. 이는 많은 서구선진국에서 나타나듯이 대중의 정치적 무관심의 일반적인 발현일 수도 있으나, 노무현 정부 전반에 걸쳐 정부에 대한 비판이 미디어와 인터넷 커뮤니티를 중심으로 자유롭게 토론된 것과는 달리, 이명박, 박근혜 정부에서는 보다 강력한 미디어 통제의 경향이 관찰되었고 인터넷 실명제와 민간인 사찰 논란, 국정원 댓글부대 등의 논란으로 사회 갈등이 증폭된 까닭일 수도 있다. 법의 지배 점수 역시 이명박 정부는 출범 초기 법치를 캐치프레이즈로 내걸 정도로 강조하였음에도 불구하고 노무현 정부와 비교해 볼 때 그 점수에는 큰 차이가 없는 것으로 조사되었다.[18] 박근혜 정부 들어서도 법의 지배 점수는 다소 하락한 것을 확인할 수 있다.

4. 이코노미스트 민주주의 지수

다음으로는 이코노미스트 민주주의 지수(Democracy Index)를 검토한다. 이는 이코노미스트 인텔리전트 유닛(Economist international unit, 이하 EIU)에서 각 국가의 민주주의의 정도를 측정하여 발표하는 지수이다. 0-4점은 권위주의(Authoritarian regime), 4-6점은 혼합체제(Hybrid regime), 6-8점은 결함이 있는 민주주의(Flawed democracy), 8-10점

---

18) 이명박 정부의 법치 수준의 하락에 대한 논의는 강우진·강문구(2014, 277), 김종서(2012)를 참고할 것.

은 완전한 민주주의(Full democracy)로 분류한다. 민주주의 지수는 주로 전문가를 대상으로 하는 5개 카테고리의 60개 설문에 국제가치조사 (WVS)와 같은 여론조사 설문을 부분적으로 반영하여, 이를 종합적으로 가중 평균하여 측정된다고 알려져 있다. 하지만 어떠한 설문 항목을 사용하는 것인지 문항을 공개하지 않으며, 설문에 응답한 전문가가 누구인지에 대한 정보도 공개되어 있지 않아 그 측정의 정확성과 투명성에 대해서는 논란의 소지가 있다. 설문의 다섯 카테고리는 1) 선거 과정 및 다원주의, 2) 시민의 자유, 3) 정부의 기능, 4) 정치참여, 5) 정치문화로 나뉘어 있다. 다른 전문가 인식 조사와 차별화되는 것은 정치문화를 측정하여 종합 지수에 반영한다는 점이다.

표 2-2   EIU 민주주의 지수: 항목별

연도	종합점수	선거과정 및 다원주의	정부의 기능	정치참여	정치문화	시민의 자유
2006	7.88	9.58	7.14	7.22	7.5	7.94
2008	8.01	9.58	7.5	7.22	7.5	8.24
2010	8.11	9.17	7.86	7.22	7.5	8.82
2011	8.06	9.17	7.86	7.22	7.5	8.53
2012	8.13	9.17	8.21	7.22	7.5	8.53
2013	8.06	9.17	7.86	7.22	7.5	8.53
2014	8.06	9.17	7.86	7.22	7.5	8.53
2015	7.97	8.75	7.86	7.22	7.5	8.53
2016	7.92	9.17	7.5	7.72	7.5	8.24

출처: The Economist Intelligence's Unit.

한국은 EIU 지표상 2008년 이후 2014년까지 완전한 민주주의로 분류되어 왔다. 이명박 정부 집권기인 2008–2012년의 평가를 보면, 선거과정 및 다원주의 항목에서의 약 0.4점의 하락을 제외하면 여타 영역에서는 비교적 안정적으로 점수를 유지하고 있다. 그러나 박근혜 정부 후반기에 종합점수가 추락하여 결함이 있는 민주주의로 분류되었다. 2014년 이후 한국의 민주주의가 특별히 가시적인 제도상의 후퇴를 겪은 것은 아니지만, 세부항목 중 선거과정 및 다원주의, 정부의 기능과 같은 제도의 운용과 관련된 영역에서 상당한 점수가 하락하였기 때문이다. EIU의 2015년 보고서(p.24)에 의하면 다원성 분야의 점수하락은 야권분열로 인해 2016년 총선에서 다수당의 교체 가능성이 희박해진 점을 이유로 들고 있다. 또한 박근혜 정부 후반기의 혼란을 생각해 보면, 제도의 실질적 작동 과정에서의 논란 및 정치갈등 증가와 같이 급변하던 상황이 반영된 것으로도 보인다. 2016년에는 정치참여 부문에서의 급격한 점수 증가가 있었는데, 이 역시 2016년 중·하반기의 박근혜 정부 반대시위와 관련된 집회, 시위 참여인원의 급격한 증가 때문인 것으로 보인다. 시민의 자유 부분에서도 2016년 들어 0.3점 가량의 점수 하락이 있었다. 정치문화 부문의 점수는 10년 동안 전혀 변동이 없는 것으로 조사되었는데, 정치문화의 속성이 하루아침에 변화하는 것은 아니지만 이 같은 정체된 점수에 대한 보다 세밀한 설명이 결여되었다는 점은 아쉬운 부분이다. 종합적으로 볼 때, 한국의 민주주의가 선거과정 및 다원주의 영역에서는 9점 이상의 높은 평가를 받고 있지만 나머지 영역에서는 주로 7점대에 머무르고 있다는 것은 제도적인 선거민주주의의 원칙은 잘 준수되고 있지만 민주적 규범의 일상화, 내면화 수준을 보여주는 정치 참여나 정치 문화와 같은 여타 영역에서는 아직 상당한 발전이 필요하다는 것을 암시한다고 할 수 있다.

5. 민주주의의 다양성 지수

마지막으로 검토한 민주주의의 다양성 지수(Varieties of Democracy Index, 이하 V-Dem)는 위에서 언급된 다양한 민주주의 지표의 단점을 가장 많이 보완하고 있다고 평가받고 있는 지표로, 민주주의를 개념화하고 측정하는 새로운 접근법의 하나이다. 민주주의의 절차적 측면과 결과적 측면 모두를 반영한 가장 확장된 차원의 지표라 볼 수 있다. 학계의 전문가를 대상으로 조사하지만 다수의 전문가를 참여시킴으로써 응답자의 이념 성향이나 정부에 대한 선호 등의 편향을 좀 더 줄였다고 알려져 있다. V-Dem은 총 5개의 세부항목을 종합하여 측정하는데, 선거(electoral) 민주주의, 자유(liberal) 민주주의, 참여(participatory) 민주주의, 숙의(deliberative) 민주주의, 평등주의적(egalitarian) 민주주의로 나뉜다. 먼저 선거민주주의는 달(Dahl 1971)이 폴리아키(Polyarchy)에서 논한 필수적 원칙(결사의 자유, 참정권, 공정 선거, 선출된 행정부, 표현의 자유)을 반영하여 선거과정에서 선거부정이나 사기는 없는지, 언론과 표현의 자유는 보장되는지 등을 측정한다. 자유민주주의는 통치자에 맞서 개인과 소수의 권리보호가 이루어지고 있는지, 법의 지배가 잘 이루어지고 있는지, 사법부가 독립적이며 견제와 균형의 원칙은 지켜지고 있는지와 관련된 항목이다. 참여민주주의는 시민들의 참여와 결정 권한이 얼마나 허용되고 있는지, 직접민주주의 요소들을 확인하며, 숙의민주주의는 정책 결정과정에 시민들이 참여하고 그 결정의 내용에 영향을 미치는 정도에 초점을 맞추고 있다. 마지막으로 평등주의적 민주주의 항목은 경제적 불평등이 시민의 선거권과 자유를 제약하지는 않는지를 확인한다(Sigman and Lindberg 2015).

〈그림 2-1〉은 한국의 민주주의 지수의 시간적 흐름을 보여주고 있다. 대부분의 하위 지표는 지속적으로 증가하다가 2008년을 기점으로 추락하는 경향을 보인다. 한국의 경우 일관되게 선거민주주의 지수의 점수가 가장 높으며, 참여민주주의 지수가 가장 낮은 패턴을 보인다. 평등주의적 민주주의 지수는 1992년까지는 선거민주주의 지수 다음으로 높은 점수였으나 이후 점점 하락하는 양상인데, 이는 증가하는 경제적

불평등이 평등주의적 민주주의의 이상에 부정적인 영향을 미치는 현실
이 반영된 것으로 해석된다. 자유민주주의 지수는 1993년을 기점으로
선거민주주의 지수 다음으로 높은 점수를 받고 있으며, 숙의민주주의
지수는 2007년까지 꾸준히 증가하다가 이후 급락하는 패턴을 보이고
있다. 노무현 정부의 마지막 해부터 이명박 정부와 박근혜 정부 전 기
간까지 정치적·사회적 갈등이 고조되었던 시기적 특성을 고려해볼 때
이 기간 동안 숙의민주주의의 질에 상당한 하락이 있었던 것으로 해석
된다. 즉, 종합적으로 볼 때 한국은 선거민주주의의 제도 차원에서는 높
은 수준과 질을 유지하고 있으나, 여타 차원인 자유, 참여, 숙의, 평등
과 관련해서는 아직 높은 수준의 공고화를 이루지는 못한 것으로 분석
된다. 다만 V-Dem의 각 하위 지표 간 상관관계가 매우 높고, 지표의
변화 모양이 상당히 유사하다는 점에서 지표 간의 독립성에는 다소의
의문이 존재한다.

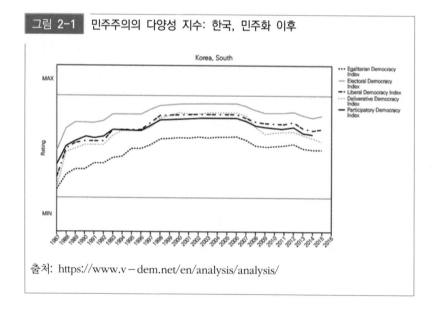

그림 2-1　민주주의의 다양성 지수: 한국, 민주화 이후

출처: https://www.v-dem.net/en/analysis/analysis/

| 그림 2-2 | 민주주의의 다양성 지수: 민주화 직후와 최근의 비교 |

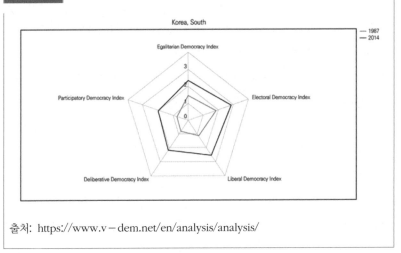

출처: https://www.v-dem.net/en/analysis/analysis/

〈그림 2-2〉는 민주화 직후 1987년과 최근 2014년의 두 시점 비교를 통해 한국 민주주의의 질적 변화를 보다 가시적으로 보여주고 있다. 작은 오각형은 1987년의 민주주의의 질을, 큰 오각형은 2014년의 민주주의의 질을 나타낸다. 전반적으로 보아 한국 민주주의는 민주주의를 구성하는 다섯 차원 모두에서 상당한 발전을 이룩하였다. 다만 다른 네 영역에 비해 참여민주주의와 평등주의적 민주주의의 경우 그 발전이 두드러지지는 않았다. 최장집(2010)을 비롯한 기존 연구들은 한국 민주주의의 가장 큰 문제를 참여의 위기로 지적하고 있으며, 투표율의 지속적 하락과 사회 갈등의 증가를 그 원인으로 보는데, 향후 민주주의의 다양한 영역의 고른 발전을 위해서는 대의민주주의를 더욱 심화, 발전시키는 개념으로서의 참여의 양과 질을 늘리고 합의민주주의적 성격을 강화하는 노력이 필요할 것으로 보인다.

V. 결론

지난 30년간 한국 민주주의의 제도적 변화를 권력에의 경쟁과 권력의 행사 두 측면에서 종합적으로 검토한 결과 상당히 많은 민주적 제도 변화와 진전이 있었음을 확인할 수 있었다. 권력에의 경쟁 측면에서는 선거민주주의의 공고화를 뒷받침하는 긍정적인 제도적 변화들(선거법, 정당법, 정치관계법 개정, 선거연령 조정, 여성 공천비율 확대)이 고르게 관찰되었다. 하지만 권력의 행사 측면에서는 삼권분립과 관련된 독립성 문제에 있어 헌법 개정의 필요성이 여전히 대두되고 있으며, 대통령과 행정부의 불균형적으로 강한 권한, 정부 감시 및 부패 축소 영역에서의 현실적 제약, 언론의 자유 제한 및 기존 기득권 구조의 유지 등 제도가 불충분하거나 제도개혁만으로는 개선하기 어려운 여러 실질적 한계도 동시에 노출하고 있는 것으로 분석되었다.

이러한 분석의 객관성을 담보하기 위해 한국 민주주의의 질에 대한 여러 국제적 기구의 평가를 종합적으로 확인한 결과, 한국 민주주의는 분명 지난 30년간 크게 발전하였으나, 최근 10년 동안은 절차적, 선거 민주주의의 공고화를 넘어서 실질적, 자유민주주의로의 심화 단계에까지 이르지 못하고 정체 내지 질적 하락을 보여준 것으로 분석되었다. 특히 선거민주주의의 차원을 넘어 정치참여, 정치문화, 사회갈등, 언론의 자유 등의 차원에서 한국 민주주의를 세부적으로 평가하는 경우, 최근 10년간의 정체 및 질적 하락은 상당히 일관되게 관찰되었다. 어떠한 지표를 채택하느냐에 따라 조금씩 평가는 달라지지만, 최소한 절차적 민주주의, 선거민주주의의 관점에서 한국의 민주주의는 조금은 더 성숙해지고 공고화되었다고 평가할 수 있을 것이다. 그러나 대통령 권력에 대한 미약한 통제, 여전히 제한적인 참여, 그리고 오히려 악화되어 가는 언론자유의 환경 및 표현의 자유의 위축 등이 우리나라 민주주의의 질적 심화에 대한 전망을 어둡게 만들고 있다(강신구 2017, 85).

전문가 조사뿐만 아니라 여론조사를 통한 분석에서도 한국 민주주의의 질에 대한 국민의 불만은 꾸준히 관찰되고 있다(Park 2013). 민주주의 30년을 넘어 공고화의 길을 걷고 있지만, 정치에 대한 국민의 만족도는 낮은 편이며, 정치참여 역시 꾸준히 하락하고 있다. 국가 차원의 제도적 노력이나 정당 차원의 자구적 노력은 분명 관찰되고 있지만, 노리스(Norris 1999)가 지적했듯이 제도적 개선만을 통한 민주주의의 질 향상에는 한계가 있다. 민주적 제도의 도입이 의도한 만큼의 효과를 발휘할 수 있는가의 문제는 제도가 보상과 제제를 강화하는 유인체계로서 현실에서도 효과적으로 잘 작동하느냐의 문제뿐만 아니라 한국 고유의 정치·사회·문화적 요인이 새로이 도입된 제도의 작동에 어떤 영향을 미칠지 알기 어렵다는 점과도 관련이 있다(최장집 2003). 한국 민주주의의 질적 개선은 사실 많은 부분 위로부터의 제도적 개선에 기대왔던 만큼 하향식 접근의 성격을 띠고 있었기 때문에, 제도가 실질적으로 현실에 뿌리내리고 가시적인 변화를 이룩하기까지는 아래로부터의 더 많은 피드백과 개선의 노력, 참여가 필요할 것이다.

참고문헌

가상준. 2016. "사전투표제는 투표율을 제고하는가?." 『한국정당학회보』 15권 1
호, 5-27.

강신구. 2017. "6.29 선언 8개항의 의미와 진전에 대한 평가." 강원택 편. 『6.29
선언과 한국 민주주의』, 62-99. 서울: 푸른길.

강우진. 2013. "민주주의에 대한 불만족 결정요인에 대한 연구." 『한국정당학회
보』 12권 3호, 173-201.

강우진, 강문구. 2014. "이명박 정부와 한국 민주주의의 질: 부분체제 접근법을
중심으로." 『경제와 사회』 104호, 265-299.

강원택 편. 2017. 『6·29 선언과 한국 민주주의』. 서울: 푸른길.

강원택 · 이지호 · 서복경 · 강신구 · 박현석 · 이용마 · 조희정 · 김형철 · 강우진 · 안
용흔 · 지은주 · 김대순. 2017. 『대한민국 민주화: 30년의 평가』. 서울: 대
한민국역사박물관.

국회사무처. 2012. 『2012 의정자료집』. 서울: 국회.

김남철. 2018. "감사원 관련 헌법개정논의에 대한 공법적 소고." 『공법학연구』
19권 1호, 277-309.

김선혁. 2011. "정부의 질과 시민사회: 비판적 검토와 지표 개발을 위한 시론."
『정부학연구』 17권 3호, 49-78.

김종서. 2012. "이명박 정부 5년의 법, 인권 민주주의." 『민주법학』 50호, 55-
88.

김종일. 2013. "헌법재판의 정책결정과 민주주의 원리에 관한 검토." 『법과 정
책연구』 13권 4호, 1623-1659.

박경미 · 손병권 · 임성학 · 전진영. 2012. 『한국의 민주주의: 공고화를 넘어 심화
로』. 서울: 도서출판 오름.

박명호. 2017. "한국 민주주의의 성취와 과제." 『지식의 지평』 22호, 1-14.

박종민 · 배정현. 2007. "정부신뢰와 정책혜택 및 정부공정성에 대한 태도." 한국
행정학회 동계 학술 대회. 서울. 12월.

방동희. 2011. "감사원 감사권의 제한과 개선에 관한 연구: 규범과 현실간의 간
극과 개선방안을 중심으로." 『법과 정책연구』 11권 4호, 1345-1375.

법제처. 2013. 『대한민국 법제 60년사: 일반행정 법제분야』. 서울: 법제처.

서복경. 2017. "민주화 30년의 제도정치." 강원택 편.『대한민국 민주화: 30년의 평가』, 116－154. 서울: 대한민국역사박물관.

오승용. 2005. "정치관계법 개혁의 성격과 내용: 2004년 개정 정치관계법을 중심으로."『21세기정치학회보』 15권 1호, 155－179.

장훈. 2006. "혼합형 선거제도의 정치적 효과."『한국정치학회보』 40권 5호, 191－213.

정태욱. 2009. "법치주의와 사법부의 독립."『법학연구』 12권 3호, 37－63.

조희정. 2017. "한국 문화 발전과 민주주의 공고화." 강원택 편.『대한민국 민주화: 30년의 평가』, 286－328. 서울: 대한민국역사박물관.

최장집. 2003. "한국 민주주의의 제도디자인 서설."『아세아연구』 46권 4호, 155－191.

_____. 2010. "한국 민주주의를 이해하는 방법에 관한 하나의 논평."『경제와 사회』 85호, 93－120.

한국정책학회. 2015. "주민참여제도 현황 및 활성화 방안 연구". 행정자치부 연구용역보고서.

허 전·송성록. 2009. "헌법상 기관으로서 감사원의 독립성 제고방안."『공법학연구』 10권 4호, 169－195.

Bühlmann, Marc, Wolfgang Merkel, Lisa Müller, and Bernhard Weßels. 2012. "The Democracy Barometer: A New Instrument to Measure the Quality of Democracy and its Potential for Comparative Research." *European Political Science* 11(4): 519－536.

Dahl, Robert Alan. 1971. Polyarchy: Participation and Opposition. New Haven: Yale University Press.

Fishman, Robert M. 2016. "Rethinking Dimensions of Democracy for Empirical Analysis: Authenticity, Quality, Depth, and Consolidation." *Annual Review of Political Science* 19: 289－309.

Freedom House. 2014. Freedom in the World 2014. New York: Freedom House.

_____. 2015. Freedom in the World 2015. New York: Freedom

House.

_____. 2018. Freedom in the World 2018. New York: Freedom House.

Haggard, Stephan, and Jong−sung You. 2015. "Freedom of Expression in South Korea." *Journal of Contemporary Asia* 45(1): 167−179.

Hamilton, A. 1788. Federalist Papers No 78. Retrieved Sept, 15, 2005.

Kim, Jung. 2018. "South Korean Democratization: A Comparative Empirical Appraisal." In Routledge Handbook of Democratization in East Asia, edited by Tun−jen Cheng and Yun−han Chu, 53−68. Routledge.

Mazzuca, Sebastián. L. 2007. "Reconceptualizing democratization: Access to power versus exercise of power." *Regimes and Democracy in Latin America: Theories and Methods*, 39−49.

_____. 2010. "Access to Power Versus Exercise of Power: Reconceptualizing the Quality of Democracy in Latin America." *Study of Comparative International Development* 45: 334−357.

Merkel, Wolfgang. 2004. "Embedded and Defective Democracies." *Democratization* 11(5): 33−58.

Møller, Jørgen, and Svend−Erik Skaaning. 2010. "Beyond the Radial Delusion: Conceptualizing and Measuring Democracy and Non−democracy." *International Political Science Review* 31(3): 261−283.

Mosler, Hannes B., Eun−Jeung Lee, and Hak−Jae Kim,. (eds.). 2018. *The Quality of Democracy in Korea: Three Decades after Democratization.* London: Palgrave Macmillan.

Norris, Pippa. 1999. "Institutional Explanations for Political Support." *Critical citizens: Global support for democratic governance*, 217−235.

Park, Chong−Min. 2013. "South Korea's disaffected democracy". In *Democracy in Eastern Asia*, edited by Edmund S. K. Fung and Steven Drakeley, 38−59. London: Routledge.

Sigman, Rachel, and Staffan Lindberg. 2015. "The Index of Egalitarian Democracy and Its Components: V−Dem's Conceptualization and Measurement." V−Dem Working Paper.

Stiftung, Bertelsmann. 2018. "Bertelsmann Transformation Index 2008."
  Politische Gestaltung im internationalen Vergleich. Gütersloh, Verlag
  Bertelsmann Stiftung.

The Economist Intelligence Unit. 2016. "Democracy Index 2015: Democracy
  in an age of anxiety".

Wong, Joseph. 2015. "South Korea's Weakly Institutionalized Party System."
  In *Party System Institutionalization in Asia: Democracies, Autocracies,
  and the Shadow of the Past,* edited by Allen Hicken and Erik
  Martinez Kuhonta, 260－279. New York: Cambridge University Press.

Zimmerman, Joseph F. 1986. *Participatory Democracy: Populism Revived.*
  N.Y: Praeger.

1편

절차적 차원

한/국/민/주/주/의/의/질

03

선거민주주의의 질:
경쟁과 참여 및 수직적 문책성

윤광일

I. 들어가며

민주주의에 대한 최소주의(minimalist) 또는 절차적(procedural) 접근
에 바탕을 둔 서구 학자들은 현대 한국 민주주의 체제의 기점을 대체로
권위주의 정권을 굴복시켜 새 헌법과 대통령 직선제를 쟁취한 1987년
으로 잡고 있다. 이후 30년간 한국은 6번의 대통령 선거와 8번의 국회
의원 선거, 그리고 1991년 부활 이후 7번의 지방선거를 치렀다. 또한,
1997년과 2007년 동일한 선거제도 하에 두 차례에 걸쳐 평화롭게 정권
교체를 이뤄내어 헌팅턴(Huntington 1991, 266 – 267)이 제시한 공고화된
민주주의의 기준('two – turnover test')도 충족시켰다. 실제로 한국은 '제
3의 물결(the third wave)' 시기 민주화된 80여 개 나라들 중 유럽지역
외에서는 몇 되지 않는, 완전하게 공고화된 성숙한 민주주의를 구가하
고 있는 나라로 평가받고 있다(Diamond and Shin 2014). 역설적으로 이
제 한국은 오래된 서구 민주주의 국가가 겪어 온 '민주주의 위기'도 맞
닥뜨리고 있다. 1996년부터 2011년까지 8차례 한국 민주주의 바로미터
(Korea Democracy Barometer)와 아시안 바로미터(Asian Barometer) 한

국 조사 자료를 분석한 박종민(Park 2011; Park and Chu 2014)에 의하면, 민주주의에 대한 선호는 - 정권교체 후 반등세를 보인 2011년 조사를 제외하면 - 지속적으로 하락세를 보여 40% 초반에 머무른 반면에 때로는 권위주의 정부가 낫다는 응답이 35%를 초과할 만큼 증가세를 보이고 있고, 민주주의에 대한 만족도도 대체로 50%를 넘지 않을 정도로 정치적 불만(political discontent)이 매우 높은 나라로 평가된다. 또한, 한국은 높은 수준의 자유민주주의 국가임에도 불구하고 2006년 이후 전 세계적으로 벌어지고 있는 '민주주의 후퇴(democratic recession)' 현상을 비껴가지 못한 것으로 평가되었다(Diamond 2015).

이글에서는 1987년 민주화 이후 지난 30년 동안 공고화를 거쳐 성숙기에 들어서 위기를 겪고 있는 한국 민주주의에 대해 이제 민주주의 정도 곧, 질에 초점을 맞춰 논의할 시점이 되었다고 판단한다. 이하에서는 한국 민주주의의 출발점이자 공고화의 지표인 동시에 위기의 한 요인으로 평가되는 선거와 정당을 둘러싼 주요 쟁점을 선거제도와 투표행태 및 정당체제로 나누어 민주주의 질의 핵심 차원인 경쟁, 참여(포괄성), 자유와 평등, 수직적 문책성(vertical accountability) 등에 초점을 맞추어 분석하고자 한다. 분석에 앞서 민주주의와 민주주의의 질(quality) 논의에서 선거가 차지하는 위상을 검토해보도록 한다.

II. 민주주의와 민주주의 질 논의에서 선거의 위상

슘페터(Schumpeter)에서부터 시작되어 달(Dahl)과 쉐보르스키(Przeworski)로 이어진 현대 민주주의에 대한 최소주의적 접근은 주권자인 '인민에 의한 통치' 곧, 자치 기제로서 최소한 선거제도를 갖춘 정체(polity)를 민주주의로 상정한다. 예컨대, 슘페터는 득표 경쟁을 통해 통치권력을 획득하는 선거절차의 유무를 민주주의 판별 기준으로 제시하여 인민 의사에 기초한 직접민주주의를 이상화했던 18세기 민주주의 철학으로부터 결별했다(Schumpeter 1942). 또한, 달(Dahl 1971; 1989)은 경쟁과 포괄성(참여)이 최대한 구현되는 민주주의 현실태로 다두제(polyarchy)를 제시하는데, 자유롭고, 공정하며, 주기적인 선거는 이의 핵심요건이다. 1950년부터 1990년까지 세계 135개국을 대상으로 경제발전과 민주주의 간의 관계 곧, 근대화이론을 경험적으로 연구한 쉐보르스키와 동료 연구자들은 슘페터와 달의 논의 중 경쟁에 초점을 맞춰 민주주의를 "경쟁 선거를 통해 통치자를 선출하는 레짐"으로 정의한다(Przeworski et al. 2000, 15).[19] 이들은 ① 집행부 수반 선출 ② 선거에 의한 입법부 구성 ③ 선거에서 복수 정당의 경쟁 ④ 동일한 선거제도하에서 권력교체 등 네 조건을 모두 충족하는 경우에만 민주주의로, 그렇지 않은 경우에는 독재로 분류할 만큼 실질적 경쟁이 보장된 선거를 민주주의의 필수 불가결한 요건으로 제시한다.

선거는 '제3의 물결' 이후 신생 민주주의 국가에서뿐만 아니라 선진 민주주의 국가에서조차 일어나고 있는 민주주의의 변화와 위기 실태를 파악하고 정책적 처방을 제시하기 위해 확산된 실질적 민주주의와 민주주의 질 연구에 있어서도 논의의 출발점이자 핵심 주제이다. 예컨대, 민주주의 형태와 다차원적 민주주의 질 간의 관계를 실증적으로 분석하여 민주주의 질 논의를 촉발시킨 레이파트(Lijphart)에 의하면, 선거제도와 정당제는 현실 민주주의를 대별하는 다수제(Westminster or majoritarian)와 합의제(consensus) 모델의 핵심 차원을 구성한다. 그는 36개국 민주주의 국가를 대상으로 연구한 결과를 토대로 합의제 민주주의가 다수제에 비해 양성평등, 경제적 평등, 정치참여, 문책성, 민주주의 만족도 등

---

19) 쉐보르스키는 경쟁 선거의 특징으로 결과의 사전적 불확실성(*ex ante* uncertainty)과 사후적 불가역성(*ex post* irreversibility), 그리고 실시의 반복성(repeatability)을 제시한다(Przeworski 1991).

으로 측정한 민주주의 질에 있어서 우월하며, 비례대표제 선거제도와 의회제 조합이 합의제 민주주의를 추동할 것이라는 제도주의적 처방을 제시한다(Lijphart 2012). 또한, 라틴 아메리카 지역 중심의 신생 민주주의 국가에서 민주화 이후 제도화 실패와 사회·경제적 위기에 주목하여 민주주의 질 연구의 또 다른 주창자로 알려진 오도넬(O'Donnell)도 자유롭고, 경쟁적이며, 평등하며, 실제 권위를 선출하는데 결정적인 동시에 포괄적인 선거 곧, 공정한 선거와 이를 보장할 기본적 정치적 자유와 권리가 제도화된 레짐을 민주주의로 개념화하면서 이를 제한적 (restricted)이지만 ‐ 공정 선거의 모든 전제 조건을 열거하지는 않는다는 의미에서 ‐ 현실적인(realistic) 정의로 제안한다. 그는 슘페터 이후 최소주의적 민주주의 정의가 단순히 선거 자체에 기초하고 있다기보다는 공정한 선거와 자유와 같은 이를 보장할 조건을 전제했다는 의미에서 최소주의적 또는 절차 중심적 접근이라기보다는 자신의 현실적 접근에 가깝다고 보면서, 엄밀하지 못한 개념화로 경험적 연구가 불가능에 가까운 최대주의적(maximalist), 규범적(prescriptive) 접근과 대비하여 옹호한다(O'Donnell 2001; 2004).

이후 민주주의 질 연구는 상대적으로 많은 업적이 축적된 '민주주의'에서 '질'로 그 연구의 중심이 옮겨가게 되는데, 이에 결정적인 역할을 한 다이아몬드와 몰리노(Diamond and Morlino 2004; 2005; Morlino 2004)의 일련의 연구에서도 선거는 논의의 출발점이자 민주주의 질의 하위 차원과 이론적으로 직·간접적으로 관련이 있다. 구체적으로 이들은 민주주의 최소 요건으로 ① 보통선거권, ② 자유롭고 경쟁적이며 공정한 선거의 반복, ③ 두 개 이상 실질적 정당의 존재, ④ 대안적 정보원 등을 제시한 후, 진정으로 의미 있는 자유 및 공정 선거가 될 수 있는 시민적, 정치적 자유가 기본적으로 보장된 경우에만 이상적 민주주의와 양질의 곧, '좋은' 민주주의를 경험적으로 분석할 수 있다고 주장한다.

이어 이들은 민주주의 질을 체계적으로 분석하기 위하여 이를 제조업과 마케팅 분야의 품질 분석 개념을 끌어와 '절차(procedure), 내용(content), 결과(results)'의 세 차원으로 대별한 후, 절차 차원을 법치, 참여, 경쟁, 수직적 문책성, 수평적 문책성 등의 5개 하위 차원으로, 실질적 내용 차원을 자유와 평등의 2개 하위 차원으로, 결과 차원을 시민 선호에 대한 정부반응도 인식과 만족도에 바탕을 둔 반응성(responsiveness)으로 세분화하여 각 차원을 경험적으로 정의하고, 각 차원의 성패를 결정할 조건에 대해 논구한다(Diamond and Morlino 2005).[20]

현실적으로도 선거는 2015년 현재 약 95.9%에 달하는 대부분 국가 (193개국 중 185개국)에서 하원기준 입법부를 구성하는 수단으로 광범위하게 쓰이고 있기에(Norris et al. 2016), 선거 자체보다는 민주주의 질과 관련하여 평가하는 것이 민주주의는 물론이고 '좋은' 민주주의를 파악하는 데 의미있는 작업이 된다. 다이아몬드와 몰리노가 제시한 민주주의 질의 차원에 대한 논의를 원용하자면, 선거는 우선 절차 차원에서 참여, 경쟁, 수직적 문책성 그리고 결과 차원에서 반응성과 밀접한 관련이 있다. 참여는 모든 성인 시민이 향유해야 하는 권리로, 정책결정에 영향을 주는 모든 정치적 행위를 포괄하며 투표와 공직출마는 이의 가장 기본적 형태이다. 경쟁은 기본적으로 새로운 세력에게 선거의 장을 개방하는 접근성, 현직 패배의 용이함, 대중매체와 선거자금 접근성에 있어서 경쟁 정당 간의 평등 정도, 선거 과정의 효율성을 의미하는 권력교체의 용이성 등에 의해 측정되기 때문에 선거제도 및 이에 기반한 정당체제에 밀접한 관련이 있다. 참여와 경쟁을 전제조건으로 갖는 수직적 문책

---

20) 대부분 민주주의 질 연구는 민주주의 국가만을 대상으로 하여 비민주주의 체제까지도 포함하는 민주주의 연구 일반과 구분된다(Munck 2014). 한편, 민주주의 질 연구는 공정 선거 요건을 넘어서 특히 결과 차원을 포함함으로써 민주주의 개념을 확장하려는 시도로 평가되기도 한다(Geissel et al. 2016).

성은 무엇보다 선거 과정에서 유권자가 공직자를 선출하는 보상이나 낙선시키는 처벌을 가하는 형태로 책임을 묻는 것으로 구현된다. 현실에서 작동하는 민주주의인 대의민주주의 하에서 대표자는 선거에서 표출되는 주권자의 문책 의사에 당연히 구속되기 때문이다. 온전한 수직적 문책성을 유지하기 위해서는 독립적인 권위를 갖춘 선거관리위원회의 견제를 포함하여 법치를 보장하는 강한 수평적 문책성이 요구된다는 점에서 선거는 법치와 수평적 문책성과도 간접적으로 연결된다. 결과 차원의 반응성은 무엇보다 선거를 통해 표출되는 시민의 기대, 이해, 욕구와 수요에 반응하는 정도에 의해 결정되며, 따라서 수직적 문책성과도 불가분의 관계가 있다.

또한, 내용 차원의 민주주의 질을 구성하는 자유와 평등은 민주주의의 핵심 가치이자 구체적으로는 앞서 본 바와 같이 선거의 공정함을 보장하는 전제 조건이다. 자유는 정치적, 시민적, 사회경제적 권리로 구성되는데, 특히 투표, 출마, 선거운동, 정당조직 등에 대한 권리로 이루어진 정치적 권리와 개인의 자유, 안전, 사생활 그리고 표현, 정보열람, 사상, 언론, 집회 및 결사의 자유 등으로 구성된 시민적 권리에 대한 제도적 보장은 실질적 경쟁과 참여, 수직적 문책성을 통해 선거의 공정함을 확보하게 한다. 평등은 법적, 정치적, 사회경제적 평등으로 구분할 수 있는데 실질적인 정치적 평등은 무엇보다 문책성, 참여, 자유 차원의 민주주의 질을 향상하는 데에 있어서 필수적이며, 이는 일정 수준 이상의 사회경제적 평등을 또한 필요로 한다. 평등과 관련하여 선거는 1인1표라는 표의 등가성 원칙을 구현해야 하며, 사회경제적 계층과 계급에 따른 참여의 불균형을 최소화해야 한다(Diamond and Morlino 2004; 2005).

한편, 다이아몬드와 몰리노는 민주주의 질이 낮은 곧, '좋은' 민주주의로 보기 어려운 민주주의 유형으로 경쟁적 선거 및 대중 참여와 상당한 정도의 무법 상황 및 권력 남용이 공존하는 '비자유주의적 민주주

(illiberal democracy)'나 경쟁적 선거가 존재하고 시민적·정치적 자유가 어느 정도 보장되나 공직자가 선출된 이후에는 시민 선호를 제대로 반영하지 않고 다른 정부기관의 견제를 잘 받지 않으며(낮은 수평적 문책성), 법치 원칙을 제대로 존중하지 않는 '위임민주주의(delegative democracy)'를 예로 들며 법치를 선거보다 우선시 하는 논지를 편다. 실제로 이들은 법치를 민주주의 질의 다른 하위차원 모두가 의존하는 핵심 차원으로 제시한다(Morlino 2004; Diamond and Morlino 2005). 그러나 민주주의와 이의 질 또는 좋은 민주주의 개념에 대한 합의가 존재하지 않을 뿐만 아니라 법치를 민주주의를 규정짓는 속성으로 보는 데에도 많은 이견이 있지만, 선거와 선거의 공정함을 보장하는 정치적 권리와 시민적 자유가 민주주의의 '근본 개념(root concept)' 또는 '기준 개념(baseline concept)'에 속한다는 평가에 대해서는 광범위한 합의가 존재한다. 따라서 민주주의 질 측정에 있어서 선거와 정치적 권리 및 시민적 자유는 빠뜨릴 수 없는 핵심 지표가 되는 것이다(Alexander et al. 2012; Lindberg et al. 2014; Munck 2014; Coppedge et al. 2015; Geissel et al. 2016). 다이아몬드와 몰리노(2005)도 민주주의 질은 서로 의존하는 하위체계로 구성된 '체계'로서, 양질(high-quality)의 민주주의는 모든 차원에서 우수한 정체가 아니라 긴장 관계에 놓여 있는 하위차원 장점들이 균형을 이룬 체제로 파악한다. 이들은 또한 민주주의 질에 대한 이론적 검토와 사례연구를 통해 경쟁과 참여가 "민주주의 질의 엔진"이라는 결론을 내리는데, 두 요소가 기본적으로 경쟁 선거를 통해 구현된다는 점에서 민주주의와 이의 질에 대한 이론적 논의와 실증적 연구에서 선거의 근본적 위상을 가늠할 수 있게 한다.[21]

---

21) 다이아몬드와 몰리노는 경쟁과 참여가 사회경제적 자원을 상대적으로 많이 소유한 집단에 유리한 질적 요소이기 때문에 이 자원에 있어서 불평등을 해결하는 것이 민주주의 질 제고와 심화에 중대한 과제라고 주장한다.

Ⅲ. 민주화 이후 한국 선거의 질

그렇다면 1987년 민주화 이후 선거와 선거 결과 형성된 정당체제는 민주주의 질로 평가해 보건대 어떤 성취를 이루었고 어떤 한계를 보여왔는가? 비교민주주의 연구에서 가장 많이 인용되는 대표적 민주주의 지표로 보면 한국은 이론을 제기하기 어려울 정도로 민주주의 국가로 평가되고 있다. 예컨대, 체이법 외(Cheibub et al. 2010)는 쉐보르스키 외(Przeworski et al. 2010) 후속 연구에서 제6공화국이 수립된 1988년 이후부터 민주주의 국가로 분류하고 있다.[22] 또한, 1972년부터 2017년까지 195개국을 대상으로 유엔인권헌장에 기초하여 정치적 권리(자유로운 선거 등)와 시민적 권리(언론·결사 자유 등)의 두 차원에서 추출한 4점 만점 10개의 문항을 7점으로 환산, 자유국가(1-2.5점), 부분적 자유국가(3-5.5점), 자유부재국가(5.5-7점)의 3단계로 민주주의 국가를 평가하고 있는 프리덤하우스(Freedom House 2018)에 의하면, 한국은 1987년 대선 이후 자유국가(2.5점)로 올라선 후 1992년 민간정부 수립 이후 2점으로 그리고 노무현 정부 시기인 2005년부터 1.5점으로까지 상승했고 2014년부터 가장 최근 조사인 2017년까지 2점을 유지하고 있다. 아울러 전문가들로 하여금 184개국을 대상으로 1800년부터 2016년까지 매해 민주주의와 독재 점수를 각각 10점 만점으로 평가하게 한 후 두 점수의 차이로 폴리티(Polity) 점수(-10-6 독재(autocracy), -5-5 혼합정(anocracy), 6-10 민주주의(democracy))를 산출하고 있는 폴리티 Ⅳ 프로젝트에 의하면, 한국은 유신 독재(-8점)와 제5공화국 혼합정(5점)을 거쳐 1987년 이후 6점으로 평가되어 민주주의 정체 최소 점수를

---

22) 이들은 민주주의 네 번째 구성요건으로 동일한 선거법 하에서 권력교체를 제시하는데, 1987년 대선은 간선제에서 직선제로 바뀐 선거였고 선거결과 집권세력의 연장이 이루어졌음에도 제6공화국 출범을 민주화의 기점으로 삼고 있다.

달성하여 비로소 민주화가 이뤄진 국가로 평가되었고, 1992년 민간정부로 정권교체 이후 점수인 8점을 획득한 후 가장 최근 조사인 2016년까지 유지하여 비교적 높은 수준의 민주주의 정체로 평가되고 있다(Polity Ⅳ 2016).

한편, 선거(electoral), 자유(liberal), 참여(participatory), 숙의(deliberative), 평등(egalitarian), 다수제(majoritarian), 합의제(consensual) 등 민주주의의 7개 주요 차원에서 도출한 세부지표로 177개국 대상으로 1900년부터 2016년까지 2,500명에 달하는 각국 현지 전문가가 민주주의 변동을 평가한 '민주주의 다양성(V-Dem: Varieties of Democracies)' 지표에 의하면, 한국은 1988년 이후 특히 선거, 자유, 숙의 차원에서 매우 높은 수준의 민주주의를 안정적으로 유지하고 있는 것으로 평가되고 있다 (Coppedge et al. 2015; Coppedge et al. 2017).[23] 선거민주주의, 다두제,

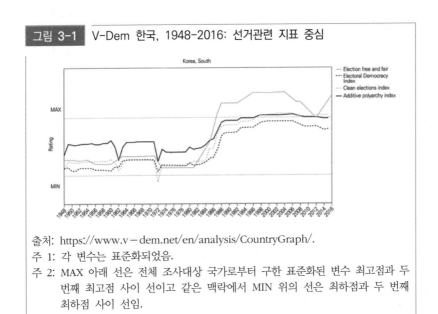

그림 3-1 V-Dem 한국, 1948-2016: 선거관련 지표 중심

출처: https://www.v-dem.net/en/analysis/CountryGraph/.
주 1: 각 변수는 표준화되었음.
주 2: MAX 아래 선은 전체 조사대상 국가로부터 구한 표준화된 변수 최고점과 두 번째 최고점 사이 선이고 같은 맥락에서 MIN 위의 선은 최하점과 두 번째 최하점 사이 선임.

---

23) V-Dem 지표에서는 선거민주주의를 다른 민주주의 차원의 바탕이 되는 차원으로 제시하면서 다두제와 상호대체 가능한 개념으로 사용한다.

자유 및 공정 선거, 깨끗한 선거 등으로 구성된 선거 차원에 한해서 본다면, 한국은 1988년을 기점으로 전체 조사대상 국가 대비 최상위권에 이른 것으로 나타났다(〈그림 3-1〉 참고).

이제 1988년 이후 전체적으로 높은 수준의 민주주의를 유지하고 있을 뿐만 아니라 선거민주주의로 좁혀 보아도 지속적으로 전 세계 최상위권을 구가하고 있는 한국의 민주주의가 과연 그에 걸맞은 질적 요소를 갖추고 있는지 그리고 제고해야 할 영역은 무엇인지 검토해 보도록 하자. 주요 민주주의 지표에서 한국 민주주의 일반과 선거민주주의가 매우 높은 수준의 민주주의를 유지하고 있다는 평가는 어디까지나 다른 민주주의 국가와 비교하여 상대적인 위상을 나타내주는 것이기 때문에, 한국 민주주의, 구체적으로 선거민주주의의 절대적 수준을 가늠하여 더 좋은 민주주의로 나아가는 데 해결해야 할 과제를 파악하기 위해서는 우리 내부 시각으로 외부 평가를 검증하는 작업이 필요한 것이다.

좋은 민주주의 또는 민주주의 질에 관한 대표적인 국내 선행연구로는 아시아에 초점을 맞춰 좋은 민주주의의 개념과 지표개발 연구를 진행한 마인섭·이희옥(2014)과 조원빈·이희옥(2015), 좋은 정부 관료제 차원에서 정부의 질 개념 구성을 시도한 최진욱 외(2012)와 정부의 질 개념 시민사회 관련 지표 포함을 주장한 김선혁(2011), 그리고 시민 인식 차원에서 좋은 정부와 민주주의 질을 연구한 박종민·장용진(2012), 조영호(2016), 황아란·이지호(2016), 이덕로 외(2017) 등이 있다. 이 글은 민주주의의 근본 개념에 속하면서도 한국 민주주의 질 맥락에서는 그 위상과 수준에 대해 상대적으로 미흡하게 다뤄져 왔던 민주화 이후 한국 선거의 질을 분석하여 기존 연구와 구별된다. 또한, 이 글은 민주주의 질 연구의 이론적 틀을 원용하여 1987년 민주화 이후 가장 최근 치러진 제19대 대선까지 분석대상으로 연구하여, 자유와 공정의 관점에서 선거운동에 초점을 맞춰 분석한 김용철(2011)과 18대 대선 이후 유권자 인식 평가를 바탕으로 절차, 과정, 결과 차원에서 선거의 질을 연구한 김용철·조영호(2013), 조영호 외(2013), 조진만 외(2015) 등의 연구와도 구분된다. 다시 말해서, 이 연구는 비교민주주의 분야에서 의미있는 이론적·경험적 연구 성과를 쌓아 온 민주주의 질 연구의 이론적 틀을 적극적으로 원용하고, 분석대상을 선거과정의 어느 한 측면이나 특정 선거에 한정하지 않는다는 점에서 한국 선거의 질에 대한 기존 연구와 구별된다.[24] 이하에서는 분석 편의상 민주화 이후 선거민주주의의 질을 선거제도 변화와 투표행태 및 정당체제로 나누어 살펴본다.[25]

1. 선거제도의 특성과 변화: 공정한 경쟁과 참여의 확대

선거제도(electoral system)는 당선자 결정방식(투표제), 선거구 크기, 투표 구조(ballot structure) 등으로 이루어져 있으며, 이들 중 득표율과 선거결과의 비례성에 결정적인 역할을 하는 당선자 결정방식의 종류에 따라 다수(majoritarian), 비례(proportional), 혼합(mixed) 제도로 나뉜다 (Rae 1967; Clark et al. 2017). 민주화 이후 한국 선거제도는 여러 차례 관련 법규의 개정이 있었으나 기본적으로 대통령, 국회, 지방자치단체 선거 모두 다수제를 골간으로 하되 국회와 지방자치단체 의회 선거에서 비례대표제를 가미한 혼합형 선거제도를 채택해 왔다. 현재 당선자 결정방식에 있어서는 대통령, 국회의원 지역구, 광역 및 기초 자치단체장, 광역 지방의회 지역구 선거에서는 최다득표자 1인을 선출하는 상대다

---

24) 한편, 일련의 서구 선거의 질(election quality) 연구는 달이 다두제 하 선거원칙으로 제시한 자유와 공정 외에 선거행정의 효능(administrative efficacy)의 측면에서 정부의 선거관리 또는 선거거버넌스 평가 틀 개발에 초점을 맞추어 진행되어 왔다(Elklit and Svensson 1997; Elklit and Reynolds 2005).
25) 이 글에서는 민주주의 질 논의를 원용하여 선거의 질을 논의하기 때문에 '선거민주주의의 질'과 '선거의 질'을 대체가능한 개념으로 사용한다.

수 투표제(plurality)를 취하고 있고, 기초 지방의회 지역구 선거에서는 1인1표로 선거구 크기(2-4인)에 따라 복수의 최상위 득표자를 선출하는 단기비이양식 투표제(single nontransferable vote)를 채택하고 있다. 기초 지방의회 지역구 선거를 제외하면 모든 선거구 크기는 1인이며, 상대다수제이든 단기비양식 투표제든 최다득표자를 선출하고 있고, 국회와 지방의회 의원정수의 절대다수가 지역구 선거로 구성되어 승자독식의 성격이 강한 다수제 선거제도의 특징을 갖는 것이다. 한편, 국회의원과 지방자치단체 의회선거에서는 정당득표율에 비례하여 의원정수의 일부를 배분하는 비례대표 투표제를 가미하고 있으며, 비례대표선거에서는 어느 한 정당의 후보목록에만 투표할 수밖에 없는 범주적(categorical) 투표 구조를 취하고 있다.

한국 선거제도가 기본적으로 득표율과 선거결과의 비례정도가 상대적으로 낮은 다수제라는 사실은 무엇보다 민주주의 질을 구성하는 두 절차 차원 곧, 경쟁과 참여에서 선거의 질에 부정적 영향을 미쳐왔고, 내용 차원에서 공정 선거의 전제 조건인 자유와 평등을 저해하는 요인으로 작용해 왔다. 우선 다수제는 선거과정과 결과에서 소수집단[26]과 소외계층의 적절한 몫의 대표성 확보에 부정적 영향을 끼치고 있다. 예컨대, 대표적 소수집단인 여성은 절대적으로 과소대표 되고 있다. 국회 여성의원 지역구 출마자와 당선자 수 현황을 담고 있는 〈표 3-1〉에 의하면, 여성은 2004년에 실시된 제17대 총선을 기점으로 여성 지역구 출마자와 지역구와 비례 당선자가 전체적으로 이전에 비해 늘었으나 가장 최근인 2016년 제20대 총선을 기준으로 아직도 여성의원의 비율은 17%에 불과하며, 이 또한 여성 비례대표 의원이 과반수에 달하기 시작

---

26) 소수집단은 그 구성원의 수보다는 사회에서 차지하고 있는 권력과 지위에 의해서 정의되며(김혜숙 외 2011, 52), 따라서 여성은 대표적인 소수집단으로 볼 수 있다.

한 제17대 총선 이후 제도적 보정 효과에 기인하는 것이다. 이같이 낮은 여성대표성은 여성 정치참여를 포함하는 레이파트(Lijphart 2012)의 민주주의 질 지표에 특히 부정적인 영향을 미칠 것이다.

표 3-1   국회 여성의원 당선자 수와 비율: 제13대-제20대 국회

대수	지역구 후보자수	여성후보자		지역구 정원	여성당선자		비례 정원	여성당선자		여성의원	
		수	%		수	%		수	%	수	%
13	1,043	14	1.3	224	0	0.0	75	6	8.0	6	2.0
14	1,051	19	1.8	237	0	0.0	62	3	4.8	3	1.0
15	1,386	21	1.5	253	2	0.8	46	7	15.2	9	3.0
16	1,038	33	3.2	227	5	2.2	46	11	23.9	16	5.9
17	1,167	65	5.6	243	10	4.1	56	29	51.8	39	13.0
18	1,113	132	11.9	245	14	5.7	54	27	50.0	41	13.7
19	902	63	7.0	246	19	7.7	54	28	51.9	47	15.7
20	934	98	10.5	253	26	10.3	47	25	53.2	51	17.0

출처: 중앙선거관리위원회 선거통계시스템 홈페이지(http://info.nec.go.kr/).

또한, 2016년 하반기 현재 임금 근로자가 1,960여만 명이고 비정규직 노동자가 그 중 약 33%에 해당하는 620여만 명에 달함에도 불구하고 이들도 정치과정 전반에 걸쳐 과소대표 되어 있다.[27] 국회든 지방의회 선거에서 노동자 대표를 내세워서 당선되는 지역구 의원의 수도 극히 미미하다. 예를 들어, 상대적으로 소외계층의 이익을 대변하는 정당으로 인식되고 있는 혁신 정당들은 정당투표가 따로 실시되기 시작한 제17대 총선 이후 비례대표를 중심으로 의회에 진출하기 시작했으나, 지역구 당선자는 전체 의석의 3%를 넘은 적이 없었고 비례대표까지 포함하더라도 4.5%를 초과한 적이 없었다.[28] 민주화 이후에도 국회의원

---

27) e-나라지표 http://www.index.go.kr/potal/main/EachDtlPageDetail.do?idx_cd=2477 (검색일: 2018년 3월 26일).
28) 제17대 총선 이후 진보정당의 의회진출 현황은 다음과 같다(괄호 안은 지

은 남성과 교육과 소득 수준이 높은 기득권 집단에 편향되어 충원되고 있는 것이다(이관후 2016).

다수제 선거제도가 초래하는 승자독식 또는 제로섬 게임의 두드러진 예는 민주화 이후 역대 대통령선거에서 찾아볼 수 있다. 제14대 대선이후 투표자의 과반을 얻은 선거는 2012년 제18대 대선 한 차례에 불과했으며, 투표율도 제14대 대선에서 81.9%로 정점을 찍은 이후 하락세를 보여 제17대에서는 불과 63.0%에 불과했고, 제18대와 제19대 대선에서 약간 상승했으나 공휴일에 해외 유권자 투표와 사전투표제까지 도입했으나 아직도 다시 80%를 넘지 못하고 있다. 대체로 다자 대결구도에 80%미만의 투표율을 보인 선거에서 40%대의 득표율로 이른바 '제왕적 대통령제'의 100%를 차지해온 것이다.

의회선거 차원에서 다수제 선거제도는 유권자 차원에서 사표방지의 심리적 효과와 더불어 제도적 차원에서 득표율과 의석점유율의 불비례성(disproportionality)을 높이는 기계적 효과로 거대 정당에 유리한 반면에 소수 정당의 공정한 경쟁과 참여를 제한하여 선거와 의회에 참여하는 유효정당의 수를 낮추는 것으로 알려져 있는데(Duverger 1954; Gallagher and Mitchell 2005; Lijphart 2012), 민주화 이후 선거제도는 이의 또 다른 경험적 증거로 볼 수 있다. 일반적으로 상대다수제와 단기비양식 투표제는 비례대표제에 비해 어떤 지표로 측정하더라도 불비례성이 높은데(Gallagher 1991), 한국의 경우 대다수 의원이 다수제로 선출되기 때문에 비례대표의 억지효과에도 불구하고 불비례성이 매우 높은 것으로 나타났다. 예를 들어, 의석률을 득표율로 나누어 득표율을 기준으로 의석획득에 얼마나 이득 또는 손해를 보았는지를 나타내 주는 이득률로 불비례성을 알아보면, 제1당과 호남에서 배타적인 지지를 받아 온 지역정

역구 당선의원 수): 제17대 민주노동당 10명(2), 제18대 민주노동당 5명(2), 제19대 통합진보당 13명(7), 제20대 정의당 6명(2).

당의 이득이 두드러진다.[29] 우선 제1당은 민주화 이후 모든 총선에서 이득률이 1이 넘는 곧, 지역구에서 얻은 득표율보다 높은 의석률을 획득해 왔다. 제1당은 호남 지역정당에 근소한 차이로 밀린 제13대와 제20대 총선을 제외하면, 가장 높은 이득을 얻어 왔다. 호남 지역정당도 정권교체 직후 실시된 제18대 총선과 호남을 지역기반으로 하는 두 정당이 표를 나눠가져 한 정당만 이득을 본 제20대 총선을 제외하고 다수제 선거제도에서 이득을 얻어온 것으로 나타났다. 또한, 지역구 득표율 기준 제2당도 제13대와 제18대를 제외하면, 대체로 이득을 보고 있는 것으로 나타나 다수제 선거제도가 민주화 이후 양당체제 유지에 어느 정도 기여해 온 것으로 해석할 수 있다. 한편, 정당투표가 도입되어 1인 2표제가 실시되기 시작한 제17대부터는 정당득표율 기준 상위 3당까지의 이득률의 차이가 높지 않아 비례제도의 높은 비례성을 경험적으로 보여주고 있으나 비례대표 의석수가 지역구 의석수에 비해 현저하게 적어 다수제의 불비례성을 억지하는 데에 큰 효과를 나타내지 못하고 있다.[30] 〈표 3−2〉는 제13대 국회의원 선거부터 제16대 총선까지 각 총선에서 의미 있는 득표를 한 상위 3당까지 득표율, 의석률 그리고 이득률을 담고 있으며, 〈표 3−3〉은 정당투표가 도입된 제17대부터 제20대까지 지역구와 정당 득표율을 따로 나누어 같은 비율을 담고 있다.

---

29) 불비례성 지표로 이득률은 한국에서만 주로 쓰이는 것으로 보인다(정준표 2014; 김종갑·이정진 2017). 비교정치학에서는 갤러거의 최소제곱 지수(Least Squares index), 루스모어−핸비 지수(Loosemore−Hanby index)와 이의 수정판인 래 지수(Rae index) 등이 주로 쓰이고 있다(Gallagher 1991; 김정도 2015).

30) 지방선거에서는 상대적으로 중요성이 떨어지는 '2순위 선거(second−order election)'로 인한 낮은 투표율에 지역주의 투표행태로 불비례성 정도가 국회의원 선거뿐만 아니라 다른 나라 사례와 비교해도 극심한 것으로 알려져 있다. 참여연대(2017) 보도자료 "세계최악의 불비례성! 표심왜곡 지방선거 개선요구 청원서 제출" 참고(http://www.peoplepower21.org/Politics/1527575 검색일: 2018년 3월 30일).

표 3-2   제13대-16대 국회의원선거(소선거구제, 1인1투표)

제13대	제1당	제2당	제3당
1988.04.26	민주정의당	통일민주당	평화민주당
지역구득표율	0.340	0.238	0.193
의석률	0.388	0.205	0.241
이득률	1.141	0.861	1.249
제14대	제1당	제2당	제3당
1992.03.24	민주자유당	민주당	통일국민당
지역구득표율	0.385	0.292	0.174
의석률	0.489	0.316	0.101
이득률	1.270	1.082	0.580
제15대	제1당	제2당	제3당
1996.04.11	신한국당	국민회의	자민련
지역구득표율	0.345	0.253	0.162
의석률	0.478	0.261	0.162
이득률	1.386	1.032	1.000
제16대	제1당	제2당	제3당
2000.04.13	한나라당	민주당	자민련
지역구득표율	0.390	0.359	0.098
의석률	0.493	0.423	0.053
이득률	1.264	1.178	0.541

출처: 중앙선거관리위원회 선거통계시스템 홈페이지(http://info.nec.go.kr/).

표 3-3   제17대-20대 국회의원선거(소선거구제, 1인2투표)

제17대	제1당	제2당	제3당
2004.04.15	열린우리당	한나라당	민주당
지역구득표율	0.420	0.379	0.080
의석률	0.531	0.412	0.021
이득률	1.264	1.087	0.263
제17대(비례)	제1당	제2당	제3당
2004.04.15	열린우리당	한나라당	민주노동당
정당득표율	0.383	0.358	0.130
의석률	0.411	0.375	0.143

이득률	1.073	1.047	1.100
제18대 2008.04.09	제1당 한나라당	제2당 통합민주당	제3당 자유선진당
지역구득표율	0.434	0.289	0.057
의석률	0.535	0.269	0.057
이득률	1.233	0.931	1.000
제18대(비례) 2008.04.09	제1당 한나라당	제2당 통합민주당	제3당 친박연대
정당득표율	0.375	0.252	0.132
의석률	0.407	0.278	0.148
이득률	1.085	1.103	1.121
제19대 2012.04.11	제1당 새누리당	제2당 민주통합당	제3당 통합진보당
지역구득표율	0.433	0.379	0.060
의석률	0.516	0.431	0.028
이득률	1.192	1.137	0.467
제19대(비례) 2012.04.11	제1당 새누리당	제2당 민주통합당	제3당 통합진보당
정당득표율	0.428	0.365	0.103
의석률	0.463	0.389	0.111
이득률	1.082	1.066	1.078
제20대 2016.04.13	제1당 새누리당	제2당 더불어민주당	제3당 국민의당
지역구득표율	0.383	0.370	0.149
의석률	0.415	0.435	0.099
이득률	1.084	1.176	0.664
제20대(비례) 2016.04.13	제1당 새누리당	제2당 국민의당	제3당 더불어민주당
정당득표율	0.335	0.267	0.255
의석률	0.362	0.277	0.277
이득률	1.081	1.037	1.086

출처: 중앙선거관리위원회 선거통계시스템 홈페이지(http://info.nec.go.kr/).

요컨대 다수제 선거제도는 대표성의 제한과 불비례성에 의한 유권자 의사 왜곡으로 참여와 경쟁, 그리고 자유와 평등 차원에서 선거의 질에 부정적 영향을 끼쳐왔다. 거대 정당에 유리한 선거제도는 특히 소수집단과 소외계층의 정치참여와 공정한 경쟁을 막아 정치적 권리 측면에서 자유의 가치를 손상했고, 유권자의 의사가 비례적으로 반영되지 않고 특정 계층의 선호가 과대대표 되어 평등의 가치를 훼손했다. 그럼에도 불구하고 민주화 이후 선거제도는 같은 차원에서 선거의 질을 향상시킨 변화도 존재한다. 대통령 선거제도는 후보자 등록요건의 사소한 개정과 2005년부터 국회의원과 지방선거에서도 적용된 선거권 연령 19세로의 하향 조정 외에는 큰 변화 없이 권위주의 정권 붕괴와 함께 15년 만에 부활한 국민직선제가 1987년 12월 16일 제13대 대선 이후 유지되고 있다. 그러나 국회의원과 지방선거에서는 기본적으로 다수제를 유지해 왔으나 선거의 질과 관련하여 의미 있는 변화 또한 관찰된다. 〈표 3-4〉는 민주화 이후 국회의원 선거제도의 주요 변화를, 〈표 3-5〉는 지방선거의 주요 변화를 담고 있다.[31)

무엇보다 가장 주목할 만한 변화는 평등 차원에서 선거의 질의 향상이다. 이는 선거구간 인구편차 하향 조정과 비례대표제 선거에서 정당투표 도입 곧, 국회와 지방의회 선거에서 1인2표제 시행으로 1인1표라는 '표의 등가성' 제고로 구현된 것이다. 유신 직후 제9대 총선부터 민주화 직전 제12대 총선에서까지 지역구 선거는 1구2인 선출의 중선거구제로 최소·최대 선거구간 인구편차가 3.98:1(제9대)에서 5.97:1(제12대)에 달했는데, 소선거구제가 도입된 민주화 이후에도 제15대 총선까지는 제12대 만큼 극심하지는 않았으나 3.89:1(제13대), 4.71:1(제14대),

---

31) 민주화 이후 선거제도 변화는 「대통령선거법」, 「국회의원선거법」, 「지방의회의원선거법」, 「지방자치단체의장선거법」 등과 1994년 이를 통합한 「공직선거 및 선거부정방지법」(2005년 「공직선거법」으로 개칭)을 참고했다.

4.4:1(제15대)로 선거구에 따라 표의 가치의 차이가 비교적 크게 유지되었다. 그러나 헌법재판소가 내린 최소·최대 선거구간 인구편차 허용한계에 대한 일련의 결정이 효력을 보이기 시작한 제16대 총선부터는 인구편차가 지속적으로 낮아져 제20대 총선에서는 그 편차가 2:1로 표의 등가성이 획기적으로 제고되었다. 헌법재판소는 1995년 최소·최대 선거구간 인구편차 허용치를 최대 4:1로 제시하면서 처음으로 투표가치에 대한 결정을 내린 이후 2001년 최대 3:1로, 2014년 다시 최대 2:1로 낮춰왔는데, 이는 헌법재판소가 국회의원의 지역대표성과 도시와 농어촌 간의 인구 및 사회경제적 격차 등을 감안하여 어느 정도 용인해 온 인구대표성과 투표가치의 평등 원칙의 훼손을 더 이상 받아들이지 않겠다는 것으로 해석할 수 있다(김정도 2015). 이에 따라 지역대표성 원칙의 훼손과 선거구 재획정 방식과 결과에 대한 공정성 논란(강휘원 2015)이 불가피하게 되었음에도 평등 차원에서 선거의 질이 개선된 것은 분명하다.

표 3-4 민주화 이후 국회의원 선거제도의 주요 변화

대별	선거일	주요 내용
13	88.04.26.	○ 소선거구제(1구1인) + 전국구제 ○ 전체의석수 　- 88년: 299석(지역구 224 + 전국구 75) 　- 92년: 299석(지역구 237 + 전국구 62) 　- 96년: 299석(지역구 253 + 전국구 46)
14	92.03.24.	○ 전국구 배분방식 　- 88년: 제1당에 1/2 우선 배분, 나머지 1/2은 제1당을 포함하여 5명 이상의 지역구 의석을 차지한 정당들에 의석수 비율에 따라 배분
15	96.04.11.	- 92년: 제1당 우선 배분 폐지, 정당별 의석비율에 따라 배분, 지역구 당선자가 없는 정당도 전국 유효투표의 3% 이상을 얻는 경우 우선적으로 1석 배분 　- 96년: 정당별 득표율에 따라 배분(지역구 5석 이상

대별	선거일	주요 내용
15	96.04.11.	또는 유효투표총수의 5% 이상 득표한 정당만 참여), 단 지역구 당선자가 없는 정당도 전국 유효투표의 3% 이상 5% 미만을 얻는 경우 우선적으로 1석 배분) • 무소속 출마 허용
16	00.04.13.	○ 소선거구제(1구1인) + 비례대표제 ○ 전체의석수: 273석(지역구 227 + 비례대표 46) ○ 비례대표 배분방식: 96년 전국구 배분방식과 동일 - 1인1표(지역선거구)제 및 정당별 지역선거 득표율 기준배분 방식 유지 - 명칭이 전국구국회의원선거에서 비례대표국회의원선거로 변경 • 후보자 전과기록 공개 • 선거비용 보전제한 및 유예제도 신설

17	04.04.15.	○ 소선거구제(1구1인) + 비례대표제
		 - 지역선거와 정당투표를 분리한 1인2표제 도입
		 - 각 시·도의 지역구 국회의원 정수는 최소 3인
		 • 전체의석수
		  04년: 299석(지역구 243 + 비례대표 56)
		  08년: 299석(지역구 245 + 비례대표 54)

18	08.04.09.	12년: 300석(지역구 246 + 비례대표 54) 16년: 300석(지역구 253 + 비례대표 47) ○ 비례대표 배분방식: 유효투표총수의 100분의 3 이상
19	12.04.11.	득표 또는 지역구국회의원총선거에서 ○ 5석 이상의 의석을 차지한 정당에게만 의석 할당: 각 정당의 정당 투표 득표비율에 따라 비례대표국회의원 의석을 배분
20	16.04.14.	○ 예비후보자 제도 도입(제17대 국선, 2004년) ○ 정당연설회 및 합동연설회 폐지(제17대 국선, 2004년) ○ 재외선거제도 도입(제19대 국선, 2012년) ○ 정보통신망을 이용한 선거운동 및 투표참여 권유 활동 허용(제19대 국선, 2012년)

출처: 김용호·장성훈(2017, 14-16) 〈표 2〉 국회의원 선거제도 변화 참고 재작성.

표 3-5		민주화 이후 지방 선거제도의 주요 변화
선거명	선거일	주요 내용
1991년 지방선거	91.03.26. 구·시·군 의회의원 선거	• 선거권: 20세, 피선거권: 25세(정당공천 금지) • 소선거구제와 중선거구제 병행(선거구당 1-4명 선출): 1인1표제 • 의원정수 4,304명(선거구 3,562개), 의원 임기: 4년
	91.06.20. 시·도 의회의원 선거	• 소선거구제(1선거구1인) 의원정수: 866명 • 후보자 등록: 정당 추천 또는 선거권자 추천 • 이외 사항은 구·시·군의회의원선거와 동일
전국동시 지방선거	제1회 95.06.27.	• 광역단체장, 광역의원, 기초단체장, 기초의원 모두 국민 직선 • 선거권: 20세, 피선거권: 25세 • 임기: 지방자치단체장과 지방의원 4년 단, 제1회 지방선거 당선자는 3년(선거 시기 조정 목적) • 선출방법 – 구·시·군의원: 소선거구제와 중선거구제 병행 – 시·도의원(972명): 소선거구(875) + 비례대표(지 역구 의석 10% 97명) – 비례대표는 지역구 선거에서 유효투표 총수의 5% 이상을 득표한 정당에게 득표비율에 따라 배 분 • 후보자 등록: 정당 추천 또는 선거권자 추천(구· 시·군의회의원 선거는 선거권자만 추천 가능) • 선거운동의 자유 확대: 개별적 제한 • 선거비용 보전 제도 도입
	제2회 98.06.04.	• 의원정원 감축 • 지방자치단체장 임기 중 다른 선거 출마 제한 • 선거 출마 공무원 사직 기간 축소(90일→60일) 단, 2회 선거에 한해 법 개정 후 3일 이내 사직 가능
	제3회 02.06.13.	• 1인 2표제 도입: 지역구 및 비례대표 선거마다 각 1표 • 선거운동 기간 연장(14일→17일) • 비례대표 시·도의원 선거에 여성후보 추천제(의무 할당제) 도입 • 지역구 시·도의원 선거에 여성후보 추천 장려(보 조금 추가 지급)

선거명	선거일	주요 내용
전국동시 지방선거	제3회 02.06.13.	• 지방선거 기탁금 반환 요건 완화(유효투표 총수 　20% →15%)
	제4회 06.05.31.	• 선거권: 19세, 피선거권: 25세 　- 3년 이상 거주 외국인에게 제한적으로 지방선거 　권 부여(2005)
	제5회 10.06.02.	• 구·시·군의회의원 선거에 정당 공천 허용 • 구·시·군의원선거에 중선거구제 도입 • 후보자 정보 공개 및 게재 의무화(2006)
	제6회 14.06.04.	• 재외국민 선거권 및 피선거권 부여(2010) • 사전투표제 도입(2014), 선거여론조사공정심의제도 　도입(2014)

출처: 김용호·장성훈(2017, 18-20) 〈표 3〉 지방선거제도 변화 참고 재작성.

　또한, 투표가치의 평등은 제14대 총선이후 제1당 전국구 우선 배분 폐지와 15대 총선 이후 정당별 득표율로 전국구 배분 시행으로 미미하나마 신장되었으며, 2001년 헌법재판소가 내린 지역구 투표로 비례대표 의석까지 결정한 1인1표제의 위헌 판정을 계기로 2002년 제3회 전국동시지방선거와 제17대 총선부터 도입한 정당투표제 및 1인2표제로 대폭 제고된다. 이전 선거방식에서는 지역구에서 무소속 후보에 투표한 경우 비례대표 의석 배분에 산정되지 않아 표의 등가성을 훼손시켰기 때문이다.[32]

　둘째, 민주화 이후 선거제도 변화는 참여 차원에서 선거의 질을 향상시켜 왔다. 예를 들어, 국회의원과 지방선거에서 1인2표제 도입은 한국 선거역사상 처음으로 진보정당의 국회진출을 가능하게 했다. 제17대 총선에서 민주노동당이 정당투표에서 13%의 득표율을 올려 비례대표 8석을 포함하여 총 10석을 차지한 것이다(〈표 3-3〉 참조). 앞서 본 바

---

32) 기존의 1인1표제는 유권자가 지지정당에 대해 자신의 선호를 직접 나타낼 수 없어 자유로운 선택권을 막아 자유 차원의 선거의 질에도 부정적인 영향을 미쳤다.

와 같이 기본적으로 다수제 선거제도로 인해 진보 또는 좌파 정치 선호가 여전히 과소대표 되어 있기는 하지만 1인2표제 도입이 이후 선거에서 미약하나마 대표될 수 있게 한 것도 부인할 수 없다. 아울러 2005년 공직선거법 개정으로 국회의원과 지방의회의원 선거 비례대표 후보자 중 50% 이상 그리고 지역구 후보자 중 30% 이상을 여성으로 추천하도록 하여 여성의 정치참여 기회를 확대시켰다. 그리고 2006년부터 영주권 취득 후 3년 이상 국내에 거주한 19세 이상의 외국인에게 지방선거 투표권을 부여하여 아시아에서는 최초로 외국인에게도 선거참여의 길을 열어 놓았다. 또한, 2014년 지방선거부터 도입된 사전투표제는 전국 사전투표소 어디서나 투표일 전에 투표할 수 있게 하여 유권자 일반의 선거참여를 쉽게 했다. 이외에도 선거제도는 일련의 법 개정을 거치면서 노약자, 장애인, 재외유권자, 군인 등의 투표편의 확대와 장애인 후보자의 선거운동 보조 등을 통해 참여 차원의 선거의 질을 제고해 왔다.

셋째, 민주화 이후 선거제도는 자유와 공정한 경쟁 차원에서 크게 보아 세 차례의 변화를 겪었다. 첫 번째 변화 시기는 민주화 직후 권위주의 정권의 규제 중심의 선거관리의 기본 골격을 유지하면서도 선거운동에 대한 규제를 부분적으로 완화하여 유권자와 출마자의 시민적, 정치적 권리가 과거에 비해 상대적으로 확대된 선거의 질 개선 시기이다. 두 번째는 민주화 이후 선거운동 규제 완화로 인해 초래된 '돈 선거'를 효과적으로 막기 위해 1994년 통합선거법 제정을 통해 규제를 다시 강화한 선거의 질 후퇴 시기이다. 세 번째는 2005년 공직선거법 개정을 기점으로 현재까지 일련의 규제 완화 개정을 통해 유권자와 후보자의 시민적, 정치적 권리를 신장시킴으로써 자유와 공정한 경쟁 차원에서 선거의 질이 대폭 개선된 시기이다. 이 시기 공직선거법 개정은 대부분 후보자에 대한 알 권리 확대, 예비후보자와 후보자 선거운동 자유 확대, 정책선거풍토 조성, 정보통신망을 이용한 선거운동의 확대, 선거운동방

법에 대한 규제 개선 등을 위해 이루어졌기 때문이다(유현종 2011; 한정훈 2013).[33]

요약하면, 민주화 이후 선거제도의 변화는 선거의 질에 대한 다수제 선거제도의 부정적 효과를 조금이나마 완화시키는 방향으로 이루어져 왔다. 투표가치의 평등 제고, 참여의 확대, 유권자와 후보자의 정치적, 시민적 권리 곧, 자유의 확대와 이를 통한 공정한 경쟁 보장 등을 바탕으로 선거의 질을 제고시켜 왔기 때문이다. 선진산업민주주의 국가의 일반적 경향과는 대조적으로 최근 선거에서 나타나고 있는 투표율 상승은 다수제 선거제도에 대한 상쇄효과를 방증한다(〈그림 3-2〉 참조).

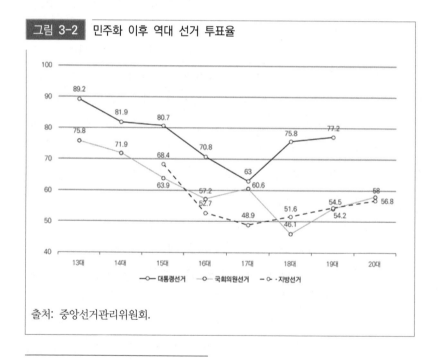

그림 3-2 민주화 이후 역대 선거 투표율

출처: 중앙선거관리위원회.

---

33) 한편, 김영태(2015)는 현행 선거제도가 할 수 없는 선거운동을 법으로 규정하는 '네거티브' 방식보다는 법이 정하는 방법으로만 선거운동을 할 수 있는 '포지티브' 방식의 규제 틀을 유지하고 있어 자유 차원의 개선은 미진한 반면에 기계적 공정과 평등에 치우쳐 왔다고 주장한다.

2. 투표행태와 정당체제: 제한적 수직적 문책성과 경쟁

　그렇다면 민주화 이후 다수제 선거제 골간 유지와 부분적 변화라는 제도적 제약 속에서 나타난 유권자의 투표행태와 이에 바탕을 두면서도 다시 제약해 온 정당체제는 선거의 질과 관련해서 어떻게 이해해야 하는가? 이는 무엇보다 수직적 문책성과 이의 핵심 전제조건인 경쟁 차원에서 평가할 수 있다. 수직적 문책은 유권자가 자신의 주권을 위임받을 자격이 있는 대리인(agent)을 선출하여 한시적으로 통치를 위임(mandate)하고, 그럴 자격이 없는 정치세력은 낙선시켜 통치위임을 하지 않는 행위로 전형적으로 나타난다. 다시 말해서, 대의민주주의 하에서 선거는 제도적으로 보장된 주기적인 수직적 문책 행사로써, 유권자는 투표를 통해 집권세력과 현직자에 대해 그들의 행위와 업적 평가에 기반하여 재집권 또는 재선시키는 보상을 해주거나 교체 또는 낙선시키는 처벌을 가하는 '아래로부터 위로'의 책임을 묻는 행위를 한다. 유권자의 수직적 문책이 실질적이기 위해서는 무엇보다 통치위임을 받으려는 대리인의 경쟁이 공정해야 한다. 곧, 유권자는 심판대상의 행위와 업적에 대해 비교적 정확하게 알고 있어야 하며, 집권세력 또는 현직자의 대안이 선택될 가능성도 현실적이어야 한다(Diamond and Morlino 2005).

　민주화 이후 투표행태와 정당체제를 수직적 문책성과 경쟁 차원으로 평가해 보면, 앞서 본 바와 같이 한국 선거민주주의의 질이 세계 최상위권이라는 평정을 있는 그대로 수긍하기 어렵게 한다. 언뜻 보면 정치적 대안 간에 실질적 경쟁이 존재하고 유권자의 수직적 문책 행위가 제대로 작동하는 것처럼 평가할 수도 있다. 1997년 제15대 대선에서 IMF 경제위기를 몰고 온 정권을 심판하여 민주화 이후 처음으로 여야 간 평화적 정권교체를 이루어냈고, 2007년 제16대 대선에서 잇따른 경제실책을 범한 정권을, 2017년 제19대 대선에서 탄핵으로 정부 권위의 총체적 위기를 초래한 정권을 제대로 심판한 경험이 있기 때문이다. 게

다가 민주화 이후 제14대부터 제20대 총선까지 현직의원 평균 교체율이 56.3%에 달해 대의기관에서도 실질적 경쟁과 수직적 문책이 이루어져 온 것처럼 보이기도 한다.[34]

그럼에도 불구하고 민주화 이후 공고화된 지역주의 투표행태와 다수제 선거제도에 기반한 지역독점 정당체제가 지역균열에 지지 기반을 두지 않은 정당과 정치인의 실질적 경쟁을 제한해 왔고, 따라서 유권자의 수직적 문책 행위를 인적 구성과 정치이념 및 정책지향에서 크게 다르지 않은 지역 정당 간 정권교체로 왜곡시켜왔기 때문에, 경쟁과 수직적 문책성 차원에서 선거의 질 평가가 긍정적일 수만은 없다. 먼저 지역주의 투표행태에 대해 살펴보도록 하자. 1987년 민주화 이후 체계적으로 축적되기 시작한 투표 집계 자료와 여론조사 자료 분석에 의하면, 가장 최근인 2017년 제19대 대통령 선거와 2016년 제20대 국회의원 선거를 포함하여 일곱 번의 대통령 선거와 여덟 번의 국회의원 선거에서, 출신 또는 거주 지역으로서 영남과 호남이 유권자가 지지 정당과 후보자 선택을 결정하는 데 가장 두드러진, 독립적 영향을 미쳐온 것으로 밝혀졌다. 또한, 특정 정당에 대한 애착심 곧, 정당일체감도 지역에 대한 정서적 요인에 의해 형성 및 유지되어 투표선택에 지속적으로 안정적인 영향을 미쳐온 것으로 드러났다(이갑윤 2011; 윤광일 2012; 2013; 2018; 장승진 2012; 박원호 2013; 문우진 2017). 종교, 도시-농촌이라는 립셋과 록칸(Lipset and Rokkan 1967)이 제시한 사회균열과 그에 기초한 '옛 가치(old values)'가 여전히 영향력을 발휘하고 있는 서구유럽(Knutsen 2010)이나 인종과 정치이데올로기에 바탕을 둔 정당일체감이 결정적인 미국과는 달리, 민주화 이후 투표행태에 결정적인 영향을 미

---

34) 제13대 총선에서 당선된 237명의 지역구 의원 중 제14대 총선에서 재선된 의원은 111명으로 53.2%의 교체율을 보였으며, 제15대 총선부터 제20대 총선까지 각각 60.9%, 51.1%, 66.3%, 52.2%, 59.8%, 50.6%의 교체율을 보였다(황아란 2017).

쳐온 사회경제적 변수가 출신지역이라는 점에서 한국 유권자는 독특한 행태를 보여 온 것이다.[35]

영호남 지역과 같은 지역 출신 후보자와 그 후보자와 연계된 정당에 대한 배타적 지지 행태는 민주화 이후 역대 선거 결과에서 뚜렷하게 드러났다. 예컨대, 제13대 대선에서 대구 출신인 노태우 후보는 대구/경북 지역에서 전국 득표율보다 31.9%p 더 표를 얻었으며 부산 출신인 김영삼 후보는 부산/울산/경남 지역에서 25.6%p 더 득표를 한 반면, 전남 출신인 김대중 후보는 광주/전라 지역에서 무려 62.3%p나 더 표를 얻었다. 또한, 영남 출신은 호남에서 호남 출신은 영남에서 전국 득표율에 비해 최소 20%p 이상 낮은 득표율을 올렸다. 강명세(2001)에 의하면 대통령 후보가 출신지역에서 전국 평균보다 더 득표를 하는 것은 박정희가 등장한 제6대 대선부터지만 지역별 지지도가 이처럼 심한 편차를 보이기 시작한 것은 제13대 대선부터이다. 곧, 지역주의 투표를 출신지역에 따른 배타적 지지로 이해한다면, 이는 민주화 직후 '정초선거(founding election)'로 알려진 제13대 대선부터 시작된 것이다. 이와 같은 지역주의 투표는 영호남 지역의 맹주인 김영삼과 김대중이 제14대와 제15대 대선에서 각각 당선되어 더 이상 대선 후보가 될 수 없음에도 불구하고, 이들과 이들의 추종자가 만든 정당이 낸 후보를 대상으로 지속되었다. 특히, 지역에 따른 배타적 지지는 정초선거에서부터 사회경제적으로 소외지역이었던 호남 지역에서 두드러져 왔는데, 이는 비록 전통적으로 경쟁 지역 출신의 후보가 호남 지역정당 후보로 나온 제16대 대선(노무현 후보)과 제18대 대선(문재인 후보)에서도 예외가 아니었다. 한편, 제17대 대선을 기점으로 대구/경북의 영남 출신후보에 대한 배타적 지지는 높게 유지되는 가운데 부산/울산/경남 지역의 지지는 이전과 달리 전국득표율보다 10%p 미만 정도만 높아 영남 지역주의의

---

35) 지역주의 개념과 그 원인에 대해서는 이 글의 연구 범위를 넘어선다.

분화 내지는 약화 현상이 나타났고, 호남의 배타적인 지지도 제19대 대
선의 경우 이전 대선에 비해 절반 정도로 낮아진 것으로 드러나 지역주
의 투표가 이전에 비해 다소 약화된 것으로 보인다(〈그림 3-3〉 참조).

그림 3-3 제13대 대선 이후 주요 대선 후보 영호남 지역득표율과 전국득표율 차

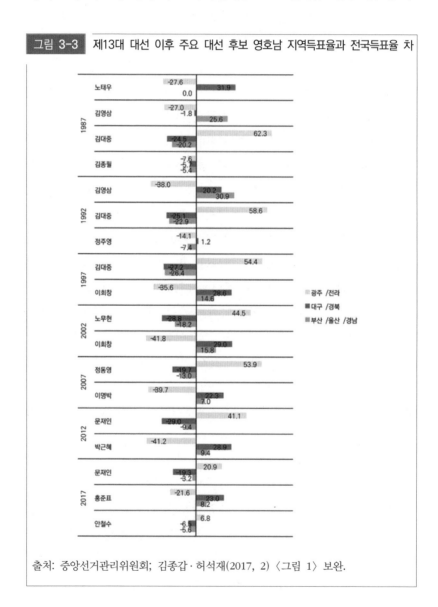

출처: 중앙선거관리위원회; 김종갑·허석재(2017, 2) 〈그림 1〉 보완.

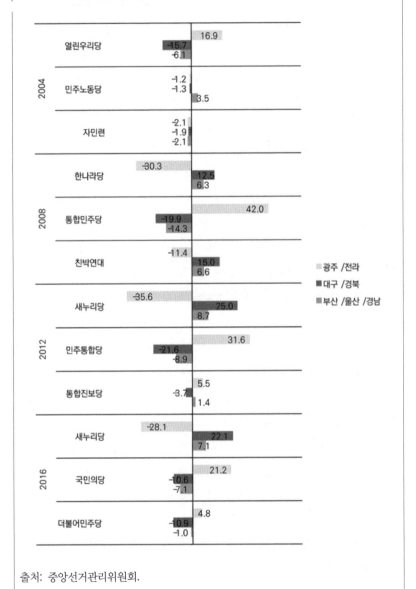

그림 3-4	정당투표 도입(제17대 총선) 이후 주요 정당 영호남 지역득표율과 전국득표율 차

2004

열린우리당
16.9
-15.7
-6.1

민주노동당
-1.2
-1.3
3.5

자민련
-2.1
-1.9
-2.1

2008

한나라당
-30.3
12.5
6.3

통합민주당
42.0
-19.9
-14.3

친박연대
-11.4
15.0
6.6

2012

새누리당
-35.6
25.0
8.7

민주통합당
31.6
-21.6
-8.9

통합진보당
5.5
-3.7
1.4

2016

새누리당
-28.1
22.1
7.1

국민의당
21.2
-10.6
-7.1

더불어민주당
4.8
-10.9
-1.0

■ 광주 /전라
■ 대구 /경북
■ 부산 /울산 /경남

출처: 중앙선거관리위원회.

지역정당에 대한 배타적 지지는 민주화 이후 국회의원 선거에서도 확연하게 드러났다. 앞서 살펴본 바대로 민주화 이후 채택한, 득표율과 의석률 간의 불비례성이 높은 소선거구제 상대다수제 선거제도는 지역 주의 투표행태와 결합되어 지역 출신 대선 후보와 연계된 정당의 지역 별 의석 독점을 초래했다. 영남과 호남의 배타적 지지에 기반한 지역정 당체제는 민주화 직후 첫 국회의원 선거인 제13대 총선에서 나타나기 시작하여 1인1표제로 지역구 득표 결과로 비례대표 의석까지 배분한 마지막 선거인 제16대 총선에서 공고화 되었다(강명세 2001). 지역주의 투표 경향이 약화 추세에 있다는 보고에도 불구하고 가장 최근 선거인 제20대 총선을 보더라도 새누리당은 새누리당 성향 무소속 4석을 포함 하여 영남의 65석 중 52석(80.0%)을 차지했고 더불어민주당과 국민의 당은 호남의 28석 중 26석(국민의당 23석, 더불어 민주당 3석 총 92.9%)을 획득했을 정도로 지역독점 정당체제가 여전했다.

영남과 호남의 배타적 정당 지지는 정당투표가 도입된 제17대 총선 이후 지역별 정당득표율 강도를 보더라도 지속되어 온 것으로 보인다 (〈그림 3-4〉 참조).[36] 예컨대, 영남 지역정당으로 알려진 한나라당과 후신 새누리당은 대구/경북에서 전국득표율보다 최소 22.1%p(제20대 총선), 최대 27.5%p(제18대 총선, 분파 친박연대 득표율 포함)만큼 더 많은 표를 얻은 반면에 호남에서는 최소 28.1%p(제20대 총선) 최대 35.6%p 만큼 더 적은 표를 얻었다. 호남 지역정당으로 알려진 열린우리당, 통합 민주당, 민주통합당, 그리고 호남 지역 현역 의원이 주축이 된 국민의당 은 잦은 당명 개칭에도 불구하고 호남에서 적게는 16.9%p(제17대), 많 게는 42.0%p(제18대)만큼 전국득표율보다 더 높았던 반면에 영남, 특히 대구/경북 지역에서 득표율 차가 두 자리 수 이상으로 열세를 보여

---

36) 지역구 선거에서는 인물투표 요인도 포함되어 있기 때문에 정당의 지역별 지지강도는 정당투표가 도입된 제17대 총선 이후 자료가 적합하다.

왔다.[37)]

결론적으로 민주화 직후 정초선거부터 본격화되어 이후 선거를 거치면서 공고화된 지역주의 투표행태와 다수제 선거제도에 근거한 지역 독점 정당체제는 지역균열을 동원하지 않은 정당과 후보자가 경쟁력 있는 대안으로 떠오를 수 없게 만들어 선거를 통한 보상과 처벌이라는 수직적 문책 행위의 의미를 격하시켰다. 유권자들은 지지 정당과 후보 선택에서 출신지역의 영향을 강하게 받아 왔으며, 대안 간의 경쟁은 정치이념이나 정책적 차별성을 둘러싸고 이루어지는 것이 아니라 지역균열을 중심으로 이루어져 왔고, 결과적으로 수직적 문책은 정치이념 그리고 정책지향에서 크게 다르지 않은 지역정당 간의 정권교체로 이루어져 왔다. 또한, 국회의원의 상대적으로 높은 교체율도 지역정당체제 유지를 위해 공천과정에서 반복해 온 선제적 물갈이의 결과일 가능성이 크며, 앞서 살펴본 바대로 인적 구성의 근본적인 변화를 가져온 것은 아니었기에 선거를 통한 문책의 의미 있는 결과로 해석하기 어렵다. 따라서 최소한 수직적 문책성 차원과 이의 전제 조건인 경쟁 차원에서는 한국 선거의 질에 대한 비교정치학계의 높은 평가를 있는 그대로 수용하기 어렵다.

Ⅳ. 나가며

지금까지 이 글에서는 1987년 민주화 이후 지난 30년 동안 일어난 한국 민주주의 질의 변화를 선거민주주의에 초점을 맞추어 평가했다. 구체적으로 이 글에서는 민주주의 질에 대한 이론적 논의를 소개한 후, 이를 원용하여 절차 차원의 경쟁, 참여(포괄성), 수직적 문책성, 내용 차

---

37) 지방선거에서는 정당공천제 존폐가 논의되고 있을 만큼 지역정당 독점이 더 심각한 수준이다.

원의 자유와 평등을 중심으로 선거제도와 투표행태 그리고 이에 기반한 정당체제의 변화와 지속성을 살펴보았다.

현재 한국 민주주의는 비교민주주의 연구의 대표적 민주주의 지표들에 의하면, 전체적으로 보든 선거민주주의로 좁혀서 보든 세계 최상위권의 민주주의를 구가하고 있는 것으로 평가되고 있다. 또 한편에서 한국 민주주의는 지난 30년 동안 공고화를 거친 후 이미 성숙 단계에 들어서서 현재 서구산업민주주의 국가에서처럼 유권자의 높은 정치적 불만이 한 징후인 민주주의 위기도 겪고 있는 것으로 보인다. 따라서 한국 선거민주주의 질의 평가는 서구의 후한 평가에 걸맞은 질적 요소를 갖추고 있는지 가늠해 보는 동시에, 위기를 극복하여 양질의, 더 좋은 민주주의로 나아가는 데 해결해야 할 과제가 무엇인지 시사점을 얻기 위한 작업이다. 이는 또한 우리 내부 시각으로 외부 평가를 검증하는 연구이다. 평가 결과를 요약하면 다음과 같다.

민주화 이후 한국 선거제도는 득표율과 선거결과의 비례정도가 낮은 승자독식의 다수제를 골간으로 국회와 지방의회 선거에서 일부 비례제를 가미한 혼합제를 취해 왔는데, 이는 무엇보다 경쟁과 참여 그리고 공정 선거의 전제 조건인 자유와 평등 차원에서 선거의 질을 저해하는 요인으로 작용해 왔다. 거대 정당에 유리한 선거제도는 여성을 비롯한 소수집단과 사회경제적 소외계층의 정치참여와 공정한 경쟁을 막아 정치적 권리 측면에서 자유의 가치를 손상시켰고, 이들의 선호가 과소대표 된 반면에 남성과 사회경제적 중·상위층 선호가 과대대표 되어 평등의 가치를 훼손했다. 그럼에도 민주화 이후 선거제도는 선거구간 인구편차 조정과 1인2표제 도입을 통한 투표가치의 평등 제고, 재외국민과 사회적 약자의 참여 확대, 유권자와 후보자의 정치적, 시민적 권리 확대와 공정한 경쟁 제고 등에서 선거의 질에 대한 다수제 선거제도의 부정적 효과를 어느 정도 완화시키는 방향으로 개정되어 왔다.

그러나 다수제 선거제도와 결합한 지역주의 투표행태 그리고 이에 바탕을 둔 지역독점 정당체제의 유지는 경쟁과 수직적 문책성 차원에서 민주화 이후 선거의 질에 대한 부정적 평가를 불가피하게 한다. 민주화 직후 정초선거인 제13대 대선부터 본격화되어 이후 선거를 거치면서 공고화된 지역주의 투표행태와 지역독점 정당체제는 영호남 지역균열에 의존하지 않은 정당과 후보자 간 공정한 경쟁을 제한하여, 선거에서 보상과 처벌에 기초한 실질적인 수직적 문책 행위를 어렵게 했다. 유권자의 정당과 후보자 선택기준이 출신지역에 치우친 선거에서 수직적 문책은 인적 구성이나 정치이념 그리고 정책지향에서 크게 다르지 않은 지역정당 간의 정권교체로 나타났을 뿐이다.

한국 선거민주주의 질에 대한 이와 같이 박한 평가는 서구산업민주주의의 실태와 최근 일련의 선거 결과를 고려해 보면 비현실적이거나 지나치게 가혹해 보일 수도 있다. 사실 사회주의권 붕괴 이후 자본주의 체제에 대한 광범위한 합의가 존재하는 상황에서, 적어도 서구산업민주주의에서는 주요 정치적 대안 세력 간의 이념적, 정책적 차별성을 찾기 어려울 뿐만 아니라 이들의 인적 구성도 극심한 성비 불균형을 제외한다면 사회경제적 측면에서 한국과 그리 차이가 나지 않을 것이다. 또한, 이들 나라에서조차 최근 선거에서 권위주의적이거나 포퓰리스트 정치인이 잇따라 집권하는 것을 보면 한국의 정권교체가 수직적 문책성 차원에서 모범적이라는 평가를 받을 수도 있을 것이다.

그럼에도 한국 선거민주주의 질에 대한 절대평가는 더 좋은 선거민주주의로 나아가기 위한 과제로 다음과 같은 두 가지 사안을 숙고하게 한다. 첫째, 다수제의 승자독식과 불비례성의 폐해를 완화시킬 수 있는 방향으로 제도 개혁을 검토해야 한다. 예컨대, 대선에서 결선투표제 도입과 국회와 지방선거에서 미미한 수준의 비례대표 비율 상향 조정 등을 생각해 볼 수 있다. 또한, 현재 실시되고 있는 여성의무할당 공천제를 강화하여, 다른 민주주의 국가와 비교해도 매우 열악한 여성의 정치 참여 비율을 높여야 한다. 둘째, 최근 지역 편견과 지역주의 투표 경향이 약화되고 있다는 보고가 있지만, 이 현상이 지역 맹주의 퇴장 후 영남 지역 출신이 호남 지역 정당의 유력 대선 후보가 된 이후에 일어난 일시적 현상일 수도 있으므로, 지역이 더 이상 한국정치를 규정하는 지배적 균열이 되지 않도록 지속적으로 정책선거를 유도하는 동시에 지역에 교차하는 대안 정치세력이 공정한 경쟁에 나설 수 있도록 지원해야 한다. 이를 위해 선거공영제와 정당 활동에 대한 국고 지원 조정과 같은 제도적 조치도 강구해야겠지만, 최근 선거에서 강화되고 있는 지역균열과 이념균열의 중첩 현상에 대한 사회적 여론 환기도 필요해 보인다. 다시 말해서, 호남과 영남의 지역정당이 각각 진보와 보수라는 이념의 외피를 갖춰 새로운 형태로 지역독점 정당체제와 지역주의 투표행태를 온존, 강화시키는 정치적 동원은 막아야 한다는 것이다. 이와 같은 과제 해결 과정에서 유권자의 높은 정치적 불만이 어느 정도 해소되어 선거가 민주주의 위기를 극복하고 양질의 민주주의를 확보하는 데 어느 정도 기여할 수 있을지는 또 다른 이론적, 경험적 연구 과제가 될 것이다.

참고문헌

강명세. 2001. "지역주의는 언제 시작되었는가? 역대 대통령 선거를 기반으로." 『한국과 국제정치』 17권 2호, 127-158.

강휘원. 2015. "제20대 국회의원 선거구획정의 지역대표성 강화 방안." 『한국정치연구』 24권 2호, 121-149.

김선혁. 2011. "정부의 질과 시민사회: 비판적 검토와 지표개발을 위한 시론." 『정부학연구』 17권 3호, 49-79.

김영태. 2015. "선거법 개정 10년의 성과와 과제: 선거운동 관련 법규를 중심으로." 『의정연구』 22권 1호, 32-60.

김용철. 2011. "한국 선거운동의 민주적 품질: 자유와 공정의 관점에서." 『의정연구』 17권 3호, 83-116.

김용철·조영호. 2013. "한국대선의 민주적 품질." 『한국정당학회보』 12권 1호, 31-60.

김용호·장성훈. 2017. "대한민국 선거제도 변천사: 지속과 변화에 대한 고찰." 『현대사광장』 10호, 10-40.

김정도. 2015. "표의 등가성을 통해 본 선거구 획정의 공정성: 측정과 함의." 『한국정치학회보』 49권 4호, 267-299.

김종갑·허석재. 2017. "19대 대통령선거에서 나타난 유권자 투표행태와 시사점." 『이슈와 논점』 제1368호. 국회입법조사처.

김혜숙·김도영·신희천·이주연. 2011. "다문화시대 한국인의 심리적 적응: 집단정체성, 문화적응 이데올로기와 접촉이 이주민에 대한 편견에 미치는 영향." 『한국심리학회지: 사회 및 성격』 25권 2호, 51-89.

마인섭·이희옥. 2014. "아시아에서의 "좋은 민주주의": 아시아에서의 "좋은 민주주의"의 모색: 개념과 평가." 『비교민주주의연구』 10권 1호, 5-31.

문우진. 2017. "지역주의 투표의 특성과 변화: 이론적 쟁점과 경험분석." 『의정연구』 23권 1호, 82-111.

박원호. 2013. "정당일체감의 재구성." 박찬욱·강원택 편. 『2012년 대통령선거 분석』, 51-74. 파주: 나남.

박종민·장용진. 2012. ""좋은 시민"과 "좋은 정부"." 『정부학연구』 18권 1호,

3 – 22.

유현종. 2011. "선거운동규제의 제도적 변화와 지속성." 『한국정치학회보』 45권 1호, 87 – 111.

윤광일. 2012. "지역주의와 제19대 총선." 박찬욱·강원택 편. 『2012년 국회의 원 선거 분석』, 63 – 98. 파주: 나남.

_____. 2013. "지역주의 투표." 박찬욱·강원택 편. 『2012년 대통령선거 분석』, 75 – 110. 파주: 나남.

_____. 2018. "균열구조와 제19대 대선: 완전한 균열로서 지역균열." 『한국정 치연구』 27권 1호, 241 – 280.

이갑윤. 2011. 『한국인의 투표 행태』. 서울: 후마니타스.

이관후. 2016. "민주화 이후의 정치적 대표에 대한 비판적 고찰: 국회의원을 중 심으로." 『시민과 세계』 29권, 27 – 56.

이덕로·송기형·홍영식. 2017. "좋은 정부에 대한 인식에 관한 연구." 『한국행 정논집』 29권 1호, 27 – 52.

장승진. 2012. "한국 유권자들의 정당에 대한 태도: 정당지지와 정당투표의 이 념적, 정서적 기초." 박찬욱·강원택 편. 『2012년 국회의원선거 분석』, 175 – 204. 파주: 나남.

정준표. 2014. "한국국회의원선거를 통해 본 선거제도와 지역주의의 효과." 『한 국정치연구』 23권 2호, 129 – 160.

조영호. 2016. "한국인들은 정부의 질을 어떻게 평가하는가? 좋은 정부의 다차 원적 모델과 경험적 적용." 『국가전략』 22권 1호, 89 – 117.

조영호·조진만·김용철. 2013. "선거와 민주주의에 대한 만족." 『한국정치학회 보』 47권 3호, 63 – 81.

조원빈·이희옥. 2015. "2010년 아시아국가들의 "좋은 민주주의" 지표." 『정치 정보연구』 18권 2호, 115 – 150.

조진만·김용철·조영호. 2015. "선거품질 평가와 선거관리위원회에 대한 신뢰." 『의정연구』 21권 1호, 166 – 196.

최진욱·윤견수·김헌. 2012. "정부의 질 개념 구성에 관한 탐색." 『정부학연구』 18권 2호, 53 – 76.

한정훈. 2013. "대통령 선거제도의 변화와 그 효과: 제18대 대선과정을 중심으 로." 『대한정치학회보』 21권 2호, 25 – 46.

황아란·이지호. 2016. ""좋은 정부"인식의 구성요소: "정부의 질" 속성을 중심으로." 『한국과 국제정치』 32권 2호, 173－200.

Alexander, Amy C., Ronald Inglehart, and Christian Welzel. 2012. "Measuring Effective Democracy: A Defense." *International Political Science Review* 33(1): 41－62.

Cheibub, José Antonio, Jennifer Gandhi, and James Raymond Vreeland. 2010. "Democracy and Dictatorship Revisited." *Public Choice* 143(1): 67－101.

Clark, William Roberts, Matt Golder, and Sona Nadenichek Golder. 2017. *Principles of Comparative Politics*, 3rd ed. Thousand Oaks, CA: CQ Press.

Coppedge, Michael, Staffan Lindberg, Svend－Erik Skaaning, and Jan Teorell. 2015. "Measuring High level Democratic Principles Using the V－Dem Data." *International Political Science Review* 37(5): 580－593.

Coppedge, Michael and Gerring, John and Lindberg, Staffan I. I. and Skaaning, Svend－Erik and Teorell, Jan. 2017. "V－Dem Comparisons and Contrasts with Other Measurement Projects." V－Dem Working Paper.

Dahl, Robert Alan. 1971. *Polyarchy: Participation and Opposition*. New Haven: Yale University Press.

＿＿＿＿＿＿＿. 1989. *Democracy and Its Critics*. New Haven: Yale University Press.

Diamond, Larry. 2015. "Facing Up to the Democratic Recession." *Journal of Democracy* 26(1): 141－155.

Diamond, Larry and Leonardo Morlino. 2004. "The Quality of Democracy: An Overview." *Journal of Democracy* 15(4): 20－31.

＿＿＿＿＿＿＿＿＿＿＿＿. 2005. "Introduction." In *Assessing the Quality of Democracy*. edited by Larry Diamond, and Leonardo Morlino, ix－xliii. Baltimore: Johns Hopkins University Press.

Diamond, Larry and Gi－Wook Shin. 2014. *New Challenges for Maturing*

Democracies in Korea and Taiwan. Stanford, California: Stanford University Press.

Duverger, Maurice. 1954. *Political Parties, Their Organization and Activity in the Modern State.* London: Methuen; New York: Wiley.

Elklit, Jorgen, and Palle Svensson. 1997. "What makes elections free and fair?" *Journal of democracy* 8(3): 32−46.

Elklit, Jørgen, and Andrew Reynolds. 2005. "A Framework for the Systematic Study of Election Quality." *Democratization* 12(2): 147−162.

Freedom House 2018. "Country and Territory Ratings and Statuses, 1973−2018." Excel data.

Gallagher, Michael. 1991. "Proportionality, Disproportionality and Electoral Systems." *Electoral Studies* 10(1): 33−51.

Gallagher, Michael, and Paul Mitchell. 2005. *The Politics of Electoral Systems.* Oxford; New York: Oxford University Press.

Geissel, Brigitte, Marianne Kneuer, and Hans−Joachim Lauth. 2016. "Measuring the Quality of Democracy: Introduction." *International Political Science Review* 37(5): 571−579.

Huntington, Samuel P. 1991. *The Third Wave: Democratization in the Late Twentieth Century.* Norman: University of Oklahoma Press.

Knutsen, Oddbjørn. 2010. "The Regional Cleavage in Western Europe: Can Social Composition, Value Orientations and Territorial Identities Explain the Impact of Region on Party Choice?" *West European Politics* 33(3): 553−585.

Lindberg, Staffan, Michael Coppedge, John Gerring, and Jan Teorell. 2014. "V−DEM: A New Way to Measure Democracy." *Journal of Democracy* 25(3): 159−169.

Lijphart, Arend. 2012. *Patterns of Democracy: Government Forms and Performance in Thirty−Six Countries.* New Haven: Yale University Press.

Lipset, Martin S. and Stein Rokkan. 1967. "Cleavage Structure, Party Systems, and Voter Alignments: An Introduction." In *Party Systems and Voter Alignments: Cross−National Perspectives.* edited by Lipset, Martin S and Stein Rokkan, 1−64. New York: Macmillan.

Polity Ⅳ. 2016. "Polity IV Project, Political Regime Characteristics and Transitions, 1800−2016." Excel data.

Morlino, Leonardo. 2004. "What is a 'Good' Democracy?" *Democratization* 11(5): 10−32.

Munck, Gerardo L. 2014. "What Is Democracy? A Reconceptualization of the Quality of Democracy." *Democratization* 23(1): 1−26.

Norris, Pippa, Martinez i Coma Ferran, Nai Alessandro and Max Grömping. 2016. *The Year in Elections*, MID−2016 Update. The Electoral Integrity Project.

O'Donnell, Guillermo. 2001. "Democracy, Law, and Comparative Politics." *Studies in Comparative International Development* 36(1): 7−36.

_____. 2004. "Human Development, Human Rights, and Democracy." In *The Quality of Democracy: Theory and Applications*, edited by Gullermo O'Donnell, Jorge Vargas Cullell, and Osvaldo M. Iazzetta, 9−92. Notre Dame: University of Notre Dame Press.

Park, Chong−Min. 2011. "Political Discontent in South Korea." *International Review of Sociology* 21(2): 391−412.

Park, Chong−Min, and Yun−han Chu. 2014. "Trends in Attitudes Toward Democracy in Korea and Taiwan." In *New Challenges for Maturing Democracies in Korea and Taiwan*, edited by Diamond Larry and Gi−Wook Shin, 27-68. Stanford: Stanford University Press.

Przeworski, Adam. 1991. *Democracy and the Market: Political and Economic Reforms in Eastern Europe and Latin America*. Cambridge: Cambridge University Press.

Przeworski, Adam, Michael E. Alvarez, José Antonio Cheibub, and Fernando Limongi. 2000. *Democracy and Development: Political Institutions and Material Well−Being in the World*, 1950−1990. Cambridge: Cambridge University Press.

Rae, Douglas W. 1967. *The Political Consequences of Electoral Laws*. New Haven: Yale University Press.

Schumpeter, Joseph A. 1994[1942]. *Capitalism, Socialism, and Democracy.* New York, London: Harper & Brothers.

04

시민의 정치참여를 통해서 본
한국 민주주의의 질

김석호

Ⅰ. 왜 정치참여에 관심을 갖는가?

한국에서 1987년 민주화투쟁을 통해 정치적 기회공간이 개방된 지 햇수로 약 30여 년이 지났다. 개방된 기회공간에서 한국의 시민사회는 비약적으로 성장해 왔다(주성수 2017). 지난 30여 년 동안, 여러 번의 평화적인 정권교체가 있었고, 지속적으로 하락하던 투표율도 2012년의 19대 총선과 18대 대선을 계기로 반전되었다. 또한 한국의 시민들은 지난 2016년 광장정치와 대통령 탄핵에서 볼 수 있는 것처럼 정치권이 감내할 수 없는 수준으로 부패하거나 무능하다고 판단될 때 지체 없이 정치적 목소리를 낸다. 시민사회의 현황을 보여주는 등록된 비영리 민간단체의 수 역시 2000년 2,524개에서 2015년 12,894개로 약 다섯 배 증가하였다(행정자치부 2015). 이러한 형식적 제도의 안착과 양적인 성장에도 불구하고, 전반적으로 민주주의의 질과 시민사회의 역량이 그에 상응할 정도로 성장했는가에 대해서는 의견이 분분하다. 그리고 이러한 논란의 중심에는 민주주의 발전에 있어서 필수적인 시민의 자발적인 정치참여가 아직 뿌리내리지 못했다는 비판이 자리 잡고 있다. 보수적 민주화로 인하여 한국의 시민사회에는 다원주의와 노동이 부재하며 시민 참여의 제도화가 이루어지지 못하여 간헐적인 분출에 의존하고 있다거나, 과잉 국가화로 인하여 사회적 자본으로서의 시민성이 결핍되어 있고, 그 결과 시민은 있으나 시민 참여에 충실한 시민은 없다는 지적이 모두 이에 해당한다(최장집 2010; 송호근 2016). 시민사회 전반의 낮은 정부 및 제도 신뢰는 정치권이 불공정하게 작동하고 있으며 이로 인해 불평등이 심화된다는 인식을 보여준다. 이는 좌절, 분노, 냉소로 이어지고 정치효능감을 약화시켜 한국인의 정치참여를 가로막는다는 비판도 같은 맥락에서 이해할 수 있다(김석호 2014). 이 같은 시민사회의 미성숙과 민주주의 발전의 답보 상태에 대한 많은 담론에도 불구하고, 경험적 수준에서 이를 구체적으로 진단하고 해결책을 모색하는 연구는 많지 않다.

시민사회가 한 사회의 중요한 영역을 차지하고 정부와 시장과 밀접한 관련을 가지고 있지만, 동질적인 총체로서 존재하는 것은 아니다. 시민사회는 다양하게 분화되었고, 전문화되었으며, 그 안에 수많은 차이가 존재한다. 나아가 신자유주의 세계화 이후 시민의 시대가 끝나고 있으며, 이제 하나의 시민 대신 계급적, 사회적으로 분열·분화된 다수만이 존재한다는 주장도 나오고 있다(조희연 2007, 54-56). 따라서 시민사회의 위기 역시, 시민사회 전체로서의 위기뿐만이 아니라, 시민사회 영역 안에 존재하는 다양성 및 이질성과 결합되어 시민사회 내부의 위기로도 나타난다. 한국 시민사회의 아킬레스건으로 지적되는 시민의 참여 부진 역시 마찬가지다. 단순히 시민 참여의 감소가 문제가 아니라, 시민의 사회적 분열·분화 및 양극화와 맞물려 시민 참여에 있어서도 불평등이 발생한다는 점, 그리고 참여에서의 불평등이 다시 사회경제적 조건의 양극화로 이어져 악순환의 고리를 만든다는 점이 문제이다.

그러나 한국에서 참여 불평등에 관한 경험적 연구들은 아직까지 일천하다(조정인 2012, 40-41). 최장집(2010, 41)은 "현재 한국 정치의 최대 균열은 사회적 기반이 없는 정치적 대표체제와 이에 대표되지 못하고 저항하고 있는 비투표 유권자 사이의 균열"이라고 단언할 정도로 참여 불평등 문제를 강조한다. 참여 불평등에 대한 경험적 연구들은 주로 사회경제적 지위가 참여 불평등에 미치는 영향(이승종 2001; 조정인 2012; 허석재 2015)을 다루거나, 사회자본이 참여에 미치는 영향(이숙종·유희정 2010; Kim 2011)을 다룬다. 이들 연구들은 참여 불평등에 영향을 미칠 것으로 예상되는 여러 요인들의 효과를 검증해왔다는 점에서는 의의가 있으나, 특정 한 시기에 대한 연구에 그침으로서 참여 불평등의 변동을 동태적으로 분석하지는 못했다는 점에서 한계를 가진다. 한국이 "동서고금의 다양한 가치와 이념이 그냥 병존하는 것이 아니고 지속적인 상호작용을 통해 변종을 만들어내"서 "너무 동적일 뿐 아니라, 너무 복합적(장경섭 2009, 26)"이란 점, 그리고 짧은 역사로 인해 한국의 시민사회와 민주주의가 아직 안정화되지 않았다는 점을 고려할 때, 정태적 분석이 가지는 한계는 명확하다.

따라서 이 연구에서는 시민사회에서의 참여불평등의 변화를 분석하기 위하여, 2004년과 2009년, 2014년 세 시기를 비교하고자 한다. 2004년, 2009년, 2014년은 각기 참여 정부, 이명박 정부, 박근혜 정부의 집권 2년차로 각 정부가 본격적으로 자신들의 정책을 집행한 시기다. 2002년 16대 대선을 계기로 이념이 한국사회의 주요 균열구조로 떠올랐다는 지적을 고려할 때(강원택 2003; 2009; 박찬욱 2009), 세 정부는 각기 진보, 보수, 보수를 대표하는 정부라고 할 수 있다. 그리고 2004년에는 탄핵반대 촛불집회, 2008년에는 쇠고기 수입반대 촛불집회, 2014년 세월호 촛불집회라는 시민사회의 큰 움직임이 있었음을 고려한다면, 이러한 비교 연구는 진보와 보수라는 두 정부의 집권이 시민사회의 참여불평등에 미친 영향을 설명할 수 있을 것이다. 그리고 이를 통해 각 정부의 국정운영 방향이 시민사회에 미친 영향뿐만이 아니라, 한국의 시민사회가 정부와 국가로부터 얼마나 자율성을 가지고 있는지를 가늠해 볼 수 있을 것이다. 사회불평등에 의한 정치참여 불평등에 대한 세 정권 비교로 들어가기 전에, 이 글은 한국인의 정치 참여 수준이 지난 30여 년간 어떠했는가를 세계가치관조사를 통해 살펴본다. 그리고 한국 시민사회가 정부와 관계를 맺어온 방식에 초점을 두고 그 성격을 이론적으로 정리한다. 그런 후에 한국종합사회조사를 활용하여 본격적으로 사회경제적 불평등과 정치참여 불평등 간의 관계를 파악함으로써 세 정부에서 나타난 민주주의의 질을 평가한다.

Ⅱ. 한국인의 정치참여:
1980년대부터 2010년대까지

정치참여(political participation)는 시민권이 구체적으로 행사되는 정치적 사건, 즉 시민의 권리와 의무가 표출되는 정치현상이다(Kymlicka and Norman 2000). 따라서 한 사회의 정치참여의 수준과 내용은 시민사회의 성숙 정도와 참여 민주주의의 수준을 나타낸다. 일반적으로 정치참여는 시민들이 정부에서 일할 사람을 선택하고 정부의 정책방향에 영향력을 행사할 목적으로 수행하는 활동을 일컫는다(Verba et al. 1995). 정치참여를 크게 선거참여(선거운동 포함)와 선거 외 정치참여로 나누어 볼 수 있는데, 선거참여란 투표와 선거기간 중 기부, 자원봉사, 정당행사 참가 등을 말하고, 선거 외 정치참여는 서명, 불매운동, 시위참가 등 선거와 무관하게 일어나는 모든 정치관련 활동들을 의미한다(Rosenstone and Hansen 1993). 본 절에서는 한국인의 정치참여 수준이 유형별로 지난 30여 년간 어떻게 변화했는가를 세계가치관 조사를 통해 살펴본다.

〈그림 4-1〉은 1987년부터 2017년까지 시행된 대통령 선거, 국회

의원 선거, 지방선거에서의 투표율과 선거 외 참여의 변화 추이를 보여준다. 여기에서 선거 외 참여는 진정서 서명, 불매운동 참여, 합법적 시위 참여, 비합법적 집회 참여 중에서 하나라도 경험한 적이 있는 비율을 의미한다. 먼저 대통령 선거 참여율을 살펴보면, 1987년에 89.2%로 최고치를 나타냈다가 서서히 하락하여 2007년 대통령 선거에서 63.0%까지 떨어진다. 그 이후 2012년과 2017년에 다시 반등하여 각각 75.8%와 77.2%를 기록한다. 대통령 선거에 비해 국회의원 선거와 지방선거의 투표 참여율은 상대적으로 낮다. 국회의원 선거의 투표율은 1988년에 75.8%로 가장 높다. 국회의원 선거 투표율도 최근으로 올수록 지속적으로 하락해 2008년에 46.1%로 역대 최저치를 기록한다. 2012년과 2016년의 국회의원 선거 투표율은 각각 54.2%와 58.0%로 약간 높아지기는 했지만, 이전 수준으로 회복되지는 않았다. 지방선거 투표율도 대통령 선거 및 국회의원 선거 투표율과 비슷한 추이를 보인다. 즉 지방선거 시행 초기에는 비교적 높은 투표율을 기록했다가 점차 하락해 2002년에 50% 미만으로 떨어진다. 그 후 반등해 50%대를 유지하지만 그 수준에서 정체 상태에 있다. 한편 선거 외 참여는 선거 참여에 비해 상당히 낮은 참여 수준을 보인다. 선거 외 참여에 포함된 진정서 서명, 불매운동 참여, 합법적 시위 참가, 비합법적 집회 참가 등 네 가지 유형의 정치참여 행위 중 지난 1년간 하나라도 경험한 적이 있는 사람의 비율이 1990년에 46.8%로 시작해 1995년에 44.8%, 2000년에 48.9%로 높아진다. 그러나 2005년에 급격히 감소해 해당 참여 비율이 38.1%를 기록하고 5년 뒤인 2010년에는 32.0%로 역대 최저치를 나타낸다. 2005년이 참여정부를 표방한 노무현 정권이 집권한 시기였음을 상기하면 이는 상당히 의외의 결과이다.

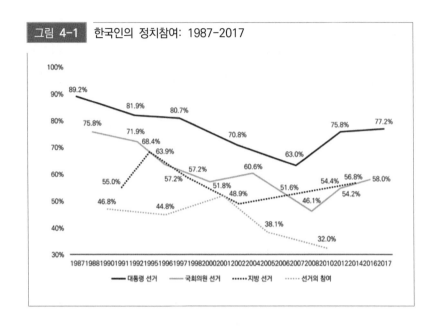

그림 4-1 한국인의 정치참여: 1987-2017

선거 외 참여를 활동 유형별로 구분해 살펴보면 선거 외 참여 수준
이 2000년대 중반 이후 왜 갑자기 하락했는가에 대한 단서 중 하나를
찾을 수 있을 것이다. 〈그림 4-2〉는 선거 외 참여를 유형별로 구분해
각각의 변화 추이를 1982년부터 2010년까지 살펴본 결과인데, 모든 참
여 유형에서 전반적인 하락이 관찰되며, 특히 진정서 서명과 불매운동
참여율의 감소가 두드러짐을 알 수 있다. 그림은 시민사회가 성장을 시
작하고 시민운동이 활성화되기 전인 1980년대와 1987년 민주화투쟁을
겪은 후인 1990년대 선거 외 참여 수준이 극명하게 달라진다는 점을
보여준다. 즉 미미한 수준에 머물러 있던 선거 외 참여가 시민사회의
성장과 더불어 급격하게 증가했음을 알 수 있다. 이 결과는 서론에서
밝힌 시민사회의 양적인 성장을 보여준다. 하지만 이러한 양적 성장이
실제 시민사회의 역량과 민주주의 질의 향상으로 이어졌다고 결론 내리
기 위해서는 추가적인 논의와 분석이 필요해 보인다. 다만 분석을 통해
확인할 수 있는 사실은 한국인이 선거를 통한 대의민주주의의 실현에는

적극적이지만 생활 속의 참여나 제도권 밖 정치참여를 통해 참여민주주의를 추구하는 데 익숙하지 않다는 점이다.

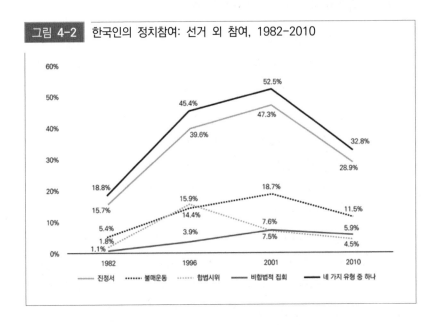

그림 4-2 　한국인의 정치참여: 선거 외 참여, 1982-2010

이 연구는 시민사회 및 정치참여와 관련해 민주주의의 질을 가늠하는 전략으로 사회경제적 격차가 얼마나 정치참여 수준의 차이로 이어지는 정도로 설정한다. 대의민주주의 사회에서 정치참여는 정치인과 정치권에 영향을 미칠 수 있는 가능성을 높이는 가장 유용한 수단 중 하나이다. 따라서 정치참여 수준이 사회경제적 지위에 의해 결정되는 정도가 높은 사회라면 우리는 그 사회의 민주주의가 질적으로 향상된 수준에 도달했다고 말하기 어려울 것이다. 민주주의의 본령이 배경이나 지위고하에 관계없이 똑같은 정치적 목소리와 영향력을 가지는 제도의 확립과 운용에 있기 때문에 사회경제적 지위가 정치참여 수준을 결정하는 정도는 한 사회의 민주주의의 질을 보여주는 데 적합한 지표라고 할 수 있다.

Ⅲ. 시민사회와 참여불평등

1. 사회경제적 격차와 정치참여 불평등

시민의 정치참여는 참여민주주의를 실현하는가, 참여불평등을 심화시키는가? 전통적 정치참여 연구는 누가 어떤 경로로 정치에 참여하게 되는가를 밝히는 데 초점을 두어왔다. 정치참여의 주요 결정요인으로는 ① 교육수준, 소득수준, 직업 등 사회경제적 자원(socio-economic resources), ② 신뢰, 정치관심, 정치효능감 등 심리적 자원(psychological resources), ③ 사회연결망으로 표현되는 관계적 자원(relational resources) 등이 있다. 즉 교육과 소득 수준이 높거나, 정치관심과 효능감 정도가 높거나, 중요한 위치에 있는 사람을 많이 알고 있는 사람일수록 정치에 참여할 가능성이 높다(Campbell et al. 1960; Lin 2000; McClurg 2003; Lewis-Beck et al. 2008; Putnam 2000; Wolfinger and Rosenstone 1980). 가령, 샤츠슈나이더(Schattschneider 2008)에 따르면 소득수준이 낮을수록, 교육수준이 낮을수록, 삶이 불안정할수록 개인의 참여는 감소한다. 사회경제적 지위가 낮은 계층에 속할수록 체제에 대한 신뢰가 낮고, 낮은 신뢰는 정치 참여의 동기를 부식시킨다. 또한 사회경제적 지위가 제공하는 돈, 시간, 시민적 능력(civic skill) 같은 자원이 시민의 참여에 결정적인 영향을 미치기도 한다(Verba et al. 1995).

이러한 전통적 정치참여 결정요인들이 시민사회, 정부, 시장 사이의 소통을 기반으로 하는 참여민주주의에 함의하는 바는 무엇인가? 본 연구는 사회경제적 자원, 심리적 자원, 관계적 자원의 정치참여에 대한 일관적 영향력을 참여민주주의를 위협하는 참여 불평등의 증거들로 간주한다. 〈그림 4-3〉은 정치참여가 결정되는 주요 메커니즘을 통해 어떻게 참여 불평등이 심화될 수 있는가를 보여준다. 교육수준이 높고 부유한 사람일수록 정치적 과정을 이해할 수 있는 지식, 복잡한 정치적 정보를 처리할 수 있는 능력, 타인과 원활하게 교류할 수 있는 사회적 기술, 높은 수준의 정치관심과 정치효능감을 지닐 가능성이 크다(Jacobs and Skocpol 2005, 31-32). 나아가 그들의 연결망은 보다 광범위하여 정치적 정보 및 기회에 대한 접근을 용이하게 한다. 이와 대조적으로 소득 및 교육수준이 낮은 사람들의 연결망은 제한적이고 협소한 경향을 보인다. 이에 따라 이들은 연결망을 통해 다양하고 풍부한 정치적 정보와 기회를 얻지 못한다(Burt 2005). 전반적으로 사회에서 높은 지위에 있는 계층은 낮은 계층보다 정치에 많이 참여한다. 그리고 사회경제적 자원의 불평등은 필연적으로 정치적 목소리의 불평등을 낳게 된다. "정책이 결정되는 과정에 참여하는 사람들의 요구가 더 많이 반영된다는 점에서 누가 정치에 참여하는가의 문제는 중요하다"(Verba et al. 1995, 227).

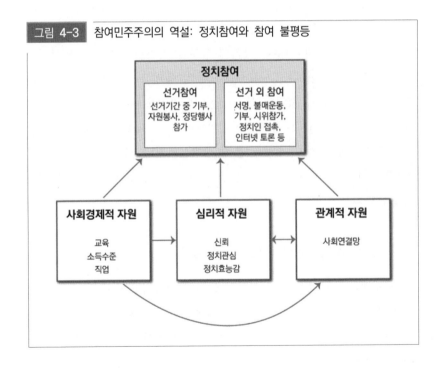

그림 4-3 참여민주주의의 역설: 정치참여와 참여 불평등

정책결정자들에게 도달하는 목소리가 부유한 사람들만의 것이라면, 모든 국민이 동등하게 대표되어야 한다는 민주주의의 원리는 훼손될 것이다. 다시 말해, 한국사회에서도 이와 같은 정치참여 메커니즘이 고착화된다면, 시민의 정치참여의 전반적 수준은 높지만 사회경제적 자원의 차이로 인한 정치참여의 격차는 심화되는 역설적인 상황이 전개될 것이다(이승종 2001; 조정인 2012; 허석재 2015).

한국의 시민사회는 어떠한가? 한국에서도 시민운동의 시대라고 명명될 만큼, 1990년대 말에서 2000년대 초까지 시민사회의 대규모 분출이 있었던 시기가 있었다. 이 시기에 시민운동은 사회 구석구석에 영향력을 미치고 있으며, 한국사회를 이끄는 가장 영향력 있는 집단으로 꼽히기도 하였다(신율 2001; 윤성이 2007). 특히 참여연대나 경실련 같은 대규모 시민단체들은 준정당으로서 기능했다고 평가받을 정도였다(김호기 2006, 330). 그러나 참여 정부를 거치면서 시민사회에 대한 사회적 신뢰가 하락하고, 이명박 정부와 박근혜 정부를 거치면서 아예 시민사회가 정치사회로부터 밀려나고 시민사회 내부 동력은 결빙되고 쇠퇴했다(Kim 2016). 그 결과 시민사회는 시민들의 참여를 촉진하고 민주주의의 질을 향상시키는 기제로서 작동하기보다는 이미 확립된 사회경제적 격차를 시민사회의 정치 개입을 통해 심화시키거나 강한 목소리를 가진 정치활동가 중심의 이익단체로 변질되었다는 비판을 받기도 한다(김석호 2014).

2. 한국 시민사회와 시민운동의 성격

한국사회에서 시민 개념이 정치적 의미를 가지고 대두된 것은 1980년대 중반 이후 민주화운동 과정을 통해서였다. 1987년의 유월항쟁을 통해 발견된 시민의 정치적 힘은 시민운동, 시민단체, 시민계급 등과 시민과 관련된 담론이 분출하는 계기가 되었다(박명규 2009, 239–240). 한국의 시민사회와 시민운동을 다룬 연구들은 민주화가 이루어진 1987년을 한국에서 시민사회의 본격적인 출발점으로 삼고 있다(김호기 2001; 조희연 2006; 윤성이 2007). 특히 1989년 경제정의실천시민연합(경실련)의 결성은 기존의 민중운동으로부터 시민운동이 갈라져 나오는 출발점으로 평가받는다. 경실련의 설립취지문을 분석한 박명규(2009, 241–244)는 경실련이 민중과 구분되는 정치적 주체로서 시민을 정립하고, 민중적 방식과 구분되는 시민적 방식을 강조함으로써 한국사회에 시민층이 목적의식적으로 명료한 함의를 지니고 등장하였다고 평가한다. 억압받는 민중만이 아니라 기업인이든 중산층이든 운동의 구성원이 될 수 있다는 설립취지문의 구절은 기존의 민중운동이 가진 계급적 성격에 대한 거리감을 명확히 보여준다.

계급론적 관점에서 김세균(2004)은 스스로를 노동계급과 구분되는 시민적 존재로 간주한 쁘띠부르주아층의 계량적 사회운동이라고 시민운동을 평가했고, 김기태(2013) 역시 시민사회는 1980년대 후반 3저 호황에 따라 확대된 도시지역 중산층들의 사회적 욕구를 대변하는 공간으로서, 권위주의적 국가에도 비판적이지만 계급운동에 대해서도 동의하지 않는 중산층들에게 적합한 참여방식인 공적주체 시민과 이를 조직한 시민단체가 출현하는 배경이 되었다고 평가했다. 조희연(1999)은 노태우정부 출범 이후 보수 언론의 '민중운동의 시대는 가고, 시민운동의 시대가 도래하였다'는 이데올로기에 편승하여 시민운동이 성장하였다고 평가한다. 결국, 시민사회와 시민운동은 기존의 반독재 민주화운동·민중운동의 확장으로서보다는 경쟁적, 원심력적 분화이자 새로운 운동으로 출현했다는 것이다.

민중운동과 시민운동은 다음과 같은 차이를 가지고 있다. 먼저 민중운동의 주체가 노동자, 농민, 빈민, 지역주인이었다면 시민운동의 주체는 중산층 화이트칼라와 지식인, 전문직이고, 민중운동이 파업, 시위,

농성 등 대중동원에 기초한 운동방식을 추구했다면 시민운동은 캠페인, 강연회, 성명서 발표, 홍보, 정책협의 등 언론이나 정치권과의 교섭을 주요 운동방식으로 활용했다(김호기 2001; 정태석 2006). 노동조합과 농민회 같은 대중조직을 가지고 있는 민중운동과 분리됨으로써 시민운동은 대중 동원보다는 전문가들 중심으로 편성되었다. 노동이 배제된 교육 받은 도시중산층 중심의 시민사회가 형성된 것이다(최장집 2010, 242-243). 비록 초기 반민중운동적 색채를 전면화했던 보수 자유주의적 시민사회가 1990년대를 거치면서 민주적으로 활성화되면서 다양화되고 다원화되는 분화의 길을 걸었으나, 민중운동과 시민운동의 분립구조는 지속되었다(조희연 2003).

그렇다면 시민운동을 이끈 시민사회의 대표적인 자발적 결사체인 종합적 시민운동 시민단체들의 성격과 구조는 어떠하였는가? 시비쿠스(CIVICUS) 시민사회지표를 통한 평가에 따르면, 한국의 시민사회와 시민단체는 서비스, 자치역량보다는 권익주창형 성격을 가지고 있다고 평가된다. 시민참여의 구조적 기반이 취약하기에 대중참여보다는 전문 지식인과 직업 시민운동가 등 소수 전문가 중심으로 각종 이슈에 대응해 여론을 형성하는 의제설정운동에 중심을 두고 있다(주성수 2006). 2000년부터 2010년까지 비영리민간단체 재정지원을 받은 단체들의 성격을 기준으로 살펴보아도, 권익주창형 단체에 대한 지원건수가 기타 다른 성질을 가진 단체에 비해 재정지원을 받은 건수가 더 많은 것으로 나타났다(박천일 · 김선엽 2011). 권익주창형 성격이 지배적이게 됨에 따라 국가기관, 재벌, 주요언론 매체와의 갈등 또는 협력이 운동의 주요 경로가 되었다. 이 과정에서 시민운동의 전문성은 강화되었지만, 대다수의 시민들은 운동에 참여할 마땅한 위치를 찾을 수 없게 되었다(신진욱 2009, 76). 종합적 시민운동단체의 대표격인 참여연대와 경실련의 의사결정과정을 분석한 양현모(2002)에 따르면, 두 조직 모두 총회는 상징적 대표성 밖에 보유하지 못하고 소수의 인원만이 참여하는 상임집행위원회 중심으로 의사결정이 매우 중앙으로 집중화되어 있었고, 회원의 참여는 매우 낮은 수준에 머물러 있었다. 그 결과 '시민 없는 시민운동[38]'이란 비판이 지속적으로 제기되고 있다.

우스노우(Wuthnow 2004)가 지적하듯이, 다양한 자원을 소유하고 있는 사람들 또는 중산층은 그들이 정치참여를 위해 필요한 정보와 통로를 지니고 있을 뿐만 아니라, 정치에 더 많은 이해관계를 가지고 있기 때문에 하층민보다 정치에 많이 참여한다. 그 결과, 정치적인 활동과 그에 따르는 이익은 부유하고, 교육수준이 높고, 권력을 쥐고 있는 사람들에게만 돌아갈 것이다(Schlozman et al. 2005). 만약 시민사회가 시민의 참여에 의해 역량을 축적하지 않고 정부 또는 시장을 넘나들고 이들과 밀착하면서 소수의 활동가들에 의해 지배당하고 있다면 시민사회의 양적성장이 민주주의의 질을 향상시키는 데 큰 도움이 되지 않을 것이다.

3. 정부의 시민사회 대응 기조와 민주주의의 질

노무현 정부 또는 참여정부는 그 호칭에서 드러나듯 시민의 참여를 적극적으로 추진하면서 등장하였다. 다면평가에 기초한 인사정책, 청와대 국민참여수석실 신설, 민원 기능 강화, 고위공직의 부분 개방, 이익단체의 의견 청취, 지구당 폐지 및 일반 시민의 참여기회 확대, 국무회

---

38) 시민운동 25년의 회고와 전망이라는 주제 하에서 이뤄진 특집좌담에서 시민과대안연구소장 박인규는 시민 없는 시민운동이라는 비판이 보수언론의 과도한 비판이라는 점을 지적한다(이희환 외 2013). 그러나 시민운동에서 중요한 것은 시민이 얼마나 많이 참여하는지가 아니라 시민들의 가치지향을 얼마나 실현하는지 여부이며, 사회 이슈에 대한 토론에 시민이 많이 참여한다고 전문적 비판과 대안제시가 이루어지는 것은 아니라고 주장한다는 점에서, 시민운동에 시민이 없다는 것 자체를 부정하지는 않는다. 인천환경연합대표 서주원은 주창형·대변형 운동에 시민이 참여하는 방법은 인터넷을 통한 지지나 후원금 제공 밖에 없는 것이 당연하다고 주장한다.

의에 토론 분위기 장려, 그리고 결정적으로 시민단체의 국가정책결정과
정 참여를 추진했다(송호근 2005, 260–264). 보수적 한국사회에서 헤게
모니를 가지지 못한 참여정부가 시민사회로부터의 지원과 지지를 확보
하고, 시민단체를 시민과의 직접 대화의 통로로 활용함으로써 개혁정책
을 추진하고자 했다(최장집 2010). 시민단체 역시 시민 없는 시민운동이
라는 한계로 인한 공공재의 부족을 정부와의 협력을 통해 해소할 필요
가 있었고, 참여정부와의 연대와 참여를 통해 민주화를 추진해야 한다
는 개혁세력연대론에 호응을 보내고 있었다(박재창 2007).

그러나 이 과정에서 시민단체와 참여정부 간의 관계가 문제로 떠올
랐다. 예를 들면, 정부와 시민사회가 방송개혁위원회 참여와 DTV 전송
방식 변경 등의 문제에서 부분적인 갈등을 겪었지만, 결국 정부는 시민
사회에게 일정한 이익을 제공하고, 시민사회는 정부 정책에 정당성을
부여하는 방식으로 조합주의적 유착·보완관계를 맺었다(전용준 외 2006).
참여정부 이후 정부와 여당, 진보시민단체 대 야당과 보수 시민단체로
의 구도가 성립하면서, 시민사회와 정치사회의 경계가 허물어지기도 하
였다(윤성이 2007). 국가에 반하는 시민사회에서 진보 대 보수라는 시민
사회 대 시민사회로, 혹은 정권의 이념에 따라 국가에 선별적으로 흡수
된 시민사회로 변화한 것이다(최장집 2009; 2010). 송호근(2005; 2012)
역시 민주화운동이라는 뿌리를 공유한 참여정부의 집권세력과 진보적
성향의 시민단체들의 지도자들 간의 강력한 연대가 발생했고, 이것이
참여정부의 개혁정책의 정당성을 보강하는 이념적 기반이 되었다고 지
적한다. 나아가, 진보적 성향의 시민단체가 의제설정을 관할하고 공공
영역에의 의제상정을 통제하고, 마지막으로 정책결정과정을 지배함으로
써, 참여를 명분으로 배제적 과잉 대변이 발생했다고 주장한다.

물론 이를 진보적 세력은 흡수되고 보수는 배제되었다는 식으로 이
분화하기에는 무리가 있다. 앞에서 살펴보았듯, 한국의 시민사회는 교

육받은 도시 중산층을 토대로 하고 있다. 따라서 도시 중산층을 기반으로 하지 않는 집단, 즉 민중운동이 대리해왔던 노동, 농민 역시 광범위하게 배제되었고, 시민사회의 급진적 영역 역시 배제되었다. 환경단체들은 새만금 사업, 천성산 터널 공사, 부안 핵폐기장 건설 등 주요 국책사업마다 정부와 심각한 갈등을 겪었다. 노동단체와 농민단체 역시 참여정부 초기부터 비정규직 보호법안 국회 처리 문제, 공무원노조, 한·칠레 FTA, 한·미 FTA 등으로 참여정부와 격렬한 갈등을 빚었다. 그로 인해 소위 '좌파 신자유주의'라는 비판까지 등장했다. 참여정부 시기에 "정치적 민주화는 외피가 되었으며, 소수 경제권력의 '공정한' 관리를 자임하였으나 사회적 자원배분의 권력을 오히려 시장에 넘겨준 민주정부에 대한 배신감이 다수 노동생활자들에게 뿌리내렸다."(박영자 2007, 148).

스카치폴(Skocpol 2011)은 1960년대 시민사회의 분출의 의도하지 않은 결과로 기존의 대중적 자발적 결사체들이 권익주창형 단체들로 대체되면서 참여의 통로가 소수에게 한정되자, 종국적으로 미국 민주주의가 쇠퇴하기 시작했다고 지적한다. 이와 흡사한 현상이 참여정부에서도 일어난 것으로 보는 것도 일리가 있다. 1990년대 시민사회의 분출과정에서 도시의 교육받은 중산층에 기반을 둔 운동 엘리트들과 전문가들이 중심이 된 권익주창형 시민단체들이 시민사회의 주류를 차지하고, 참여정부가 자신들의 정책수행을 위해 이들을 적극적으로 동원하자 참여정부와 이념적 색을 달리하는 보수세력은 물론, 기존의 민중운동이 대리하던 노동, 농민, 급진세력들 역시 참여의 통로를 상실하게 된 것이다. 대중적 기반이 약하고 중산층적 엘리트 의식이 강한 시민운동 진영의 국가에 대한 의존은 심화되었다. 시민운동이 시민적 권리를 누리는 사회구성원 모두의 운동이 아니라, 스스로를 '시민적 존재'로 간주하는 사회층이 전개하는 사회운동에 불과한 상황이 전개된 것이다(김세균 2004).

노무현 정부가 시민사회를 지원하고 흡수하는 과정에서 시민단체의 홍수가 있었다면 그 후 10여 년간의 보수 정권 집권기에는 시민사회의 결빙이 있었다(김석호 2016). 사실 이명박 정부와 박근혜 정부는 시민사회의 리더십을 제거하는 기조로 일관해 이들을 정치권에서 배제시키는 데 성공한다. 이명박 정부 초기 미국산 소고기 수입에 항의하는 시민의 자발적 참여로 잠시 활기를 얻었던 시민운동은 얼마 되지 않아 축소되었으며, 그 후 시민사회는 미약한 소수로 전락한다. 참여정부 시기 시민사회가 과잉 대변되면서 발생한 부작용을 구실삼아 두 보수정권은 시민사회를 아예 전면적으로 배제하였다. 이명박 정부 출범 이후 비영리 민간단체에 대한 정부보조금 지원 현황을 분석한 좌세준(2011)에 따르면, 2008년 촛불집회 이후 다수의 민간단체들이 보조금 지원 대상에서 제외되었고, 보조금 지원사업 유형을 정부주력사업과 연계시킴으로써 비영리 민간단체의 자율성이 억압되었다. 박근혜 정부도 이명박 정부와 마찬가지로 정권에 우호적인 단체들을 선별적으로 지원하고 이들을 정치적으로 중요한 국면마다 활용하는 데 주력한다. 두 정권에서 시민운동의 동력과 자원을 상실한 시민사회는 정부 및 시장과의 관계에서 주도적인 역할을 못하게 되고 전반적인 시민사회의 위축으로 이어진다.

중산층 이상의 계급적 기반을 가진 시민단체가 시민사회를 지배하고 시민사회가 정부와 긴밀히 연결되어 있는 조건과 시민사회의 동력과 자원이 고갈되고 정치권과의 연계가 사라지고 정치로부터 배제되는 조건에서 민주주의의 질은 어떻게 달라질까? 사회경제적 불평등이 정치참여 불평등을 결정하는 정도를 민주주의의 질을 평가하는 지표 중 하나로 볼 수 있다면, 민주주의의 질이 진보성향의 참여정부에서는 향상되고 보수성향인 이명박 정부와 박근혜 정부에서는 퇴보했을까? 위의 논의로부터 우리는 어떤 결론을 내릴 수 있을까? 앞서 밝힌 것처럼, 시민들의 정치참여를 정책적으로 독려하고 시민사회를 지원한 참여정부에서라도 핵심 참여 세력들이 중산층에 기반을 둔 엘리트 중심적 성격을 가지고 있는 한 민주주의의 질은 기대한 것만큼 향상되지 않았을 것으로 예상한다. 오히려 시민사회 및 정치권과 상대적으로 잘 연결되어 있을 중산층 이상의 정치참여가 이전보다 확대되어 사회경제적 격차에 의한 정치활동의 차이는 심해졌을 것이라 주장한다. 두 보수정권에서는 일반 시민들의 정치참여 수준이 전반적으로 위축되고 시민사회의 역할이 정부의 기획과 의도에 따라 영향을 받았을 것이기 때문에 사회경제적 격차에 의한 정치참여 불평등은 참여정부와 비교해 덜 할 것으로 추측한다. 그렇다고 이를 민주주의의 질이 향상된 것으로 평가할 수는 없을 것이다. 시민사회의 위축과 저조한 수준의 정치참여로 인해 소득, 교육수준, 직업지위별 정치참여 수준에 있어 큰 차이가 없는 것을 민주주의의 질이 나아졌다고 해석할 수는 없을 것이다. 참여정부에서 나타난 사회경제적 격차에 의한 정치참여 수준의 의미 있는 차이를 참여 독려 기조의 부작용으로 본다면, 두 보수 정권에서 나타난 사회경제적 지위 간 참여의 차이가 없음을 민주주의의 퇴보로 보는 것이 더 적절할 것이다.

Ⅳ. 분석결과: 노무현 정부, 이명박 정부, 박근혜 정부의 참여불평등

2004년(노무현 정부 2년차), 2009년(이명박 정부 2년차), 2014년(박근혜 정부 2년차) 7월부터 8월 사이에 수행된 한국종합사회조사에 포함된 응답자들의 특성을 살펴보자. 먼저, 2004년, 2009년, 2014년의 사회인구학적 및 사회경제적 분포를 보면, 2004년 1,312명의 경우, 서울, 경기, 인천 등 수도권에 거주하는 응답자는 44%이며, 영남과 호남에는 각각 29%와 13%가 산다. 상당수의 응답자가 도시 지역과 그 인근에 거주하고 있다. 응답자의 평균 연령은 43.4세이며, 여성이 53%를 차지한다. 기혼자는 67%이고, 19세 미만 자녀수는 0.8명이다. 응답자의 37%가 종교가 없으며, 불교를 가진 응답자가 28%로 가장 많다. 개신교와 천주교를 가진 응답자의 비율은 각각 25%와 10%이다. 대학교육을 경험했거나 대학을 졸업한 응답자는 42%이며, 고등학교 졸업과 고졸 미만 비율은 각각 32%와 26%이다. 가구소득이 소득 5분위에 해당하는 액수는 400만원 이상이다. 취업자 중 고위임원, 관리직, 전문직 등 사회적 지위가 높은 직종에 종사하는 비율은 19%, 기술직, 사무직, 준전문직은 24%, 서비스직과 숙련직은 29%, 기능직, 단순노무직은 28%이다.

2009년 1,599명의 경우, 서울, 경기, 인천 등 수도권에 거주하는 응답자는 48%이며, 영남과 호남에는 각각 21%와 11%가 산다. 상당수의 응답자가 도시 지역과 그 인근에 거주하고 있다. 응답자의 평균 연령은 43.5세이며, 여성이 52%를 차지한다. 기혼자는 67%이고, 19세 미만 자녀수는 0.7명이다. 응답자의 41%가 종교가 없으며, 불교를 가진 응답자가 25%로 가장 많다. 개신교와 천주교를 가진 응답자의 비율은 각각 24%와 10%이다. 대학교육을 경험했거나 대학을 졸업한 응답자는 50%이며, 고등학교 졸업과 고졸 미만의 비율은 각각 32%와 26%이다. 가구소득이 소득 5분위에 해당하는 상위 20%에 해당하는 액수는 531만원이다. 취업자 중 고위임원, 관리직, 전문직 등 사회적 지위가 높은 직종에 종사하는 비율은 14%이다.

박근혜 정권 2년차인 2014년에 수집된 한국종합사회조사 자료에 포함된 응답자 분포도 이전과 대동소이하다. 전체 응답자 1,370명 중 서울, 경기, 인천 등 수도권에 거주하는 응답자는 45%이며, 상당수가 도시 지역과 그 인근에 거주하고 있다. 응답자의 평균 연령은 45.2세이며, 여성이 52%를 차지한다. 기혼자는 64%이며, 응답자의 44%가 종교가 없으며, 기독교를 가진 응답자가 24%로 가장 많다. 대학교육을 경험했거나 대학을 졸업한 응답자는 57%이며, 고등학교 졸업과 고졸 미만의 비율은 각각 26%와 17%이다. 가구소득이 소득 5분위에 해당하는 상위 20%에 해당하는 액수는 621만 원이다. 취업자 중 고위임원, 관리직, 전문직 등 사회적 지위가 높은 직종에 종사하는 비율은 16%이다.

〈그림 4-4〉는 2004년, 2009년, 2014년의 정치참여 수의 분포를 보여준다. 2004년의 평균은 0.84개(표준편차 1.29)이고, 2009년의 평균은 0.61개(표준편차 1.10)개, 2014년의 평균은 0.69(표준편차 1.17)이다. 전반적으로 2009년의 정치참여가 2004년에 비해 하락했다가 2014년에 반등한 것을 알 수 있다. 이 수치는 정치 행동 횟수의 평균이 아니라 조사에 포함된 여덟 가지 유형의 평균이다. 즉 응답자가 진정서 서명을 지난 1년간 여러 번 했어도 여기에서는 단지 하나의 유형의 정치참여에 관여한 것으로 계산된다. 이를 감안하더라도 이 결과는 2009년과 2014년의 정치참여 수준이 2004년에 비해 상당히 감소했음을 알 수 있다. 우리는 이러한 감소를 시민사회의 위축으로 본다.

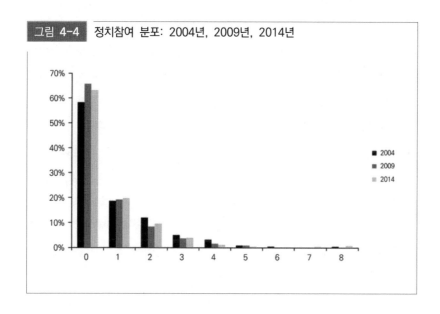

그림 4-4 정치참여 분포: 2004년, 2009년, 2014년

세 시기 정치참여 분포를 참여유형별로 살펴보면(〈그림 4−5〉), 이명박 정부 2년차인 2009년에 시민들이 손쉽게 참여할 수 있는 진정서 서명과 불매운동, 그리고 인터넷 참여가 가장 큰 폭으로 감소했음을 알 수 있다. 비관습적 참여로 분류되는 시위참여도 상당히 감소했다. 즉 관습적 참여와 비관습적 참여 모두 전반적으로 감소했으며, 특히 시민들이 큰 노력을 들이지 않고도 일상에서 참여할 수 있는 행위들의 감소폭이 크다. 2004년에 비해 2009년에 오히려 정치인이나 단체에 기부하는 행위는 큰 감소가 없었다. 2014년에는 상품불매와 기부모금, 그리고 언론기관 접촉이 2009년에 비해 증가했다. 특히 상품불매는 대한항공 땅콩회항이나 가습기 파동과 같은 공분을 불러일으킨 기업들의 행태가 이어지면서 큰 폭으로 증가한 것으로 보인다. 기부모금도 2014년에 2004년보다 높은 수준으로 증가했는데 이는 세월호 참사가 불러일으킨 국민적 애도와 관련되어 있을 가능성이 높다. 2014년에 특이한 점은 전반적으로 개인 수준에서 실행할 수 있는 실천들(상품불매, 기부모금 참여, 언론기관 참여)은 증가하고 정부와 권력에 대한 비판을 표출하는 실천들(시위참가, 정치집회참가, 인터넷토론참여)은 감소했다는 것이다. 즉 비교적 접근이 쉬운 관습적 참여는 많아지고 권력의 폭력에 노출될 수 있는 비관습적 참여는 적어지는 현상이 관찰된다. 이를 시민사회의 조직적 역량과 연결시켜 생각해보면, 이명박 정부와 박근혜 정부를 거치면서 시민사회의 목소리가 잦아드는 과정을 보여주는 것으로도 해석할 수 있을 것이다. 이명박 정부에서 시민단체와 시민들 간 괴리가 심화되기 시작했고, 박근혜 정부에서 둘 간의 관계는 적대적인 단절로 귀결되어, 정권의 지향과 다른 목소리를 내는 시민단체는 활동하는 데 어려움을 겪었다(김석호 2016). 그러한 의미에서 시민들의 비관습적 정치참여 수준이 이전 정부와 비교해 박근혜 정부에서 낮아졌다는 사실은 그만큼 시민사회가 정부에 대해 목소리를 내지 못하고 있을 뿐만 아니라, 시민들이 권력을 두려워하고 있는 것으로 이해할 수 있다. 시민사회의 조직적 역량의 약화와 시민들의 권력에 대한 공포가 이 결과에서 드러난다.

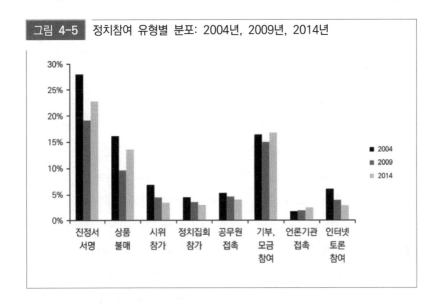

그림 4-5 정치참여 유형별 분포: 2004년, 2009년, 2014년

〈표 4-1〉은 2004년, 2009년, 2014년에 지난 1년간 정치참여를 전혀 안 한 경우(0)부터 모든 유형의 정치참여에 관여한 경우(8)로 구성된 정치참여 인덱스를 종속변수로 음이항회귀(Negative Binomial Regression)를 적용한 결과를 보여준다. 세 시기 교육수준, 가구소득, 직업지위 등 사회경제적 지위의 정치참여에 대한 효과를 비교하기 전에, 사회인구학적 특성의 효과를 먼저 살펴보자.

전반적으로 2004년, 2009년, 2014년 정치참여에 영향을 미치는 요인의 차이는 크지 않다. 2004년에는 연령이 높아질수록, 남성이 여성보다 정치참여를 더 한다. 2009년에는 지역, 연령, 종교의 정치참여에 대한 영향력이 통계적으로 유의미한데, 영남에 거주하는 응답자가 수도권에 거주하는 응답자보다 더 많은 정치참여를 하는 것으로 나타난다. 그리고 연령이 높을수록 천주교를 종교로 가진 응답자가 정치참여를 더하고 있다. 2014년에는 종교의 영향력이 두드러진다. 종교가 없는 사람들에 비해 불교, 개신교, 천주교 등의 종교를 가지고 있다고 답한 사람들의 정치참여 수준이 확연히 높다. 반면 다른 두 시기에 영향력이 있었던 지역, 성별 등 인구학적 특성이 정치참여에 미치는 영향은 발견되지 않는다.

사회경제적 지위가 정치참여에 미치는 영향력을 살펴보면, 2004년에는 교육과 가구소득의 강한 영향력이 두드러지는 반면, 2009년과 2014년에는 교육이나 가구소득의 영향력이 유의미하기는 하지만 2004년만큼 강하지 않음을 알 수 있다. 직업지위의 효과는 세 시기 모두에서 나타나지 않는다. 정리하면, 2004년, 2009년, 2014년 세 시기 모두에서 교육수준이 높을수록 정치참여 빈도가 증가한다. 가구소득이 정치참여에 미치는 영향력은 2004년과 2009년에만 유의미하다.

전반적으로 교육수준과 가구소득의 정치참여에 대한 효과가 세 시기에서 나타나지만 사회경제적 지위의 영향력은 2004년에 가장 강하다. 다시 말해, 사회경제적 지위가 높을수록 정치참여를 하는 정도가 2004년에 더 강하며, 이는 사회경제적 불평등에 의한 정치적 영향력의 불평등이 2004년에 더 심한 것으로도 해석 가능하다. 이러한 결과는 우리가 가지고 있는 노무현 정부, 이명박 정부, 박근혜 정부에 대한 이해 및 일반적 평가와 다르다. 노무현 정부는 참여정부라고 스스로를 명명했을 정도로 조직화된 일반 시민의 정치 참여를 국정운영의 목표로 표방하고 시민사회의 역량을 강화하기 위해 노력했었다. 반면 이명박 정부는 과거 정부의 시민사회 지원 정책을 원점으로 되돌리고 권위적이고 엘리트 중심적 국정운영으로 일관한 바 있다(최장집 2010; 송호근 2012). 이러한 국정운영 기조는 박근혜 정부가 세월호 사건을 경험하면서 더 심화되었다.

표 4-1	정치참여 음이항회귀 분석결과					
	2004년		2009년		2014년	
	IRR*	S.E	IRR	S.E	IRR	S.E
지역(수도권)						
영남	1.06	0.13	0.79*	0.09	0.97	0.12
호남	1.19	0.17	0.94	0.15	0.84	0.14
충청	0.98	0.17	0.77	0.13	0.84	0.16
강원/제주	0.84	0.20	0.84	0.22	1.19	0.28
연령	0.98***	0.01	0.99*	0.01	0.99	0.01
성별(여성)	0.76**	0.08	0.93	0.09	1.03	0.11
거주지 도시화 수준	0.96	0.05	0.94	0.05	1.03	0.06
결혼지위(기혼/동거)						
사별/이혼/별거	1.04	0.21	1.13	0.22	0.97	0.21
미혼	0.84	0.14	0.85	0.15	0.96	0.17
종교(종교없음)						
불교	1.00	0.12	1.21	0.15	1.34*	0.19
개신교	1.11	0.13	1.19	0.14	1.35*	0.17
천주교	1.17	0.18	1.45*	0.23	1.68**	0.28
19세 미만 자녀수	1.03	0.06	1.11	0.07	0.92	0.06
교육수준 (대학교 재학 이상)						
고등학교 졸업 미만	0.49***	0.09	0.75	0.15	0.82	0.17
고등학교 졸업	0.72**	0.08	0.72**	0.09	0.73*	0.10
가구소득(5분위)						
1분위	0.48**	0.10	0.72	0.13	0.85	0.17
2분위	0.64**	0.10	0.85	0.12	0.92	0.14
3분위	0.82	0.11	0.71*	0.11	0.86	0.14
4분위	0.96	0.13	0.98	0.13	0.98	0.15
직업지위 (관리자/전문가)						
기술공 및 준전문 가/사무 종사자	1.03	0.14	1.00	0.15	0.84	0.12

	2004년		2009년		2014년	
	IRR*	S.E	IRR	S.E	IRR	S.E
서비스 및 판매종 사자/농림어업 숙련종사자	1.02	0.15	0.84	0.14	0.79	0.16
기능원 및 관련 기능 종사자/장치·기계조작 및 조립 종사자/단순노무 종사자	1.00	0.15	0.91	0.16	0.70	0.14
상수	3.70**	1.42	1.86	0.74	1.13	0.45

*IRR: Incidence Rate Ratio으로 정치활동에 참여할 확률의 비를 나타냄. 가령 위의 표에서 2004년의 여성은 남성보다 0.76배만큼 더 정치에 참여할 확률을 가진 다. 즉 여성은 남성보다 정치참여에 덜 관계한다.

참여정부의 국정운영 기조가 이후 두 정권의 기조와 판이하기 때문에, 상식적으로 판단했을 때, 노무현 정부에서 일반 시민의 시민사회 활동과 정치적 결정과정에서의 참여 수준이 더 높을 것이며, 사회경제적 지위에 따른 정치적 영향력의 불평등 또한 덜할 것으로 예측할 수 있을 것이다. 반면, 이명박 정부에서 시민사회의 결빙과 정치권에서의 추방이 발생하고 관료와 엘리트 중심적 정치가 이루어졌으며 "명박산성"으로 불릴 정도로 일반 시민의 정치참여를 철저하게 배제하려고 노력했다. 그리고 박근혜 정부에서는 진보적 시민사회를 정치과정에서 배제하는 것을 넘어, 자신들에게 우호적인 관변 단체를 조직하고 지원해 시민사회를 와해시키고자 하였다. 이 과정에서 시민들의 자발적 정치참여는 지극히 생활 중심적이고 일상적인 이슈에 한정되거나 반정부적인 성격의 운동으로 극화되었다. 결과적으로 일반 시민들의 정치참여는 위축되거나 차단될 수밖에 없었고 엘리트 정치인 중심의 정국운영이 당연시되는 지경에 이르렀다. 이러한 사실을 상기하면, 이명박 정부와 박근혜 정부에서 사회경제적 불평등에 의한 정치 참여의 불평등이 심화되었을 것으로 예상하는 것이 당연하다. 그러나 〈표 4-1〉의 결과는 이러한 예측과는 반대로 교육과 소득 등 사회경제적 격차에 의한 정치참여의 차이, 즉 정치참여의 불평등이 노무현 정부에서 더 심했음을 보여준다. 실제로 노무현 정부와 이명박 정부를 비교했을 때 정치참여의 불평등이 노무현 정부에서 심했는가? 그렇다면 또는 그렇지 않다면 각각 그 이유는 무엇인가? 이러한 물음에 답하기 전에 표에서 확인된 사회경제적 지위에 따른 정치참여의 차이를 보다 자세히 살펴보자.

〈그림 4-6〉은 교육수준(고등학교 졸업 미만, 고등학교 졸업, 대학교 재학 이상)별 정치참여 수준을 다른 변수들을 통제한 상태에서 보여준다. 그림에서 볼 수 있는 것처럼, 2004년의 경우 고졸 미만의 학력을 가진 사람의 정치참여 수준을 1로 놓았을 때, 고졸의 정치참여 수준은 고졸 미만의 약 1.5배, 대학교 재학 이상의 정치참여 수준은 약 2배 이상인 것을 알 수 있다. 그러나 2009년의 경우, 고졸 미만과 고졸의 학력을 가진 응답자는 정치 참여 수준에 있어서 거의 차이가 없으며 대학교 재학

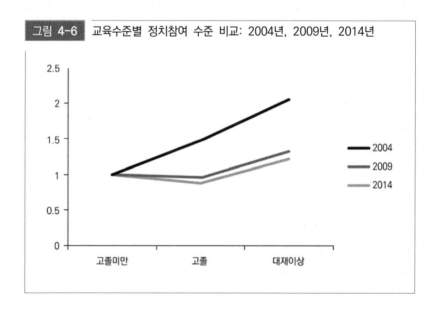

그림 4-6 교육수준별 정치참여 수준 비교: 2004년, 2009년, 2014년

이상도 고졸 미만의 1.3배에 지나지 않는다. 이러한 경향은 2014년에도 유지된다. 고졸의 정치참여 수준은 고졸 미만보다 오히려 낮으며 대졸의 정치참여 수준은 고졸 미만보다 약 1.2배 높다. 요약하면, 노무현 정부 집권 2년차인 2004년에는 교육수준이 높아질수록 정치참여의 수준도 높아지는 것이 확연히 드러나지만, 이명박 정부와 박근혜 정부 집권 2년인 2009년과 2014년에는 그러한 경향이 약화되었음을 알 수 있다.

가구소득과 정치참여 간 관계에서도 유사한 경향이 관찰된다. 〈그림 4-7〉은 2004년, 2009년, 2014년의 소득 5분위별 정치참여 수준의 차이를 보여준다. 2004년에 가구소득이 가장 낮은 집단인 1분위(0-99만원)에 속하는 응답자가 지난 1년간 경험한 정치참여를 1로 두었을 때, 가구소득이 가장 높은 집단인 5분위(400만원 이상)에 속하는 응답자는 1분위보다 2.08배 더 많이 참여하고, 소득 4분위는 2.0배, 소득 3분위는 1.7배, 소득 2분위는 1.3배 더 참여한다. 즉 최상위 집단과 최하위 집단 간 정치참여에 있어서의 차이가 두 배가 넘는다. 소득수준에 비례하여 정치참여 수준의 차이가 확연하다. 반면, 2009년의 양상은 2004년과 다르다. 소득 1분위(160만원 이하)가 관여한 정치참여 수준을 1로 설정했을 때, 소득 5분위는 소득 1분위보다 1.4배, 소득 4분위는 1.37배, 소득 3분위는 0.99배, 소득 2분위는 1.19배 더 정치에 참여한다. 오히려 소득 3분위의 정치참여가 가장 저조하다. 2014년에도 2009년의 경향이 비슷하게 유지되며 소득 수준별 정치참여의 차이는 거의 사라진다. 소득 5분위가 소득 1분위보다 1.17배 더 정치에 참여할 뿐이다. 소득 1분위에 비해 소득 4분위는 1.15배, 소득 3분위는 1.01배, 소득 2분위는 1.08배 더 정치에 참여해 소득 수준별 정치참여 수준의 차이가 없다. 요약하면, 2009년과 2014년의 가구소득에 따른 정치참여의 차이는 2004년과 달리 존재하지 않는다. 소득분위 간 정치참여의 차이가 없다고 보는 것이 타당할 것이다.

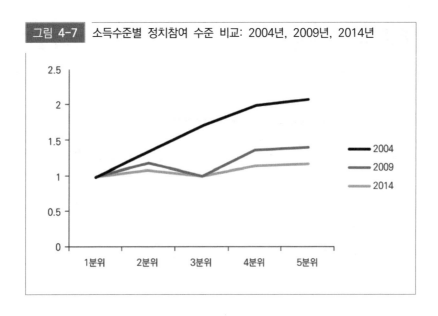

그림 4-7 소득수준별 정치참여 수준 비교: 2004년, 2009년, 2014년

마지막으로, 〈그림 4-8〉은 직업지위별 정치참여 수준을 보여준다. 2004년의 경우를 살펴보면, 교육수준과 소득수준에 따라 정치참여 수준이 극명하게 달라졌던 것과 달리 직업지위별 정치참여 수준의 차이는 발견되지 않는다. 직업지위가 높은 관리자와 전문가 집단과 직업지위가 상대적으로 낮은 집단 간의 차이가 전혀 존재하지 않는다. 2009년에는 오히려 직업지위가 높은 집단의 정치참여 수준이 직업지위가 낮은 집단보다 더 저조하다. 2014년에는 직업지위 간 정치참여의 차이가 부분적으로 관찰되는데, 서비스 판매종사자 및 농어업 종사자 집단과 준전문가 및 사무종사자의 정치참여 수준이 생산직 종사자들의 정치참여 수준보다 각각 1.43배와 1.20배 더 높지만, 그렇게 큰 차이는 아니다. 결론적으로 세 시기 모두에서 직업지위에 따른 정치참여 수준의 차이는 통계적으로 유의미하지 않다.

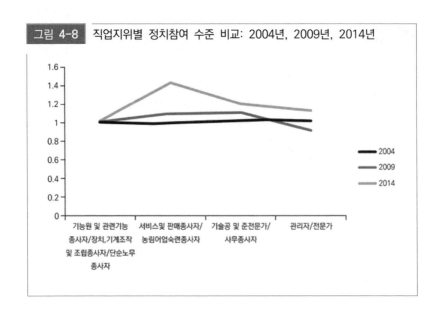

그림 4-8 직업지위별 정치참여 수준 비교: 2004년, 2009년, 2014년

분석결과를 요약하면, 사회경제적 지위(교육수준, 소득수준, 직업지위)가 정치참여에 미치는 영향력은 2004년이 2009년과 2014년에 비해 상당히 강하게 나타난다. 직업지위를 제외한 교육수준과 소득수준이 높을수록 정치참여 수준도 함께 높아지는 경향을 참여정부 시기인 2004년에 관찰할 수 있다. 반면, 이명박 정부와 박근혜 정부 시기인 2009년과 2014년에는 그와 같은 교육수준과 소득수준의 영향력을 발견할 수 없다.

V. 참여정부의 민주주의의 질이 가장 낮다고 주장할 수 있는가?

이 연구는 지금까지 노무현 정부와 이명박 정부의 집권 2년차에 수집된 자료의 분석을 통하여 사회경제적 격차에 의한 정치참여의 차이가 어떠한가를 비교해 보았다. 분석결과는 2004년의 사회경제적 지위에 따른 정치참여의 차이가 2009년과 2014년에 비해 두드러진다는 사실을 보여준다. 만일 우리가 사회경제적 지위의 격차가 정치참여 수준의 차이를 결정하는 정도를 민주주의 질을 나타내는 지표로 볼 수 있다면, 이 결과를 있는 그대로 해석하면 2004년의 민주주의의 질이 2009년과 2014년보다 더 떨어진다고 해석할 수도 있을 것이다. 노무현 정부에서 정치참여 불평등이 이후 두 정부에서보다 더 심했었다고 주장할 수 있을까? 이러한 방식의 해석은 타당한가? 타당하지 않다면 그 이유는 무엇인가?

한국 시민사회의 역사적 경로와 특성, 두 정부 시기 시민사회가 정부와 맺었던 관계, 두 정부의 시민사회 정책 등을 종합적으로 고려했을 때, 이 연구의 결론은 "아니다"이다. 비록 정치참여 불평등이 노무현 정부에서 더 두드러지는 것으로 나타났지만, 이를 통해 참여민주주의가 노무현 정부에서 더 쇠퇴했다는 결론을 내리기는 어렵다. 우선 일반 시민의 전반적인 정치활동이 노무현 정부에서 더 활기를 띠고 있었으며, 이명박 정부와 박근혜 정부에서는 정치참여가 확연히 줄어들어 시민사회 전반이 위축되었음이 확인되기 때문이다. 그렇다면 교육과 소득 수준에 의해 정치참여 수준의 차이가 노무현 정부에서 더 두드러지는 것은 어떻게 설명이 가능할까? 다양한 설명이 가능하겠지만 두 가지만 제시해보면, 주지하다시피, 노무현 정부의 시민사회 정책 기조는 시민사회의 요구를 적극적으로 수용하고 시민단체를 통해 되도록 일반 시민의 참여를 촉진하는 것이었다. 그 결과 일반 시민의 정치참여는 증가했다. 여기서 문제는 정치 활동가에 의해 주도되는 시민단체와 이를 통해 정치행위를 하는 시민들이 누구였는가를 따져볼 필요가 있다. 한국 시민단체들이 주로 표방하는 의제가 정치 민주화, 양성평등, 지속가능한 환경 등 주로 중산층 이상의 시민들이 관심을 가질만한 주제이고 시민단체의 동원 대상이 주로 이들이었기 때문에, 정부와 시민단체가 주관하는 정치활동에 참여하는 시민들은 주로 고학력의 중산층이었을 가능성이 높다. 이로 인해 전반적 참여 수준은 상대적으로 높았을지라도 시민단체의 조직화 역량을 고려했을 때 일반 대중에게까지 시민참여 지원과 촉진의 노력이 도달했을 가능성은 낮다. 한편 이명박 정부와 박근혜 정부에서는 그러한 중산층 중심의 시민단체 활동과 정치참여마저 실종되고 시민운동이 전반적으로 침체되었다. 따라서 일반 시민의 정치참여에 있어서 일종의 하향평준화가 발생하였다. 결론적으로 노무현 정부에서 관찰되는 사회경제적 지위에 따른 정치참여의 차이, 참여불평등은 일종의 착시현상으로 해석할 수 있다.

참여정부 시기 정치와 긴밀하게 연결되어 있는 시민단체는 서구적 개념의 자발적 결사체와는 거리가 먼 소수의 전문가들과 활동가들이 의제를 설정하고 대중의 지지를 동원하는 권익주창형 조직에 가깝다. 이에 따라 시민들은 시민단체의 구성원이 아니라, 후원자로 전락하게 된다. 이러한 한국 시민단체의 특성상 아무리 참여정부라 할지라도 다수의 시민들이 정치에 참여할 수 있는 통로는 생래적으로 존재하지 않았으며, 그 결과 정치참여의 장은 그들만의 리그가 되었을 가능성이 높다. 시민사회의 근간을 이루는 시민단체 혹은 자발적 결사체가 권익주창형 이익단체로 변질될 때 민주주의의 질은 쇠퇴하기 시작한다(Skocpol 2011). 일반적으로 시민사회는 억압되지 않은 집합적 공간으로, 이해관계, 목표, 가치의 공유를 전제로 한다. 또한 시민사회는 정부, 가족, 시장으로부터 독립적으로 존재하는 공간이며, 시민들의 자발적인 참여에 의해 만들어진다. 이와 달리 한국의 시민사회는 1987년 민주화를 거치면서 성장했지만, 그 활동가와 조직이 정치권으로 이주하거나 침윤됨으로써 시민사회는 더 이상 시민들의 열망과 활동을 담아내지 못하고 있었다(Kim 2016; 주성수 2017).

한국 시민사회는 분명 시민 없는 시민사회와 소수 집단의 과잉 대변이라는 고질적인 문제를 안고 있다. 그 결과 노무현 정부의 시민사회 지원 정책은 오히려 참여민주주의를 일시적으로 약화시키는 결과를 가져왔다고 할 수 있다. 그러나 이 연구는 이러한 결과가 참여정부의 시민사회 촉진 노력을 폄하하는 것으로 쓰여서는 안 된다고 본다. 민주주의의 질이 높지 않고 시민사회의 촉수가 일반 시민들의 일상에 닿지 못한 상태에서 시민사회의 정부 의존이 이러한 결과로 이어지는 것은 어찌 보면 당연하다. 이는 시민사회의 질이 전반적으로 성숙하기까지 거쳐야하는 과도기적 현상으로 보인다. 진정한 참여민주주의는 민의가 적극적으로 논의될 수 있는 안정적 기반 위에서 운영되고 시민의 의견이 제도권 절차와 끊임없이 소통할 수 있는 채널이 활성화될 때 실현된다. 시민사회를 시민단체들의 활동으로 협소하게 이해하는 경우가 많지만 사실 시민사회는 다양한 목소리가 무질서하게 존재하는 공간이다. 이러한 무질서를 제도화할 수 있는 역량을 시민사회가 갖춰야 하며 이는 시민들이 여러 가지 이유로 시민단체의 회원이 되거나 조직화하려는 노력을 할 때에 가능해진다. 물론 그러기 위해서는 시민단체가 이제는 시민들만을 바라봐야 한다. 시민들도 변해야 한다. 시민사회 조직화의 성패는 성찰적 시민의 존재에 달려 있기 때문이다. 어쩌면 한국에서 참여민주주의가 작동하는 데 가장 큰 난관이 우리 자신 안에 있는지도 모른다. 한국사회에는 시민성을 가진 시민들이 부재하고 공공성의 미성숙으로 인해 자주 게임의 규칙이 지켜지지 않으며 배타적인 이익갈등과 이기적인 집단행동으로 점철되고 있다는 지적은 뼈아프지만 사실이다. 팩스톤(Paxton et al. 2003)은 시민들의 정치참여가 민주주의의 성숙에 기여하는 것은 정치참여가 양적으로나 질적으로 동시에 향상될 때에만 가능하다고 주장한다. 시민성 수준에 대한 전면적인 성찰이 공동체 수준에서 반드시 필요한 이유가 여기에 있다.

참고문헌

강원택. 2003. 『한국의 선거정치: 이념, 지녁, 세대와 미디어』. 서울: 푸른길.

_____. 2009. "한국 정당 연구에 대한 비판적 검토: 정당 조직 유형을 중심으로." 『한국정당학회보』 8권 2호, 119−141.

김기태. 2013. "한국 사회 경제위기의 대안 하나, 협동조합 생태계." 『생협평론』 10호(봄), 7−19.

김석호. 2014. "그들만의 민주주의, 시민은 어디에?" 한국사회학회 사회학대회 논문집, 19.

_____. 2016. "활짝 열린 광장, 하지만 아직 변한 것은 없다." 『EAI 논평』, 1−3.

김세균. 2004. "계급 그리고 민중, 시민, 다중." 『진보평론』 20호, 309−336.

김철규·김선엽·이 철. 2008. "미국산 쇠고기 수입반대 촛불집회 참여 10대의 사회적 특성." 『경제와 사회』 80호, 40−67.

김호기. 2001. "시민사회, 시민운동, NGO의 활성화." 한국사회학회 사회학대회 논문집, 303−328.

_____. 2006. "민주주의와 한국사회, 1945−2005." 『시민과세계』 8호, 321−334.

박명규. 2009. 『국민·인민·시민: 개념사로 본 한국의 정치 주체』. 서울: 소화.

박영자. 2007. "87년 민주화 이후 한국사회에 '아래로부터의 역동성' 쇠퇴 배경과 과제." 『민주주의와 인권』 7권 2호, 133−165.

박재창. 2007. "협력적 거버넌스의 구축과 NGO의 정책과정 참여." 『한국정책과학학회보』 11권 2호, 221−250.

박찬욱. 2009. "사회균열과 투표선택: 지역, 세대, 이념의 영향." 김민전·이내영 편. 『변화하는 한국의 유권자 3』. 서울: 동아시아연구원.

박천일·김선엽. 2011. "비영리민간단체 재정지원의 특성에 관한 연구." 『사회과학연구』 27권 4호, 153−178.

송호근. 2005. 『한국, 어떤 미래를 선택할 것인가』. 파주: 21세기북스.

_____. 2012. 『이분법적 사회를 넘어서』. 파주: 다산북스.

_____. 2016. "한국의 시민과 시민사회의 형성: 시민성 결핍과 과잉 '국민'." 『지식의 지평』 20호, 1−18.

신 율. 2001. "한국 시민운동의 개념적 위상과 문제점."『한국정치학회보』35
집 2호, 159－180.

신진욱. 2009. "진보의 혁신과 시민정치."『시민과세계』16호, 58－83.

장경섭. 2009.『가족 생애 정치경제』. 파주: 창비.

전용준·조기환·김원규. 2006. "공공기관의 정보보호관리체계 감사시스템의 설
계 및 구현."『인터넷정보학회논문지』7권 5호, 81－93.

주성수. 2006. "한국 시민사회의 '권익주창적' 특성."『한국정치학회보』40권 5호,
233－250.

＿＿＿. 2017.『한국 시민사회사: 민주화기 1987－2017』. 서울: 학민사.

양현모. 2002. "한국 NGO 의사결정과정의 특징과 한계."『한국정책과학학회보』
6권 1호, 121－144.

윤성이. 2007. "한국 시민사회의 갈등과 담론의 왜곡."『OUGHTOPIA』22(2),
51－71.

이숙종·유희정. 2010. "개인의 사회자본이 정치참여에 미치는 영향."『한국정치
학회보』44권 4호, 287－313.

이승종. 2001. "지방정치에서의 참여 불평등: 현실과 과제."『한국정치학회보』
35권 1호, 327－343.

이희환·김송원·박인규·서주원·송정로. 2013. "시민운동 25년의 회고와 전망."
『황해문화』78호, 120－165.

정태석. 2006. 시민사회와 사회운동의 역사에서 유럽과 한국의 유사성과 차이.
『경제와사회』72호, 125－147.

조희연. 1999. "종합적 시민 운동의 구조적 성격과 그 변화의 전망에 대하여:
'참여연대'를 중심으로."『당대비평』9호, 320－346.

＿＿＿. 2003. "87년 이후의 '수동혁명'적 민주화와 시민운동의 구조적 성격.『지
구화시대 맑스의 현재성2』, 235－258. 서울: 문화과학사.

＿＿＿. 2006. "'운동정치'와 '정치의 경계 허물기'."『민주사회와 정책연구』9권,
122－157.

＿＿＿. 2007. "새로운 사회운동적 화두, 공공성의 성격과 위상."『시민과세계』
11호, 54－69.

조정인. 2012. "정치적 아웃사이더들의 역습?"『한국정당학회보』11권 2호,
39－66.

좌세준. 2011. "이명박 정부 시기 비영리민간단체 지원정책의 변화."『시민과세계』19호, 223-236.

최장집. 2009.『민중에서 시민으로: 한국 민주주의를 이해하는 방법』. 파주: 돌베개.

최장집. 2010.『민주화 이후의 민주주의』. 서울: 후마니타스.

행정자치부. 2015. "비영리민간단체 등록 대장." (12월).

허석재. 2015. "소득 불평등과 정치참여의 양식."『한국정당학회보』14권 3호, 41-67.

Burt. 2005. *Brokerage and Closure: An Introduction to Social Capital*. New York: Oxford University Press.

Campbell, Angus, Philip E. Converse, Warren E. Miller, and Donald E. Stokes. 1960. *The American Voter*. New York: John Wiley & Sons.

Jacobs, Lawrence R. and Theda Skocpol. 2005. *Inequality and American Democracy: What We Know and What We Need to Learn*. New York: Russell Sage Foundation.

Kim, Seokho. 2011. "Voluntary Associations, Social Inequality, and Participatory Democracy in the United States and Korea." *Korean Journal of Sociology* 45: 125-154.

_____. 2016. "Quality of Civil Society in ISSP Countries." *Development and Society* 45(1): 113-150.

Kymlicka, Will and Wayne Norman. 2000. *Citizenship in Diverse Societies*. New York: Oxford University Press.

Lewis-Beck, Michael S., William G. Jacoby, Helmut Norpoth, and Herbert F. Weisberg. 2008. *The American Voter Revisited*. Ann Arbor: University of Michigan Press.

Lin, Nan. 2000. "Inequality in Social Capital." *Contemporary Sociology* 29: 785-795.

McClurg, Scott D. 2003. "Social Networks and Political Participation: The Role of Social Interaction in Explaining Political Participation." *Political Research Quarterly* 56: 448-464.

Paxton, P. and Kunovich, S. 2003. "Women's Political Representation: The Importance of Ideology." *Social Forces* 82(1): 87−113.

Putnam. 2000. *Bowling Alone: The Collapse and Revival of American Community.* New York: Simon & Schuster.

Rosenstone, Steven J. and John Mark Hansen. 1993. *Mobilization, Participation, and Democracy in America.* New York: Longman.

Schattschneider, Elmer E. 저·현재호·박수형 역. 2008. 『절반의 인민주권』. 서울: 후마니타스.

Schlozman, Kay L., Benjamin I. Page, Sidney Verba, and Morris P. Fiorina. 2005. "Inequalities of Political Voice." In *Inequality and American Democracy: What We Know and What We Need to Learn,* edited by Jacobs, Lawrence R. and Theda Skocpol, 19−87. New York: Russell Sage Foundation.

Skocpol, Theda 저·강승훈 역. 2011. 『민주주의의 쇠퇴』. 파주: 한울.

Verba, Sidney, Kay L. Schlozman, and Henry E. Brady. 1995. *Voice and Equality: Civic Voluntarism in American Politics.* Cambridge: Harvard University Press.

Wolfinger, Raymond E. and Steven J. Rosenstone. 1980. *Who Votes?* New Haven: Yale University Press.

Wuthnow, Robert. 2004. "The United States: Bringing the Privileged and the Marginalized?" In *Democracies in Flux,* edited by Robert D. Putnam, 59−102. Oxford: Oxford University Press.

05

한국의 민주주의와 법치: 사법권에 대한 평가를 중심으로

임 현

I. 시작하는 말

1948년 제헌헌법 이후 한국의 법치주의는 계속해서 변화의 과정을 거쳐오고 있다. 세부적으로 들여다보면 현재까지도 한국의 법치주의는 발전과 후퇴를 거듭하고 있지만, 큰 틀에서는 장식적이고 명목적이었던 헌법을 규범적 헌법으로 발전시키고, 헌법이념과 헌법현실의 괴리, 법이념과 법현실의 괴리를 극복해가고 있다고 볼 수 있다.

1987년의 민주화는 한국의 법치주의에 있어서도 역사적 전환점이 되었다. 국민의 주권행사를 통해 이뤄 낸 직선제 개헌은 법치주의의 의미를 본래의 자리로 되돌리는 계기가 되었다. 그동안 법과 질서라는 이름으로 정부의 명령을 실어 나르는 수레로서의 역할을 하였던 법이 국민의 요구를 담아내는 틀로서의 의미를 가지게 되었으며(최송화 2007, 2-3), 법에 대한 저항이 오히려 민주화를 위한 노력으로 인정되기도 하였던 시기를 지나 법에 대한 긍정적 인식이 확산되는 계기가 되었다. 87년 민주화 이후 한국 법치주의의 발전은 여러 방면에서 확인될 수 있다. 1987년의 개헌을 통해 이듬해인 1988년에 개원한 헌법재판소는 헌법소원과 위헌법률심판을 중핵으로 하여 법치주의를 실질화하는 데 공헌하였고, 법원의 전문성과 독립성 및 국민의 사법 접근성을 보장하기 위한 사법개혁이 계속되었으며, 국민의 기본권을 보장하기 위한 중요 입법들이 마련되었다. 구체적으로는 1990년대 중반부터 「공공기관의 개인정보보호에 관한 법률」,[39] 「공공기관의 정보공개에 관한 법률」,[40] 「행정절차법」,[41] 「행정규제기본법」,[42] 「부패방지법」[43] 등이 제정되었고, 이러한 입법노력은 세계적 수준에 부합하는 법치주의의 기반이 되었다.

그러나 지금까지도 우리의 법치주의에는 많은 문제점과 한계가 노정되어 있다. 국민의 준법정신과 공직자의 윤리의식의 부족이라는 기본적 인식의 문제로부터 출발하여, 법이 개인의 자유 실현이라는 목적에 과도하게 치중함으로써 사회적 약자의 기본권, 공동체의 가치에 소홀했다는 비판이 제기되고 있다. 또한 법을 정립하고 집행하며 적용하는 입법부, 행정부, 사법부에 대한 불신은 민주화를 계기로 개선되는 듯하였으나, 지속되는 부패 스캔들 등으로 인해 여전히 해소되지 못하고 오히려 심화되는 현상을 보이고 있다. 또한 이러한 문제점들을 국가의 최고 규범을 변화시킴으로써 개선해보고자 개헌 논의가 최근 정치권에서 본격적으로 이루어지고 있다.

이 글에서는 민주화 이후 한국의 법치를 현 시점에서 조망해보고자 한다. 이를 위해 먼저 민주주의와 법치의 관계에 대한 이론적 논의를

---

39) 1994년 1월 7일에 제정되어 1995년 1월 8일부터 시행되어 오다가, 2011년 공공부문과 민간부문에 모두 적용되는 국제수준의 개인정보처리원칙 등을 규정하기 위해 「개인정보 보호법」으로 새롭게 제정되었다.
40) 1996년 12월 31일에 제정되어 1998년 1월 1일부터 시행되고 있다.
41) 1996년 12월 31일에 제정되어 1998년 1월 1일부터 시행되고 있다.
42) 1997년 8월 22일에 제정되어 1998년 3월 1일부터 시행되고 있다.
43) 2001년 7월 24일에 제정되어 2002년 1월 25일부터 시행되어 오다가, 2008년 「부패방지 및 국민권익위원회의 설치와 운영에 관한 법률」로 새롭게 제정되었다.

검토한다. 다음으로는 민주화 이후 한국 법치의 수준을 관련 인식조사 등을 통해 살펴본다. 이어 다양한 법치의 요소들 중 사법권에 관한 논의를 검토하는데, 구체적으로는 한국의 사법권의 수준에 관한 인식조사 결과 등을 살펴보고, 사법권의 독립성과 민주적 정당성에 관한 이론적 논의를 검토한다.

Ⅱ. 민주주의와 법치

법치주의와 민주주의는 가장 중요한 헌법의 기본원리이며, 양자의 독자성과 함께 상호 관련성이 강조되고 있다. 서양 근대의 법치주의가 처음부터 민주주의와 관련성을 가지고 성립하였던 것은 아니며, 오히려 역사적으로는 군주정을 배경으로 법치주의가 시작되었다. 그러나 정치적인 변화를 거치면서 법치의 기준이 되는 법의 내용을 결정할 권한이 누구에게 속하며 이러한 결정은 어떠한 절차를 거쳐 이루어져야 하는지의 문제가 제기되었고, 이것이 법치가 민주주의와 관련성을 갖게 되는 계기가 되었다(전광석 2011, 5). 현재 헌법학의 논의에 있어서 민주주의는 자유와 평등의 통치형태적 실현수단이고 법치국가는 자유와 평등의 국가기능적 실현수단이라고 이해되어(허영 2016, 166) 그 독자성을 전제하면서도 양자의 상호 관련성 또한 함께 강조되고 있는 것이 일반적이다. 즉 민주주의와 법치주의는 자유·평등·정의와 같은 인류사회의 공감대적 기본가치를 실현하기 위한 국가창설과 존립의 구조적 원리이며, 따라서 그 이념적·기능적 관련성을 갖는다고 보거나(허영 2016, 664), 양자는 인권보장, 권력분립, 행정의 적법성, 사법권의 독립 등 그 지향점이 같으며, 서로의 성공조건이 되기 때문에 긴밀한 관련성을 갖는다고 보는 견해는(장영수 2015, 237) 모두 민주주의와 법치주의의 상호 관련성을 강조하고 있다. 최장집(2008, 16-17) 또한 법치와 민주주의는 양자가 서로 다른 수준의 독자성을 갖지만 상호 밀접한 연관성을 갖는 '대위법적(contrapuntual) 관계'로 이해할 수 있다고 보았다. 즉 민주주의가 잘 작동할 때 법치의 실현에 보다 근접할 수 있게 되고, 그렇지 못할 때 법치는 법을 앞세운 지배에 그칠 수 있으며, 거꾸로 좋은 법치가 실현될 때 좋은 민주주의가 가능하다고 설명한다.

우리 헌법 제1조는 대한민국이 민주공화국임을 천명하고, 헌법 전문과 제4조에서는 민주주의의 핵심이며 헌법질서를 구성하는 가치인 '자유민주적 기본질서'를 규정하고 있다. 또한 우리 헌법재판소는 자유민주적 기본질서를 법치주의적 통치질서로 이해하는 입장에서 다음과 같은 판시를 하였다.

> "자유민주적 기본질서에 위해를 준다 함은 모든 폭력적 지배와 자의적 지배, 즉 반국가단체의 일인독재 내지 일당독재를 배제하고 다수의 의사에 의한 국민의 자치, 자유·평등의 기본원칙에 의한 법치주의적 통치질서의 유지를 어렵게 만드는 것으로서 구체적으로는 기본적 인권의 존중, 권력분립, 의회제도, 복수정당제도, 선거제도, 사유재산과 시장경제를 골간으로 한 경제질서 및 사법권의 독립 등 우리의 내부체제를 파괴·변혁시키려는 것이다."[44]

앞서 언급한 바와 같이 자유민주적 기본질서를 민주주의의 핵심가치로 이해할 때, 우리 헌법재판소가 판시한 자유민주적 기본질서의 내용은 상당 부분 법치의 지향점이자 핵심내용에 해당한다. 이를 통해 민주주의와 법치주의의 동일한 지향점을 다시 한 번 확인할 수 있다.

이처럼 민주주의와 법치의 상호 관련성이 일반적으로 긍정되는 경향에도 불구하고 법치의 평가에 있어 민주주의와 인권에 관한 내용은 배제되어야 한다는 주장도 존재한다. 워싱턴 대학교 로스쿨의 저명한 법사회학자인 타마하나(Tamahana) 교수는(2012, 233) 법치의 개념을 공

---

44) 헌법재판소 1990. 4. 2, 89헌가113 결정.

직자와 시민이 법에 구속되고 법을 준수하는 것이라고 정의하고, 자신이 기본적으로 풀러(Fuller)나[45] 라즈(Raz)의[46] 좁은 의미의 법치 개념에 동의하며, 이러한 개념 정의가 누구나 동의할 수 있는 법치의 최소한이라고 설명하고 있다. 그는 많은 학자들이 이러한 개념 정의에 또 다른 내용을 덧붙일 수는 있지만 이보다 더 좁게 법치를 정의할 수는 없을 것이며, 이와 같은 단순하고 기본적인 정의가 많은 의미를 내포하고 있다고 설명한다. 타마하나는(2012, 233-236) 자신이 법치의 내용에서 민주주의와 인권을 배제하는 이유를 세 가지로 설명하고 있다. 첫 번째 이유는 자신의 법치 개념에 따를 때 어떻게 법이 만들어지는지, 즉 민주적 방법 또는 다른 어떠한 방법을 거쳤는지에 대해, 또한 인권 기준이나 다른 어떠한 기준을 충족하는지에 대해서는 검토가 필요하지 않다는 점이다. 즉 법치는 (형식적) 합법성에 관한 논의라는 점이다. 두 번째 이유는 법치의 내용에 민주주의와 인권을 포함시키게 되면, 법치는 자유민주주의에서만 가능한 논의가 된다는 점이다. 마지막으로 세 번째 이유는 민주주의와 인권뿐만 아니라 건강과 안전 등 모든 좋은 가치들의 기초로서 법치를 이해하게 되면, 법의 준수라는 법치의 본질적 내용이 혼란스러워질 수 있다는 점이다.

타마하나 교수의 견해가 법치와 민주주의의 관련성 자체를 부정하는 것이 아니라 법치의 평가와 연구에 있어 민주주의적 요소를 배제하자는 의미로 제한된다고 하더라도,[47] 그러한 연구는 한계에 부딪힐 수

---

45) 하버드대학교 로스쿨의 법철학자였던 풀러는(1963, 52) 법의 ① 일반성, ② 공표, ③ 명확성, ④ 체계성, ⑤ 예측가능성, ⑥ 안정성, ⑦ 비소급성, ⑧ 제정된 법률과 그 집행의 일치성을 충족하지 못하면 법의 지배는 실현될 수 없다고 보았다. 풀러의 이러한 설명은 법의 지배의 보편적 요건으로서 이해되고 있다.
46) 법실증주의 법학자인 라즈는(2009, 210) 법치는 개인의 자유의 전제조건이며, 법은 공개되고 안정적이며 명확하고 일반적이어야 한다고 보았다.
47) 김비환은(2006, 120) 법의 지배를 모든 긍정적 가치를 포괄하는 의미로 사

있다고 생각된다. 타마하나의 입장에 대해 반대 논거를 제시해보면, 먼저 법치가 법의 내용에 대한 검토를 필요로 하지 않는다는 주장은 법의 내용적 정당성이 현대의 법치에 있어 필수적 요소라는 점에서 동의하기 어렵다. 다음으로 민주주의와 결합된 법의 지배 논의는 자유민주주의에만 적합할 수 있다는 논리 역시 받아들이기 어렵다. 자유민주주의를 취하고 있는 국가에서도 민주주의의 이상을 완전히 실현하기는 어려우며, 독재국가나 전체주의 국가에서도 민주적 요소는 찾아볼 수 있기 때문이다. 마지막으로 법의 지배가 다양한 실질적 가치들을 담게 되면 그 논의가 혼란스러워지기 때문에 엄격한 분리가 필요하다는 논거 역시 동의하기 어렵다. 좋은 법은 우리가 추구하는 좋은 가치를 잘 반영한 결과물이기 때문이다.

민주주의의 질(Quality of Democracy) 연구에 있어서도 법치는 중요한 내용으로 강조되고 있다(김선혁 2011, 62). 다이아몬드(Diamond) 교수와 몰리노(Morlino) 교수는 공저 논문에서(2004, 22–28) 민주주의의 질을 평가하는 8개의 지표로 법치, 참여, 경쟁, 수직적 책임성, 수평적 책임성, 자유, 평등, 대응성을 제시하였으며, 법치가 다른 지표들의 근거와 기반이 됨을 강조하였다. 그들은 현재에도 경쟁에 의한 선거와 공공의 참여가 무법 및 권력남용과 공존하는 비자유주의적 민주주의국가가 존재하지만, 이러한 국가에서는 결국 민주주의가 위협받게 되며, 8개의 지표 중 나머지 내용들 역시 낮게 평가된다고 설명한다. 오도넬(O'Donnell 2004, 32) 역시 민주주의의 평가에 있어 법치의 중요성을 강조하였는데, 명확하고 공포되었으며 일반적이고 안정적이며 소급 적용되지 않는 법이 독립된 법원에 의해 모두에게 공정하고 일관되게 적용됨으로써 법 앞의 평등이 이루어질 수 있다고 설명하였다. 또한 법치를

용하게 되면 그 분석적 엄밀성을 상실하여 연구에 있어 무의미한 개념이 될 수 있다는 점을 지적하였다.

민주적으로 만드는 것은 법체계가 정치적 기본권과 민주적 절차를 수호하고 인권을 보장하며, 공적 권한행사의 합법성과 적법성을 보장하기 위해 공적 기관 간 수평적 책임성을 강화하는 것이라고 보았다.[48] 이러한 논의를 정리해보면, 법체계가 민주주의의 다른 지표들, 즉 참여, 경쟁, 수직적 책임성, 수평적 책임성, 자유, 평등, 대응성의 가치를 수용하고 반영함으로써 그 기반을 제공하고, 이렇게 법체계에 수용된 가치들이 효과적으로 작동함으로써 민주적인 법치를 가능하게 하는 구조 속에 있음을 이해할 수 있다.

Ⅲ. 한국의 법치에 대한 인식과 평가

민주화 이후 한국의 법치가 어느 정도 발전하고 성숙했는지, 민주주의의 발전이 법치의 성숙에 어떠한 영향을 주었는지 객관적·확정적으로 판단하기는 어렵다. 이러한 판단의 어려움은 법치 개념이 갖는 불확정성과 포괄성, 개별 사안별 법치의 발전과 후퇴, 법치의 실현 정도에 대한 주관적 평가의 다양성 등 여러 측면에서 검토될 수 있다.

국제사회의 법치에 대한 평가 중 세계은행의 국가별 거버넌스 지수(Worldwide Governance Indicators)는 6개의 지표[49] 중 법치를 하나의 지표로 평가하고 있다. 국가별 거버넌스 지수는 200개 이상의 국가와 지역에 대해 30여개의 기초자료를 활용하여 1996년 이후 연속적으로 각 지표를 평가하고 있는데, 법치는 행위자가 사회의 법을 신뢰하고 준

---

48) 수평적 책임성을 확보하기 위한 기관으로는 의회, 법원, 감사기구, 부패방지기구, 중앙은행, 선거관리위원회, 옴부즈맨 등을 들 수 있다(Diamond and Morlino 2004, 26).
49) 국가별 거버넌스 지수는 국민의사의 반영 및 책임성, 정치적 안정성과 폭력의 정도, 정부의 효과성, 규제의 질, 법치, 부패에 대한 통제라는 6가지 지표로 구성된다(http://info.worldbank.org/governance/WGI/#doc-intro).

수하는 정도, 특히 계약이행, 재산권의 보장, 경찰, 사법권의 수준 및 범죄와 폭력의 발생정도 등에 관한 조사결과를 활용하여 평가하고 있다. 국가별 거버넌스 지수에 나타난 한국 법치의 수준을 표와 그래프로 정리하면 다음과 같다.

표 5-1 국가별 거버넌스 지수상 한국의 법치(1996-2016)

연도	정부	기초자료의 수	점수	백분위	표준오차
1996	김영삼	8	0.8	71.36	0.19
1998	김대중	9	0.81	75.5	0.19
2000		10	0.88	79.7	0.16
2002		11	0.95	79.21	0.17
2003	노무현	11	0.83	76.24	0.17
2004		11	0.92	78.47	0.16
2005		11	0.99	82.3	0.16
2006		13	0.87	76.08	0.15
2007		13	1.03	83.25	0.15
2008	이명박	13	0.88	78.85	0.15
2009		14	0.99	81.99	0.14
2010		14	1	81.52	0.14
2011		15	1.03	81.22	0.13
2012		14	0.98	80.75	0.14
2013	박근혜	14	0.95	79.81	0.14
2014		13	0.99	80.77	0.15
2015		12	0.93	80.29	0.16
2016		11	1.14	86.06	0.16

출처: World Bank, 1996-2016.

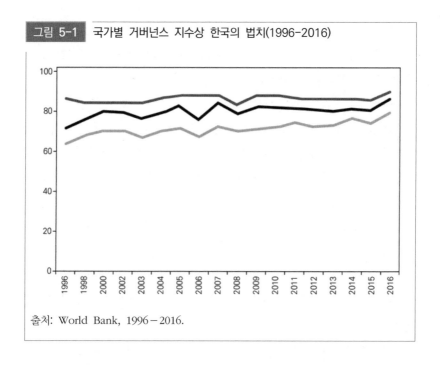

| 그림 5-1 | 국가별 거버넌스 지수상 한국의 법치(1996-2016) |

출처: World Bank, 1996−2016.

국가별 거버넌스 지수에 나타난 이러한 결과에 비추어보면, 한국의 법치는 전체적으로 평가했을 때 완만한 발전을 해왔다고 평가할 수 있다.

그러나 이와는 다른 결과를 보여주는 국제사회의 평가도 존재한다. 2009년 이후 매년 실시되는 세계정의프로젝트(WJP: World Justice Project)의 법의 지배 지수(Rule of Law Index)에 따르면 한국 법치의 수준은 2016년 이후 계속해서 낮게 평가되었다. 세계정의프로젝트는 법치 개념을 정의하기 어렵다는 점을 인정하면서 가장 단순한 접근 방법은 법의 지배가 사회에 미치는 결과를 가지고 판단하는 것이며, 각 결과는 복잡한 법의 지배의 내용 중 한 측면을 반영하고 있다고 한다(World Justice Project 2018, 6). 이처럼 광범위한 법의 지배의 개념에는 다양한 실질적 가치들이 결합된다. "효과적인 법의 지배는 부패를 줄이고, 빈곤과 질병을 방지하며 시민을 크고 작은 부당함으로부터 보호한다. 법치는 평화롭고 기회가 제공되며 공정한 사회의 기초이고, 책임 있는 정부와 기본권 존중을 뒷받침한다."(World Justice Project 2018, 6)라는 설명은 이러한 점을 잘 나타내주고 있다.

세계정의프로젝트는 법치의 일반적 원리를 네 가지로 분류하였는데, ① 책임성(정부와 사적 주체는 법에 따른 책임이 있다), ② 공정한 법(법은 명확하고 공포되어야 하며 안정적이고 공정하여야 하며, 공평하게 적용되고, 기본권을 보장하여야 하는데, 이러한 기본권에는 개인의 안전과 재산권 및 중요한 인권이 포함된다), ③ 열린 정부(법이 제정되고 집행되는 절차가 접근 가능하고, 공정하며, 효율적이어야 한다), ④ 접근 가능하고 불편부당한 분쟁해결제도(사법은 역량을 갖춘 윤리적이고 독립적이며 중립적인 기관에 의해 적시에 제공될 수 있어야 하며, 이들 기관은 접근 가능하고 적정한 자원을 보유하여야 하며, 그들이 봉사하는 사회의 구성을 반영하여야 한다)가 그 내용이다.

세계정의프로젝트는 이러한 네 가지 원리에 근거하여 법치를 측정하기 위한 기준으로 8개의 지표와 44개의 세부항목을 설정하고 각국의 세 개 도시(우리나라의 경우 서울, 부산, 인천)에 거주하는 1,000명의 일반인에 대한 설문과 전문가 조사를 통해 평가를 실시한다. 8개의 상위 지표로는 정부 권력의 통제, 부패, 열린 정부, 기본권, 질서와 안전, 규제의 집행력, 민사사법제도, 형사사법제도를 들고 있다(World Justice Project 2018, 4-9).[50] 세계정의프로젝트의 평가는 2009년부터 실시되었고, 현

---

50) 세계정의프로젝트의 평가지표들은 그동안 변화를 거쳐 왔는데, 첫 평가가 실시되었던 2009년의 경우 정부의 책임성, 공포되고 안정된 기본권을 보장하는 법, 접근가능하고 공정하며 효율적인 절차, 사법에의 접근 가능성을 네 가지 평가지표로 보았다(World Justice Project 2009, 131). 이후 2010년에는 본문에서 언급한 8개의 지표 외에 명확하고 공포된 안정적인 법, 비공식적 분쟁해결제도를 추가한 10개의 지표로 평가가 이루어졌으며, 2011년부터 2016년까지는 명확하고 공포된 안정적인 법 지표를 삭제하고 9개의 지표로 평가가 실시되었다. 2017-2018년의 평가에서는 비공식적

재와 같은 평가지표체계에 따른 평가는 2010년부터 이루어졌다. 2010년 이후 세계정의프로젝트의 우리 법치에 대한 평가를 표로 정리하면 다음과 같다.[51] 세계정의프로젝트의 지표에 대한 점수는 0점−1점 사이의 값을 갖고 1에 가까울수록 법치의 수준이 높게 평가된 경우이다.

표 5-2 세계정의프로젝트상 한국의 법치(2010-2018)

지표	2010		2011		2012-2013		2014		2015		2016		2017-2018	
	점수	순위	점수	순위	점수	순위	점수	순위	점수	순위	점수	순위	점수	순위
정부 권력의 통제	0.60	15	0.59	30	0.66	28	0.76	16	0.79	14	0.68	27	0.79	26
부패	0.80	11	0.74	20	0.74	25	0.79	16	0.82	14	0.65	35	0.82	32
명확하고 공포된 안정적인 법	0.63	11	−	−	−	−	−	−	−	−	−	−	−	−
열린 정부	0.65	5	0.71	14	0.74	15	0.74	13	0.73	10	0.68	22	0.68	22
기본권	0.78	7	0.76	17	0.76	20	0.73	23	0.73	25	0.70	32	0.70	29
질서와 안전	0.80	13	0.83	21	0.82	25	0.89	7	0.90	10	0.83	23	0.83	22
규제의 집행력	0.65	10	0.69	16	0.67	21	0.74	17	0.78	10	0.75	17	0.75	18
민사 사법제도	0.75	5	0.66	17	0.72	14	0.74	10	0.80	7	0.81	8	0.81	15

분쟁해결제도를 지표에서 삭제하였는데, 비공식적 분쟁해결제도는 법제도가 취약하고 비효율적인 국가에서는 중요한 역할을 하게 되고, 그러한 측면에서 이를 법치의 평가지표로 삼아왔으나, 그 공정성과 효과성을 측정하기 매우 어렵고 국가별 비교 역시 어렵다는 점을 삭제의 이유로 들고 있다(World Justice Project 2017−2018, 9). 실제 2010년부터 2016년까지 비공식적 분쟁해결제도를 평가지표로 두고 있었음에도 불구하고 그에 대한 평가결과가 구체적으로 도출되지 못했다.

51) 2010년에는 35개국, 2011년에는 66개국, 2012−2013년에는 97개국, 2014년에는 99개국, 2015년에는 102개국, 2016년, 2017−2018년에는 113개국을 평가하였다(World Justice Project 2010; 2011; 2012; 2013; 2014; 2015; 2016; 2017; 2018). 국가별 순위는 2014년 이후의 평가 보고서에서만 확인된다.

지표	2010		2011		2012-2013		2014		2015		2016		2017-2018	
	점수	순위	점수	순위	점수	순위	점수	순위	점수	순위	점수	순위	점수	순위
형사 사법제도	0.73	11	0.68	21	0.76	10	0.76	8	0.76	13	0.71	17	0.71	17
비공식적 분쟁해결제도	–	–	–	–	–	–	–	–	–	–	–	–	–	–
종합	0.80		0.71		0.73		0.77	14/99	0.79	11/102	0.73	19/113	0.72	20/113

출처: World Justice Project, 2010-2018.

세계정의프로젝트의 이러한 평가결과에 따를 때, 한국의 법치가 점진적으로라도 발전하고 있다고 평가하기는 어렵다. 2010년 이후의 평가결과만을 대상으로 한다는 점에서 전체적인 평가가 어려운 한계가 있지만, 2016년 이후 대부분의 지표들에 대한 평가가 낮아졌으며, 특히 기본권에 대한 평가의 경우 2010년의 평가부터 지속적으로 낮아지고 있는 점을 확인할 수 있다. 8개의 지표 중 정부권력에 대한 통제, 부패 및 기본권에 대한 평가순위가 낮게 나타나고 있고, 열린 정부, 규제의 집행력 및 형사사법제도에 대해서도 절대적인 점수가 낮게 평가되고 있다. 평가점수에 있어 완만하지만 지속적인 개선을 보여주고 있는 지표는 민사사법제도가 유일하나, 이 경우에도 2016년 이후 순위의 하락을 보여주고 있다. 형사사법제도 역시 2012년 이후 계속해서 낮은 평가가 이루어지고 있다.

세계정의프로젝트의 8개 지표들은 각각의 세부항목들로 구성되는데, 최근 5년간 세부항목별 한국의 법치에 대한 평가를 표로 나타내면 다음과 같다.[52]

---

52) 8개의 평가지표별 세부항목에 대한 점수와 순위는 2014년 이후의 평가 보고서에서만 확인된다.

표 5-3	세계정의프로젝트상 한국의 법치(2014-2018)				
상위지표	세부항목	2014	2015	2016	2017-2018
정부 권력의 통제	입법부에 의한 통제	0.77	0.8	0.63	0.63
	사법부에 의한 통제	0.78	0.84	0.62	0.59
	독립감사기구에 의한 통제	0.72	0.75	0.70	0.80
	공무원에 대한 제재	0.7	0.74	0.69	0.69
	비정부기관에 의한 견제	0.75	0.76	0.61	0.62
	법에 따른 권한이양	0.86	0.85	0.85	0.86
부패	행정부의 부패	0.78	0.77	0.68	0.67
	사법부의 부패	0.68	0.9	0.83	0.86
	경찰 및 군의 부패	0.91	0.88	0.77	0.81
	사법부의 부패	0.8	0.72	0.34	0.33
열린 정부	법과 정부가 보유하는 정보의 공개	0.85	0.71	0.70	0.70
	정보공개청구권	0.71	0.75	0.71	0.72
	공공참여	0.65	0.7	0.61	0.64
	이의신청제도	0.75[53]	0.75	0.70	0.70
기본권	공정한 대우와 차별금지	0.7	0.65	0.70	0.66
	생명과 안전에 대한 권리	0.86	0.86	0.88	0.93
	적법절차	0.77	0.78	0.73	0.77
	표현의 자유	0.75	0.77	0.61	0.63
	종교의 자유	0.63	0.69	0.74	0.72
	프라이버시권	0.7	0.66	0.66	0.68
	집회 · 결사의 자유	0.73	0.72	0.63	0.65
	노동권	0.66	0.72	0.68	0.60
질서와 안전	범죄의 효과적 통제	0.89	0.9	0.88	0.89
	민사분쟁의 효과적 통제	1	1	1.00	1.00
	분쟁의 비폭력적 해결	0.78	0.8	0.61	0.64
규제의 집행력	규제의 효과적 집행	0.66	0.62	0.53	0.54
	정부규제의 적용과 집행에 있어 부적절한 영향	0.78	0.82	0.73	0.74
	행정절차의 지연없는 이행	0.84	0.95	0.91	0.84

상위지표	세부항목	2014	2015	2016	2017-2018
규제의 집행력	적법절차의 존중	0.72	0.81	0.81	0.71
	적법절차와 보상을 통한 수용	0.68	0.7	0.77	0.79
민사 사법제도	민사사법제도의 접근가능성	0.52	0.63	0.70	0.59
	민사사법제도에 있어서의 차별금지	0.68	0.71	0.76	0.67
	민사사법제도의 부패	0.83	0.89	0.77	0.76
	부적절한 정부의 영향력	0.67	0.75	0.77	0.71
	비합리적인 지연	0.67	0.8	0.89	0.79
	민사사법제도의 효과적 집행	0.84	0.88	0.86	0.80
	대체적 분쟁해결제도의 접근가능성, 불편부당성 및 효과성	0.93	0.9	0.92	0.87
형사 사법제도	범죄수사체계의 효과성	0.62	0.62	0.53	0.61
	형사재판제도의 적시성과 효과성	0.82	0.8	0.82	0.77
	범죄감소를 위한 교정제도의 효과성	0.75	0.78	0.79	0.68
	형사사법제도의 부패	0.68	0.64	0.63	0.68
	형사사법제도의 불편부당성	0.88	0.88	0.67	0.68
	부적절한 정부의 영향력	0.82	0.79	0.78	0.68
	피고인에 대한 적법절차와 권리	0.77	0.78	0.73	0.77
종합		0.77	0.79	0.73	0.72

출처: World Justice Project, 2014-2018.

〈표 5-3〉에서 볼 수 있는 것처럼 세계정의프로젝트의 법치의 측정 지표는 다양한 평가항목을 담고 있으며, 법치의 형식적 요소들과 실질적 요소들을 대부분 포함하고 있고, 이러한 항목들은 민주주의의 가치들을 또한 담고 있다. 법치의 내용이자 민주주의적 가치들을 담고 있는 세계정의프로젝트의 지표 및 세부항목들에 대한 평가가 일관된 방향성

---

53) 2014년의 평가에서는 이의신청제도가 아니라 안정적인 법을 세부항목으로 하였다(World Justice Project 2014, 134).

을 갖기보다는 발전과 후퇴를 거듭하고 있으며, 전체적으로 보았을 때 긍정적인 평가가 어렵다는 점이 한국의 민주주의와 법치의 현주소일 수 있다. 특히 입법부에 의한 통제, 공공참여, 공정한 대우와 차별금지, 표현의 자유 등 현저하게 낮게 평가된 항목들이 민주주의의 실현에 본질적인 내용임을 고려하면 한국의 민주주의와 법치가 발전해왔다고 단언하기 어렵다.

Ⅳ. 한국의 사법권에 대한 평가

한국의 법치가 왜 여전히 많은 문제점과 한계를 노정하고 있는지 살펴봄에 있어서도 법치 개념의 포괄성은 어려움을 야기한다. 즉 법치의 형식적 · 실질적 요소들이 매우 다양하고 방대하기 때문에 이에 대해 전체적인 관점에서 그 원인을 찾아보는 것은 한계를 가지며, 개별 요소들에 대한 구체적 검토가 필요하다. 이 글에서는 방대한 법치의 요소들 중 사법권에 대한 내용을 살펴보고자 한다. 법치의 다양한 내용 중 사법권을 이 글의 검토대상으로 삼은 이유는 법치의 다른 중요한 내용들이 이 책의 다른 주제들과 관련성을 가진다는 점에서 중복을 피하고자 한 점과, 법치에 있어 사법권의 수준이 갖는 중요성 때문이다(김도균 2012, 52-53). 사법권의 독립은 법치의 본질적 요소이자 형식적 요소이며(김중권 2007, 345), 사법권에 대해 요청되는 것은 이러한 사법권의 독립을 근간으로 하여 접근 가능성, 판결절차 및 결과의 불편부당성, 권리구제의 효과성, 법원 구성 및 재판의 민주적 정당성 등 실질적 가치들이 구현되는 것이다.

앞서 언급한 것처럼 사법권의 행사가 엄격한 사법권의 독립을 넘어 민주주의의 가치들을 반영하는 것이 요청되고 있으며, 따라서 사법권의 평가에 있어서는 많은 주제가 포함되게 된다. 사법권의 독립, 사법에의 접근가능성, 사법절차와 재판의 불편부당성, 권리구제의 효과성 등이 모두 사법권의 평가에 포함되어야 하는 내용이다. 또한 선출된 기관의 지위에 대한 박탈을 최종적으로 헌법재판소가 결정하고, 헌법재판소의 위헌법률결정이나 법원의 판결을 통해 정책이 무력화되는 사례들이 나타나게 되자 사법권의 민주적 정당성에 대한 관심이 높아지고 있다.

　민주화 이후 사법제도 내지 사법권의 개선을 위한 노력은 계속해서 이루어지고 있다. 1993년부터 현재까지 논의되고 있는 이른바 사법개혁은 그 추진기구 역시 다양하여 1993년에는 대법원 소속의 '사법제도발전위원회', 1995년에는 국무총리 소속의 '세계화추진위원회', 1999년에는 대통령 자문기구로서 '사법개혁추진위원회', 2003년에는 대법원 소속의 '사법개혁위원회', 2010년에는 국회에 '사법제도개혁특별위원회'가 설치되었으며, 최근인 2018년 3월에는 대법원 '사법발전위원회'가 구성되어 운영 중이다. 사법제도발전위원회는 특허법원, 행정법원과 같은 전문법원의 설치를 결정하여 1998년 전문법원들이 개원하였으며, 영장실질심사제의 도입을 결정하였다. 세계화추진위원회는 사법시험 정원을 300명에서 1,000명으로 증원할 것을 결정하였으며, 사법개혁위원회는 법학전문대학원의 설치와 국민참여재판제의 도입을 건의하였다. 사법제도개혁특별위원회는 검찰개혁을 핵심쟁점으로 하여 운영되었으나, 검찰개혁에 있어서는 특별한 성과를 거두지는 못하고 활동을 중단하였다. 최근 설치된 사법발전위원회는 적정하고 충실한 심리를 위한 재판 제도 개선, 재판 중심의 사법행정 구현을 위한 제도 개선, 좋은 재판을 위한 법관인사제도 개편, 전관예우 우려 근절 및 법관 윤리와 책임성 강화를 통한 사법신뢰 회복방안 마련이라는 4대 개혁과제와 관련된 사항으로서 대법원장이 부의안 안건을 심의하고 그 결과를 대법원장에게 건의하는 기구이다.

　이처럼 끊임없는 사법제도의 개선 노력에도 불구하고 한국의 사법권에 대한 국제사회의 평가나 국민의 인식은 호의적이지만은 않다. 앞서 살펴 본 세계정의프로젝트에서는 민사사법제도와 형사사법제도를 구분하고 각 지표에 대한 상세한 세부항목들을 평가함으로써 사법제도에 대해 매우 구체적인 평가를 수행하고 있다. 〈표 5-2〉에 나타난 내용을 보면, 민사사법제도와 형사사법제도의 경우 다른 법치의 지표들보다는 상대적으로 국가 순위가 높은 편이며, 민사사법제도의 경우 평가점수 역시 점진적으로 개선되고 있다. 그러나 민사사법제도와 형사사법제도 모두 순위의 지속적인 하락을 보여주고 있다. 〈표 5-3〉의 분석결과를 보면, 민사사법제도의 세부항목에 대한 평가에 있어 접근 가능성과 차별금지에 대한 평가가 매우 낮게 나타나고 있다. 이는 우리 민사사법제도의 이용에 있어서의 용이성이 보장되지 않고 비용에 대한 부담이 크며, 불편부당성이 충분히 보장되지 않고 있다는 것을 보여주는 것이라고 하겠다. 2007년 도입된 법학전문대학원 제도는 법률서비스의 문턱을 낮추기 위한 목적도 가지고 있었으나, 그 효과가 아직까지는 불명확하다고 할 수 있다. 형사사법제도에 있어서는 수사체계의 효과성과 부패가 낮게 평가되었으며, 불편부당성과 정부의 영향력은 2016년 이후 부정적으로 평가되었다.

세계경제포럼(WEF: World Economic Forum)이 매년 발간하는 세계경쟁력보고서(Global Competitiveness Report)는 사법권의 독립(Judicial Independence)을 하나의 항목으로 평가하고 있다. 사법권 독립에 대한 평가는 사법부가 정부, 개인 및 기업의 영향으로부터 얼마나 독립적인가를 7점 척도로 설문조사한 결과이다. 1998년 이후[54] 한국의 사법권 독립에 대한 세계경제포럼의 평가는 다음과 같다.

---

54) 세계경쟁력보고서는 1979년에 최초로 발간되었으나, 1998년부터 사법권 독립을 평가지표로 추가하였다.

표 5-4	세계경쟁력지수상 한국의 사법권 독립(1998-2017)		

연도	정부	사법권 독립	
		순위	점수
1998	김대중	44/53	3.92
1999		50/59	3.27
2000		44/59	3.8
2001		47/75	3.8
2002		41/80	4.3
2003	노무현	49/102	4.1
2004		48/104	4.2
2005		45/116	4.2
2006		51/125	4.1
2007		35/131	5.1
2008	이명박	45/134	4.8
2009		58/138	4.1
2010		60/139	4.0
2011		69/142	3.8
2012		74/144	3.7
2013	박근혜	78/148	3.5
2014		82/144	3.5
2015		69/140	3.8
2016		72/138	3.9
2017	문재인	72/137	3.8

출처: World Economic Forum, 2006 – 2017.

위의 결과를 통해 한국의 사법권 독립에 대한 평가점수와 순위는 2008년부터 2014년까지 지속적으로 낮아지는 경향을 보였으며, 현재에도 평가대상 137개국 중 72위로 매우 부정적인 평가를 받고 있음을 확인할 수 있다.

한국의 사법권에 대해 긍정적인 국제사회의 평가도 존재한다. 프리덤하우스(Freedom House)는 매년 평가를 거쳐 발행하는 세계의 자유

(Freedom in the World)에 관한 보고서에서[55] 법치를 판단하는 지표로 '사법권의 독립'을 들고 있으며,[56] 사법권 독립의 세부항목으로 ① 사법부가 행정부 또는 다른 정치적·경제적·종교적 영향의 개입을 받는지, ② 법관들은 공정하고 편견 없는 방식에 의해 임명되고 해임되는지, ③ 법관들이 공정하고 불편부당하게 판결하는지, 아니면 법관들이 일상적으로 뇌물이나 다른 이유에 대한 대가로 정부나 특정 이해관계에 유리한 판결을 하는지, ④ 행정부, 입법부 및 다른 정부기관들이 법원의 판결을 준수하며, 이러한 판결들은 효과적으로 집행되는지, ⑤ 영향력 있는 사적 단체들이 법원의 판결을 준수하며, 영향력 있는 주체들의 이해관계에 반하는 판결들도 효과적으로 집행되는지를 들고 있다.[57] 이러한 항목들에 근거하여 프리덤하우스는 2014년 이후 최근 5년 한국의 사법권 독립을 만점으로 평가하고 있다. 프리덤하우스는 한국의 사법부가 일반적으로 독립적이라고 인식되며, 대법원장은 국회의 동의를 얻어 대통령이 임명하고, 대법관은 대법원장의 제청으로 국회의 동의를 얻어 대통령이 임명하며, 대법원장과 대법관이 아닌 법관은 대법관회의의 동의를 얻어 대법원장이 임명하는 점, 대통령, 국회 그리고 대법원장이 헌법재판소 재판관을 각각 지명한다는 점을 근거로 이러한 평가를 하였다.[58] 사법권의 독립에 관한 비교적 구체적인 평가항목과는 달리 평가

---

55) 세계의 자유에 관한 보고서는 외부의 분석자가 현지 조사, 현지의 자문, 언론 기사, 비정부기구, 정부 및 기타 다양한 출처의 정보를 조합하여 200개 이상의 국가 및 지역을 평가한다.
(https://freedomhouse.org/report-types/freedom-world).
56) 프리덤하우스는 법치를 평가하기 위한 세부항목으로 사법권의 독립, 민·형사제도에 있어서의 적법절차, 정당하지 않은 물리력, 정당, 내란으로부터의 보호, 법·정책·실무에 있어 다원화된 국민에 대한 공정한 대우를 들고 있으며, 각 항목을 4점 만점으로 평가한다. 2014년 이후 사법권의 독립은 4점, 그 외 항목들은 3점의 평가를 받았다.
57) https://freedomhouse.org/report/methodology-freedom-world-2018
58) https://freedomhouse.org/report/freedom-world/2018/south-korea

근거를 살펴보면, 프리덤하우스의 평가는 사법권의 독립에 관한 법제도가 형식적으로 마련되어 있는지를 주된 논거로 하였음을 알 수 있다. 또한 프리덤하우스는 2003년부터 한국의 사법권 독립이 크게 향상되었다고 평가하고 있으며, 그 이전까지는 사법부가 형식적으로는 독립적이나 정치적 영향과 차별로부터 자유롭지 않음을 지적하고 있다.59) 배심원단에 의한 판결이 없다는 점 역시 지속적으로 지적되었고,60) 2014년의 평가에서부터는 배심원단의 평결이 법적 구속력을 갖지는 않지만 일반적으로 배심원의 평결을 법관이 존중함을 언급하고 있다.61)

경제협력개발기구(OECD: Organization for Economic Cooperation and Development)에서 분석한 우리나라 사법부의 신뢰도에 대한 평가는 상당히 부정적인 편이다. 경제협력개발기구의 한눈에 보는 정부(Government at a glance) 2015를 참조하면, 경제협력개발기구 국가 중에서 한국의 사법부에 대한 신뢰도가 상당히 낮은 편에 속하는 것을 확인할 수 있다. 사법제도에 대한 국민의 신뢰도의 경우, 2007년을 기준으로 경제협력개발기구 국가 평균은 52%를 보이지만 한국은 29%로 평균에 한참 미치지 못하는 결과를 보였는데, 이는 조사대상 국가 42개국 중 39위로 가장 낮은 편이었다. 2013년에도 국가 평균은 50%였지만 한국은 22%로 조사대상 국가 34개국 중 가장 낮은 순위인 34위를 기록했다(OECD 2013, 31). 2014년에도 마찬가지로 국가 평균은 54%지만 한국은 27%로 39위를 기록했다(OECD 2015, 171).

2016년에 발간된 한눈에 보는 정부에서도 2007년과 비교하여 2015년에 한국의 사법부에 대한 인식이 많이 나빠졌다는 점을 지적하고 있

---

59) https://freedomhouse.org/report/freedom−world/2003/south−korea
60) 한국에서는 2008년 1월 1일부터 「국민의 형사재판 참여에 관한 법률」이 시행되어 배심원의 형사재판참여제도가 마련되었으나, 배심원의 의견이나 평결이 법적 구속력을 갖지는 않는다(「국민의 형사재판 참여에 관한 법률」 제46조 제5항).
61) https://freedomhouse.org/report/freedom−world/2014/south−korea

다. 중앙정부, 군대 및 사법제도에 대한 국민들의 평가가 경제협력개발기구 전체 국가 평균이나 G7 국가의 평균에 비하여 상당히 낮은 현상을 보이는데, 이는 한국의 다른 공공부문에 대한 인식이 이전에 비해 높은 평가를 받은 점과 상반된다(OECD 2016, 26-27). 보고서에서 사법부에 대한 신뢰도가 유독 낮아진 원인에 대해서는 분명하게 언급하고 있지는 않았지만, 정부부문에 대한 낮은 신뢰도는 공공부문의 부패에 대한 높은 부정적 인식과 결합하여 정부정책의 효과성이나 법규 및 규제의 준수에 부정적 영향을 미칠 수 있으므로 신뢰도가 제고되어야 할 필요성을 지적하고 있다(OECD 2016, 26). 경제협력개발기구의 평가는 국가 간 비교가 가능하다는 장점은 있지만, 갤럽이 약 1,000여명의 국민에 대해 단답형의 질문을 하고 이를 통해 일반국민들의 인식을 평가한 것이기 때문에, 구체적으로 사법권에 대한 평가가 이루어지기는 어렵다는 한계가 있다.

국내에서도 사법권에 대한 국민의 인식조사가 이루어지고 있다. 한국행정연구원이 실시한 2017년 사회통합실태조사에[62] 나타난 기관별 신뢰도 수준을 살펴보면, 중앙정부부처에 대해 긍정적(3-4점)으로 응답한 비율이 2016년에는 24.6%, 평균 2.0점(4점 척도)으로 다소 부정적이었지만, 2017년에는 그 비율이 40.8%로 크게 상승하였으며, 평균 2.3점으로 개선되었다(한국행정연구원 2017, 174). 이는 2017년에 정권이 교체되면서 국민들의 새 정부에 대한 기대가 신뢰도에 영향을 미친 것으로 생각된다. 반면 국회의 경우, 긍정적으로 응답한 비율이 2016년에 12.6%, 평균 1.7점으로 상당히 낮았으며, 2017년에 15.0%, 평균 1.8점으로 다소 개선이 되긴 했지만 3부 중에서 가장 신뢰도가 떨어지는 것

---

62) 사회통합실태조사는 국내에 거주하는 만19세 이상 69세 이하의 성인남녀를 대상으로 조사원이 직접 면접조사를 하는 방식으로 행해진다(한국행정연구원 2017, 5).

으로 나타났다(한국행정연구원 2017, 175). 법원의 경우 신뢰도에 대하여 긍정적으로 응답한 비율이 2016년 29.8%, 평균 2.1점으로 가장 높았으며, 2017년에는 34.3%, 평균 2.2점으로 다소 개선되었다(한국행정연구원 2017, 176면). 그러나 세 기관 모두 평균점수가 보통에 미치지 못한 것을 보면, 경제협력개발기구의 설문분석 자료와 마찬가지로 국민들의 사법부에 대한 신뢰도는 상당히 낮은 것임을 확인할 수 있다. 사회통합실태조사가 최초 실시된 2011년 이후 중앙부처, 입법부, 사법부에 대한 신뢰도 조사결과를 표로 정리하면 다음과 같다. 〈표 5−5〉에서 나타난 바와 같이 사법부에 대한 신뢰도는 2017년의 조사를 제외하고는 중앙정부부처나 국회에 비해 높게 나타나고 있지만, 사법부에 대한 신뢰가 계속해서 제고되고 있다고 평가하기는 어렵다.

표 5-5   국가기관별 신뢰도

연도	기관별 신뢰도					
	중앙정부부처		국회		법원	
	신뢰도(%)	평균	신뢰도(%)	평균	신뢰도(%)	평균
2011	24.3	−	18.8	−	31.4	−
2013	35.0	2.2	18.1	1.9	40.6	2.3
2014	32.9	2.2	18.0	1.9	37.6	2.2
2015	31.9	2.2	15.3	1.8	35.0	2.2
2016	24.6	2.0	12.6	1.7	29.8	2.1
2017	40.8	2.3	15.0	1.8	34.3	2.2

출처: 한국행정연구원, 2011 − 2017.

사법정책연구원은 2015년 "국민의 사법절차에 대한 이해도 및 재판에 대한 인식 조사 결과의 분석"이라는 보고서에서[63] 국민의 재판에 대

---

63) 이 조사는 전국의 20세 이상 성인남녀 1,100명(일반국민)과 당사자로서 현재 재판에 참여 중인 국민(재판당사자) 300명을 대상으로 개별면접과 온라인 설문조사를 실시하는 방식으로 행해졌다(사법정책연구원 2015, 36 − 39).

한 인식을 ① 재판절차의 공정성 인식, ② 재판결과의 공정성 인식, ③ 재판절차의 중요성 인식(재판절차가 공정하면 불리한 재판결과도 수용할 수 있는지 여부), ④ 재판절차 자체에 대한 문제 인식, ⑤ 법원에 대한 신뢰도를 통해 분석하였다(사법정책연구원 2015, 199). 이 중 재판절차의 공정성, 재판결과의 공정성, 법원의 신뢰도에 대한 분석결과를 살펴보면 다음과 같다.

재판절차의 공정성 인식에 관한 설문에서는 일반국민의 경우 공정하다고 응답한 비율이 26.5%, 공정하지 않다고 응답한 비율이 29.7%인 반면, 현재 재판당사자의 경우 공정하다고 응답한 비율이 50%, 공정하지 않다고 응답한 비율이 8.3%로 일반국민보다 재판당사자가 긍정적인 평가를 하였다. 응답자의 평균에 있어서도 5점 척도를 기준으로 일반국민의 경우 2.93점으로 다소 공정하지 못하다고 인식하고 있는데 비해, 현재 재판당사자의 경우 3.44점으로 보다 공정하다고 인식하고 있었다(사법정책연구원 2015, 200).

재판결과의 공정성과 관련하여, 일반국민의 경우 공정하다고 응답한 비율이 24.9%, 공정하지 않다고 응답한 비율이 30.1%로 재판절차에 비해 재판결과를 더 부정적으로 인식하고 있다는 것을 보여주었다. 재판경험자의 경우에도 공정하다고 응답한 비율이 37.9%, 공정하지 않다고 응답한 비율이 22%로 일반국민에 비해서는 공정하다고 인식하고 있지만, 재판절차에 대한 재판당사자의 평가와 비교하여서는 공정하다고 인식하는 비율이 낮았다. 응답자의 평균을 살펴보면 일반국민의 경우 2.91점으로 다소 공정하지 못하다고 인식하고 있는 반면, 재판경험자의 경우 3.14점으로 다소 공정하다고 인식하고 있었다(사법정책연구원 2015, 203).

법원에 대한 신뢰도는, 일반 국민의 경우 30.4%가 신뢰한다고 응답한 반면, 24.3%가 신뢰하지 않는다고 응답하였다. 현재 재판당사자의 경우에는 44.4%가 신뢰한다는 응답을 보이고, 신뢰하지 않는다고 응답한 비율은 10%에 그쳤다. 응답자의 평균은 일반국민의 경우 3.04점, 현재 재판당사자는 3.36점으로 보통에서 긍정적인 평가를 보이고 있다. 법원에 대한 신뢰도와 관련한 응답은, 일반 국민의 경우 다른 인식조사와 마찬가지로 신뢰도가 비교적 낮았지만, 직접 재판절차를 경험한 경우 법원을 보다 신뢰하는 경향을 보였다(사법정책연구원 2015, 214). 이러한 결과는 앞서 사회통합실태조사에서 나타난 사법부에 대한 평가결과와 유사하다고 볼 수 있다.

표 5-6　재판절차, 재판결과의 공정성 및 법원에 대한 신뢰도

구분	신뢰도(%)		
	재판절차의 공정성	재판결과의 공정성	법원에 대한 신뢰도
일반국민	26.5	24.9	30.4
재판당사자	50	37.9	44.4

출처: 한국사법정책연구원, 2015.

V. 사법권의 독립성과 민주적 정당성

지금까지 살펴 본 국내외의 조사에 따르면 한국의 사법권에 대한 평가는 높지 않은 편이며, 일관되게 높아지거나 낮아지는 경향도 찾아보기는 어렵다. 다양한 차원의 사법권에 대한 평가가 낮은 수준에서 큰 개선을 이루지 못하고 있는 근본적인 원인으로는 사법권의 독립성을 지적할 수 있는데(하태훈 2013, 578) 사법권의 독립을 훼손하지 않으면서 헌법과 법률이 구체화하고 있는 사법제도를 실효성 있게 민주적으로 운영하는 것이 지난한 과제이기 때문이다. 실제 제헌헌법 이후부터 사법제도의 개선에 관한 연구들의 상당수는 사법권의 독립성과 민주적 정당성에 관한 주제를 다루고 있다(이명식 1959; 양건 1987; 오동석 1999; 문재

완 2005; 정태욱 2009; 임지봉 2010; 김영훈 2017; 장영수 2017; 정남철 2018).

사법은 구체적인 법적 분쟁을 전제로 신분이 독립된 법관이 재판을 통해 법질서의 유지와 법적 평화에 기여하는 국가작용이며(허영 2016, 1064-1065), 이러한 기능의 수행을 위해서는 사법권의 독립이 반드시 전제되어야 한다. 사법권의 독립은 좁은 의미에서는 법관의 독립을, 넓은 의미에서는 법원의 독립과 법관의 독립을 의미한다. 법관의 독립은 "법관은 헌법과 법률에 의하여 그 양심에 따라 독립하여 심판한다."라고 규정하고 있는 헌법 제103조와[64] 법관의 신분보장, 즉 법관자격과 정년의 법정주의(제101조 제3항, 제105조 제4항), 신분상 불이익한 처분 사유의 제한에(제106조 제1항)[65] 관한 헌법 조항들을 통해 보장하고 있다. 또한 우리 헌법은 사법권은 법관으로 구성된 법원에 속하며, 법원은 최고법원인 대법원과 각급법원으로 조직되고, 법관의 자격과 법원의 조직은 법률로 정하도록 규정함으로써 사법권을 다른 국가권력과 분리하고 법원의 조직과 인사의 독립을 보장하고 있다(헌법 제101조-103조).

예일대학교 로스쿨의 피스(Fiss) 교수는(1993, 58-60) 사법권의 독립성을 법관의 소송당사자로부터의 분리, 법관 개인의 자율성, 사법권의 정치적 중립성으로 나누어 설명한다.[66] 즉 피스 교수는 사법권이 어디로부터 독립되어야 하는지의 관점에서 사법권 독립을 이해한다. 법관의 소송당사자로부터의 분리는 사법권의 불편부당성에 근거한다(Fiss 1993, 58). 법관 개인의 자율성은 법원이나 다른 법관으로부터의 법관의

---

64) 이 내용을 법관의 독립이 아닌 법원의 기능상 독립으로 이해하기도 한다 (허영 2016, 1067).

65) 헌법 제106조 제1항은 "법관은 탄핵 또는 금고 이상의 형의 선고에 의하지 아니하고는 파면되지 아니하며, 징계처분에 의하지 아니하고는 정직·감봉 기타 불리한 처분을 받지 아니한다"라고 규정하고 있다.

66) 독일의 논의에서는 사법권의 독립은 법관의 독립을 중심으로 하고, 법관의 독립의 핵심내용은 소송당사자로부터의 독립, 이익집단으로부터의 독립, 다른 국가기관으로부터의 독립으로 이해된다(Meyer 2003, 684).

독립을 말한다. 법관 개인의 자율성은 사법부 내부의 독립성을 뜻하며, 법관의 인사 등 사법부의 관료주의 문제와 관련된다(Fiss 1993, 58-59). 사법권의 정치적 독립성은 사법권의 권위의 기초이며(임지봉 2010, 149), 다른 국가기관, 이익단체, 나아가 일반대중의 여론으로부터도 사법권이 중립적이고 독립적이어야 함을 의미한다(Fiss 1993, 59-60).

피스 교수의 견해에 따라 사법권의 독립을 바라볼 때, 한국의 사법권 독립은 여전히 많은 한계와 문제점을 드러내고 있다. 먼저 법관의 소송당사자로부터의 분리, 사법권의 불편부당성에 대해서는 국민 상당수의 부정적 인식을 흔히 찾아볼 수 있다. 최근 법률소비자연맹이 대학생 3,656명을 대상으로 실시한 법의식 조사에서는 85.6%인 3,131명이 우리 사회에 '유권무죄, 무권유죄', '유전무죄, 무전유죄' 현상이 있다고 응답했다(법률소비자연맹 2018, 13-14). 법관의 소송당사자로부터의 독립을 실현하기 위해 제척·기피·회피 제도를 두고 있으나, 다수의 국민들은 우리 사법권의 불편부당성이 충분히 준수되고 구현되고 있다고 인식하지 않음을 보여주는 결과이다.

법관 개인의 자율성과 관련하여서는 이른바 '제왕적 대법원장'의 문제가 지적되고 있다. 우리 헌법과 법원조직법, 법관징계법 등은 이미 대법관후보추천위원회, 대법관회의, 법관인사위원회, 법관징계위원회, 판사회의 등의 다양한 의결기관, 심의기관 및 자문기관을 통해 대법원장이 독단적으로 인사권이나 그 밖의 사법행정권을 행사하는 것을 견제할 장치를 마련해두고 있다. 또한 올해 3월 전국법관대표회의가 상설기구화되었다. 대법관회의는 1987년 헌법개정과 함께 도입되었으며, 대법관후보추천위원회는 2011년 사법제도 개혁을 위한 법원조직법의 개정을 통해 도입되었다. 법관인사위원회는 1994년 법관 인사에 대한 자문기관으로서 법원조직법에 규정되었으나, 2011년 법 개정을 통해 심의기관으로서의 지위를 갖게 되었다. 판사회의는 1994년 법원조직법의 개정을 통해 사법행정에 관한 자문기관으로 도입되었다. 이처럼 사법부 내부의 견제장치가 다양하게 갖추어져 있음에도 불구하고, 이러한 장치들이 실질적으로 잘 작동하지 않을 때 문제의 해결방식은 크게 두 가지로 나눠볼 수 있다. 첫 번째는 이러한 견제장치들이 잘 작동하도록 현행의 제도를 실질화하거나 사법부 내부의 견제장치를 추가하는 방안이다. 우리 사회에서 제기되고 있는 많은 문제들의 원인이 제도 자체보다는 제도 운영에 있는 경우를 흔히 찾아볼 수 있으며, 사법권 독립의 문제에 있어서도 현행의 제도가 원래의 취지를 구현할 수 있도록 실질화하는 방안을 생각해볼 수 있다. 또한 현행의 제도들이 그 기능을 다하지 못한다면 추가적인 내부적 견제장치를 새롭게 마련하거나 기존의 장치들을 강화함으로써 해결방안을 모색하는 방식이다. 두 번째는 법관 개인의 자율성을 담보하기 위한 내부적 장치들이 충분히 그 기능을 하지 못할 때, 외부에 의한 통제방식을 선택하는 방안이다. 이러한 방식은 법관의 '독립'을 외부의 통제를 통해 실현한다는 점에서 모순이 있다고 생각될 수 있으며,[67] 피스 교수가 언급한 사법권의 다른 국가기관으로부터의 정치적 중립의 문제 및 사법권의 민주적 정당성에 관한 문제로 그 논의의 범위가 확장되게 된다. 법관의 지위에 관한 유럽헌장(European Charta on the statute for judges)은 법관의 선출, 임명, 승진 또는 해임에 관한 결정을 함에 있어서는 행정부와 입법부로부터 독립된 기관이 참여하여야 하며, 이러한 기관의 최소한 절반은 법관들이 선출한 대표자일 것을 권고하고 있다(제1.3항). 이처럼 법관의 임용에 있어 사법부의 독립이 중요한 한편, 법관의 인사를 완전히 사법부에 맡기는 것은 민주적 정당성의 문제를 야기할 수 있다(Grzeszick 2017, 101). 즉 최고법원 법관의 임명 등에 있어서는 의회와 행정부의 적정한 개입이 민주

---

67) 실제 대법원장 소속의 법원행정처가 법관 인사를 주도해 오면서 그 정당화 명분으로 사법부의 독립성을 주장해왔다(이종수 2017, 111).

적 정당성의 측면에서는 보다 타당할 수 있다. 이러한 논의를 종합해보면, 사법권의 다른 국가기관으로부터의 정치적 중립은 엄격한 삼권분립이나 사법부의 폐쇄적 독립성을 의미하는 것이 아니라, 사법의 본질적 기능인 법관이 실질적으로 정치적 영향에서 벗어나 법에 따라 판결하는 것을 보장하는 법관의 독립의 관점에서 고찰하는 것이 필요하다. 즉 사법권에 대한 다른 국가기관의 개입은 이를 통해 법관의 내부적 독립을 보다 견고하게 하고 동시에 사법권의 민주적 정당성을 확보할 수 있으며, 과도한 정치화를 야기하지 않는 최적의 수준으로 설정되는 것이 필요하다. 그리고 이는 매우 구현하기 어려운 과제이다.

사법권의 정치적 중립성에 관한 논의는 이러한 다른 국가기관으로부터의 중립성 외에 이익단체로부터의 중립, 일반 대중으로부터의 중립을 내용으로 한다. 이러한 정치적 중립성은 현대사회에서 계속해서 그 중요성이 커지고 있으나, 피스 교수 스스로도 민주주의 질서 하에서 이익단체나 대중으로부터 법관의 완전한 정치적 중립은 가능하지도 않으며, 또 완전한 정치적 중립이 바람직하지도 않음을 주장하고 있다(Fiss 1993, 59-60). 건전한 비판은 민주시민의 당연한 권리이며, 이를 법관이 양심에 따라 수용하는 것은 사법권 독립에 반하지 않는다는 설명(허영 2016, 1068) 역시 같은 취지로 이해될 수 있다.

다음으로는 사법권의 민주적 정당성에 관한 문제를 살펴보도록 하겠다. 독일연방헌법재판소(Bundesverfassungsgericht)는 민주적 정당성의 형태를 제도적 · 기능적 민주적 정당성, 조직적 · 인적 민주적 정당성, 사항적 · 내용적 민주적 정당성으로 구분하고 있다.[68] 제도적 · 기능적 민주적 정당성은 국가권력의 헌법적 구성을 의미하는데, 이는 헌법제정권자인 국민이 국가권력의 담당자를 제도화하였다는 점에 근거한다(Grzeszick 2017, 61). 조직적 · 인적 민주적 정당성은 국가행위에 민주적 정당성을

---

68) BVerfGE 93, 37.

부여하기 위해서는 직무담당자와 국민 사이의 정당성 고리가 필요하다는 내용이며, 이는 반드시 국민으로부터의 직접적인 민주적 정당성을 의미하지는 않고, 간접적인 민주적 정당성 역시 허용된다(Grzeszick 2017, 60; Jestaedt 1993, 269). 사항적·내용적 민주적 정당성은 국가행위가 국민의사에 사항적·내용적으로 연결되어야 함을 뜻한다(Grzeszick 2017, 60; Mehde 2000, 184). 또한 어떠한 국가행위가 충분한 민주적 정당성을 갖추었는지 여부는 각각의 정당성 형태별로 형식적으로 검토하는 것이 아니라, 실질적으로 국민이 국가행위에 충분히 효과적으로 영향을 미칠 수 있는지 여부, 즉 적정한 정당성 수준을 갖추었는지를[69] 종합적으로 판단한다(Grzeszick 2017, 59). 따라서 민주적 정당성의 각 형태, 특히 조직적·인적 민주적 정당성과 사항적·내용적 민주적 정당성은 서로 보완관계에 있을 수 있다. 예컨대 사법권과 같이 그 조직적·인적 민주적 정당성이 약한 경우에는 사항적·내용적 민주적 정당성을 보다 강조함으로써 적정한 민주적 정당성의 수준을 갖출 수 있으며(허완중 2012, 148), 법관의 헌법과 법률에의 기속은 사항적·내용적 민주적 정당성으로 이해할 수 있다.

최근 우리 사회의 논의에서 사법권의 민주적 정당성의 문제는 사법부 구성의 문제에 초점이 맞추어져 있다. 구체적으로는 대법원장과 헌법재판소장, 대법관과 헌법재판관의 임명에 있어 대통령과 의회의 권한, 법관의 임명에 관한 대법원장의 권한, 대법관후보추천위원회를 통한 전문가와 시민의 참여, 대법관회의 및 법관인사위원회, 전국법관대표회의 등의 실질적 운영을 통한 법원 내부의 민주화 등이 그 내용이다. 이러한 내용들을 어떻게 적절하게 제도화할 것인지에 대해서는 앞서 독립성에 대한 논의에서 언급했던 내용을 동일하게 반복할 수밖에 없다. 즉 사법권에 대한 민주적 정당성을 확보할 수 있되, 사법권의 독립을

---

69) BVerfGE 38, 258(271); 47, 253(272ff.).

저해하지 않으며, 사법부 내부의 기관들과 나아가 전체 사법권의 과도한 정치화를 야기하지 않는 방향으로 제도가 설계되고 개선되어야 하며, 이는 지난한 과제이다.

VI. 맺는 말

민주주의와 법치는, 민주주의가 잘 작동할 때 법치가 보다 잘 실현될 수 있고, 좋은 법치가 실현될 때 좋은 민주주의가 가능하게 되는 상호 관련성을 갖는다. 87년 민주화 이후 한국의 민주주의와 법치가 충분히 국민들의 의식 속에 자리잡고 꾸준히 발전해왔다고 단언하기는 어렵다. 한국의 민주주의와 법치는 여전히 발전과 후퇴를 거듭하고 있으며, 전체적으로 보았을 때 아직까지는 긍정적인 평가가 어려운 것이 현실이다. 특히 법치주의의 본질적 요소인 사법권에 대해서도 국제사회의 평가와 국내의 여러 조사결과들은 호의적이지 않다.

사법권에 대해서는 여러 측면에서의 평가가 가능한데, 사법에의 접근 가능성, 사법권의 독립, 불편부당성, 민주적 정당성, 사법권에 대한 신뢰 등을 들 수 있다. 앞서 살펴 본 국내외의 다양한 조사결과에 따르면, 사법의 접근 가능성에 대해 긍정적인 평가를 보이고 있지 않는데, 이는 법학전문대학원제도나 전자소송의 도입 등 다양한 방식을 통해 소송비용에 대한 부담을 낮추고 소송의 편리성과 신속성 등을 제고하려는 노력을 계속해서 기울이고 있으나, 아직까지는 충분한 효과를 거두지 못하고 있음을 나타내는 것이라 하겠다. 사법권의 독립을 법관의 소송당사자로부터의 독립, 법관 개인의 자율, 사법권의 정치적 중립으로 나누어 살펴보면, 먼저 법관의 소송당사자로부터의 독립, 즉 사법권의 불편부당성에 대한 부정적 인식이 우리 사회에 팽배해있는 것이 현실이다. 법관의 소송당사자로부터의 독립의 문제는 제도의 개선을 통해 실현하는데는 한계를 가지며, 법관의 의식과 바람직한 사법문화의 정착을 통해 개선해가는 것이 필요하다. 법관 개인의 자율, 법관의 내부적 독립 역시 대법원장에게 집중된 인사권을 포함한 사법행정권을 통해 제약되고 있다고 평가된다. 법관의 내부적 독립은 사법부 내부의 민주화와도 연결되는데, 사법부 내부의 민주화를 통해 법관의 독립과 자율성이 보다 보장될 수 있기 때문이다. 이를 위해서는 대법관회의, 법관인사위원회, 전국법관대표회의 등이 원래의 취지대로 실질적으로 운영되는 것이 필요하며, 동시에 이들 기관들의 과도한 정치화는 지양되는 것이 바람직하다고 생각된다. 또한 사법부 내부에 법관의 독립에 관한 문제를 심의할 수 있는 공식 절차와 기구를 마련하는 방안 역시 생각해볼 수 있다. 마지막으로 사법권이 정치적 영향으로부터 중립적인지에 대한 평가 또한 긍정적으로 나타나지 않았다. 사법권의 정치적 중립은 다른 국가기관으로부터의 중립과 이익단체 또는 대중으로부터의 중립으로 구분해볼 수 있는데, 다른 국가기관의 개입과 영향력 행사는 사법권의 민주적 정당성 확보 문제와도 연결되어 완전한 독립을 추구하는 데에는 한계가 있다. 이익단체 또는 대중으로부터의 완전한 중립도 민주주의 질서하에서는 한계를 갖는다. 사법권의 민주적 정당성의 확보는 국가기관 구성에 있어서의 민주적 정당성의 문제로서 최근 관심이 높아지고 있는 논의의 주제이다.

앞서 언급한 바와 같이 사법제도의 개선은 사법권의 독립성과 민주적 정당성이 서로를 훼손하는 내용이 아니라 양자가 상호 존중과 보완 관계에 있어서 사법 본래의 기능을 보다 충실히 할 수 있도록 방향성을 설정하는 것이 필요하다. 즉 사법권의 민주적 정당성 확보를 위한 제도들은 사법권의 독립을 저해하지 않고 이를 통해 오히려 법관의 내부적 독립과 자율을 견고하게 할 수 있으며, 사법부 내부의 기관들 및 전체 사법권의 과도한 정치화를 야기하지는 않는 방향으로 설계되어야 한다.

그러나 이러한 최적의 지점을 찾는 것은 매우 어려운 과제이며, 어떠한 국가의 예를 보더라도 정답을 찾기는 어렵다. 결국 사법제도를 한국의 맥락에 맞게 국민적 공감과 합의에 근거하여 개선해나가는 과정이 중요한 의미를 갖는다고 생각된다. 또한 사법제도의 개선을 통해 곧 사법권 수준의 개선이 이루어지는 것이 아니라, 민주주의와 법치가 국민과 법관들의 의식 속에 진정한 규범으로 자리 잡음으로써 실현될 수 있을 것이다.

참고문헌

김도균. 2012. "한국 사회에서의 법치주의."『지식의 지평』13호, 47-63.

김비환. 2006. "현대자유주의에서 법의 지배와 민주주의의 관계: 입헌민주주의
의 스펙트럼."『법철학연구』9권 2호, 113-144.

김선혁. 2011. "정부의 질과 시민사회: 비판적 검토와 지표개발을 위한 시론."
『정부학연구』17권 3호, 49-78.

김영훈. 2017. "법관의 독립확보를 위한 법관인사제도의 모색."『법학연구』27
권 2호, 1-87.

문재완. 2005. "사법부의 독립성과 책임성: 미국의 법관징계제도를 중심으로."
『미국헌법연구』16권 2호, 195-231.

법률소비자연맹. 2018. "2018 법의 날 청년·대학생 법의식 조사." (4월24일).

사법정책연구원. 2015.『국민의 사법절차에 대한 이해도 및 재판에 관한 인식
조사 결과의 분석』. 일산: 사법정책연구원.

양 건. 1987. "사법권독립과 사법제도 - 헌법개정과 관련하여."『사법행정』28권
8호, 13-19.

오동석. 1999. "사법부 독립의 민주주의적 방향."『민주법학』16권, 273-296.

이명식. 1959. "민주주의와 사법권의 독립."『법학논총』2권, 139-146.

이종수. 2017. "독일의 사법제도에 관한 소고 - 특히 법관인사 등 사법행정을
중심으로 -."『법학연구』27권 2호, 89-117.

임지봉. 2010. "사법권의 독립 확보를 위한 방안."『헌법학연구』16권 1호,
143-168.

장영수. 2015. "헌법 기본질서와 법치주의의 현실."『헌법학연구』21권 2호,
229-260.

_____. 2017. "사법개혁, 사법민주화와 사법부독립의 사이에서."『유럽헌법연
구』24호, 263-289.

전광석. 2011. "법의 지배와 민주주의 -역사적 및 이론적 단상-."『연세 공공
거버넌스와 법』2권 1호, 1-24.

정남철. 2018. "행정과 사법의 민주적 정당성 확보를 위한 공법적 과제."『법조』
제67권 제1호, 442-479.

정태욱. 2009. "법치주의와 사법부의 독립."『법학연구』 12권 3호, 37－63.

최송화. 2007. "한국에서의 민주주의와 법치주의의 역사적 전개."『공법연구』 36권 1호, 1－12.

최장집. 2008. "한국어판 서문." 안규남·송호창 편.『민주주의와 법의 지배』, 16－17. 서울: 후마니타스.

하태훈. 2013. "사법부에 대한 신뢰."『저스티스』 통권 제134－2호, 575－592.

한국행정연구원. 2011－2017.『사회통합실태조사』. 서울: 한국행정연구원.

허 영. 2016.『한국헌법론』. 서울: 박영사.

허완중. 2012. "민주적 정당성."『저스티스』 통권 제128호, 132－153.

Diamond, Larry and Leonardo Morlino. 2004. "The Quality of Democracy. An Overview." *Journal of Democracy* 15(4): 20－31.

Fiss, Owen M. 1993. "The Limits of Judicial Independence." *University of Miami Inter－Americal Law Review* 25(1): 57－76.

Freedom House. 2018. *Freedom in the World 2018*. Washington: Freedom House.

Fuller, Lon L. 1963. *The Morality of Law*. New York: Yale University Press.

Grzeszick, Bernd. 2017. Art. 20. in: Maunz/Dürig(Hrsg.). Grundgesetz－Kommentar. München: C. H. Beck.

Jestaedt, Matthias. 1993. *Demokratieprinzip und Kondominialverwaltung*. Berlin: Duncker and Humblot.

Meyer, Wolfgang. 2003. Art. 97. in: Münch/Kunig(Hrsg.). Grundgesetz－Kommentar. München: C. H. Beck.

Mehde, Veith. 2000. *Neues Steuerungsmodell und Demokratieprinzip*. Berlin: Duncker and Humblot.

O'Donnell, Guillermo. 2004. "Why The Rule of Law Matters." *Journal of Democracy* 15(4): 32－46.

OECD. 2013. *Government at a glance 2012*. Paris: OECD Publishing.

_____. 2015. *Government at a glance 2014*. Paris: OECD Publishing.

_____. 2016. *Government at a glance: How Korea Compares*. Paris: OECD Publishing.

Raz, Joseph. 2009. *The Authority of Law: Essays on Law and Morality*(2nd ed.). Oxford: Oxford University Press.

Tamanaha, Brian Z. 2012. "The History and Elements of the Rule of Law." *Singapore Journal of Legal Studies* 2012: 232-247.

World Economic Forum. 1996-2017. *Global Competitiveness Report*. Geneva: World Economic Forum.

World Justice Project. 2010-2018. *Rule of Law Index*. Washington: World Justice Project.

World Bank Group. 1996-2016. Worldwide Governance Indicators. Washington: World Bank Group.

06

한국의 민주주의와 부패:
국가 권력에 대한 견제와 통제 그리고 거대 부패

최진욱

I. 서론

1987년 권위주의 체제에서 민주주의로의 전환은 국가 운영과 사회 변동에 많은 변화를 가져왔다. 권위주의 체제에서 억압되었던 견제와 균형, 법치, 책임성, 책무성과 같은 민주주의적 가치가 국가 운영에 있어 중요한 이념으로 작용하고 있으며, 동시에 시민의 권리, 다양성, 형평성은 점차 중요한 사회적 가치로 받아들여지고 있다. 그러나 지난 30년 동안 한국 사회에서 민주주의적 이념과 가치가 얼마나 보편화되었고, 국가 운영과 사회의 규범으로 충실히 내재화되었는지에 대해서는 여전히 많은 논란이 있다. 이러한 논란을 불러일으킨 원인은 민주주의가 추구하고, 민주주의 정착으로 인해 기대되는 다양한 가치와 이념이 우리 사회에 균일한 모습으로 나타나지 않기 때문이다. 민주주의의 가치와 이념 중 정부 운영의 원칙으로서 책임성, 책무성, 투명성은 상당한 수준의 개선을 이룬 반면, 견제와 균형, 법치와 같은 가치는 상응하는 변화를 보이지 못하고 있다. 민주적 가치와 이념의 사회적 발현인 개인의 권리, 다양성은 높아지고 있지만, 사회의 윤리의식은 그에 미치지 못

하고 있다. 이는 한국 사회의 민주주의가 성숙하고 안정된 단계에 진입하지 못했음을 의미한다.[70]

한국 사회에서 민주주의적 가치와 이념이 뿌리내리지 못한 대표적 영역 중 하나는 부패이다. 2016년 우리나라 헌정사상 초유의 대통령 탄핵을 불러일으킨 근본 원인은 헌법재판소의 탄핵 결정 판결문에 적시된 바와 같이 권력의 정점에 놓여있는 대통령이 지위와 권한을 남용하여 국민에게 부여받은 의무와 책임을 공정하게 수행하지 못하였고, 이러한 권력 남용으로 인해 대의민주주의 원리와 법치주의가 심각하게 훼손되었기 때문이다.[71] 한국 사회에서 발생하는 부패의 심각성은 끊임없이 언론에 보도되고 있는 비리와 부패 사건을 통해서도 쉽사리 짐작할 수 있다. 민주화 이후 정치권력과 기업 권력의 불법적 결탁을 의미하는 정경유착 또한 여전히 우리 사회에 남아있다.

사실 지난 수십 년에 걸쳐 부패에 대응하기 위한 많은 제도적 개혁이 이루어져 왔다. 그러나 이러한 반부패 개혁은 우리 사회가 기대한 만큼의 결과를 가져오지 못했다. 특히 정치인, 고위공직자의 사익추구 행위와 국가 권력과 경제 권력의 결탁에서 비롯되는 거대 부패는 근절되지 않고 끊임없이 발생하고 있다.

이 글은 한국 사회에서 지속적으로 발생하고 있는 거대 부패의 원인을 민주주의 관점에서 탐색하는 것을 목적으로 하고 있다.[72] 이 글이

---

70) 최장집은 1987년 이후 30년의 민주화에도 불구하고 국가 권력의 초집중화로 인하여 한국이 권위주의인지 민주주의인지 혼돈스러운 상황이라고 진단하고 있다(김준수 2016).

71) 2017년 3월 10일 결정된 대통령 탄핵 선고문(2016헌나1)에는 탄핵소추사유의 요지를 밝히면서 "… 대통령의 권력을 남용하여 (중략) 국가권력을 사익 추구의 도구로 전락하게 하였다. 이는 국민주권주의 및 대의민주주의의 본질을 훼손하고, 국정을 비선 조직에 따른 인치주의로 운영하여 법치국가 원칙을 파괴한 것이며, 국무회의에 관한 헌법 규정을 위반하고 대통령의 헌법수호 및 헌법준수의무를 위반한 것이다"라고 적시하고 있다.

72) 부패의 다양한 분류 방식 가운데 보편적으로 활용되는 분류는 "거대 부패

부패 유형 중 거대 부패에 논의의 초점을 두는 이유는 작은 부패에 비해 거대 부패가 미치는 부정적인 영향이 막대할 뿐만 아니라(Jain 2001), 그간 한국의 반부패 개혁은 작은 부패에 초점이 맞추어졌을 뿐 거대 부패에 대한 통제는 거의 이루어지지 않았기 때문이다. 아울러 거대 부패의 발생 원인을 민주주의적 시각에서 바라보는 이유는 속성상 거대 부패가 막대한 국가 권력의 오남용에서 비롯되고, 이를 통제하기 위해서는 무엇보다 민주주의 이념의 하나인 국가 권력에 대한 견제가 필요하기 때문이다. 그럼에도 불구하고 우리나라 행정학과 정치학 분야에서 거대 부패를 민주주의적 시각에서 조망하고 있는 학술적 연구는 다소 제한적이다.[73]

(grand corruption)"와 "작은 부패(petty corruption)"로 구분하는 방식이다. 이 두 가지 유형은 통상적으로 부패에 가담하는 자들의 신분과 부패에 동원된 규모 두 가지 조건 중 한 가지 조건을 충족하는 경우로 구분된다. 부패 가담자들의 신분 조건으로 볼 때 고위직에 의한 부패(high-level corruption)로 불리기도 하는 거대 부패는 대통령, 국회의원, 자치단체장과 같이 선거를 통해 임명된 공직자나 장관, 공공기관장들과 같이 정치적으로 임명된 고위 공직자(political appointees)가 연루된 부패를 의미하고, 작은 부패는 중하위 직급의 관료가 연루된 부패를 칭한다. 부패에 동원된 규모로 볼 때 거대 부패는 대규모 국책사업과 같이 상당한 규모의 뇌물과 이권이 개입된 부패를 의미하고, 작은 부패는 증명서 발급 시 오고가는 급행료와 같이 일상적인 행정업무 처리과정에 소소한 금품이 개입된 부패에 해당된다(Jain 2001; Rose-Ackerman 1997). 그러나 거대 부패와 작은 부패를 구분하는 두 가지 조건에 대한 명확한 기준이 있는 것은 아니다. 이같이 다소 모호한 거대 부패의 정의에 대하여 국제투명성기구는 "공직자 혹은 민간이 뇌물, 횡령 혹은 다른 방법을 동원하여 특정한 사회집단 또는 국민 상당수의 기본권을 침해하거나, 국가 혹은 국민들에게 연간 최저생계비의 100배 이상의 손해를 끼친 행위"로 정의하고 있다(Transparency International 2016a).
73) 부패는 다양한 학문적 관점에서 연구될 수 있는 주제이며, 그간 무수히 많은 부패에 관한 연구가 진행되어 왔음에도 불구하고 우리나라 학문적 분야에서 부패에 대한 연구는 정치학보다 행정학에서 활발히 진행되어 온 듯하다. 한국학술정보시스템(KISS)을 통해 정치학과 행정학 분야의 대표적인 학술지인 "한국정치학회보"와 "한국행정학보"에 게재된 부패에 관한 연구

이 글은 다음과 같이 구성되어 있다. 이어지는 2절은 민주주의와 부패와의 관계를 국가 권력에 대한 견제와 통제의 관점에서 이론적으로 논의한다. 3절에서는 1987년 민주화 이후 우리나라의 민주주의 진전 정도와 부패 수준을 관련 지수와 여러 측정 결과를 중심으로 살펴본다. 4절은 민주화 이후를 중심으로 우리나라 반부패 제도와 개혁이 어떻게 진행되었고, 그 결과는 무엇인지에 대해 알아본다. 5절에서는 우리나라에서 국가 권력을 견제하고 감시하기 위한 내·외부 통제 기제가 거대 부패를 효과적으로 예방하고 차단할 수 있는 조건을 갖추었는지에 대하여 논의한다. 마지막 6절은 우리 사회에서 발생하는 거대 부패에 대응하기 위한 제언을 제시한다.

II. 국가 권력에 대한 견제와 통제 그리고 거대 부패에 관한 이론적 논의

"사적인 이익을 위한 공적 권한과 지위의 오남용"으로 정의되는 부패는 다양한 형태만큼이나 그 발생 원인에 대한 설명도 매우 복잡하다.[74] 부패의 원인을 법적·사회적 규범에 대한 개인의 일탈과 지대추구

의 수를 보면, 1987년 – 2017년 기간 동안 제목에 "부패"가 포함된 한국정치학회보 논문은 4편에 불과하고, 한국행정학보에는 22편이 검색되었다.

74) 우리나라 부패의 행위를 규정하고 있는 「부패방지 및 국민권익위원회의 설치와 운영에 관한 법률」 제2조(정의) 4는 부패 행위를 "공직자가 직무와 관련하여 그 지위 또는 권한을 남용하거나 법령을 위반하여 자기 또는 제3자의 이익을 도모하는 행위, 공공기관의 예산사용, 공공기관 재산의 취득·관리·처분 또는 공공기관을 당사자로 하는 계약의 체결 및 그 이행에 있어서 법령에 위반하여 공공기관에 대하여 재산상 손해를 가하는 행위, 또는 앞의 두 가지 행위나 그 은폐를 강요, 권고, 제의, 유인하는 행위"로 정하고 있다. 이러한 규정이 구체적인 공직자의 위반 행위를 모두 적시하고 있지 않지만 통상적으로 금품·향응수수, 공금횡령과 유용, 직권남용 등을 대표적 부패 행위로 분류하고 있다.

행위로 이해하려는 접근에서부터(Becker and Stigler 1974), 정치·행정제도 설계의 오류와 제도의 미작동의 관점에서 분석하기도 하고 (Charron 2011; Kliltgaard 1988; Rose—Ackerman 1997; Treisman 2000), 부패를 유발하는 사회문화적 속성으로 파악하기도 한다(Atilano and López 2014; Husted 1999; Treisman 2000). 이처럼 다양한 맥락 중에서 이 논문은 민주주의와 부패의 관계에 이론적 논의의 초점을 맞춘다.

민주주의와 부패에 관한 학문적 연구는 다양한 방식으로 진행되어 왔다. 특히 민주주의—부패 간의 고리(democracy—corruption nexus)를 파악하는 데 있어 민주주의(의 미성숙, 미발달)를 원인으로 두고, 그 결과로써 부패가 발생한다는 시각과 더불어 민주주의 발달을 저해하는 주된 원인으로 부패를 지적하기도 한다. 전자의 접근은 민주주의를 구성하는 핵심 가치가 실현되지 않았을 때 부패가 예방되거나 억제되지 않는다는 점을 강조하고 있다(Chowdhury 2004; Warren 2004). 예컨대 민주주의의 핵심 원리로써 견제와 균형, 법치가 제대로 구현되지 않을 경우 부패 발생의 개연성이 높아지게 된다. 민주주의를 원인으로 보는 첫번째 시각과는 달리 후자의 접근은 원인으로써 부패가 민주주의의 발전을 저해한다고 파악한다(Anderson and Tverdova 2003; Rose—Ackerman 1996; Sun and Johnston 2009). 부패가 정치·행정·경제·사회 모든 영역에 심대한 부정적 영향을 미친다는 사실은 이미 잘 알려져 있다. 특히 정치영역의 부패는 개인의 자유, 정치에 대한 시민참여, 동등한 대우와 같은 민주주의 이념을 퇴색시킴으로서 궁극적으로 민주주의의 실현에 부정적 영향을 미치게 된다. 민주주의와 부패의 관계에 관한 그간의 선행연구를 두고 보면 궁극적으로 양자는 일방향(uni—directional)이 아닌 순환적인 인과관계(cyclical causality)를 갖는다고 보는 것이 타당하다 (Rose—Ackerman 1999). 즉, 민주주의의 진보가 더딜수록 부패발생의 가능성이 높아지고, 심각한 부패는 민주주의의 발전을 저해하게 되는 것이다.

민주주의가 도입되기 전 엘리트나 특정한 계급을 중심으로 국가가 운영되는 전체주의나 권위주의 체제 하에서는 경제적 성과에 관계없이 민주주의에서 기대되는 실질적인 정치적 경쟁, 시민의 정치참여, 국가 기관 간 그리고 국가와 시민사회 간 견제와 균형이 나타나지 않는다. "절대 권력은 절대 부패한다"는 경구(警句)와 같이 견제되지 않은 집중된 권력에 기초한 배타적인 국가 운영과 권력의 행사는 자연스럽게 부패의 문제를 심화시키는 결과를 낳게 된다. 아울러 전체주의나 권위주의와 같은 비민주적 체제의 부패는 권력을 기반으로 한 국가의 자원배분 통제의 결과로써 뿐만 아니라 체제의 유지와 강화를 위한 수단으로 빈번하게 사용된다. 따라서 견제 받지 않는 강한 정치적 권력에 바탕을 둔 부패는 속성상 거대 부패의 형태를 띠게 된다(Whitehead 2000).

거대 부패를 야기하고, 거대 부패에 의존하는 비민주주의적 체제에 비해 민주주의는 국가 권력의 독점과 오남용에 대해 견제할 수 있는 다양한 기제를 전제하게 된다.[75] 즉, 부패 예방과 통제의 관점에서 민주주의는 정치영역에서 참여와 경쟁의 원리를 도입하고, 국가 운영에 있어 국가 기관 간 그리고 국가와 시민사회 간 상호견제와 감시 기제가 작동한다는 데서 우월성을 찾을 수 있다. 따라서 정치 참여자(기관)들 간 상충하는 이해관계에서 특정한 정치세력이 국가 권력을 독점하지 못하고, 정치적 경쟁을 통해 책임성을 확보하기 위한 제도로서 민주주의는 거대 부패를 통제할 수 있는 것이다.

민주주의와 부패와의 관계에 대해 한 가지 흥미로운 점은 양자의 관계가 선형적이지 않을 수 있다는 점이다. 즉, 민주주의로의 전환과 그

---

75) 국가 권력의 의미는 다양하게 해석되지만, 이 글에서는 국가 권력(power of the state)을 국가가 제 기능을 수행하기 위해 국민으로부터 위임받은 권한으로 정의한다. 따라서 국가 권력을 행사하는 주체는 행정부, 입법부, 사법부와 더불어 중앙과 지방정부 모두를 포괄한다.

시간적 흐름이 부패 억제와 통제에 반드시 비례하지 않는다는 것이다. 민주주의적 가치와 이념이 정치와 사회를 지배하는 규범으로 내재화되기 전까지는 정치적 경쟁, 권력의 분립, 새로운 민주주의 제도, 자본주의 시장의 등장은 오히려 부패를 조장시킬 여지가 있다. 정당 혹은 정치 세력 간의 경쟁은 불법적인 정치자금 모금의 필요성을 높이고, 권력의 분립은 부패의 범위를 확장시키며, 과거의 관행을 이겨내지 못하는 새로운 민주주의 제도는 제도의 번거로움을 회피하기 위한 수단으로 부패를 동원하게 되며, 자본주의의 등장은 경제적 권력에게 또 다른 부패 기회를 가져다줄 수 있다(Whitehead 2000).

민주주의와 부패의 비선형적 관계는 민주주의가 오랜 기간에 걸쳐 심화된 서구보다는 비교적 짧은 기간 동안 민주화가 진행된 전환 민주주의(transitional democracy)를 경험한 국가에서 빈번하게 관찰된다. 전환 민주주의 국가는 민주체제로 전환됨과 동시에 직접선거, 대의민주주의, 삼권분립, 복수정당 등과 같은 민주주의의 구성요소를 형식적으로 갖추게 되지만, 체제 전환 직후 이러한 구성요소들이 실제 의도하는 바대로 작동하는 경우는 흔치 않다. 형식적 민주주의와 실질적 민주주의 간의 격차는 민주주의의 결핍(deficit of democracy)으로 표현되기도 하는데(Arnson and Lowenthal 2013; Warren 2004), 이러한 격차로 인해 결국 시민참여, 견제와 균형, 법치와 같은 민주주의적 작용이 이루어지지 않을 뿐만 아니라 이로 인해 부패 그리고 정치적·경제적·사회적 불평등과 같은 다양한 문제가 야기된다. 따라서 민주주의의 전환과 함께 민주주의적 가치와 이념의 훼손이 통제되지 않는 경우 부패의 문제는 더욱 심각해지게 된다(Diamond et. al. 1999; Rose – Ackerman 1996).

결국, 거대 부패는 민주주의의 등장과 함께 사라지는 것이 아니라 민주적 제도의 기반과 틀이 취약할 경우 체제와 관계없이 지속되고, 경우에 따라 더욱 심화될 수 있다(Johnston 2005). 따라서 거대 부패를 통제하기 위해서는 부패의 원천으로 작용하는 국가 권력에 대한 견제와 감시가 제대로 작동되어야 한다(Diamond et. al. 1999). 민주주의에서 국가 권력에 대한 통제는 입법, 사법, 행정부 각각에 마련된 중첩된 내부 견제 장치가 작동되어야 함은 물론, 이와 더불어 언론과 시민사회에 의한 외적 통제도 작동되어야 한다.

Ⅲ. 한국 민주화 이후 민주주의와 부패 수준의 변화

형식적인 체제로서의 민주주의가 아닌 실질적인 민주주의의 측면에서 한국의 민주주의는 1987년을 기점으로 30년의 시간이 흘렀다. 이 기간 동안 한국의 민주주의가 어느 정도 성숙했는지를 객관적으로 판단하기는 쉽지 않다. 민주화라는 포괄적인 개념 범주를 감안할 때 민주주의의 어떤 가치와 이념, 운영을 보는지에 따라, 그리고 어느 국가 기관을 보는가에 따라 그 평가는 달라질 수 있기 때문이다. 예컨대 국가 운영의 투명성, 책임성의 관점에서 민주화의 성과를 본다면 지난 30여 년간 상당한 진전을 이루었다고 판단할 수 있다. 반면, 국가 기관 간 견제와 균형, 법치의 실현 등에 관해서는 투명성과 책임성에 상응하는 진전을 이루었다고 볼 수 없다. 그간의 민주화 과정을 바라보는 여러 시각 가운데 권위주의적 유산으로 인하여 한국의 민주주의가 "참된 민주주의(true democracy)" 수준에 이르지 못했다는 비판적인 평가도 있는 반면(최장집 2010), 짧은 기간에도 불구하고 한국의 민주주의가 상당히 높은 수준에 이르렀다는 평가도 동시에 확인할 수 있다.

한국의 민주주의에 대한 국제 사회의 평가는 그리 비판적이지 않다. 1998년부터 세계의 자유(Freedom in the World) 수준을 평가하고 있는 프리덤하우스(Freedom House)의 평가 결과를 보면 한국은 1998년 이후

표 6-1	한국의 민주주의 및 부패관련 지수의 변화				
연도	정부	프리덤하우스 세계 민주주의 지수a	국제 투명성 기구 CPI 지수b	세계은행 CoC 지수c	국민권익 위원회 부패인식 조사(%)d	국민권익위원회 공공기관 종합청렴도 점수d
1995	김영삼		4.29			
1996			5.02	0.38		
1997			4.29			
(평균)			4.53	0.38		
1998	김대중		4.2	0.35		
1999			3.8			
2000			4.0	0.32		
2001	김대중		4.2		71.6	
2002			4.5	0.50	53.1	6.43
(평균)			4.14	0.39	62.35	6.43
2003	노무현	83	4.3	0.56	64.3	7.71
2004		82	4.5	0.39	59.0	8.46
2005		85	5.0	0.62	60.8	8.68
2006		85	5.1	0.35	55.9	8.77
2007		87	5.1	0.60	57.2	8.89
(평균)		84.4	4.80	0.50	59.44	8.50
2008	이명박	86	5.6	0.47	57.1	8.20
2009		86	5.5	0.54	56.6	8.51
2010		86	5.4	0.47	54.1	8.44
2011		86	5.4	0.53	56.7	8.43
2012		86	5.6	0.54	42.2	7.86
(평균)		86.0	5.50	0.51	53.34	8.28
2013	박근혜	86	5.5	0.61	54.3	7.86
2014		85	5.5	0.55	69.4	7.78
2015		84	5.6	0.37	57.8	7.89
2016		83	5.3	0.37	51.6	7.85
(평균)		84.5	5.47	0.47	58.27	7.84
전체평균		84.4	4.89	0.47	57.60	8.11

출처: a Freedom House(https://freedomhouse.org/),
　　　b Transparency International(https://www.transparency.org/),
　　　c World Bank(http://info.worldbank.org/governance/wgi/#home),
　　　d 국민권익위원회(http://www.acrc.go.kr/acrc/index.do).
주: b 0점－100점으로 산출된 2012년 이후 CPI 점수는 0점－10점으로 환산되었음.

"자유(free)" 국가로 분류되어 있다.76) 다만 이 같은 긍정적인 평가에도 불구하고 <표 6-1>에서 볼 수 있는 것과 같이 2003년부터 2016년 동안 한국 민주주의 점수는 계속 80점대에 머무르고 있으며, 이 기간 동안 연간 점수의 편차는 다소 발견되나 정권별 민주주의 점수에 있어서는 괄목할만한 변화가 일어나지 않았다.77)

민주화 이후 한국의 부패 상황은 전반적으로 완만한 개선이 이루어지고 있는 것으로 보인다. 우선 국가의 부패 수준에 관한 두 가지 대표적 지표의 변화를 통해 한국의 상황을 살펴보면 다음과 같다.78) 국제

---

76) 2016년을 기준으로 프리덤하우스의 민주주의 지수는 측정대상 국가에 대한 언론보도, 학술연구, NGO 보고서, 개별 전문가 접촉 등의 기초자료를 토대로 각 국가의 정치적 권리(political rights)와 시민의 자유(civil liberties)로 구성된 두 개 지표의 합산을 통해 개별 국가의 점수를 산출한다. 이 두 개의 지표는 다시 세부 항목으로 구성되어 있고, 정치적 권리는 선거절차, 정치적 다원주의와 참여, 정부의 기능에 관한 10개 항목, 시민의 자유는 표현과 신념의 자유, 집회결사에 관한 권리, 법치, 개인의 자율권과 권리에 관한 15개 항목으로 구성되어 있으며, 전체 25개 항목에 0점(항목의 자유가 매우 낮은 경우)-4점(항목의 자유가 매우 높은 경우)의 점수가 부여된다. 따라서 25개 항목의 최대값은 100점(25개 항목 × 4점)이며, 100점에 가까울수록 민주주의 수준이 높은 국가임을 의미한다. 정치적 권리와 시민의 자유의 지표별 총점(scores)은 다시 점수에 따라 1점-7점 구간의 등급(ratings)으로 분류되고, 두 지표 등급의 평균을 통하여 자유(free), 부분적 자유(partly free), 자유롭지 않은(not free) 수준(status)으로 개별 국가의 민주주의 수준을 최종 판정한다. 프리덤하우스의 민주주의 지수 산출에 대한 자세한 설명은 https://freedomhouse.org/report/freedom-world-2016/methodology 참조.
77) 1998년-2002년 기간 동안 프리덤하우스의 지수는 점수(score)는 제공되지 않고, 등급(rating)과 수준(status) 자료만 제공되고 있다.
78) 국제투명성기구의 CPI와 세계은행의 CoC 지수 모두 복수의 인식기반 설문조사(perception-based survey)를 원자료(raw data)로 사용하고 있다. 세계은행의 부패통제 지수는 그 표현으로 인해 다소 오해를 불러일으킬 수 있는데, 이 지수는 개별 국가(정부)의 부패 "통제"의 효과성 측정이 아닌 국가의 부패 수준과 심각성을 측정한 것이다. 두 가지 지수에 활용된 원자료의 설문항목은 조사기관에 따라 차이를 보이고 있으나, 해당 국가의 공공부문 부패에 관한 질문이 주를 이루고 있다. 각 지수 구성에 대한 구체적

투명성기구(Transparency International)의 부패인식지수(CPI: Corruption Perceptions Index)는 1995년 4.29점에서 2016년 5.3점으로 한국의 공공부문의 부패 심각성은 부분적으로 개선되고 있는 것으로 평가되고 있다. 지난 20여 년간 한국의 전반적인 부패상황의 변화는 세계은행(World Bank)이 산출한 부패통제(CoC: Control of Corruption) 지수에서도 유사한 흐름을 보이고 있다. 다만 CPI와 달리 CoC 지수는 박근혜 정부 기간 동안 매년 점수가 눈에 띠게 하락하는 추세를 보이고 있어, 상대적으로 최근 몇 년 동안 한국에서 부패문제가 심각해지고 있는 것으로 평가되고 있다. 한국의 부패상황에 대한 국제적 평가를 두고 볼 때 시간의 경과에 따른 부분적 개선에도 불구하고 두 가지 지수의 점수대를 감안하면 절대적 기준에서 부패는 우리 사회에서 여전히 문제가 되고 있다고 볼 수 있다.[79] 우리나라 공공부문에 대한 부패의 심각성은 국내 조사에서도 확인된다. 국민권익위원회가 2001년부터 조사한 부패인식도 조사 결과를 보면 "우리나라 공무원이 (매우) 부패하다"고 인식하는 일반국민의 응답비율은 2001년 71.6%에서 2016년 51.6%로 감소하긴 하였으나, 조사가 진행된 16년 기간 동안 평균이 57.6%로 응답자의 절반 이상이 공직자의 부패 수준을 여전히 심각하게 인식하고 있는 것으로 나타났다.[80]

한국 부패에 관한 여러 지표와 평가 가운데 한 가지 흥미로운 점은

인 내용은 CPI의 경우 Transparency International(2016b), CoC 지수의 경우 Kaufmann et. al.(2010) 참조.

79) 각 지수의 점수 구간은 CPI는 0점 – 10점, CoC 지수는 –2.5점 – +2.5점이다.

80) 부패를 측정하는 자료는 설문조사와 같이 인식에 기반한 연성자료(soft data)와 부패사건 수, 부패 금액과 같은 경성자료(hard data)로 구분된다. 연성자료가 주관적(subjective)이고, 경성자료는 객관적(objective)이라는 측면에서 후자가 전자보다 더 타당(valid)한 지표로 볼 수 있다. 그러나 부패사건 수와 같은 경성자료는 국가의 법 집행(law enforcement)의 수준, 각 정권의 반부패 의지에 따라 상당한 영향을 받는다는 점을 감안할 때 오히려 실제를 왜곡할 가능성도 있다.

국민권익위원회가 우리나라 대부분의 공공기관을 대상으로 매년 실시하는 공공기관 청렴도조사 결과가 부패인식조사 결과 그리고 국제투명성기구의 CPI, 세계은행의 CoC 지수 추이와 다소 차이를 나타내고 있다는 점이다. 공공기관 종합청렴도 점수는 조사가 처음 도입된 2002년 6.43점에서 2016년에는 7.85점으로 상승하였고, 2007년의 경우에는 8.89점을 기록하기도 하였다. 공공기관 종합청렴도 점수가 10점 만점이라는 점을 감안하면 이는 상당한 진전으로 평가될 수 있다. 그러나 앞의 세 가지 지수 결과와 공공기관 청렴도조사 결과 간의 차이는 측정의 관점에서 볼 때 발생할 수 있는 격차로 이해될 수 있다. 즉, 지표 간 격차는 한국 공공부문에서 발생하는 거대 부패는 시간의 경과에도 불구하고 크게 개선되지 않은 반면, 작은 부패는 상당히 효율적으로 통제되고 있다고 해석된다. 이 같은 해석이 가능한 이유는 국제투명성기구의 CPI, 세계은행의 CoC 지수, 국민권익위원회의 부패인식 조사는 공공부문의 부패에 대한 심각성을 "전반적"인 수준에서 측정하였고, 공공기관 청렴도조사는 개별 공공기관을 대상으로 각 기관에서 발생하는 부패의 정도와 부패 유발 요인에 대하여 구체적인 질문을 통해 측정하였기 때문이다. 즉, 국제투명성기구의 CPI, 세계은행의 CoC, 국민권익위원회 부패인식 조사는 측정의 범주가 매우 포괄적으로 거대 부패와 작은 부패 모두가 반영된 인식의 결과인 반면, 공공기관 청렴도조사는 기관의 실무자 혹은 중하위직 공무원들이 일상적으로 업무를 처리하는 과정에서 발생하는 "작은" 부패를 측정하는 구조를 띠고 있다.

결론적으로 그간의 질적인 평가와 국내외 측정 자료를 두고 볼 때 민주주의의 이념과 가치의 실현 그리고 우리 사회의 거대 부패의 문제는 민주화 이후에 가시적인 변화를 이루었다고 보기 어렵다. 그간 민주주의와 부패의 관계에 대한 다수의 선행연구는 실증분석을 통해 민주주의 진전이 부패를 감소시키고, 부패에 대한 효과적인 예방과 통제는 민주주의 발전에 도움이 된다는 점을 강조하고 있다.[81] 이러한 관계를 두고 볼 때 지난 30여 년간 한국의 민주화가 정체 상태에 머물러 있거나 혹은 변화의 속도가 매우 낮다고 가정한다면, 한국의 민주주의는 우리 사회의 거대 부패를 예방하고 줄이는 데 한계를 보이고 있는 것으로 이해될 수 있다.

Ⅳ. 한국 반부패 제도의 흐름과 성과[82]

반부패 제도는 사전예방을 위한 제도와 사후적발·처벌과 관련된 제도로 구분할 수 있다. 개념적으로 사전예방은 부패가 발생하기 이전에 사건의 발생을 차단하는 기능이고, 사후적발·처벌은 부패발생 후 이를 찾아내어 엄정한 처벌을 가하는 기능을 의미한다. 우리나라에서 사전예방 기능은 「공직자윤리법」을 담당하는 인사혁신처와 「부패방지법」(현행 「부패방지 및 국민권익위원회의 설치와 운영에 관한 법률」) 그리고 「부정청탁 및 금품 등 수수의 금지에 관한 법률」(이하 "청탁금지법")을 전담하는 국민권익위원회에 의해 수행되고 있고, 검찰, 감사원과 같은 기관은 사

---

81) 한국의 민주주의와 부패에 대한 자료의 제약(N=14)으로 인해 양자 간의 관계를 통계적으로 분석하는 것은 분석의 엄밀성이 떨어져 실익이 크지 않다. 그럼에도 불구하고 〈표 6-1〉의 프리덤하우스의 민주주의 지수와 국제투명성기구의 CPI 지수를 각각 독립변수와 종속변수로 두고 단순회귀분석을 실시한 결과 회귀계수가 0.17(p<0.05, Adj. R2=0.34)로 나타나 한국의 민주주의 지수가 높아질수록 CPI 점수는 높아지는 것으로 확인되었다.

82) 부패의 예방과 통제는 반부패 개혁 이외에도 전자정부 도입과 같은 다양한 정부개혁을 통해서 성과를 거둘 수 있다. 실제 역대 정부에서 추진해왔던 여러 방향과 형태의 정부개혁은 정부 운영의 투명성, 책임성, 책무성을 높이는 효과를 보여 왔고, 이러한 효과는 부패를 예방하고 줄이는 데 도움이 되었다. 그러나 정부개혁의 일차적인 목적이 정부의 효율성(efficiency)·효과성(effectiveness)·경제성(economy)을 높이는 데 두어져 있다는 점에서 이 소절에서는 정부개혁에 대한 논의보다는 부패에 대한 직접적인 개입인 반부패 제도에 논의의 초점을 맞춘다.

후적발·처벌 기능을 행사하는 대표적인 조직이라고 할 수 있다.

1987년 민주화 이후뿐만 아니라 해방을 맞이한 후 역대 대통령과 정부는 예외 없이 우리 사회의 부패 문제를 적어도 표면적으로는 위중하게 받아들인 것으로 보인다.[83] 정부의 부패 척결은 새로운 법과 정책 그리고 조직의 신설과 변경과 같은 제도적 대응이 주를 이루었다. 제도 형성의 관점에서 볼 때, 우리나라 최초의 반부패 기능을 수행했던 조직은 1948년 정부 수립과 함께 설립된 국가수입과 지출에 대한 결산감사 업무를 부여받은 심계원과 공무원의 위법과 비위에 대한 감찰을 담당한 감찰위원회로 볼 수 있다.[84] 그 이후 1987년 민주화 이전까지 1963년에 세워진 감사원을 제외하고는 공무원 비리와 부패 해소를 위한 제도는 부정선거, 부정축재, 서정쇄신, 사회정화와 같이 다분히 모호하고 제한적인 부패의 개념에 기초하였고, 더 나아가 많은 경우 반부패 개혁은 정권의 정당성 옹호나 정권 유지를 위한 도구적 차원에서 활용되었다 (부패방지위원회 2003; Choi 2009). 따라서 1948년에서 1987년 이전까지 정부의 대응은 체계적인 반부패 제도와 거리가 있을 뿐만 아니라, 우리

---

83) 이승만은 1948년 7월 24일 제1대 대통령 취임사 마지막을 "부패한 백성으로 신성한 국가를 이루지 못하나니 이런 민족이 날로 새로운 정신과 새로운 행동으로 구습을 버리고 샛길을 찾아서 날로 분발 전진하여야 지난 40년 동안 잊어버린 세월을 다시 회복해서 세계문명국에 경쟁할 것이니 나의 사랑하는 3천만 남녀는 이날부터 더욱 분투 용진해서 날로 새로운 백성을 이룸으로써 새로운 국가를 만년반석 위에 세우기로 결심합시다"라고 끝맺고 있다. 이승만 대통령 취임사 전문은 대통령기록관
http://www.pa.go.kr/research/contents/speech/index.jsp 참조.
84) 심계원(1948년 9월 4일-1963년 3월 19일)과 감찰위원회(1948년 8월 28일-1955년 2월 6일, 1961년 3월 28일-1963년 3월 19일. 두 기간 사이인 1955년 11월 2일-1960년 8월 31일 동안은 사정위원회)는 1963년에 제정된 「감사원법」에 의하여 지금의 감사원으로 통합되었다. 감사원의 연혁에 대해서는 감사원 홈페이지 http://www.bai.go.kr/bai/html/intro/history/profileaction.do;jsessionid=A7eLe4zHXk52uoWXdxHtw8sc.node01?mdex=bai89#none 참조.

사회가 안고 있는 부패 문제에 대하여 실효성 있는 결과를 낳지 못하였다.

반부패 제도의 한계는 민주화 이후에도 크게 달라지지 않았다. 공무원의 부패행위에 대응하기 위한 가장 기본적인 법적 토대인 「공직자윤리법」이 권위주의 체제였던 전두환 정부 시절인 1981년에 제정되었지만, 이 법에는 공무원의 부패행위를 예방하고 통제하기 위한 구체적이고 실질적인 내용이 포함되지 않았고, 공직자 재산등록과 같이 그나마 의미 있다고 볼 수 있는 규정마저 등록재산을 공개하지 않는 등 법의 운용에 있어서도 취약점을 안고 있었다(윤태범 2010). 반부패 제도의 변화에 있어 일정 부분 진전을 보이기 시작한 시기는 김영삼 정부로 볼 수 있는데, 그 대표적 예로 1993년 「공직자윤리법」의 개정과 금융실명제의 전격 실시, 1994년 「공직선거 및 선거부정방지법」의 제정을 들 수 있다. 그러나 김영삼 정부에서 도입되어 실시된 여러 가지 반부패 개혁은 제도의 양적 확대를 가져오긴 했으나, 권력형 부패와 같은 고질적인 거대 부패 문제 해결에는 이르지 못한 것으로 평가되고 있다(부패방지위원회 2003).

우리나라에서 반부패 제도는 김대중 정부 시절인 2001년 「부패방지법」의 제정과 이 법에 근거하여 2002년에 설치된 부패방지위원회의 출범으로 전환점을 겪게 된다.85) 「부패방지법」은 기존의 「공직자윤리법」이나 「형법」과 달리 부패예방과 방지를 위해 특정된 법이고,86) 부패방지위원회는 정치적이라는 비판을 받아온 검찰과 대비하여 부패만을 전담하는 반부패위원회(anti-corruption agency)의 성격을 갖는다. 2002년 설립 후 부패방지위원회는 조직과 기능의 변화 없이 2005년에 국가청

---

85) 2001년에 제정된 「부패방지법」은 2008년에 「부패방지 및 국민권익위원회의 설치와 운영에 관한 법률」로 대체되었다.
86) 2001년 「부패방지법」 제1조는 이 법의 목적을 "부패의 발생을 예방함과 동시에 부패행위를 효율적으로 규제함으로써 청렴한 공직 및 사회풍토의 확립에 이바지함"으로 규정하고 있다.

렴위원회로 기관의 명칭을 변경하였고, 이명박 정부 출범 직후 2008년
에는 여러 논란에도 불구하고 국민고충처리위원회와 국무총리행정심판
위원회를 통합하여 현행 국민권익위원회로 변화를 겪게 되었다.[87]

국가의 부패가 효과적으로 예방되지 않거나 통제되지 않을 때 반부
패 제도 구축의 첫 출발점이 반부패전담기관의 설치라는 점에서 국민권
익위원회는 중요한 의미를 갖는다. 그러나 국민권익위원회는 반부패전
담기관이 수행해야 할 가장 우선적인 기능인 부패사건에 대한 수사와
조사권이 부여되지 않아 2002년 출범 초기부터 줄곧 "반쪽짜리 사정기
관", "이빨 없는 종이호랑이(toothless paper tiger)"라는 비판을 받아왔
다(참여연대 2002; Quah 2010). 그럼에도 불구하고 국민권익위원회는 법
에 규정된 부패 예방과 방지 기능을 비교적 충실하게 수행한 것으로 평
가된다(최진욱 2012). 부패예방과 방지를 위해 국민권익위원회는 공공기
관 청렴도조사와 부패시책평가를 핵심적인 정책 수단으로 활용하고 있
다. 앞 절에서 논의한 바와 같이 이 두 가지 평가는 정부기관을 포함한
거의 모든 공공기관을 대상으로 부패를 유발할 가능성이 있는 원인을
찾아 이를 제도적으로 개선하는 데 적지 않은 기여를 하였다. 그러나
국민권익위원회의 부패방지와 예방 기능은 행정부와 공공기관에 한정
되어 있고, 기관의 일상적인 업무와 연관된 부패유발 요인을 찾아내는
데 그치고 있다는 점에서 우리 사회에서 더 심대한 문제를 야기하는 입
법부와 사법부에 의한 거대부패와 다른 권력형 부패에 대응하는 데는

---

87) 2008년 이명박 정부 인수위원회의 정부조직 개편안에 포함된 국민권익위
원회 신설에 대하여 2008년 1월 22일 경제정의실천시민연합(경실련), 참여
연대, 한국투명성기구 등 8개 시민단체는 공동성명을 발표하였다. 이 공동
성명은 "새 정부는 … 독립적 부패방지기구로 국가청렴위원회를 존치하고
그 기능을 강화해야" 함에도 불구하고 "인수위원회가 발표한 정부조직개편
안과 국정 운영 방향에서 특별한 반부패 정책은 찾아볼 수 없고, … 부패방
지 제도의 후퇴와 실종만 발견"된다는 입장을 보임으로써 국민권익위원회
설치에 강한 반대 입장을 보였다(경실련 외 2008, 4-5).

한계를 가지고 있다.

최근 반부패 제도와 관련하여 한 가지 중요한 변화는 2015년에 제정된 「청탁금지법」이라고 할 수 있다. 「청탁금지법」은 「부패방지법」과 달리 적용대상을 공직자와 공직유관기관에 한정하지 않고, 입법부, 사법부는 물론 언론과 사립학교 교직원까지 포괄하고 있다. 더불어 법에서 금지하는 행위가 그간 한국 사회에서 부패를 발생시키는 중요한 한 축인 문화적 관행의 변화를 추구한다는 점에서 향후 우리 사회의 부패 문화에 적지 않은 영향을 미칠 것으로 기대된다.

V. 한국의 국가 권력에 대한 견제와 통제 그리고 거대 부패

정부의 반부패 개혁의 대상은 부패의 형태나 규모에 구애받지 않아야 한다. 그럼에도 불구하고 행정부 주도의 반부패 노력은 거대 부패에 대응하기에는 근본적 한계를 안고 있다. 거대 부패가 발생하는 영역과 범주를 감안할 때 개혁의 대상이 행정부를 넘어 정치와 사법의 영역까지 미치지 못할 경우 거대 부패에 대한 실효적인 대응은 기대하기 어렵다.[88]

민주화가 진행되어 온 지난 30년 간 적어도 부패 통제의 관점에서 볼 때 입법부와 사법부의 개혁 노력은 찾아보기 쉽지 않다.[89] 즉 행정

---

88) 예를 들어 4절에서 다룬 바와 같이 공공부문의 부패 예방에 효과를 거둔 것으로 평가되는 국민권익위원회의 공공기관 청렴도조사는 행정기관과 공공기관의 일상적인 행정업무를 평가대상으로 하고 있고, 사법부와 입법부는 조사 대상에 제외되어 있어 행정부 밖에서 발생하는 부패를 통제하기에는 한계를 드러내고 있다.

89) 거대 부패를 야기하는 한 축인 정치 영역에서의 부패 통제에 관한 개혁 노력은 매우 드물다. 정치개혁은 그 대상이 국회와 정당이다. 1987년 민주화 이후 정치개혁을 돌이켜 볼 때 그나마 부패 예방의 효과를 거둔 제도적 변

부와 수평적인 관계에서 대등한 권력을 행사하는 국회와 정당 그리고 법원의 반부패 개혁은 간헐적이며, 부분적인 차원에서 이루어졌을 뿐만 아니라 그마저도 효과를 거두었다고 보기 어렵다. 이 절에서는 우리나라의 국가 권력이 왜 견제와 통제를 받지 못하고 있는지 그리고 이러한 한계가 거대 부패에 있어 어떤 의미를 갖는지 살펴본다.

1. 민주주의적 견제와 통제의 한계 그리고 거대 부패

권력형 거대 부패는 견제되지 않는 국가 권력에서 그 본질을 찾을 수 있다(Diamond et. al. 1999; Whitehead 2000). 국가의 권력이 견제되지 않는 절대 권력은 국민의 자유와 권리를 억압하게 되며, 따라서 민주주의는 절대 권력을 억제하기 위해 권력의 분립(separation of powers)을 운영원리로 삼는다. 민주주의에서 권력에 대한 제약은 권력분립 자체에서 완성되는 것이 아니라 분리된 권력에 대한 견제 및 감시 기제의 작동을 동시에 전제하고 있다. 한편, 민주주의에서 국가의 권력은 특정한 한 기관에 의해 견제되지 않는다. 따라서 국가 권력에 대한 견제와 감시는 입법·사법·행정 상호 간의 통제를 기본으로, 언론과 시민사회에 의한 외부통제까지를 의미한다(Rose–Ackerman 1996).

지난 30여 년간 한국의 국가 권력은 과거 중앙정부 중심으로 집중되었던 권한과 기능의 지방이양 그리고 국회의 입법 활동 강화로 인하여 분립 혹은 분산이 이루어져 왔다. 그럼에도 불구하고 국가 전체의

화는 2004년 이루어진 「선거법」 개정이라고 할 수 있다. 그러나 김영태 (2015)의 연구에서처럼 2004년 선거법 개정이 의도한 효과를 보이지 못했다는 주장을 받아들인다면, 그야말로 정치 영역에서 부패를 통제하기 위한 변화는 더더욱 찾아보기 어렵다. 사법부 내의 개혁도 매우 제한적인 범위에서 이루어져 왔다. 그간 몇 차례의 "사법파동"은 일부 사법행정에 있어 변화를 가져왔지만, 사법 영역의 비리를 예방하기 위한 실질적 개선과는 거리가 있다.

권력과 권한은 오히려 증가했다고 볼 수 있다.[90] 클릿가드(Klitgaard 1988)가 주장하는 바와 같이 국가의 권력 확대는 부패발생의 가능성을 높이지만, 반대로 성숙한 민주주의에서 볼 수 있는 것과 같이 확대된 국가 권력에 대한 책임성을 확보할 수 있는 적절한 견제와 통제 장치가 마련된다면 국가 권력의 확대가 필연적으로 부패로 이어지는 것은 아니다. 그러나 한국에서 민주화 이후 팽창하는 국가 권력에 대한 견제와 통제는 충분히 작동되고 있지 않다. "제왕적 대통령"이라는 표현이 의미하는 것처럼 대통령은 여전히 막대한 권한을 행사하고 있을 뿐만 아니라, 입법·사법·행정의 최정점에서 행사되는 권력에 대한 안팎의 견제도 충분히 작동되지 않고 있다. 견제되지 않은 국가 권력은 사유화되고, 지속적으로 거대 부패를 양산하게 된다.

　전 세계 국가를 대상으로 정부권력의 통제(constraints on government powers) 정도를 측정하여 발표하고 있는 세계정의프로젝트(WJP: World Justice Project)의 조사 결과도 한국의 상황에 대하여 호의적인 평가를 내리고 있지 않다.[91] WJP에서 제공하는 2009년부터 2016년 기간 동안 한국의 정부권력 통제 지수는 1점 만점에 0.66점에 그치고 있다. 한편, 2013년－2016년 동안 한국의 정부권력에 대한 내·외부 통제의 효과성

---

90) 국가 권력의 강화와 약화를 판단하기는 쉽지 않지만, 국가의 재정규모, 시장과 사회에 대한 국가 기능의 확대를 감안한다면 한국의 경우 국가 권력은 강화되었다고 보는 편이 맞다. 이러한 관점에서 본다면 대부분의 민주주의에서 국가 권력은 지속적으로 확대되고 있는 것으로 이해된다.

91) WJP가 측정하고 있는 "법의 지배 지수(Rule of Law Index)"는 국가권력 통제를 포함한 총 9개 지표로 구성되어 있다. 국가권력 통제 지표는 입법부에 의한 통제, 사법부에 의한 통제, 독립 감사기구에 의한 통제, 공직자의 비윤리적인 행위에 대한 통제, NGO에 의한 통제, 법에 근거한 권력의 이양 등 총 6개의 세부요소로 구성되어 있다. 각 세부요소는 0점－1점 사이의 값을 갖고, 1점에 가까울수록 정부권력에 대한 해당 세부요인의 통제가 효과적이라는 것을 의미한다. WJP의 지수에 대한 구성과 세부 내용에 대해서는 https://worldjusticeproject.org 참조.

을 보면 입법부, 사법부, 국가 감사기관에 의한 내부 통제와 시민에 의한 외부 통제 모두 두드러진 차이를 보이지 않고 있어 어느 특정한 기제가 상대적으로 정부 권력을 효과적으로 통제하고 있지 않는 것으로 나타났다.

국가 권력의 감시를 담당하는 또 다른 한 축인 언론에 대한 평가도 긍정적이지 못하다. 국경 없는 기자회(RSF: Reporters Without Borders)가 평가한 세계 언론자유지수(World Press Freedom Index)를 보면, 한국의 경우 처음 지수가 공개된 2002년 10.5점(180개 국가 중 39위)에서 2016년에는 28.58점(180개 국가 중 70위)으로 대폭 하락하였고, 특히 박근혜 정부 동안의 하락이 두드러지게 나타났다.[92] RSF의 언론자유지수는 WJP의 정부권력통제 지수와 측정 내용이 달라 동일한 잣대로 비교되기 어렵다. 그러나 자유롭지 못한 언론이 국가 권력을 효과적으로 감시하지 못한다는 점에서 우리 사회에서 거대 부패에 대한 언론의 외적 통제 역할은 제한적이라고 볼 수 있다.

---

92) RSF의 세계 언론자유 지수는 언론의 다원성, 독립성, 검열 시스템, 언론관련 법률 등에 관한 설문조사와 기자들에 대한 폭력 등과 같은 객관적 자료가 동시에 고려되어 산출된다. 지수는 0점 – 100점 사이의 값을 갖게 되며, 언론의 자유가 높을수록 점수는 0점에 가까워진다. 지수 산출에 대한 자세한 내용은 https://rsf.org/en/detailed – methodology 참조.

표 6-2 국가 권력에 대한 견제의 수준과 언론의 자유도

연도	정부	WJP 정부권력통제의 효과성a					RSF 언론자유지수b
		입법통제	사법통제	감사통제	시민통제	평균	
2002	김대중						10.50
2003	노무현						9.17
2004							11.13
2004							7.50
2006							7.75
2007							12.13
(평균)							9.53
2008	이명박						9.00
2009						0.61	15.67
2010						0.60	13.33
2011						0.59	12.67
2012						0.66	12.67
(평균)						0.61	12.66
2013	박근혜	0.54	0.55	0.67	0.71	0.66	24.48
2014		0.77	0.78	0.72	0.75	0.76	25.66
2015		0.80	0.84	0.75	0.76	0.79	26.55
2016		0.63	0.63	0.70	0.61	0.68	28.58
(평균)		0.68	0.70	0.71	0.70	0.72	26.31
전체평균		0.68	0.70	0.71	0.70	0.66	15.08

출처: a World Justice Project(https://worldjusticeproject.org)
　　　b Reporters of Without Borders(https://rsf.org/en)

2. 국가 권력에 대한 내·외부 견제와 통제의 한계 그리고 거대 부패

　　국가 권력에 기반한 거대 부패에 대한 견제와 감시는 내부 통제와 외부 통제에 의해 이루어진다. 우선, 내부 통제를 위한 권한은 입법·사법·행정 3부가 모두 보유하고 있다. 행정부의 경우 각 정부 조직 내의 감사 조직과 더불어 국가최고감사기구인 감사원 그리고 최고의 사정기

구로서 검찰이 통제 기능을 수행한다. 입법부는 부패 통제와 관련된 입법적 권한과 더불어 국가기관에 대한 감시를 목적으로 하는 국정감사권과 국정조사권을 보유하고 있다. 사법부는 위법한 국가 권력 행사에 대한 판결을 통하여 부패를 통제하는 역할을 한다. 내부 통제와는 별도로 국가 권력에 대한 견제와 감시는 외부에서도 이루어진다. 그 대표적인 기제가 시민사회와 언론을 통한 감시 기능이다.

이 같은 내·외부 통제 기제를 통하여 국가 권력의 오남용을 견제하고, 궁극적으로 거대 부패에 대응하기 위해서는 두 가지 전제 조건이 충족되어야 한다. 첫 번째 조건은 각각의 통제 기제 스스로가 부패하지 않아야 한다는 것이고, 두 번째 조건은 통제 기제가 안팎의 부당한 영향에서 벗어나 헌법과 법률 그리고 사회가 기대하는 주어진 소명을 독립적이고 중립적으로 수행해야 한다는 것이다.

(1) 내·외부 통제 기제의 부패

국가 권력을 통제하는 여러 기관과 조직이 어느 정도 부패에 노출되었는지를 객관적으로 보여줄 수 있는 자료는 마땅치 않다. 부패 사건에 대한 다양한 국가 통계는 행정부 공무원이 개입된 부패유형별(직무유기, 직권남용, 증수뢰, 업무상 횡령 및 배임), 직급별 건수와 같은 자료를 제공하고 있다. 그러나 이러한 자료는 객관성에도 불구하고, 부패 사건의 수사가 정권의 부패척결 의지와 같은 정치적 요인의 영향을 받기 때문에 부패의 규모를 판단하기에 때로는 적합하지 않다. 또한 부패에 관한 국가 통계에는 이 글에서 관심을 두고 있는 거대 부패가 별도로 구분되어 있지도 않고, 행정부 이외의 부패에 대한 정보가 포함되어 있지 않다. 이러한 점에서 한국행정연구원이 2000년 이후 거의 매년 실시하고 있는 부패실태에 관한 인식조사 자료를 통해 내·외부 통제기관에 대한 부패 수준을 판단한다.

〈표 6-3〉에 정리된 바와 같이 거대 부패의 주요행위자인 정치인,

법조인, 고위공직자 부패에 대한 일반 국민들의 인식을 살펴보면, 90%를 넘는 절대 다수의 응답자들이 정치인들은 부패한 것으로 인식하고 있다. 정치인 부패의 심각성에 비해 다소 비율은 낮지만 법조인과 고위공직자 부패 정도에 대한 일반 국민의 인식도 매우 부정적임을 알 수 있다. 세 집단의 부패에 대한 시각은 정권 간에서도 큰 차이를 보이지 않고 있다. 직업과 별개로 분야별 부패의 심각성에 대한 인식 조사 역시 부정적인 결과를 보이고 있다. 다만 직업에 대한 부패의 심각성이 "정치인 > 고위공직자 > 법조인"의 순인 것에 비해 입법·사법·행정 3부에서 발생하는 부패에 대한 인식은 "행정부 > 사법부 > 입법부"의 순으로 심각성이 큰 것으로 나타나고 있지만, 여전히 60%-70%에 달하는 응답자들이 3부의 부패에 대해 부정적 의견을 표출하고 있는 것이 확인된다. 〈표 6-3〉의 결과에서 눈에 띄는 점은 직업에 대한 인식과 분야에 대한 인식 간에 상당한 차이를 보이고 있다는 것이다. 물론 정치인·법조인·고위공직자의 범주가 입법·사법·행정의 범주와 일치하지 않기 때문에 인식의 차이가 발생할 수 있다. 그러나 다른 한편으로 직업과 분야 간의 차이는 개인과 제도에 대한 인식의 차이로 해석될 여지도 있다. 즉, 일반 국민들은 제도(3부)보다는 개인(직업) 차원의 부패가 더 심각하다고 인식하고 있는 것으로 해석될 수 있다. 결국 〈표 6-3〉의 결과를 두고 보면 국가 권력을 견제하고, 거대 부패에 대한 통제 기능을 해야 하는 3부 모두 국민들의 시각에서 부패한 것으로 비쳐지고 있어 국가 권력에 대한 내부 통제 역할에 문제가 있다고 볼 수 있다.

〈표 6-3〉의 결과에서 주목할 점은 내부 통제 기관에 대한 부정적 인식 못지않게 외부에서 국가 권력을 감시해야 할 언론에 대해서도 일반 국민들은 부패의 심각성을 표출하고 있다는 것이다. 지난 6년 간 언론분야의 부패에 대한 부정적 인식은 3부 부패에 대한 인식과 큰 차이를 보이지 않고 있다. 이러한 인식 조사 결과는 언론 스스로가 부패의 한 축을 형성하고 있고, 따라서 언론에 의한 국가 권력의 감시와 견제

가 우리 사회에서 제대로 작동하지 않을 가능성을 열어두고 있다고 해석할 수 있다. 반면, 국가 권력을 감시하는 외부의 또 다른 주체인 시민단체에 대한 부패 인식은 사회가 기대하는 수준은 아니지만, 상대적으로 언론에 비해 우호적이라는 것이 확인된다.

표 6-3   직업별·분야별 부패에 대한 인식조사 결과

(단위: %)

연도	정부	직업별			분야별				
		정치인	법조인	고위공직자	입법부	사법부	행정부	언론	시민단체
2000	김대중	95.0	76.8	80.6					
2001		96.0	82.6	85.3					
2002		N/A	N/A	N/A					
(평균)		95.5	79.7	82.95					
2003	노무현	N/A	N/A	N/A					
2004		95.8	76.8	83.4					
2005		94.8	72.0	76.4					
2006		91.2	72.0	76.6					
2007		94.6	80.2	85.0					
(평균)		94.1	75.25	80.35					
2008	이명박	92.1	81.2	83.0					
2009		94.3	71.6	76.9					
2010		94.5	84.0	86.5					
2011		95.3	86.3	87.6	77.2	79.3	83.5	56.8	36.7
2012		91.9	78.0	82.6	69.9	69.5	68.6	66.3	42.7
(평균)		93.62	80.22	83.32	73.55	74.4	76.05	61.55	39.7
2013	박근혜	91.1	77.4	79.0	66.1	66.5	63.9	64.6	44.1
2014		88.3	72.4	78.7	55.6	59.0	65.9	65.1	37.9
2015		89.9	75.2	78.7	60.3	61.3	64.8	66.5	44.3
2016		92.1	79.1	75.2	59.3	64.1	62.1	61.7	39.4
(평균)		90.35	75.27	77.9	60.32	62.72	64.17	64.47	41.42
전체평균		93.12	77.70	81.03	64.73	66.61	68.13	63.50	40.85

출처: 한국행정연구원(다년도).

주: 인식조사 결과는 해당 직업·분야의 부패에 대한 부정적 응답(매우 심하다, 심하다, 약간 심하다)을 합한 비율임.

(2) 내 · 외부 통제 기제의 독립성과 중립성

내 · 외부 통제 기제들이 국가 권력에 대한 견제와 감시 그리고 이를 통한 거대 부패를 효과적으로 통제하기 위한 두 번째 조건인 독립성과 중립성을 살펴보면 다음과 같다.[93]

우선 행정부에서 감사원과 검찰은 국가 권력에 대한 견제와 감시 기능에 있어 중심적 위치를 차지하고 있다. 행정 권력의 오남용에 대한 견제를 수행하는 감사원이 제 기능을 하기 위해서는 감사대상기관의 정치적 영향력으로부터 독립성이 보장되어야 한다. 그러나 감사원의 독립성이 갖는 중요성에도 불구하고 우리나라 감사원의 독립성은 형식적인 측면에서 국제적 기준에 부합하지 않을 뿐만 아니라, 실제 감사기능 수행 과정에서도 독립성에 대한 침해가 자주 관찰되고 있다. 특히 기능 수행과 관련하여 감사원은 대통령의 영향에서 벗어나지 못하는 것으로 평가된다. 이는 한국 감사원의 독특한 법적 지위에서 비롯된다. OECD 국가 대부분이 감사원의 소속을 입법부 · 행정부와는 별도의 독립기관 혹은 의회의 소속으로 두고 있는 것에 비해 한국은 스위스와 함께 감사원이 행정부에 소속되어 있다(감사연구원 2013).[94] 「감사원법」 제2조는 대통령에 소속된 감사원은 "직무에 관해서는 독립적인 지위"를 갖는 것

---

93) 내 · 외부 통제 기제에 대한 범위 가운데 시민단체의 부패 수준에 대한 인식이 상대적으로 긍정적이라는 점에서 이 소절의 논의에서 시민단체는 제외한다.

94) 현재 진행 중인 헌법 개정 논의 사항에는 감사원의 헌법상 소속 변경도 포함되어 있다. 감사원의 법적 위치와 관련하여 논의되고 있는 대안은 현행 소속을 유지하는 방안, 감사원의 국회 이관, 감사원의 독립기구화와 같이 3가지로 정리된다(감사원 2017). 헌법 개정과 관련하여 감사원이 2017년 2월 13일 국회 헌법개정 특별위원회의에 제출한 의견은 앞의 3가지 대안 중 감사원의 독립기구 전환을 선호하는 것으로 해석된다. 결국, 감사원의 이 같은 의견은 현행 체제에서 감사원이 독립적인 역할을 수행하지 못하고 있다는 점을 스스로 인정하는 것이라고 볼 수 있다.

으로 규정하고 있다. 그러나 감사원장에 대한 임명권을 대통령이 행사할 수 있다는 점에서 감사원에 대한 대통령의 보이지 않는 영향력 행사는 결코 작지 않은 것으로 알려져 있다. 따라서 정치적으로 민감한 사안에 대한 감사원의 감사는 "표적 감사" 혹은 "정치 감사"라는 비판에 직면하곤 한다.

감사원과 더불어 행정부 내에서 국가 권력을 감시해야 하는 검찰은 독립성과 중립성의 측면에서 끊임없는 비판을 받아 왔다. 감사원과 마찬가지로 「검찰청법」 제4조는 공익의 대표자로 검사는 직무를 수행하는데 있어 정치적 중립을 지키도록 규정하고 있다. 그러나 검찰은 수사권, 영장청구권, 기소권 등과 같은 막강한 권한에도 불구하고 엄정한 법 집행보다는 국가 권력과 특정 이익을 위해 법에 부여된 권한을 사용한 측면이 없지 않다. 특히, 권력형 거대 부패 사건의 수사와 관련하여 검찰이 정치권력 혹은 경제권력과의 결탁을 통해 사건을 축소, 무마하거나 편파적인 목표를 정하여 수사를 진행하는 경우가 적지 않았다(윤영철 2012). 검찰의 독립성·중립성 훼손 그리고 더 나아가 검찰의 정치화를 일으키는 가장 중요한 원인은 검찰총장 임명권을 통한 대통령의 정치적 영향력 행사이다. 검찰총장은 후보추천위원회의 추천을 받은 후보자를 법무부 장관의 제청으로 대통령이 임명하게 된다.95) 그러나 추천위원회가 제 기능을 하지 못하는 상황에서 실제 검찰총장의 임명은 대통령의 의중에 따라 정해지는 것으로 알려져 있다. 1988년 검찰의 독립성 보장을 위해 2년의 총장임기제가 도입되었지만, 역대 20명의 검찰총장 중

---

95) 2011년 도입된 검찰총장추천위원회는 검찰총장 임명 과정에서 대통령의 영향력을 최소화하여 정치적으로 중립적인 후보를 추천하기 위한 제도이다(법률신문 13/01/10). 추천위원회가 검찰 개혁의 시작이라는 기대와는 달리, 실제 위원회는 위원 구성에 있어 법무부장관의 영향을 받게 되어 있으며, 이로 인해 자체 독립성이 취약해 유명무실하다는 지적을 받아 왔다(좌영길 2017).

임기를 채우지 못한 경우가 13명에 달하고 있고, 대부분 외압에 의해 중도 사임한 점도 검찰의 취약한 독립성을 보여준다(좌영길 2017).

입법부가 국가 권력의 오남용을 견제할 수 있는 여러 수단 중 가장 핵심적인 수단은 국정감사권과 국정조사권으로 볼 수 있다.[96] 국정감사권과 국정조사권은 근본적으로 삼권분립의 원칙에 따라 행정부를 견제하기 위한 의회의 고유한 권한이다. 국회의 국정감사권과 국정조사권은 정부 정책의 실태 파악을 통하여 행정의 효율성 도모를 목적하지만, 행정부의 기능과 권한이 강화되면서 발생할 수 있는 위법행위와 폐단을 감시하고 비판할 수 있게 하는 중요한 수단이다(강장석 2015). 따라서 국회가 이러한 수단을 원래의 목적에 맞게 행사한다면 부패를 통제하는 효과도 거둘 수 있게 된다. 그러나 국정감사권과 국정조사권이 실효성이 있는가에 대해서는 긍정적인 평가보다 비판적인 시각이 지배적이다. 그리고 그 비판의 핵심은 국정감사권과 국정조사권이 행정부에 대한 견제의 목적보다는 각 정당별 이해의 표출과 정쟁의 장 또는 개별 정치인의 자기 과시의 장이 되고 있다는 점이다.

국가 권력에 대한 견제의 측면에서 사법부는 행정 및 입법 행위에 대하여 사후적 감시와 견제의 권한을 갖고, 사법부가 이 같은 권한을 행사하는 데 있어 가장 중요한 요건은 사법의 독립성이다(Feld and Voigt 2003; La Porta et. al. 2004). 특히 행정부와 입법부가 동일한 정당에 의해 통제되는 통합정부(unified government) 혹은 여대야소의 국회 구조를 띠는 경우 특정 정치권력에 의한 행정·입법 권력의 독점과 이로 인

---

96) 국정감사는 소관상임위원회를 중심으로 매년 1회 정기적으로 실시되며, 감사의 대상은 국정 전반으로 매우 광범위하다. 반면 국정조사는 국회의 특별위원회 혹은 상임위원회가 주관하며, 국회 재적의원의 1/4의 요구가 있을 경우 조사가 실시되지만, 국정조사가 이루어지기 위해서는 새로 구성되는 조사위원회가 작성한 조사계획서에 대한 본회의 승인이 필요하다. 조사의 대상은 특정한 사안에 한정된다(최정인·김 지 2010).

해 발생할 수 있는 거대 부패의 문제를 견제하기 위해서는 사법부의 독립성이 더욱 중요한 의미를 갖는다(Alt and Lassen 2008).

사법부의 독립성은 법관 임면 과정에서의 독립과 개별 법관의 독립적인 판결에서 의미를 갖는다(표시열 2008). 그러나 그간 한국 사법부의 독립성은 지속적으로 비판의 대상이 되어왔으며, 그 이유는 독립성에 관한 법적 규정의 논란과 이로 인한 법적 독립성 훼손과 밀접하게 관련되어 있다. 사법부의 독립에 관한 우리나라의 법적 규정은 양면적 속성을 띠고 있다. 법관 임면과 판결의 독립성이 사법부 독립성을 이루는 두 개의 축이라고 할 때, 헌법은 판결의 독립성을 보장하고 있다.[97] 반면, 사법부에서 핵심적 지위를 차지하는 대법원과 헌법재판소의 구성에 있어 두 기관의 수장인 대법원장과 헌법재판소장에 대한 임명권이 대통령에게 부여되어 있는 점은 삼권분립의 취지에 반할 뿐만 아니라, 이로 인해 두 기관이 대통령의 영향에서 자유롭지 못하다는 점에서 사법부의 독립성 요건은 충족되지 않고 있다.[98] 사법부에 대한 대통령의 영향력은 여기에서 그치지 않는다. 즉, 대통령에 의해 임명된 대법원장은 판사에 대한 인사권을 행사함으로써 간접적으로 대통령의 의중을 사법부 전체에 전달할 수 있게 된다. 따라서 "대통령 → 대법원장 → 법관"의 위계적 구조를 띠는 사법부의 인사체계를 볼 때 사법부 독립성에 대한 대통령의 의지와 대법원장의 성향에 따라 대통령의 이념적·정치적 선호가 법관의 업무에 상당한 영향을 미칠 개연성을 갖게 된다.[99]

---

97) 헌법 제103조는 "법관은 헌법과 법률에 의하여 그 양심에 따라 독립하여 심판한다."고 규정하고 있다. 이 조항은 법관은 법률에만 기속되어야 하고, 외부나 내부 세력으로부터 독립하여 판결해야 한다는 의미를 담고 있다.

98) 대법원장의 임명과 관련하여 헌법 제104조 제1항은 "대법원장은 국회의 동의를 얻어 대통령이 임명한다."라고 규정하고 있고, 제2항은 "대법관은 대법원장의 제청으로 국회의 동의를 얻어 대통령이 임명한다."고 규정하고 있다. 헌법재판소와 관련하여 헌법 제111조는 헌법재판소장과 재판관의 임명 과정에서 대통령의 영향력을 열어 두고 있다.

법관의 업무에 대한 정치적 영향과 이로 인한 독립성의 훼손은 사법부의 정치화(politicization of judiciary)를 가져오고, 부패와 관련하여 사법부의 정치화는 부패 사건에 대한 판결에서 그 함의를 찾을 수 있다. 그간 권력형 부패에 대한 법원의 판결은 다른 범죄에 비해 관대했다는 비판이 있었고, 거대 부패에 대한 사법부의 관용은 비리 연루에 대한 비용을 높여 부패를 통제해야 한다는 반부패 전략의 방향에 부합하지 않는다고 볼 수 있다.[100] 법원 판결의 공정성을 보여주는 한 가지 지표인 양형기준 준수율을 살펴보면 2002년-2016년 폭력, 손괴, 근로기준법 위반, 무고 등과 같은 단순 범죄의 준수율은 90%를 훨씬 상회하는 반면, 뇌물(78.7%), 배임수·증재(83.5%)와 같이 부패와 관련된 범죄에 대한 준수율은 상대적으로 낮을 뿐 아니라 지난 5년 동안 두 범죄의 준수율은 계속 하락하는 추세를 보이고 있는 것으로 나타났다(유길용 2017).

　마지막으로 국가 권력의 오남용에 대한 통제 기제 중 외부통제의 관점에서 언론의 역할은 중요한 의미를 갖는다(Treisman 2000). 국가 권력에 대한 "감시자(watch dog)"로서 언론의 핵심적인 기능은 특정한 이해와 이념에 편중되지 않고 균형잡힌 관점에서 사실에 대하여 불편부당하고, 객관적이고, 공정하게 보도하는 것이라고 볼 수 있다. 언론이 이러한 기대 역할을 수행하기 위해서는 권력으로부터의 자유를 의미하는 언론의 독립성 조건을 갖추어야 한다.

---

99) 2017년 국제인권법연구회가 전국 법관을 대상으로 실시한 설문조사 결과에 따르면 88.2%의 응답자들이 대법원장 또는 법원장의 정책에 반하는 의사표시를 하는 법관은 보직, 인사평정, 사무분담에서 불이익을 받을 가능성이 있다고 인식하고 있는 것으로 나타났다(현소은 2017).
100) 2000년 이후 대검찰청에 의해 기소된 119건의 권력형 비리사건의 대법원 확정판결을 보면, 실형 선고는 75건(63%)이며, 집행유예는 31건(26.1%), (일부)무죄 판결은 12건(10.1%)으로 나타났다(박민재 2017). 물론 이러한 결과는 검찰의 기소권 남용으로 해석될 여지도 있다.

기술의 진보에 따라 과거에 비해 기존 매체를 대신하는 다양한 뉴미디어가 등장하고 있지만, 국가 권력에 대한 견제에 있어 TV와 신문의 영향력은 여전히 중요하다. 이런 점에서 국내 공영방송과 신문 매체에 한정하여 언론의 독립성을 살펴보면 다음과 같은 측면에서 문제점을 찾을 수 있다. 우선 공영방송의 경우 정부는 규제기관인 방송통신위원회와 더불어 KBS이사회 그리고 MBC의 최대주주인 방송문화진흥회를 통해 다양한 방식으로 영향력을 행사할 수 있다.[101] 공영방송에 대한 정부의 통제와 영향력은 인사를 통해 행사된다. 예컨대 방송통신위원장은 대통령이 임명권을 가지고 있으며, 방송통신위원회는 KBS이사회와 방송문화진흥회를 통해 KBS 이사장과 MBC 사장에 대한 인사권을 행사한다.[102] 반면, 대통령의 인사권을 통해 간접적으로 독립성에 영향을 받는 공영방송과는 달리 국내 주요 신문 매체의 경우 기업의 이해와 밀접한 관계를 맺고 있다. 공영방송은 국가의 지원으로 운영되는 데 반해 신문 매체는 민간기업의 속성을 갖는다. 따라서 신문 매체에서는 언론이 추구해야하는 균형성·불편부당성·공익성·공정성의 사회적 가치와 더불어 이윤의 창출이라는 기업적 가치와 충돌이 발생한다. 신문 매체에 있어 가장 중요한 이윤창출은 광고에서 비롯되며, 기업은 광고를 통해 신문 매체에 영향력을 행사할 수 있게 된다.[103] 이 같은 신문 매체

---

101) KBS와 EBS는 정부가 100%의 지분을 소유하고 있고, MBC는 특수재단법인인 방송문화진흥회가 전체 지분의 70%를 소유하고 있다.

102) 현행 「방송통신위원회 설치 및 운영에 관한 법률」에 따라 위원회는 총 5명으로 구성되어 있고, 이중 위원장과 1명의 위원은 대통령, 위원 3명은 여당이 1명, 야당이 2명을 추천하여 대통령이 임명하도록 되어 있어 실질적으로 3명의 위원이 대통령의 영향을 받게 된다. 한편 「방송법」은 KBS이사회를 구성하는 11명의 이사를 방송통신위원회의 추천을 받아 대통령이 임명하도록 규정하고 있고, KBS 사장은 이사회의 제청에 따라 대통령이 임명하도록 규정하고 있다. MBC를 규정하고 있는 「방송문화진흥법」에 따르면 방송문화진흥회 이사 9명은 방송통신위원회가 임명하고, 이사회는 사장을 임명할 수 있다.

의 경영구조는 언론 권력과 기업 권력 간의 결탁을 야기하고, 이로 인하여 광고를 지원하는 기업이 연루된 거대 부패에 대한 독립적이고 공정한 보도를 저해 받게 된다. 한국 언론의 독립성과 관련한 국내의 평가도 긍정적이지 못하다. 한국언론재단이 2015년 실시한 설문조사 결과를 보면, 국내 언론 보도의 객관성, 공정성, 공익성은 각각 5점 만점에 2.78점, 2.75점, 2.99점으로 나타나 언론에 대한 낮은 신뢰성을 보여주고 있다(이슬기 2015).

결론적으로 국가 권력에 기반한 거대 부패를 막기 위해서는 권력의 오남용에 대한 내·외부의 견제와 감시가 필수적이다. 그럼에도 불구하고 국가 권력에 대한 내적 통제 기제는 정치적 영향에 노출되어 있고, 외부 통제의 한 축을 차지하는 언론의 경우 기업 권력과의 연결로 인해 거대 부패를 통제하는 기능을 온전히 수행하지 못하고 있다.

VI. 결론: 민주주의 회복과 국가 권력 견제와 감시를 통한 거대 부패의 통제

거대 부패는 본질적으로 국가 권력에서 출발한다. 이는 거대 부패를 통제하기 위한 근본적인 처방이 국가 권력의 최소화라는 점을 의미한다. 그러나 과거부터 지금까지 정치 체제에 관계없이 대부분의 국가는 막대한 권력을 행사하였고, 미래에도 국가의 권력은 팽창할 것으로 예측된다. 따라서 국가 권력에서 비롯되는 거대 부패에 대응하기 위해서는 국가의 권력 행사가 정당한지에 대해 안팎의 견제와 감시가 있어야

---

103) 김상조(2015)의 연구결과에 따르면 광고시장에서 4대 대기업집단의 점유율은 2001년 13.15%에서 2014년 16.15%로 증가하였고, 보수적으로 평가되는 신문의 경우 특정 대기업집단의 광고에 의존하는 성향이 높은 것으로 나타났다.

하고, 이러한 견제와 균형은 민주주의의 이념과 맞닿아 있다.

이 글은 한국 사회에서 거대 부패가 근절되지 않고 지속적으로 발생하는 원인을 국가 권력에 대한 견제와 통제의 관점에서 살펴보았다. 1987년 이후 30여 년 동안 한국의 민주주의는 공적 제도(formal institutions)의 관점에서 형식적인 민주주의 체제를 구축해왔다. 그러나 이러한 공적 민주주의 제도와 절차가 제도의 대상인 국가와 시민 모두에서 규범으로서 내면화되었다고 보기 어렵다. 특히, 민주화에도 불구하고 국가 권력을 통제해야 하는 공적 책무와 사회적 의무를 지고 있는 내·외부 통제 기제 모두 스스로 부패에 노출되어 있을 뿐만 아니라 정치권력의 영향력과 기업 권력과의 결탁으로 인해 거대 부패를 통제하는 데 실패한 것으로 볼 수 있다. 한국의 경험은 국가 권력에 대한 적절한 견제와 감시가 작동하지 않을 때 거대 부패는 통제되지 않고, 따라서 반부패 개혁을 위해서는 국가 권력과 관련한 정치 개혁이 반드시 수반되어야 한다는 점을 일깨워주고 있다.

개혁의 대상이 거대 부패이건 작은 부패이건 관계없이 부패의 통제는 매우 어렵고, 단시간 내에 성과가 나타나지 않는다. 더군다나 개혁의 대상이 권력에 기댄 거대 부패일 경우 부분적인 개혁만으로는 성공하기 어렵다. 2016년 국정농단 사태와 대통령 탄핵으로 출범한 문재인 정부는 이명박, 박근혜 정부와는 달리 부패척결에 대한 강한 의지의 천명과 더불어 몇 가지 주요한 개혁 방안을 추진 중에 있다. 무엇보다 10년 만에 대통령이 주재하는 반부패정책협의회가 부활하였다(청와대 2017). 반부패정책협의회는 국가차원의 반부패 거버넌스의 정점으로써 기능할 뿐만 아니라, 대통령이 회의를 주재한다는 점에서 부패척결의 기본 조건 중 가장 핵심적인 필수 조건인 국가지도자의 강한 반부패 의지를 보여준다는 점에서도 의미를 갖는다. 이와 더불어 고위층 비리와 부패를 전담하여 수사할 고위공직자범죄수사처 신설에 대한 정부 입법도 준비

중에 있다. 효과적인 부패 척결을 위해 요구되는 또 다른 조건인 반부패전담기관(anti-corruption agency) 신설의 관점에서도 이 같은 개혁 시도는 충분한 의미를 갖는다.[104] 아울러 정부가 반부패 목표의 최우선을 권력형 부정부패에 두었다는 점에서도 올바른 전략적 방향이 정해졌다고 볼 수 있다. 그럼에도 불구하고 과거 행정부 주도의 개혁이 거대 부패 문제를 성공적으로 해결하지 못했다는 점을 감안한다면 현재 정부가 주도하고 있는 반부패 개혁이 어느 정도 실효성을 거둘지 확실하지 않다.

---

104) 고위공직자범죄수사처의 신설은 거대 부패 척결에 있어 검찰 중심의 사후 적발·처벌 기능이 실효적이지 않다는 점을 반증한다고 볼 수 있다. 아울러 새로운 반부패 기관은 사전예방 기능을 수행하는 현행 반부패전담기관인 국민권익위원회의 제한적 기능의 보완을 의도한 것으로 보인다. 즉, 반부패 정책 기능에 한정된 국민권익위원회와 부패사건에 대한 수사·조사·기소권을 부여받게 될 고위공직자범죄수사처는 상호보완적 기능을 할 것으로 예상된다. 그러나 이 같은 이중조직 구조(dual agency structure)는 반부패전담기관의 구조적 관점에서 매우 독특하다.

참고문헌

감사연구원. 2013. 『바람직한 감사원 상과 OECD 국가의 감사원: (I) OECD 국가 감사원 비교·분석』. 서울: 감사연구원.

감사원. 2017. "감사원 개편논의에 대한 의견(2.13 국회 개헌특위 기관의견 청취 관련 감사원장 발제문)." 『계간 감사』 봄호, 72-75.

강장석. 2015. 『국정감사 효과성에 대한 평가방안: 국회입법조사처의 역할』. 국회입법조사처 연구용역보고서.

경실련·공익제보자와 함께하는 모임·기업책임 시민센터·참여연대·한국YMCA전국연맹·함께하는 시민행동·흥사단투명사회운동본부·한국투명성기구. 2018. "보도자료." (1월22일).

김상조. 2015. 『4대 재벌의 언론사 광고 지배력 분석』. 민주정책연구원 연구용역보고서.

김영태. 2015, "선거법 개정 10년의 성과와 과제: 선거운동 관련 법규를 중심으로." 『의정연구』 44권, 32-60.

김준수. 2016. "최장집 "국가권력 초집중화, 한국 민주주의 위험"." 『오마이뉴스』 (2월19일).

박민재. 2017. "'구속=유죄' 아니다, 구속된 10%는 무죄." 『중앙선데이』 (4월30일).

법률신문. 2013. "검찰총장 후보 추천, 검찰 개혁의 시작이다." 『법률신문』 (1월10일).

부패방지위원회. 2003. 『부패방지백서』. 서울: 부패방지위원회.

유길용. 2017. "화이트칼라에 너그러운 법원… 금융·뇌물범죄 양형기준 안 지켜." 『중앙일보』 (10월12일).

윤영철. 2012. "검찰개혁과 독립된 특별수사기관의 신설에 관한 소고." 『홍익법학』 13권 1호, 49-73.

윤태범. 2010. "한국과 미국의 공직윤리 시스템 비교연구: 법령의 제정배경을 중심으로." 『한국부패학회보』 15권 3호, 1-30.

이슬기. 2015. "국내 언론보도, 객관성·공정성·공익성 부족." 『연합뉴스』 (12월23일).

좌영길. 2017. "검찰총장 임기제 도입 후 20명 중 13명 중도 하차했다." 『헤럴

드경제』(5월12일).

참여연대. 2002."성명서: 정권이 아니라 국민의 목소리를 대변하는 부패방지위
원회를 기대한다."(1월24일).

청와대. 2017. "제1회 반부패정책협의회 개최 관련 박현수 대변인 브리핑."(9
월26일).

최장집. 2010.『민주화 이후의 민주주의: 한국 민주주의의 보수적 기원과 위기』.
서울: 후마니타스.

최정인·김지. 2010. "국정감사 및 조사제도의 현황과 개선방안."『현안보고서』
108호. 서울: 국회입법조사처.

최진욱. 2012. "부패와 국민의 권익 그리고 제도적 대응: 국민권익위원회를 중
심으로."『한국부패학회보』17권 3호, 1−21.

표시열. 2008. "행정부와 사법부의 관계." 한국행정연구원 편.『한국행정 60년,
1948−2008. 제1권』, 424−451. 서울: 법문사.

한국행정연구원. 다년도.『정부부문 부패실태에 관한 연구』. 서울: 한국행정연
구원.

현소은. 2017. "판사 10명 중 9명 "대법원 정책에 반하면 불이익 우려"."『한겨
레』(3월26일).

Alt, James E. and David D. Lassen. 2008. "Political and Judicial Checks on
Corruption: Evidence from American State Governments." *Economic
and Politics* 20(1): 33−61.

Anderson, Christopher J. and Yuliya V. Tverdova. 2003. "Corruption,
Political Allegiances, and Attitudes Toward Government in
Contemporary Democracies." *American Journal of Political Science*
47(1): 90−109.

Atilano, José and Pena López. 2014. "Does Corruption Have Social Roots?
The Role of Culture and Social Capital." *Journal of Business Ethics*
122(4): 697−708.

Arnson, Cynthia J. and Abraham F. Lowenthal. 2013. "Foreword." in
*Transition from Authoritarian Rule: Tentative Conclusions about
Uncertain Democracies*, edited by Guillermo O'Donnell and Philippe

C. Schmitter. Baltimore: Johns Hopkins University Press.

Becker, Gary and George Stigler. 1974. "Law Enforcement, Malfeasance, and Compensation of Enforcers." *Journal of Legal Studies* 3(1): 1−19.

Charron, Nicholas. 2011. "Party Systems, Electoral Systems and Constraints on Corruption." *Electoral Studies* 30(4): 595−606.

Choi, Jin−Wook. 2009. "Institutional Structures and Effectiveness of Anticorruption Agencies: A Comparative Analysis of South Korea and Hong Kong." *Asian Journal of Political Science* 17(2): 195−214.

Chowdhury, Shyamal K. 2004, "The Effect of Democracy and Press Freedom on Corruption: An Empirical Test." *Economic Letters* 85(1): 93−101.

Diamond, Larry, Marc F. Plattner, and Andreas Schedler. 1999. "Introduction." in *The Self−Restraining State: Power and Accountability in New Democracies edited by* Andreas Schedler, Larry Diamond, and Marc F. Plattner, 1−12. Boulder: Lynne Rienner Publishers.

Feld, Lars P. and Stefan Voight. 2003. "Economic Growth and Judicial Independence: Cross−country Evidence Using a New Set of Indicators." *European Journal of Political Economy* 19(3): 497−527.

Husted, Bryan W. 1999. "Wealth, Culture, and Corruption." *Journal of International Business Studies* 30(2): 339−359.

Jain, Arvind K. 2001. "Corruption: A Review." *Journal of Economic Surveys* 15(1): 71−121.

Johnston, Michael. 2005. *Syndromes of Corruption: Wealth, Power, and Democracy.* New York: Cambridge University Press.

Kaufmann, Daniel, Aart Kraay, and Massimo Mastruzzi. 2010. "The Worldwide Governance Indicators: Methodology and Analytical Issues." *Policy Research Working Paper* 5430, World Bank.

Klitgaard, Robert. 1988. *Controlling Corruption.* Berkeley: University of California Press.

La Porta, Rafael, Florencio Lopez−de−Silanes, Cristian Pop−Eleches, and Andrei Shleifer. 2004. "Judicial Checks and Balances." *Journal of Political Economy* 112(2): 445-470.

Quah, Jon S.T. 2010. "Defying Institutional Failure: Learning from the Experiences of Anti—corruption Agencies in Four Asian Countries." *Crime, Law and Social Change* 53(1): 23—54.

Rose—Ackerman, Susan. 1996. "Democracy and 'Grand' Corruption." *International Social Science Journal* 48(149): 365—380.

_____. 1997. "The Political Economy of Corruption." in *Corruption and the Global Economy, edited by* Kimberly A. Elliot. Washington, D.C.: Institute for International Economics.

_____. 1999. *Corruption and Government: Causes, Consequences, and Reform*. New York: Cambridge University Press.

Sun, Yan and Michael Johnston. 2009. "Does Democracy Check Corruption? Insights from China and India." *Comparative Politics* 42(1): 1—19.

Transparency International. 2016a. "Legal Definition of Corruption." mimeo.

_____. 2016b. "Corruption Perceptions Index 2016: Technical Methodology Note." mimeo.

Treisman, Daniel. 2000. "The Causes of Corruption: A Cross—National Study." *Journal of Public Economics* 76(3): 399—457.

Warren, Mark E. 2004. "What Does Corruption Mean in a Democracy." *American Journal of Political Science* 48(2): 328—343.

Whitehead, Laurence. 2010. "High—Level Political Corruption in Latin American: A "Transitional" Phenomenon?" in *Combating Corruption in Latin America, edited by* Joseph S. Tulchin and Ralph H. Espach, 107—129. Baltimore: Johns Hopkins University Press.

07

수평적 책임성과 민주주의의 질

조원빈

Ⅰ. 문제제기

1987년 민주주의 이행 이후의 한국의 정치상황은 그 이전의 권위주의 시기와 비교해서 질적으로 다른 정치과정을 창출했다. 민주주의 수준을 평가하는 핵심적 요소 중 하나인 다당제 선거제도가 지난 30년 동안 정기적으로, 또한 어느 정도 공정하게 이루어져 왔다. 이러한 과정에 다당제 선거를 통해 세 차례의 정권교체를 이루었다는 점에서 한국의 민주주의는 최소한의 요건을 충족했다고 평가된다. 한국의 민주주의가 '정치세력 간의 서로 경쟁을 할 수 있는 유일한 게임(the only game in town)'으로 자리 잡아 다당제 선거라는 방식 이외의 수단을 통해 권력이 교체되는 것은 근본적으로 불가능하다는 인식이 국민들 사이에 폭넓게 자리 잡게 되었다.

민주화 이후 한국은 5년 단임의 대통령제를 유지하면서 제13대 대통령 선거 이후 2017년 제19대 대통령 선거에 이르기까지 일곱 차례의 대통령선거와 1988년 제13대 국회의원 선거부터 2016년 제20대 선거까지 여덟 차례의 국회의원 선거를 별 무리 없이 치러냈다. 이 과정에서 한국 정치의 두 양대 세력인 보수 세력과 진보 세력 사이에 10년 주기로 세 차례(1997년과 2007년, 2017년)의 정치 세력 간의 정권교체를 경험했다. 특히, 제19대 대통령 선거는 '박근혜-최순실 게이트'로 초래된 시민들의 촛불집회와 국회의 박근혜 대통령 탄핵 소추 의결, 헌법재판소의 대통령 파면 결정으로, 예정보다 빠른 5월 9일에 열렸다. 이러한 과정을 거치면서 선거를 통해 서로 이념을 달리하는 세력들 간에 정권교체가 이루어져도 쿠데타와 같은 헌정중단의 사례는 단 한 번도 없었다. 오히려 2004년 노무현 대통령 탄핵시도와 2017년 박근혜 대통령 탄핵가결 과정에 벌어졌던 장기간 시민들의 촛불집회에도 불구하고 민주주의 정치체제의 위기마다 헌정의 중단이라는 파국으로 이어지지 않아 한국의 민주주의의 지속가능성을 잘 보여주었다.

본 장은 민주주의의 핵심적 요소 중 하나인 수평적 책임성(horizontal accountability)이라는 측면에서 지난 30년 간 한국 민주주의의 공고화(democratic consolidation)의 진행 과정을 평가하려 한다. 이를 위해 본 장은 행정부와 입법부의 관계와 사법부의 독립성, 한국 사회의 부패 수준과 감사원의 독립성 등에 초점을 맞춰 그 역사적 변화를 추적하려 한다. 이들 국가기관의 역할이나 독립성이 지난 30년 동안 수평적 책임성 확보라는 측면에서 민주주의의 질(quality of democracy)을 향상시키는 방향으로 발전되어 왔는지에 대하여 체계적으로 평가하려 한다.

"87년 체제"라고 일컬어지는 현재의 정치체제는 계속해서 대통령에게 권력이 지나치게 집중되어 있다는 비판을 받아 왔다. 2018년 3월 문재인 정부는 6월 예정인 지방선거와 동시에 헌법에 대한 국민투표를 실시할 것을 목표로 4년 연임 가능한 대통령제를 포함한 헌법 개정안을 국회에 발의했다. 또한, 국회에서도 몇몇 정당들이 정부의 헌법 개정안 발의를 비판하면서도 스스로 개정안을 제시해 합의된 개정안을 수립하기 위해 논의하고 있다. 이러한 논의 과정에서 핵심적인 내용 중 하나가 입법부와 행정부의 관계를 어떻게 설정하여 입법부의 행정부 견제 기능을 강화하는가에 있다. 대통령 중심제와 이원집정부제 등 정부형태에 대한 논의가 국무총리를 어떻게 선출해야 하는가에 대한 이슈로 집중되고 있다. 여야와 대부분의 국민은 행정부 수장인 대통령의 권력을 제한하는 방향으로 헌법이 개정되어야 한다는 데 동의하고 있다. 이와 더불어, 최근 한국 사회에서 정책결정권한이 입법부와 행정부로부터 사법부로 이전되고 있다는 지적도 제기되고 있다. 이러한 변화는 '정치의 사법화' 혹은 '사법의 정치화'로 정리되며 원래의 긍정적 측면보다 사법부의 독립성을 훼손하는 측면에서 비판이 대두되고 있다.

현행 헌법은 대통령제를 채택한다고 분명히 선언하고 있으며 입법권과 행정권, 사법권 간의 견제와 균형의 원리를 구현한다고 명시하고 있다. 이와 동시에, 우리 헌법은 원칙적으로 입법권을 국회에 부여하면서도 대통령과 행정부에게도 상당한 입법 권한을 보장하고 있다. 또한, 현행 헌법은 헌법재판권을 행사하는 헌법재판소의 설치를 명시하고 있다. 이 헌법재판소는 일반적인 사법권의 최종심인 대법원과 견제, 협력 관계를 유지하면서 지속적으로 그 위상을 강화하고 있다.

민주주의 체제의 작동 메커니즘을 구성하는 책임성(accountability)은 견제와 균형의 원리를 통해 권력의 자의적인 행사를 방지함으로써 확보된다. 책임성이란 정치엘리트가 주요한 정책을 결정하고 실행할 때 그러한 정책의 영향을 받게 되는 시민들에게 자신들의 결정이 왜 정당한지 그리고 정책이 제대로 실행되었는가에 대해 책임을 져야한다는 것을 의미한다. 정치엘리트가 누리는 통치의 자율성이 시민들에 대한 책임성으로 인해 제도적으로 제한되고 통제된다는 것이다. 이러한 민주적 책임성은 수직적 책임성(vertical accountability)과 수평적 책임성(horizontal accountability)으로 구분되어 진다. 수직적 책임성이 시민과 정치엘리트와 같은 행위자 사이의 관계를 나타낸다면 수평적 책임성은 정부와 의회, 법원과 같은 독립적인 국가기관들 사이의 관계를 나타낸다. 수평적 책임성은 다양한 국가기관들 사이에 감시(monitoring)와 조사(investigation), 강제(enforcement) 등의 행위를 통해 확보된다(Diamond and Morlino, 2005). 지난 30년 동안 정기적으로 이루어져 온 대통령선거와 국회의원 선거, 지방선거를 통해 정치엘리트에 대한 시민의 수직적 책임성 메커니즘은 어느 정도 안정화되어 왔다. 과연 같은 기간 한국의 민주주의 체제는 수평적 책임성을 강화함으로써 민주주의의 질을 향상시켜 왔을까?

Ⅱ. 민주주의 공고화와 수평적 책임성

민주주의의 공고화는 '민주주의 질적 개선'을 일컫는다고 할 수 있다(Barracca 2003; Schedler 1989). 여기서 '질적 개선'이라는 말이 의미하듯이 민주주의의 질적 향상은 그 자체로서 경계가 정해져 있지 않다는 것을 전제로 한다. 따라서 민주주의 공고화는 지속적 개선을 요구하는 열린 과정을 지칭하는 개념이다. 다시 말해, 민주주의 공고화는 포괄적 의미에서 어느 한 국가의 정치체제가 경험해 온 민주주의 이행 이후의 민주주의를 보다 질적으로 개선하고 발전시키려는 과정으로 정의할 수 있다.

이처럼 포괄적으로 정의될 수 있는 민주주의의 공고화를 논의하는 두 가지 차별적인 이론적 논의가 존재한다. 하나는 민주주의 공고화에 대한 제도적 측면을 강조한 논의이며, 다른 하나는 시민들의 효능감(efficacy)을 강조하는 논의이다. 이 두 가지 논의는 선명한 설명을 위해서 기존의 다양한 문헌들을 통해서 정리되고 명명된 것이지만 반드시 상호배타적인 것은 아니다. 이 두 시각 모두 공통적으로 행정부 등 정부기관의 자의적 권력 행사를 제한할 수 있는 시민사회의 역할이 중요하다는 것을 강조하고 있다.

우선 제도적 관점에서 바라 본 민주주의 공고화는 시민사회를 활성화해야 한다는 주장과 함께 무엇보다도 민주주의 정치체제를 구성하고 있는 다양한 제도들의 제도화(institutionalization) 과정에 주목하고 있다. 이러한 시각은 경제적 평등의 구현이나 사회적 차별의 철폐와 같은 비정치적 영역에서의 민주화보다는, 정치적 현상과 관련하여 보다 안정적이고 질적으로 향상된 민주주의를 달성하기 위한 필요조건이 무엇일까 하는 문제에 논의를 집중하고 있다. 정치제도들의 제도화를 강조하는 논의에서 민주주의의 공고화는 민주주의 이행 이후 신생 민주주의의 질적 개선을 위한 제도적 안정성과 지속 가능성을 향상시킴으로써 달성될 수 있는 것으로 받아들여진다. 민주주의 이행을 통해 어느 정도 달성된 정치엘리트에 대한 일반 시민의 수직적 책임성 강화를 넘어서 정치체제 내 정치권력 혹은 국가 기관들 사이의 수평적 책임성을 수립하고 이를 위한 제도적 메커니즘을 개발해야 민주주의 공고화가 이루어진다고 주장한다(O'Donnell 1999). 좀 더 구체적으로, 치안과 사법, 선거제도, 입법부-행정부 관계에서의 제도적 개혁을 강조하거나(Barracca 2003), 국가기구들이 법치를 존중하고 민주정부를 운영할 수 있는 숙련된 행정 관료들의 필요성을 강조하기도 한다(Linz and Stepan 1996). 이처럼 정치제도의 제도화를 강조하는 시각은 민주주의 이행 이후 민주주의의 공고화 과정을 주로 정치 영역 혹은 정치제도적 측면에서 바라보는 것이며, 위로부터의 공고화 혹은 공급 측면의 공고화라고 해석될 수 있다.

시민적 효능감을 강조하는 시각에 따르면, 민주주의 공고화는 고전적 민주주의, 즉 시민의 적극적 참여를 핵심으로 하는 민주주의가 실현되는 과정으로 간주된다. 이에, 앞서 살펴본 제도적 관점과 달리 효능감을 강조하는 시각은 아래로부터의 공고화, 혹은 수요 측면에서의 공고화라고 해석될 수 있다. 이러한 시각에 따르면, 민주시민의 적극적 참여가 확보될 뿐 아니라 활성화된 민주주의를 달성하는 과정이 민주주의 공고화 과정이다. 또한, 이러한 시민들의 자발적 참여를 제약하는 사회, 경제, 문화적 요인들을 철폐하는 과정을 민주주의 공고화 과정이라고 주장한다. 이러한 적극적 참여를 통해 시민들은 스스로 정치적 만족감을 증대할 수 있으며, 이러한 정치적 만족감 향상이 시민적 효능감 향상으로 이어지는 것이다. 이처럼 아래로부터의 공고화를 강조하는 논의는 시민사회 활성화와 시민교육, 그리고 시민의 정치 참여 확대를 통해 신생 민주주의가 단순히 절차적 민주주의 달성에 머물지 않고 심의와 참여, 훈련의 민주주의로 한 단계 상승하는 것을 민주주의 공고화의 목표로 삼고 있다.

시민의 정치적 효능감을 강조하는 학자들에 따르면, 정기적으로 이루어지는 일회적인 투표를 통한 시민의 정치참여의 중요성을 강조하는 자유주의적 대의민주주의는 슘페터적인 시장형 민주주의(Schumpeterian market version of democracy)일 뿐이다. 그들은 '실질적이고 강화된 시민의 참여(substantive and empowered citizen participation)'를 통해 민주주의 공고화를 달성할 수 있다고 주장한다. 이러한 관점에서 민주주의 공고화를 위한 노력은 단순히 제도적 디자인을 위한 표준화된 처방에 그치는 것이 아니라, '지속적으로 투쟁하고 의견 대립하는 과정(ongoing process of struggle and contestation)'으로 받아들여진다(Gaventa 2004, 1−2). 이에, 일반 시민의 정치적 효능감을 강조하는 논의는 사회적 균열이나 불평등 등의 문제를 해결하기 위해 이루어지는 시민들의 다양한 참여를 방해하는 요인들을 제거하는 과정을 민주주의 공고화 과정이라 주장한다(Heller 2009).

본 연구의 주요 목적인 지난 30여 년 동안 진행된 한국의 민주주의 공고화 과정을 수평적 책임성의 변화를 중심으로 평가하기 위해서는 이상의 두 시각 중 제도적 측면을 중심으로 민주주의의 질적 개선을 평가하는 것이 적당한 것으로 보인다. 수평적 책임성은 3권 분립의 실질적인 확보를 위한 행정부와 입법부, 사법부 등 국가 기관들 간의 견제와 균형(check and balance)의 작동 원리에 기반을 두고 있기 때문이다. 다시 말해, 수평적 책임성은 국가권력의 부패와 탈법, 정치화를 방지할 수 있는 여러 기관들의 제도적인 독립을 전제로 한다. 구체적으로 행정부에 종속되지 않은 의회의 독립적인 감시기능과 법률 입안 기능, 사법부의 실질적인 독립, 그리고 감사원과 같은 회계감사 기관의 투명하고 독립적인 운용 등을 통해 수평적 책임성이 점차 강화될 수 있다. 이때 제도적 독립이란 단지 법적인 의미에서 형식적인 독립만이 아니라 실질적인 자율성을 기반으로 한다. 오도넬(O'donnell 1999)은 수평적 책임성을 확보하기 위해 다양한 국가 기관들이 권력의 부패와 정치화를 일상적으로 조사하거나 감시할 수 있고 문제가 발행하면 예외 없이 법적인 제제를 실질적으로 강제할 수 있어야 한다고 주장했다. 한국은 민주화 이후 수평적 책임성이 민주주의의 질적 개선이 이루어지는 방향으로 변화되어 왔을까?

Ⅲ. 입법부의 행정부 견제

1987년 민주주의 이행과 개헌, 그리고 제13대 총선 결과는 헌정사상 최초로 집권여당이 국회에서 과반의석 확보에 실패하는 분점정부(divided government)를 만들었고 국회가 입법기관이라는 헌법적 위상을 회복할 수 있는 계기가 마련되었다. 야3당의 의석을 합치면 과반의석이 되는 여소야대의 입법 환경에서 국회는 야당을 중심으로 국회 기능의 강화와 국회운영의 민주화를 추진하는 방향으로 국회법 전문개정을 달성했다(제23차 국회법 개정). 1987년의 개헌과 1988년의 국회법 개정을 통해 국회는 1972년 유신헌법에 의해 폐지되었던 국정감사권과 국정조사권을 부활시켰으며, 대통령의 국회해산권을 폐지하고, 국회의 헌법상 지위를 제3공화국 시기에 준하게 복원시켰다.

제13대 국회 이후로 국회는 입법과정의 민주성과 책임성을 강화하기 위한 제도적 개혁을 꾸준히 시도해 왔다(이현우 2015). 예를 들어, 전원위원회 제도, 전자표결 제도, 소위원회 제도 등의 도입이 그 대표적인 사례이다. 또한, 행정부의 정책 집행에 대한 감독 기관으로서 국회의 헌법적 위상을 강화하기 위해 노력하는 모습도 보여주었다. 행정부에 대한 자료 제출 요구권을 강화하고 국회에 출석하지 않은 증인에 대한 제재수위를 형식적이나마 높였다. 또한 대통령의 고위공직자 인사권을 견제하기 위해서 인사청문회 제도도 도입하였다.

입법부인 국회가 행정부를 감독하기 위한 구체적인 수단으로는 행정부의 정책 집행에 대한 감사 및 조사권, 대통령의 고위공직자 임명동의권, 그리고 정부가 제출한 예산안에 대한 심의·의결권 등이 있다. 이 중에서도 국정감사제도와 국정조사제도는 국회가 행정부를 견제하고 감독하기 위한 대표적인 수단이다(윤은기·황선영 2016). 현재 국정감사 제도는 매년 정기국회 개원 직후 20일간 집중적으로 실시되고 있다. 실질적으로 20일이라는 짧은 기간 동안 700여 개에 이르는 피감기관에 대한 감사가 동시다발적으로 실시되기 때문에 실질적으로 감사 기능의 효율성을 확보하기 어렵다.

국정감사는 본질적으로 국회가 행정부를 견제하는 활동임에도 불구하고, 정부-여당 대 야당의 대립구도에서 정파적으로 진행되는 경우가 많다. 국정감사가 정쟁의 도구로 전락하기도 한다. 이로 인해 국정감사가 정부정책에 대한 비판이나 대안제시의 장으로 활용되지 못하고, 결국 '한건주의,' '폭로'가 이루어지는 자리가 됨으로써 언론이나 시민단체는 국정감사 무용론을 제기하기까지 한다. 이밖에도 행정부가 국회에 대해 자료제출을 거부하거나 소홀히 하고, 국회가 채택한 증인이 출석을 거부하는 일이 반복되는 현상은 행정부 감독기관으로서 국회의 권위가 아직도 취약하다는 점을 보여준다.

국회의 국정감사권이 전반적인 국정사안에 대한 정기적인 감사권이라면, 국정조사권은 '특정한 국정사안'이 발생했을 때 재적인원 4분의 1 이상의 요구가 있을 경우 그 사안에 대하여 조사할 수 있는 국회의 권한이다. 국정조사는 소관 상임위원회나 조사특별위원회를 구성하여 실시되고 있는데, 1995년 이후로는 '국정조사특별위원회'를 구성하였다. 이러한 특별위원회는 활동기간이 정해져 있고, 한시적으로 운영되기 때문에 조사결과에 대한 사후관리가 어렵다는 문제점이 지적되고 있다.

국정조사와 관련해 가장 큰 문제는 국정조사의 실시여부와 증인채택이라는 기본적인 사항에서부터 여야 정당 간에 합의가 필수라는 점이다. 즉, 여야 정당 간의 정파적인 대립이 국정조사활동의 개시 자체를 막을 수 있으며, 국정조사가 시작되는 경우에도 국정조사 결과보고서의 채택을 놓고 합의가 이루어지지 않아서 보고서 채택이 무산되는 경우가 다수 발생해 왔다. 1988년 이후 국회에 제출된 국정조사 실시 요구 중에서 채택되는 경우는 13.1%에 그쳤으며, 국정조사요구서의 85%는 임기만료로 폐기되었다는 사실은 국회의 행정부 정책집행 감독기능이 형식적으로 존재할 뿐 여전히 제도화되지 못했다는 것을 잘 보여준다.

일반적으로 한국과 같은 대통령제 국가에서 의회의 인사청문제도는 입법·사법·행정 3부 간 견제와 균형의 원리를 구현하는 하나의 수단으로 기능한다(손병권 2010). 의회는 인사청문제도를 통해서 대통령의 인사권과 사법부의 구성을 견제할 수 있기 때문이다. 우리 국회에 인사청문제도가 도입된 것은 2000년으로, 제도 시행의 역사가 아직 20년도 되지 못했다. 그 역사가 비교적 단기간이라 종합적인 평가를 내리기는 어렵지만, 인사청문제도는 국회의 행정부 견제 활동을 평가할 수 있는 중요한 제도 중 하나이다.

국회 인사청문제도가 처음 도입될 당시 인사청문 대상이 되는 공직은 헌법에 의하여 국회의 임명동의를 요구하는 대법원장, 헌법재판소장, 국무총리, 감사원장 및 대법관 등으로 제한되어 있었다. 이후 인사청문대상이 되는 공직의 범위는 국무위원, 합동참모의장, 방송통신위원회 위원장 등으로 확대되었다. 현재 총 57개의 공직이 국회 인사청문대상이다. 여기에는 국가의 거시경제정책 결정과정에서 핵심적인 역할을 하는 한국은행총재, 금융위원장, 공정거래위원장과 국가인권위원장등도 인사청문 대상으로 포함되어 있다.

국회 인사청문 대상이 되는 공직이라고 하더라도 대통령의 인사권이 인사청문 결과에 모두 구속되는 것은 아니다. 헌법에 의해 국회의 임명동의가 필요한 경우에는 국회가 임명동의안을 부결시키면 대통령은 다른 후보를 추천해야 한다. 그러나 국무위원 등 법률에 근거하여 인사청문을 실시하는 공직후보자의 경우 국회의 임명동의와 무관하게 대통령은 후보자 임명을 강행할 수 있다. 인사청문회 실시 이후 헌법에서 국회동의를 받아 임명하도록 되어 있는 공직의 국회인준율은 89.3%였고, 법률에 의해 인사청문 실시가 요구되는 공직의 경우 인사청문 경과보고서가 채택된 비율은 83.1%였다. 대통령이 국회의 동의 없이도 임명을 강행할 수 있는 직위에 대한 국회인준율이 오히려 더 낮았다. 이는 국회의 인사청문회 자체가 '대통령의 인사권에 대한 국회의 견제'라는 관점에서 실시되기보다는 여야 간 정파적 대립의 관점에서 실시되기 때문인 것으로 해석될 수 있다. 인사청문회의 실제 운영을 보면 대부분 여당의원들은 후보자를 옹호하고 지원하는 내용의 질문을 주로 하는 반면, 야당의원들은 후보자의 업무적격성이나 과거 이력과 관련된 도덕성에 의문을 제기하는 공격적인 질문을 하는 것이 인사청문회의 전형적 양상이다(최준영 외 2008).

장관의 경우 국회 인사청문과정에서 후보자의 심각한 공직 결격사유가 발견되어도 대통령이 임명을 강행할 수 있다는 점에서 인사청문회

무용론까지 제기되기도 한다. 그러나 국회에서 공개적으로 실시되는 인사청문회는 고위공직 후보자의 업무 적격성이나 도덕성 등에 대한 정보를 국민에게 제공하여 국민의 알 권리를 충족시키고, 이 과정이 국민에 대한 정치교육의 장으로서 기능하여 민주적 시민의 육성에 도움이 된다는 긍정적 측면도 보유하고 있다. 또한 대통령도 국회 인사청문회의 실시 자체를 의식하지 않을 수 없기 때문에 업무능력과 도덕성의 측면에서 보다 엄격한 기준에 따라 공직후보자를 선정하도록 유도할 수 있다.

민주화 이후 입법의제 설정의 주도권은 느리지만 점차 행정부로부터 국회의원에게로 이전되고 있다(이현우 2015). 이는 민주화 이후 국회에 제출되는 의원안이 수적인 측면에서 정부안을 압도하는 것으로 알 수 있다. 뿐만 아니라, 정부안이 국회에서 원안대로 통과되는 비율도 현저하게 하락하고 있다는 점도 국회의 입법기능 강화의 단면을 잘 보여준다.

표 7-1   법안 발의와 가결

국회회기	의원 발의안			정부 제출안		
	발의	가결	가결률(%)	제출	가결	가결률(%)
제13대	570	171	30	368	321	87
제14대	321	119	37	581	537	92
제15대	1,144	461	40	807	659	82
제16대	1,912	517	27	595	431	72
제17대	6,387	1,352	21	1,102	563	51
제18대	12,220	1,626	13	1,693	690	41
제19대	16,729	2,414	14	1,093	379	35

출처: 국회의안정보시스템(http://likms.assembly.go.kr/bill/main.do)에서 저자 데이터 가공

〈표 7-1〉에서 제13대 국회에서 제19대 국회까지 국회에 제출된 법안 현황을 보면 제14대 국회를 제외하곤 의원 발의가 정부 제출을 추

월하였으며, 제15대 국회부터 의원 발의안이 정부 제출안보다 월등히 많아지는 경향을 보이고 있다. 이처럼 의원 발의 법안 증가에는 의원의 역량이 높아진 것도 원인이지만 제도적으로 법안 발의에 유리한 환경이 조성된 것도 한몫을 하였다. 법안 발의 요건이 완화된 것이다. 2003년 이전에는 의원 20인 이상의 찬성이 의원 발의 요건이었지만, 국회법 개정을 통해 10인 이상으로 완화되었다. 또한, 입법조사처의 설치 등 국회 내 지원 조직의 강화도 의원의 입법 활동 증가에 기여하는 중요한 요인이다. 이러한 의원 발의안의 양적 증가가 반드시 법안 내용의 질적 향상을 담보하고 있지는 않다. 발의안 내용을 보면 내용과 형식에서 졸속 발의되는 법안이 증가하고 있다는 비판이 시민사회로부터 제기되고 있다. 뿐만 아니라, 유사한 내용의 법안이 이미 발의되어 있음에도 소소하게 법안의 자구를 수정하여 제출하는 경우나 비현실적인 비용추계서를 첨부하는 등 현실성이 없는 법안이 발의되는 경우가 자주 발견되기도 한다.

〈표 7-1〉의 가결률 추이를 보면, 최근 들어 입법과정에서 국회의 역할이 점차 강화되고 있다는 것을 알 수 있다. 정부 제출안의 가결률이 최근에 현저히 낮아지고 있다. 제17대 국회에서 정부안의 가결률은 51%, 제18대 국회에서는 41%, 제19대 국회에서는 35%에 그치고 있다. 〈표 7-1〉에 따르면, 의원 발의안의 가결률은 정부 제출안 가결률의 절반에도 미치지 못하고 있다. 이는 정부 제출안이 의원 발의안보다 더질이 좋기 때문에 나타나는 결과일 수도 있다. 또 다른 해석은 정부 제출안의 경우 행정의 효율성을 위한 개정안이 다수이고 또한 논쟁의 여지가 상대적으로 적은 법률안의 경우가 많기 때문이란 것이다. 이에 비해 의원 발의안은 논쟁거리가 되는 정치적 사안을 포함한 발의안이 다수 포함되어 있다. 따라서 단순히 가결률을 비교하여 정부 제출안이 더 완성도가 높고 합의적이라고 평가하는 것은 너무 단편적이다.[105]

제도적인 측면에서도 국회의 입법과정을 개선하기 위한 노력이 꾸준히 전개되어 왔다. 그 대표적인 사례가 국회 내에 전문적인 입법지원기관을 신설한 것이다. 2004년에는 국가의 예산결산·기금 및 재정운영과 관련된 의정활동을 지원하기 위해서 '국회예산정책처'가 신설되었다. 2007년에는 입법 및 정책관련 사항을 연구, 분석하여 의정활동을 지원하는 '입법조사처'가 개청되었다. 이 두 기관은 정치적으로 중립적인 입장에서 국회의원의 의정활동에 필요한 전문적 지식과 정보를 제공함으로써, 행정부에 비해 정보와 전문성 측면에서 열세에 있는 국회가 입법활동에 필요한 전문성을 향상시키는 데 중요한 역할을 하고 있다.

반면, 민주화 이후로도 여전히 반복되고 있는 국회 의사파행과 여야정당 간의 첨예한 대립 등의 모습은 국민들의 국회에 대한 신뢰를 저하시켰고 민주주의 공고화에도 부정적인 영향을 미치고 있다. 특히 집권당이 국회 다수당을 차지했던 제17대 국회와 제18대 국회에서 원내정당 간 파국적 갈등 양상은 오히려 심화되는 양상을 보여주었다. 쟁점법안에 대한 원내정당 간의 이견은 대화와 타협으로 해결되지 못하고, 물리적 대립을 거쳐 결국은 의장의 직권상정을 통해 처리되는 양상이 반복되었다. 제18대 국회에서는 4년 연속 야당이 예산안 심사를 거부하여 결국 예산안은 여당 단독의결을 통해 처리되었다.

제18대 국회가 개원하면서 당시 여당인 한나라당은 의안자동상정제, 위원회 및 본회의 처리시한 지정, 의장석 점거 금지, 의장의 직무정지 명령권 등을 도입하려 하였다. 한나라당은 소수파인 야당의 반대에도 불구하고 법안을 통과시키겠다는 의지를 명백히 한 것이다. 집권 여당이 야당의 저항을 누르고 신속하게 입법을 추진할 때 가장 빈번하고

---

105) 정부의 법안 제출권을 인정하고 있는지에 따라 의원 발의안의 가결률이 달라지기는 하지만 미국의 경우 하원의 법안가결률이 5% 내외이고 영국의 경우에도 3-4% 정도에 그치고 있다.

효과적인 방법이 국회의장의 직권상정이다. 직권상정은 국회의장이 법안을 본회의에 직접 상정하는 것으로 상임위원회의 심의를 제한하거나 배제하는 것을 의미한다(전진영 2011). 다수당의 법안 통과 추진에 대해 소수당이 물리적 저항을 하게 되어 의사 진행이 교착 상태에 빠지게 되면 다수당이 신속한 법안심의를 위해 사용할 수 있는 가장 효과적인 방법이 직권상정인 것이다. 제18대 국회에서 여당인 한나라당은 제17대 국회에서는 야당의 위치에서 여당의 핵심 법안을 물리적으로 막았고, 이에 대항하여 당시 여당은 의장의 직권상정 방식을 통해 27건의 법안을 통과시켰다.

국회 내 다수파의 일방적인 법안 통과와 이에 대한 소수파의 극렬한 저항이라는 국회 파행의 전형적인 대립이 반복되는 것을 개선하기 위한 방안으로 제시된 것이 소위 '국회선진화법'이다(정진민 2013). 제18대 국회 기간인 2011년 말에 여야 합의로 통과된 국회선진화법은 합의제를 강화하여 국회 내 파행적 운행을 방지해야 한다는 목적을 가지고 있었다. 구체적인 내용에는 국회의장의 직권상정 권한을 축소한다는 것이 포함되어 있다. 이전의 국회법에서는 국회의장은 회부된 안건에 대해 심사 기간을 지정하기 위해서는 교섭단체 대표와 '협의'해야 한다고 규정되어 있었다. 개정된 국회법에서는 국회의장과 교섭단체 대표들과의 '합의'를 명시하고 있다. 협의는 실패할 수도 있지만 합의는 반드시 교섭단체의 동의가 있어야 한다는 점에서 소수당의 교섭단체가 반대하는 경우 합의에 도달할 수 없기 때문에 국회의장의 직권상정 권한은 매우 제한적으로 발휘할 수 있게 되었다. 이밖에도 개정된 국회법은 국회의장이 직권상정으로 법안을 상정할 수 있는 조건으로 천재지변이나 전시 또는 사변 등에 준하는 국가비상사태로 명시하고 있다.

국회선진화법에 포함된 중요한 개정 내용은 무제한 토론(filibuster) 제도의 도입이다. 재적의원의 3분의 1 이상이 서명한 요구서를 국회의

장에게 제출하면 발언을 시작할 수 있고, 무제한 토론은 의원 1인당 1회로 제한된다. 무제한 토론을 종결시키기 위해서는 재적의원 3분의 1 이상이 서명한 토론종결 동의안을 국회의장에게 제출하고 종결 동의안 제출 24시간 후에 재적의원 5분의 3 이상이 찬성을 하면 해당 법안은 더 이상의 토론 없이 표결로 들어간다. 여기서 중요한 것은 이제부터 안건의 통과를 위해 필요한 정족수가 2분의 1이 아니라 재적의원의 5분의 3이 되었다고 보아야 한다는 사실이다.

또한, 국회선진화법은 안건신속처리제를 포함하고 있다. 국회의장의 직권상정 권한 축소나 무제한 토론제도는 국회 내 소수권리를 보호하기 위한 취지이다. 이로 인한 입법의 효율성 저하를 막을 목적으로 개정된 국회법 제85조와 제86조는 국회가 특정 법안을 신속처리 대상으로 지정할 수 있고 대상이 된 법안은 일정 시간이 지나면 다음 입법 단계로 자동으로 부의되도록 적시하고 있다. 이론적으로는 신속처리 대상안건 제도는 입법 효율성을 높일 것으로 기대되지만, 대상 안건으로 지정되기 위해서는 재적의원 5분의 3의 동의를 받아야만 한다. 현실적으로 우리 국회의 강한 당파성과 민주화 이후 어떤 정당도 전체 의석의 5분의 3을 차지한 적이 없었다는 사실에 비춰볼 때, 신속처리 대상안건으로 지정되는 것은 거의 불가능하다고 보아야 한다.

지금까지 살펴보았듯이, 민주화 이후 우리 국회는 국정감사제도와 국정조사제도를 도입함으로써 제도적인 측면에서 행정부의 정책집행을 감시 및 견제할 수 있는 능력을 확대해 왔으며, 인사청문회제도의 도입 및 그 대상을 확대함으로써 대통령의 인사권을 어느 정도 견제할 수 있는 능력을 제도적으로 보유하게 되었다. 그럼에도 불구하고 이러한 제도의 도입이 수평적 책임성을 강화한다는 측면에서 입법부의 행정부 견제 및 감시의 기능을 실질적으로 충분히 확보해 주진 못하고 있다. 국정감사 기간은 20일로 정해진 데 비해 그 대상인 피감기관은 700여 개에 다다른다. 이러한 제도적 제한으로 국회의 국정감사는 많은 부분 형식적으로 이루어질 뿐 아니라, 여당과 야당의 대립으로 국정감사가 정쟁의 도구로 전락되기도 한다. 국정조사제도도 마찬가지로 국회의 행정부 견제기능보다 여야 정당 간의 정파적인 대립으로 그 수평적 책임성 강화 기능을 제대로 수행하지 못하고 있다.

반면, 민주화 이후 국회는 입법기능을 점차 강화하고 입법의제 설정 주도권도 확대해 왔다. 특히, 국회예산정책처와 입법조사처와 같이 정치적으로 중립적인 전문적 입법지원기관이 설립되어 국회의 입법 활동에 필요한 전문성을 향상시키는 데 기여하고 있다. 2011년에 도입된 국회선진화법은 국회 내 합의제를 강화함으로써 다수파의 일방적인 법안 통과를 어렵게 만들었다. 이에, 정부와 여당이 야당의 반대를 무시한 일방적인 법안 처리는 제도적으로 제한되게 되었으며, 이는 국회의 행정부 견제 기능의 확대로 이어지게 되었다. 이처럼 지난 30년 동안 입법부와 행정부 간의 수평적 책임성 측면은 형식적 측면에서 다양한 제도들이 도입되었지만, 아직은 이들 제도들이 제도화되지 못해 여전히 실질적인 측면에서 입법부와 행정부 사이의 수평적 책임성은 미약한 상황이다.

Ⅳ. 사법부의 독립: 정치의 사법화

'정치의 사법화'는 공공정책 전반에 대한 사법적 개입이라 정의할 수 있다. 한국에서는 2000년대 초반 이후 고도의 정치적 성격의 사안에 헌법재판소가 관여하는 현상을 논의하는 과정에 정치의 사법화라는 용어가 출현했다(박종현 2017). 1988년 출범한 이래 헌법재판소는 위헌법률심판권과 헌법소원심판권을 통하여 일반적인 법정책의 위헌성 여부와 정책결정과 집행 과정에서의 기본권 실현 여부를 판단해왔다. 민주주의 이행 이후 헌법에 반영된 민주주의 가치와 기본적 인권을 실현하고 정치권력에 대한 견제를 수행하였다는 점에서 헌법재판소의 역할은 큰 저항 없이 수용되었으며, 그에 따른 결과들에 대해서도 대체로 긍정적인 평가를 받으며 존중되어왔다. 하지만 2000년대 들어서면서 헌법재판소는 헌법상 권한임에도 그동안 행사하지 못했던 탄핵심판권과 정당해산권을 행사할 기회를 갖게 되었다. 더욱이 2004년 헌법재판소가 대통령 탄핵과 수도이전이라는 고도의 정치적 사안에 관여하여 종국적 결정을 내리게 되었다. 이 과정에서 헌법재판소는 국회의 대통령 탄핵소추의결과 행정수도이전의 입법적 시도를 무효화하는 결정을 내렸다. 이에, 헌법학자들과 정치학자들, 시민사회단체 등이 이러한 결정을 헌법재판소에 의한 '정치의 사법화' 현상이라 비판하기 시작했다.

독립된 사법기관에게 공정한 판단을 의뢰한다는 의미에서의 정치의 사법화는 순기능을 담당할 것으로 기대되기도 한다. 정치권이 다양한 사회적 이해관계에 제대로 부응하는 정책 결정에 실패하거나 첨예한 정치적 갈등 문제를 해결하지 못할 때, 정치적 압력으로부터 자유로운 헌법재판소가 법적 논증에 근거한 헌법재판을 통하여 갈등을 해결하면, 대의민주주의의 약점을 보완하고 민주주의의 공고화에 기여할 수 있기 때문이다.

현행 헌법에서 규정하고 있는 헌법재판소의 관할권은 국회의 입법권을 견제하는 '위헌법률심판권'과 주로 행정권력을 견제하는 '헌법소원심판권', 공적기능을 담당하는 정당 활동을 제한할 수 있는 '위헌정당해산심판권', 대통령 등 고위공직자의 권한을 제한하는 '탄핵심판권', 행정기관 간의 권한의 경계선을 확인해주는 '권한쟁의심판권' 등으로 구분되어 진다. 이 중 위헌법률심판권과 헌법소원심판권의 대상이 되는 사건들이 다수이지만, 헌법재판관들은 사건이 국민의 기본권을 침해했는가를 기준으로 입법부와 행정부의 권한 내지 결정을 견제한다. 이 때 발생하는 정치의 사법화는 헌법상 기본권의 보호 강화와 같은 방향으로 이루어지기 때문에 대부분 긍정적인 평가로 이어지게 된다.

반면, 핵심적인 정치 논쟁의 결말을 법원과 법관의 판결에 의존할 때 관찰되는 정치 사법화는 부정적 평가 내지 비판을 받는 경우가 많다. 선거과정과 결과에 대한 사법적 검토와 거시경제와 국가안보에 관한 국가원수의 권한행사에 대한 사법적 검토 등이 여기에 해당되는 사례이다. 이때 발생하는 정치 사법화는 소위 정치적인 판단의 영역인 '통치행위'의 영역의 헌법적 정당성을 무색하게 만들 수 있다. 이 과정에서 사법권이 정치에 개입한다는 것만이 문제가 되는 것이 아니라 정치행위자들이 정치적 활동을 포기하거나 그 능력을 상실하고 사법부에 의존하게 된다는 문제도 제기될 수 있다. 후자의 경우, 정치가들은 고의로 자신들에게 가해질 수 있는 비판이나 위협, 책임 등을 회피하기 위해 사법부에 의존하려는 경향을 보여준다.

헌법재판소의 판결을 중심으로 우리 사회에서 관찰되는 정치의 사법화 과정을 정리해 보면 다음과 같다. 우선, 주권자의 의사를 직접 확인해야 할 정도의 주요 정치적 결정에 있어 이에 불복하거나 확정을 구하는 검토의 청구가 헌법제도 및 절차를 준수하여 헌법규범의 문법에 따라 이루어진다. 이것이 헌법재판소에 접수되면 비로소 헌법해석과 적용에 의해 사실상 종국적으로 헌법재판소가 헌법적인 판단을 내리게 된다. 이 과정에서 헌법규범적 요소들이 핵심적 역할을 수행한다. 정치의 사법화 과정을 구성하는 대의제 시스템이나 정치적 문제에 대한 의사결정 규칙, 불복이나 확정이라는 검토의 청구 방식, 그리고 헌법재판소의 심판 절차 및 판단기준 등이 모두 헌법질서 내의 과정인 것이다.

민주주의 이행 이후 민주주의 공고화 과정에서 정치는 왜 사법화 되는가? 이에 대한 긍정적인 입장에서는 민주주의가 정상적으로 작동하고 그에 따라 권력분립이 실질적으로 정착하여 사법부가 독립을 확보하였기 때문이라고 주장한다(박은정 2010). 특정 국가에서 정치적 민주화가 진행되고 선거 등 절차적 민주주의가 제도화된 경우 정치의 사법화가 전개될 수 있다는 것이다. 반면, 민주주의의 실패가 정치의 사법화의 원인이라는 분석도 있다. 즉 정치 제도적 모순들로 인해 정치적 책임을 투명한 방식으로 행사하기 어렵게 되거나, 의회의 비효율 및 정부책임 능력 감퇴, 불투명한 의사결정 절차, 점점 복잡해지는 정부구조, 정당정치의 지리멸렬과 관료사회의 위계질서 혼란 등이 정치의 사법화를 부추긴다는 것이다(Tate and Vallinder 1995).

한국 사회에서 정치의 사법화의 예로 일컬어지는 4가지 사건을 정리하고 이 과정에서 헌법재판소의 판결이 갖는 수평적 책임성의 문제를 중심으로 해석해 본다.

1. 신행정수도이전 사건

『신행정수도의 건설을 위한 특별조치법』에 대한 헌법재판소의 위헌결정이 내려진 과정을 간략하게 정리하면 다음과 같다(임지봉 2008; 박은정 2010). 2002년 제16대 대통령선거에서 노무현 후보자는 지역균형발전이란 명목 하에 행정수도 이전을 공약으로 제시하였다. 당선 이후 여야 합의로 2003년 12월 29일 신행정수도 특별법이 국회에서 통과되었다(찬성 167표, 반대 13표, 기권은 14표). 하지만 2004년 제17대 국회의원선거에서 참패한 야당(한나라당)은 이 법안이 국민투표 없이 사실상 천도를 가능하게 한다는 점에서 위헌적이라는 문제를 제기하였다. 2004년 7월 12일, 서울시의회 의원 50명 등 169명이 청구한 '신행정수도의 건설을 위한 특별조치법 위헌확인 요청'이 헌법재판소에 접수되었다. 헌법재판소는 같은 해 10월 21일 위헌결정을 내려 특별법을 무효화하였다.

신행정수도이전 사건에서 헌법재판소는 여야합의로 통과된 법률을 위헌 무효화 한 것이다. 수도 이전과 같이 고도의 정치적 결정일수록 일반적인 공공정책 사안에서보다 정치권이 합의에 이르기는 훨씬 힘들기 마련이다. 또한, 대의기관 내의 다수결적 결정이라도 그에 이르는 과정은 민주적으로 더욱 가치 있고 의의를 갖는다. 헌법재판소가 이러한 합의의 과정이 갖는 대의 민주주의적 가치를 경시한 점을 문제 삼을 수도 있지만, 그 내용이 국민이 선출한 대통령의 주된 선거공약이기도 했다는 점에 더욱 주목할 필요가 있다. 이로 인해 헌법재판소의 개입이 대의기관 내의 정치적 합의의 과정을 넘어 확인된 주권자의 의사를 정치에서 배제하고 전체적으로 정치과정의 와해를 초래하였다고 비판받을 수 있기 때문이다.

더욱이 헌법재판소는 위헌판단의 논증에 있어서 헌법상 명문의 근거를 찾는 데 실패하고 그 누구도 예상치 못한 '관습헌법'이라는 법리를 고안하여 이에 안일하게 도피하였다는 점에서 민주주의 체제 내 정치의 왜곡과 더불어 헌법의 왜곡, 사법의 정치화를 유발했다는 비난에서 자유롭지 못한 것이다. 관습헌법을 인정하더라도 헌법적 판단의 다른 근거와 보충적으로 활용하는 것이 일반적이며, 특히 수도는 서울이라는 관습헌법이 인정되기 위해서는 다수국민이 수도는 서울이라 인식하는지에 대한 의사확인 과정이 필요한데, 별다른 근거도 없이 헌법재판관들이 독자적으로 이를 인정하였다는 것은 그 정당성에 의문을 제기하게 한다(임지봉 2008). 이러한 결정례가 헌법원리를 일관성 있고 정합성 있게 구현한 것이라 판단하기 어렵게 하며 나아가 정치적 고려가 헌법재판 전반을 지배했다는 것을 보여준다.

대통령 선거를 통해 이미 수도 이전에 대한 국민의 의사를 어느 정도 확인한 상황에서 기존의 헌법해석 원칙에서 벗어나며 관습헌법의 법리를 창출한 헌법재판소의 결정은 수도 이전에 대한 국민 의사 확인의 필요성을 역설하기 위한 의도였다고 정당화되기 어렵다. 헌법재판소의 논증에서는 정책결정에서 주권자가 소외되었는지 혹은 민주주의의 실패가 있었는지에 대한 면밀한 헌법적 평가가 포함되어 있지 않다.

2. 대통령 탄핵 사건

탄핵사건에서의 헌법재판소의 결정에 이른 과정은 다음과 같다(함재학 2010; 전정현 2012). 2004년 초 노무현 대통령이 언론사들과의 회견에서 다가올 국회의원선거에서의 당시 여당인 열린우리당에 대한 지지를 기대한다는 식의 발언을 하였고 선거중립의무 위반이 논란이 되었다. 야당인 새천년민주당은 대통령이 선거법 위반 및 측근비리를 문제 삼아 한나라당과 함께 탄핵소추안을 발의하였고, 2004년 3월 12일 한나라당, 새천년민주당, 자유민주연합 소속 의원 등 총 195명이 참가한 투표에서 193명 찬성, 2명 반대로 탄핵안이 가결되었다. 같은 날 이 소추결의서 정본이 헌법재판소에 송달되었고, 3월 30일부터 4월 30일까지 열린 7차례의 변론 끝에 헌법재판소는 2004년 5월 14일 탄핵심판을 기각하기로 결정했다.

노무현 대통령 탄핵과정에서 탄핵을 주도한 야당 세력이 헌법재판소 결정에 의해 크나큰 역풍을 맞은 것은 분명하다. 그럼에도 불구하고, 이 기각 결정을 헌법재판소에 의한 사법화가 정치 영역을 붕괴시킨 것이라고 평가할 수는 없다. 2004년 제17대 국회의원선거는 탄핵을 주도한 세력에 대한 국민의 준엄한 심판을 보여주었으며, 야당은 선거에 패배하여 다수의 의석을 상실하게 되었다. 이처럼 노무현 대통령에 대한 국회의 탄핵과 헌법재판소의 기각으로 이어진 일련의 과정은 정치권의 변동을 만들어내었으며, 이는 오히려 정치적 영역에 민주적 정당성을 강화시키는 방향으로 마무리 되었다. 특히 헌법재판소의 기각결정은 그러한 민주적 정당성을 계속 이어지게 하였다는 점에서 오히려 정치적 영역의 활성화에 이바지하였다고 볼 수 있다. 게다가 제16대 국회가 임기를 겨우 80일 남긴 상태에서 탄핵소추를 의결하였다는 사실과 오히려 탄핵심판 진행 중에 실시되었던 제17대 국회의원 선거를 통해 대통령에 대한 국민의 지지를 직·간접적으로 확인할 수 있었던 기회는 헌법재판소가 시민사회와의 소통을 통해 주권자의 의사에 부합하는 정치과정이 이루어지도록 보조하였던 것이다(강정인 2008). 다시 말해, 헌법재판소는 민주적 정당성이 사실상 소멸되고 있는 제16대 국회의 결정을 무효화시킴으로써 제17대 국회의원선거를 통해 등장한 새로운 정치동력에 힘을 실어준 것이다. 이 사례는 정치의 사법화인 헌법재판소의 결정이 정치를 활성화시킬 수 있다는 것을 보여주고 있다.

다만 헌법재판소가 탄핵에 대한 기각결정을 내리면서도 사유에 있어서는 위헌·위법적 요소가 있다는 사실을 인정하여 논리적 일관성이 결여되었다는 비판적 평가(임지봉 2008)도 존재한다. 또한, 헌법준수의무나 정치적 중립의무가 우리 공동체, 헌정 내에서 어떠한 연원과 의미를 갖는지 나름 면밀하게 검토하고 그에 따라 위반행위의 본질에 해당하는 양태가 무엇인지 구체적으로 판단했다는 긍정적 평가(박종현 2017)도 있다. 이 결정은 '중대한 위헌·위법행위'에 대한 판단을 진행하였다는 점에서는 비례성 원칙을 적용하여 개별사건에서의 판단을 위한 구체적 타당성을 확보할 수 있는 토대를 마련한 사례였다.

3. 정당해산심판 사건

통합진보당 해산결정의 전개과정은 다음과 같다(한상희 2014). 국가정보원이 통합진보당 소속 이석기 의원을 형법상 내란 음모와 선동 및 국가보안법 위반으로 고발하고 그에 대한 재판이 진행됨에 따라 2013년 11월 5일 국무회의에서 법무부가 긴급 안건으로 상정한 '위헌정당 해산심판 청구의 건'을 심의·의결하였다. 이에 정부가 헌법재판소에 통합진보당에 대한 정당해산심판을 청구하여 헌법재판소에서 심리를 하게 되었다. 대법원의 최종심이 있기 전임에도 불구하고 헌법재판소는

2014년 12월 19일 심판 청구를 인용하여 통합진보당을 강제로 해산시켰다.

정당해산심판은 민주주의 정치체제의 핵심적 제도 중 하나인 선거를 통해 확인된 정당에 대한 국민의 지지를 무력화하고 입법부 내의 권력구조와 시민사회 내의 정치적 지형에 상당한 변화를 초래했다는 점에서 고도의 정치적 결정이라 할 수 있다. 국회가 대통령(행정부)을 견제하는 장치로 탄핵이 있다면 대통령은 대국회 견제 장치로 정당해산을 요구할 수 있다. 하지만 전자는 대통령이 명백히 헌법이나 법률을 심각하게 위반했을 때 사법적 판단을 요구하는 반면, 후자는 민주적 기본질서 위배 여부라는 보다 정치적인 판단을 요구한다. 이에 사법판단을 하는 헌법재판소에 최종적 결정을 맡기기에는 부담스러운 것이 정당해산심판이라 할 수 있다. 특히 심판 인용 시 심판대상이 되는 정당을 지지한 주권자의 의사를 배제하는 결과를 낳는 것도 문제가 될 수 있기 때문이다. 정치영역에 대한 효과라는 측면에서 볼 때, 절차상 하자 없는 선거 과정을 통해 심판대상 정당의 목적과 활동에 동의를 표하며 소수의 의석수를 배분한 국민의 의사를 완전히 무시하는 해산 결정을 내림에 있어서 헌법재판소는 신중을 기할 필요가 있었다. 제도 자체가 갖는 예외성과 파급력을 고려하면 선거를 통해 정상적인 정치상황이 계속되는 경우까지 적극적으로 심판권한을 행사하는 것은 민주주의 체제 내에서 선거를 통해 확보되는 민주적 정당성의 무게를 과소평가하는 것이기 때문이다.

이러한 상황을 막기 위해서 헌법재판소는 중대한 근거에 의존해 전문적 판단을 내려야 한다. 더욱이 당시 정당해산심판 사건에서는 통합진보당 소속 의원에 대한 형사법위반여부 판단이 법원에서 이루어지고 대법원의 최종선고를 앞둔 상황이었다. 헌법재판소가 판단의 근거를 명확히 하고 결정에 있어 신중했음을 보여줄 수 있는 기회를 가졌음에도 불구하고 성급히 결정을 내린 것은 절차적 정당성 문제의 소지가 있다. 특히 민주적 기본질서를 중심으로 한 위헌성 판단 부분은 사실관계의 확정과 헌법규범에 대한 이론적 논의가 요구됨에도 불구하고 이에 도움이 될 논의들을 헌법재판소가 무시한 것이다(한상희 2014). 이러한 결정은 결국 정당해산심판 결정을 법 외적 판단이자 정부의 결정에 따라 결정되는 무규정적인 것으로 전락시켰다고 볼 수 있다.

4. '국회선진화법' 권한쟁의심판 사건

헌법재판소는 2016년 5월 26일 제19대 국회 새누리당 소속 의원들이 정의화 국회의장을 상대로 낸 권한쟁의심판에 대해 최종적으로 각하 결정을 내렸다. 애초에 청구인들의 권한이 침해된 적이 없으니 청구요건 자체를 충족시키지 못했으므로 부적법한 소송이었다는 결론이었다. 국회선진화법은 당시 여당인 새누리당 소속 국회의원들이 주도해 수립한 법안이다. 여당 의원들은 이 법이 자신들의 국회 내 의사결정을 어렵게 한다고 느꼈지만, 야당의 동의를 얻어 내어 국회 내에서 국회선진화법을 개정해보려는 노력은 하지도 않았다. 오히려 여당은 헌법재판소에 가서 자신들이 중요하다고 적어 놓은 법 조항들이 헌법에 위반되어 무효라고 주장하는 이율배반적인 모습을 보여주었다. 차동욱(2016)은 이러한 과정을 정치의 사법화라고 평가했다.

권한쟁의심판을 청구한 새누리당 의원들이 심각하게 문제 삼은 개정 국회법의 조항은 두 가지였다. 첫째, 국회법 85조 1항에 규정된 국회의장 직권상정의 요건이다. 이 조항은 국회의장의 직권상정 요건을 천재지변, 국가 비상사태, 여야 합의로 제한하고 있다. 이에 대한 헌법재판소의 판결에 따르면, 직권상정권한은 국회의장이 비정상적 상태를 회복하기 위해 가지는 의사(議事)정치권의 일종이고, 국회법 85조 1항의 직권상정 요건 제한은 국회의장의 권한을 제한할 뿐 국회의원의 심의·표결권은 제한하지 않는다고 판단했다. 이에 국회의장의 직권상정 거부로 새누리당 의원들의 법률안 심의·표결권이 직접 침해당할 가능성은 없다고 결론지었다.

둘째, 국회법 85조의 2에 규정된 신속처리안건지정제도인데, 이 경우에도 헌법재판소는 권한쟁의심판 청구요건을 충족시키지 못했다며 각하하였다. 새누리당 의원들은 국회 기획재정위원회에서 서비스산업발전기본법안을 신속처리안건으로 지정해야 한다고 요구했었다. 그런데 새누리당은 이 문제를 표결에 부치는 데 필요한 정족수를 채우지 못했다. 헌법재판소 재판관들은 소관 상임위원회 재적위원 과반수의 서명요건을 갖추지 못해 청구인의 표결권이 직접 침해당할 가능성이 없다며 전원일치로 각하 결정을 내렸다. 신속처리안건지정 동의가 과반수의 서명으로 제출돼야 비로소 위원장도 표결을 실시해야 하는 부담을 지는데, 전제요건이 충족되지 않았기 때문에 위원장이 이후 절차를 거부했더라도 위원들의 권한 침해 여부를 논할 수 없다는 것이다. 이에 구체적으로 침해당한 권한이 없기 때문에 각하할 수밖에 없다는 게 헌법재판소의 판단이었다.

국회선진화법으로 불리는 개정 국회법은 여야 간 이견이 큰 쟁점 법안을 처리하려면 재적 의원 5분의 3인 180명 이상의 찬성을 얻도록 하고 있다. 우리 국회의 고질병이라 불렸던, 폭력을 동반한 날치기 통과의 관행을 더 이상 허용하지 않으려는 고육지책이었다. 국회선진화법은 여·야의 합의로 탄생하였으며, 절차상 아무런 하자도 찾아볼 수 없었다. 새누리당은 스스로 주도했던 국회선진화법을 제19대 국회를 식물국회로 만드는 주범으로 몰고, 급기야는 위헌판결을 받기 위해 헌법재판소로 찾아갔으나 이에 대하여 헌법재판소는 위헌 논란을 원천적으로 봉쇄하듯이 부적법 각하 판결을 내놓았다. 이러한 헌법재판소의 결정은 정치적인 주장을 헌법재판소로 가져와 헌법적 타당성을 판결해달라는 요구는 받아줄 수 없다는 것이며, 입법교착은 정치적인 문제로서 정치의 영역, 구체적으로 입법부인 국회 내에서 해결하라는 것이다.

이상에서 살펴본 정치의 사법화의 대표적 사례들에 대한 개별적 고찰에서는 수용하기 어렵고 비일관적인 헌법논증으로 인하여 정치의 와해, '사법의 정치화'와 같은 부정적인 측면이 있을 수 있음과 동시에 특정한 상황에서는 오히려 헌법재판소의 결정이 정치영역을 활성화시키고 주권적 의사를 확인하며 헌법적 논증을 통해 헌정질서를 수호할 수도 있다는 것을 확인할 수 있었다. 결국 정치의 사법화에 대한 평가는 헌법에 대한 수용 가능한 해석과 헌법선례들의 일관성 있는 적용을 통하여 고도의 정치적 결정에 개입하고 정치적 결정이 헌법상의 국민의사를 제대로 반영하고 있는지를 견제하는 과정이 전제되었는지 여부에 따라 달라질 수 있다. 헌법적 판단에 있어 정치적 결정에 대한 실체적 가치 판단을 완전히 배제할 수 없지만, 논의의 출발이자 핵심에 중요한 정치적 결정이 주권자의 의사에 부합하는 지를 확인하는 과정, 즉 시민사회와의 소통이 충분히 있었는지에 대한 절차적 검토를 둔다면 재판의 자의성은 감소하고 설득력은 증가할 것이다. 이러한 과정을 통해 헌법재판소가 속한 사법부가 민주주의 정치체제 내 행정부나 입법부에 대한 수평적 책임성을 강화할 수 있을 것이다.

V. 감사원 독립

감사원의 독립성 확보는 상대적으로 강력한 행정부를 견제함으로써 한국 민주주의 공고화를 위한 수평적 책임성 강화에 필수적이다. 현재 감사원의 독립성은 제도적인 측면에서조차도 확보되지 않고 있기 때문에, 정권의 이해관계에 지나치게 민감하게 반응해왔다. 이는 감사원에 대한 국민의 높은 불신으로 이어지고 있다. 예를 들어, 이명박 정부에서 감사원은 공기업 구조조정을 위한 공기업 대규모 감사, KBS 감사 등 정치적 목적을 의심하게 하는 다수의 표적 감사를 단행했다. 또한 이명박 정부의 대표적인 국책사업이었던 4대강 사업에 대한 2011년 감사에서 야당과 시민단체의 타당성 부족과 환경파괴에 대한 많은 문제제기에도 불구하고 문제가 없다는 감사결과를 발표했다. 하지만, 2013년 1월에 발표한 제2차 감사에서는 보의 내구성, 과잉 준설, 수질 악화 등 많은 부분에서 4대강 사업의 졸속과 부실을 확인했다고 발표함으로써 1차 감사가 매우 부실한 감사였음을 스스로 드러내기까지 했다.

현재 감사원이 수행하고 있는 회계검사와 공무원의 직무감찰 기능은 전통적으로 입헌국가에서 국가권력에 대한 합리적 통제의 핵심적인 내용이다. 민주주의 국가에서 행정부의 역할과 규모가 점차 확대되어감에 따라 이에 대한 감사기능의 의미와 중요성은 더욱 증대되고 있다. 감사원은 그 직무와 관련하여 어떤 형태로든 입법부 및 행정부와 관련을 맺을 수밖에 없다. 감사원의 제도적 기초는 이 두 권력 사이의 절묘한 균형 위에 있어야 한다. 우리 헌법 제97조 및 제98조에 따르면, 감사원은 국가의 세입·세출의 결산, 국가 및 법률이 정한 단체의 회계검사와 행정기관 및 공무원의 직무에 관한 감찰을 위한 대통령 소속의 합의제 헌법기관이다.

현재 감사원에서 회계검사와 직무감찰이 통합되어 운영된 것은 두 기능의 제도적 필연성보다는 정치상황의 특수성이 고려된 역사적 우연성에 기인한 것이다. 1948년 제헌 헌법 당시에는 현행 헌법에 비추어 감사원의 직무라고 할 수 있는 세입·세출의 결산 및 그 전제가 되는 회계검사는 심계원(審計院)이, 직무감찰은 감찰위원회(監察委員會)가 각각 담당하였다(감사원 2008). 심계원의 설립 및 활동에 대한 근거는 당시 헌법에 명시되어 있었다. 그러나 감찰위원회는 헌법상 규정이 아니라, 당시 정부조직법에 근거하여 대통령 소속의 법률상 기관으로 구성되었다. 당시 감찰위원회는 신생독립국으로서 제대로 갖춰지지 않았던 공무원제도의 안정적 정착을 위해 필수적으로 요구되었던 부정부패척결을 담당하기 위한 국가기관이었다.

심계원과 감찰위원회를 통합시켜 지금의 감사원이 설립된 것은 5·16 쿠데타 이후의 군사정부 시절이었다. 1963년 국가재건비상조치법을 통해 심계원과 감찰위원회를 통합하여 감사원을 설치하도록 규정했다. 군사정부는 공직사회 통제를 위해서 중앙행정기관으로서 감찰기관이 존립되어야 하며, 당시 회계사무와 직무의 한계가 불분명하여 이들을 서로 따로 떼어 감사하기 어렵기 때문에 현실적 필요성과 업무의 능률성 제고를 위해서 두 기관을 통합한다고 설명했다. 이후 여러 차례의 헌법 개정에도 불구하고 감사원의 조직이나 권한범위 등에 관한 내용은 크게 달라지지 않고 그 기본골격을 그대로 유지한 채 현행 헌법에 이르렀다. 감사원은 강력한 권력을 행사하는 대통령의 국정통제의 수단으로 활용되어 왔다고 끊임없이 비판 받고 있다(방동회 2011). 이처럼 단일한 회계검사기관이 직무감찰까지 동시에 수행하는 것은 매우 드문 현상으로 대만과 이스라엘 정도가 이와 유사한 기구를 보유하고 있다.

현재 감사원처럼 회계검사와 직무감찰을 통합하여 감사원이 수행하는 것이 바람직하다는 견해(감사원 1998)는 다음 두 가지를 그 이유로 제시한다. 첫째, 현재 직무감찰의 경우에는 공직자의 개인적 비리에 관한 조사의 차원을 넘어서 공공부문의 성과향상과 관련된 새로운 감사영역으로 그 영역이 확장되고 있기 때문에 회계검사와 직무감찰을 굳이 분리할 필요는 없다는 것이다. 둘째, 회계검사와 직무감찰을 분리하여 별개의 기관에서 담당하게 한다면 국가사정체계의 분산과 중첩으로 인해 예산의 낭비와 중복감사의 문제가 발행할 소지가 있다는 것이다. 오랜 기간 회계검사 기능과 직무감찰 기능이 통합적으로 수행되어 오면서 조직문화적 측면에서 많은 노하우가 축적되어 국가 행정의 효율성과 적정성의 확보에 기여하고 있다는 것이 감사원 자체 평가이다. 더욱이, 이러한 양 기능의 통합은 현행 체제처럼 대통령 소속일 때 비로소 가능하다고 주장한다.

감사원의 통합 업무 수행에 대한 비판도 존재한다. 우선, 회계검사와 직무감찰의 구분이 어려운 영역이 증가하고 있으나 이는 직무감찰범위가 확대된 결과라기보다는 회계검사의 질적 변화의 측면에서 이해되어야 한다는 지적이다(안경환 외 2006). 즉, 이제 회계검사는 그 중심이 행정작용 전반에 대한 미시적 회계검사에서 선별적 행정작용에 대한 예방적 통제를 수행할 거시적 성과검사로 이동하고 있으며, 그 핵심은 재정의 효율적·효과적 집행에 있기 때문에 행정사무감찰과 관련이 있을 수는 있지만 대인감찰이 주가 되는 직무감찰을 최고회계검사기관에서 담당해야 하는 이유가 될 수 없다는 것이다. 또한, 최고회계검사기관인 감사원의 주된 업무는 회계검사여야 한다. 국가재정의 적정성에 대한 통제기능을 담당하는 회계검사는 비리척결을 목적으로 하는 국가사정 체계와 직접적인 관련성은 없으므로 분산의 비용을 논하는 것은 적절하지 못하다.

현재의 감사원이 회계검사 기능과 직무감찰 기능을 통합하여 수행하는 이유는 현행 헌법에 따라 감사원이 대통령 소속하에 행정부의 일원으로 편제된 제도적 상황과 더불어 정치적 요구 때문이다. 정부의 재정집행에 대한 외부적 통제의 성격을 갖는 회계검사에 반해, 직무감찰은 행정조직에 대한 내부적 통제의 성격을 가지므로 행정부 관할권을 가진 행정부 수반에 소속되거나 다른 형식으로 행정부의 일원이 되는 것이 조직체계상으로는 문제되지 않을 수 있다. 현행 헌법과 법률에 의하면, 감사원이 대통령에 소속하되 직무에 관해서는 독립의 지위를 가진다고 명문화되어 있다. 그러나 우리의 정치현실에서 조직상의 지위에 영향을 받지 아니하고 대통령으로부터 독립하여 직무를 수행할 수 있으리라 기대하는 것은 사실상 어렵다.

감사원의 직무상 독립성은 조직의 독립을 필수적으로 전제해야 한다. 감사원의 조직적 독립은 그 구성상의 독립과 인사상의 독립이 선행되어야 하며, 최종적으로 의사결정의 독립이 보장되어야 한다. 현재 감사원의 임명권자 및 임명절차, 감사위원의 임기와 관련된 부분에서 이러한 조직의 독립성이 훼손될 가능성이 매우 높다. 구체적으로 살펴보면, 감사위원의 임명에 있어 감사원장의 제청이라는 형식적 절차에 의한 제한 요건 외에는 대통령의 전권사항이며, 감사원장을 포함한 감사위원의 임기가 4년으로 지나치게 짧고 중임을 허용하고 있다. 뿐만 아니라, 대통령은 감사원의 정원 승인권과 상급실무직원에 대한 인사권을 행사할 수 있다.

또한, 감사원의 직무범위와 관련하여 주된 업무인 회계검사를 행정부 재정작용의 적절성을 담보하기 위한 정부통제적 기능으로 파악한다면 회계검사권을 통제대상인 행정부 내에 소속시키는 것은 적절하지 못하다. 외국의 사례를 봐도 최고회계검사기관이 행정부 소속인 경우는 매우 드물며, 대부분 의회 소속이거나 독립기관으로 두고 있다.[106] 소속형태에 따라 직무의 독립성과 효율성이 차이가 난다는 것은 극복되어야 할 조직문화의 부정적 측면을 옹호하는 주장이다. 특히, 대통령 직속기관으로서 감사원이 유지되는 것은 관리주의적 지배체제의 효과에 기대는 편의성을 추구하는 것이라 비판받을 수 있다. 감사결과의 실효성은 감사원에 대한 다른 국가기관 및 국민의 신뢰를 바탕으로 얻어져야 한다. 최고회계검사기관인 감사원의 독립성은 감사결과를 다른 국가기

---

106) 최고회계검사기관이 의회 소속인 경우는 미국, 영국, 캐나다, 호주, 뉴질랜드, 덴마크, 오스트리아 등이며, 독립기관으로 두고 있는 경우는 독일, 프랑스, 일본 등이 있다.

관과 국민에게 공개하여 피감기관의 문제점을 공론화하고 다른 국가기관과 국민으로부터 지지를 획득함으로써 확보하여야 하는 것이다.

바람직한 감사원의 직무범위는 현재의 직무감찰 중 행정사무감찰이 포함된 회계검사라고 할 수 있다. 이러한 업무를 수행하는 감사원은 국회에 소속되어야 행정부를 견제할 수 있는 입법부의 권한과 능력을 강화할 수 있다. 감사원의 기능이 국민의 대표기관인 국회가 가지는 국가재정에 관한 통제권과 기능적으로 연계되어 시너지 효과를 가져와 궁극적으로는 재정 민주주의 원칙을 관철할 수 있게 된다. 또한, 국회는 입법권과 대정부통제권을 비롯한 여러 권한을 보유하고 있기 때문에 감사원이 국회에 소속된다면 이러한 권한을 바탕으로 감사의 실효성을 확보할 수 있을 것이다. 마지막으로, 감사원이 국회 소속으로 전환된다면 특정사안에 대한 구체적인 감사나 조사가 필요한 경우에도 이를 수행할 하부조직이 없는 현재의 국회로서는 예산의 합법적이고 효율적인 집행 등을 제대로 파악할 수 있게 되고 행정부에 맞설 수 있는 실질적인 권한과 조직을 확보하게 된다.

다만, 현행 체제가 대통령에게 권한을 집중시켰듯이 감사원이 국회 소속으로 전환된다면 자칫 국회에 막대한 권한이 집중될 수 있다는 우려가 제기될 수 있다. 현재 예산심의 과정에서 종종 관찰되듯이 지역구나 이익집단의 민원으로부터 자유로울 수 없는 국회의 모습이나 여야 간의 정쟁을 되풀이하는 국회 내 모습을 떠올려 보면 감사원을 국회에 이관하여 국회에 권한이 집중되는 것이 적절한지 우려하는 것은 당연하다. 이러한 우려를 감안해 감사원의 조직상 독립성 및 객관성을 수립할 필요가 있다. 수평적 책임성은 주요 직책에 대한 임명 과정이 정치적 이해관계에 좌우될 때 무력화된다. 예를 들어, 이명박 대통령은 대선후보 당시 가장 중요한 논란거리였던 BBK 의혹을 변호했던 검사출신이며 한나라당 부대변인이었던 은진수를 감사원 감사위원에 임명함으로써 감사원의 정치적 독립을 훼손했다.

감사원이 국회 소속으로 전환되면, 감사원장 및 감사위원의 임면권도 국회로 이관되어야 한다. 국회의 다양한 정당 소속의 국회의원들로 구성되어 있으므로 정치적 다원성과 정치적 중립성을 좀 더 확보할 수 있을 것이다. 이와 더불어, 감사위원의 충분한 임기를 보장하여 정치적 중립성을 확보해야 한다. 우리나라 감사위원의 임기는 4년으로 규정되어 있으나, 감사위원의 임기는 적어도 대통령 5년이나 국회의원 4년의 임기보다 길어야 한다. 예를 들어, 미국은 15년, 영국은 10년, 일본은 7년, 독일은 12년, 프랑스와 이탈리아는 별도의 임기 없이 정년까지 신분을 보장하는 종신직 제도를 보유하고 있다. 우리의 경우 현재 대법원이나 헌법재판관의 임기 및 중앙선거관리위원의 임기 등을 고려하여 감사위원 역시 임기를 6년으로 하되, 임기 연장 등을 위하여 독립성을 훼손하는 일을 미연에 방지하기 위해 중임금지 규정을 두어야 한다.

이상에서 살펴보았듯이, 감사원은 헌법과 법률에 의해 조직적으로는 행정부 수장인 대통령에 소속하되, 직무에 관하여는 독립의 지위를 가진다고 규정되어 있다. 감사원 원장은 국회의 동의를 받아 대통령이 임명하도록 되어 있으며, 나머지 감사위원은 원장의 제청으로 대통령이 임명하도록 정해져 있다. 즉, 행정부 감시를 그 주요 업무로 하는 감사원이 제도적인 측면뿐 아니라, 실질적인 측면에서도 행정부 수장인 대통령의 영향력에 매우 취약한 위치에 놓여있다. 민주화 이후 30년이 흘렀지만, 감사원은 제도적 측면에서도 상대적으로 강력한 행정부의 권력을 견제한다는 기본적인 역할을 수행할 수 없도록 제한되어 있다. 감사원의 실질적 독립성 확보는 수평적 책임성 강화의 주요한 내용 중 하나가 될 것이며 이는 민주주의 공고화에도 기여할 것이다.

Ⅵ. 결론

민주주의 이행 이후 지난 30년 동안 한국의 민주주의 공고화 과정을 평가해 보면 기대에 못 미치는 부분도 존재하지만 긍정적인 변화의 모습도 많다. 현행 대통령제 헌정체제에서 3차례에 걸친 정당 간의 평화적인 정권교체, 굴곡은 있었지만 시민의 자유와 권리 신장, 공공복지의 확대, 권위주의 청산 노력 및 민주화운동관련자 명예회복 및 보상 등이 주요 성과라고 할 수 있다. 그럼에도 불구하고, 대부분의 신생민주주의 국가들이 그렇듯이 짧지 않은 권위주의 체제의 결과, 상대적으로 강력하고 인력과 재원이 풍부한 행정부, 특히 대통령에 집중된 권력은 여전히 민주주의의 질을 향상시키는 데 걸림돌로 여겨지고 있다. 우리의 경우, 민주화 이후 대부분의 전직 대통령들이 부정부패에 연루되어 비판의 대상이 되거나 심지어는 구속되어 감옥에 갇히는 경우를 지켜봐왔다. 박근혜 전대통령의 탄핵과 이명박 전대통령의 구속을 보고 다수의 정치학자나 정치인들은 소위 "제왕적 대통령제"라는 87년 체제인 현행 헌법의 한계를 지적하면서, 헌법개정을 주장하고 있다.

지난 30년 간 한국 민주주의 체제의 수평적 책임성은 제도적 측면에서 확대되어 왔다. 그러나 이러한 제도적 변화가 형식적 수준에서 멈춰 실질적으로 제도화되고 민주주의의 질을 향상시키는 방향으로 발전되지는 못한 것으로 나타났다. 물론, 수평적 책임성의 확대를 위해 제도의 변화가 필요한 영역들도 존재한다. 입법부와 사법부의 역할이 점차 확대되고 있지만, 행정부에 대한 견제 기능은 여전히 제한적인 것이 현실이기 때문이다. 한국 민주주의의 질을 높이기 위해 수평적 책임성을 확대하고 공고히 하기 위해 필요한 제도적 변화는 어떤 것들이 있을까?

첫째, 국회의 자율성이 확대되고, 대통령에 대한 견제와 감독이 증가하여 대통령과 대등한 통치 주체로 발전해 민주주의 체제 내 수평적 책임성 강화로 이어져야 한다. 오늘날 국회는 과거 권위주의시기의 '통법부'에서 탈피하여 의원들의 법안 제출 수가 대폭 증가하는 등 입법 활동에 적극적으로 나서고 있다. 특히 노무현과 박근혜 대통령에 대한 국회의 탄핵소추 발의는 과거 '제왕적 대통령－종속적 국회' 관계에서 탈피해 가는 모습을 보여준다. 물론 이러한 긍정적인 추세에도 불구하고 국회가 과거처럼 장외투쟁, 정당 간의 극한적 대립 등으로 인해 공전과 파행을 거듭하고 있다는 한계도 존재한다.

입법부와 행정부, 특히 대통령 간의 수평적 책임성을 강화하기 위해서 국회의 행정부의 견제 기능을 강화하는 제도의 도입뿐 아니라 기존에 행정부에게 부여된 입법권한과 예산편성권한 등에 대한 적극적 제한이 부여되어야 한다. 특히, 예산법률주의를 도입함으로써 국회에 예산입법권을 부여하여 행정부를 견제할 수 있는 입법부로서의 국회의 권능을 회복해야 한다. 또한, 감사원의 회계검사 기능을 국회로 이관하여 감사원이 상시적으로 국회의 각 위원회의 입법과 재정심사계획과 유기적인 연관 하에 수립되고 추진되어 행정부의 정책집행을 체계적으로 감시하고 견제할 수 있도록 지원해야 한다.

둘째, 사법부의 독립성 보장과 사법 개혁이다. 민주화 이후 지난 30년간 헌법재판소를 비롯한 사법부는 민주주의 공고화에 긍정적인 영향을 미치고 있다. 표의 등가성을 확보하기 위해 선거구 인구를 최대 3대1에서 2대1로 조정해야 한다는 판결, 비례대표 선출에 있어서 유권자의 의사가 반영되도록 1인1표제 대신 1인2표제를 지지하는 판결, 노무현 대통령 탄핵 소추에 대한 기각과 박근혜 대통령에 대한 탄핵 인용 결정 등을 통해 대통령－국회 사이에 최종 중재자 역할을 수행해 왔다. 이밖에도 재외국민에 대한 참정권 제공과 선거운동의 자유를 확대하는 각종 판결 등이 사법부가 민주주의 공고화에 기여한 대표적인 사례들이다. 물론 정치의 사법화, 사법의 정치화에 대한 우려가 대두되고 있으나 현재의 사법부는 과거 권위주의시기와 다른 모습을 보여주고 있다.

사법부의 독립성 보장은 민주주의의 수평적 책임성 확대를 위한 필요조건 중 하나이다. 제도적으로 사법부의 독립성을 보장하는 것도 중요하지만, 우리의 민주주의의 질을 향상시키기 위한 사법개혁의 핵심은 사법부에 대한 국민들의 불신을 해소하고 법치주의와 민주주의가 조화를 이루는 사법을 구현하는 것이다. 이를 위한 개혁 방향은 사법의 민주성뿐 아니라 분권성, 투명성을 확보하는 것이다. 사법의 민주성은 법관인사제도에 민간인 참여를 활성화하여 법원의 폐쇄적 인사권 행사에 대한 민주적 통제를 확보하는 것이다. 사법의 분권성은 대법원장에게 집중되어 있는 사법행정권을 분산시키고 연고주의로 인한 전관예우 문제를 해결함으로써 달성될 수 있다. 마지막으로, 판결문 공개나 양형기준의 설정 등을 통해 사법권 행사의 과정이나 결과를 공개함으로써 사법의 투명성도 강화되어야 한다. 이처럼 사법부는 내부의 개혁을 통해 스스로 민주적 역할을 증대시킴으로써 그 독립성을 확보할 수 있을 것이다. 사법부가 자신의 민주적 정당성을 기반으로 한 독립성을 확보하면, 이는 자연스럽게 수평적 책임성 강화로 이어져 민주주의 질을 높이는데 기여할 것이다.

참고문헌

감사원. 1998. 『21세기 대비 국가감사체계와 감사원 발전방안』. 서울: 감사원.
_____. 2008. 『감사 60년사 (I)』. 서울: 감사원.
강정인. 2008. "민주화 이후 한국정치에서 자유민주주의와 법치주의의 충돌." 『서울대학교 법학』 49권 3호, 40-75.
박은정. 2010. "정치의 사법화(司法化)와 민주주의." 『서울대학교 법학』 51권 1호, 1-26.
박종현. 2017. "정치의 사법화의 메커니즘-헌법재판에 의한 정치의 사법화 현상에 대한 분석 및 평가-." 『법학연구』 27권 1호, 101-141.
방동회. 2011. "감사원 감사권의 제한과 개선에 관한 연구-규범과 현실간의 간극과 개선방안을 중심으로-." 『법과 정책연구』 11권 4호, 1345-1375.
손병권. 2010. "국회 인사청문회의 정치적 의미." 『의정연구』 16권 1호, 5-33.
안경환·정재황·김유환·김종철·조성규. 2006. 『감사환경변화에 대응한 감사원의 역할 등에 관한 연구』. 서울: 감사원.
윤은기·황선영. 2016. "입법통제 수단으로서의 국정감사제도 개선에 관한 비교연구." 『국가정책연구』 30권 3호, 29-61.
이현우. 2015. "한국 민주주의와 국회 70년." 『한국의 정치 70년』, 194-249. 성남: 한국학중앙연구원출판부.
임지봉. 2008. "제3기 헌법재판소와 정치적 사건, 그리고 소수자의 인권." 『서강법학』 10권 1호, 71-87.
전정현. 2012. "노무현 정부 시기 헌법재판소와 반다수제(countermajoritarian difficulty) 문제: 주요정책이슈에 대한 위헌결정사례분석." 『한국정치연구』 21권 3호, 155-178.
전진영. 2011. "국회의장 직권상정제도의 운영현황과 정치적 함의." 『한국정치연구』 20권 2호, 53-78.
정진민. 2013. "국회선진화법과 19대 국회의 과제: 국회 운영방식과 대통령-국회 관계의 변화를 중심으로." 『현대정치연구』 6권 1호, 5-29.
차동욱. 2016. "정치의 사법화에 대한 헌법재판소의 책임: 국회의원과 국회의장 간 권한쟁의 사건을 중심으로." 『한국정당학회보』 15권 2호, 69-103.

최준영·조진만·가상준·손병권. 2008. "국무총리 인사청문회에 나타난 행정부
－국회 관계 분석: 회의록에 대한 내용분석을 중심으로." 『한국정치학
회보』 42권 2호, 151－169.

한상희. 2014. "통치술로서의 정치의 사법화－통합진보당사건과 관련하여－."
『민주법학』 56호, 11－56.

함재학. 2010. "헌법재판의 정치성에 대하여: "헌법적 대화" 모델을 위한 제언."
『헌법학연구』 16권 3호, 613－651.

Barracca, Steven. 2003. "Democratic Consolidation and Deepening in Mexico:
A Conceptual and Empirical Analysis." Paper prepared for presenting
at the 2003 Meeting of the Latin American Studies Association,
Dallas, Texas. March.

Diamond, Larry and Leonardo Morlino. 2005. *The Quality of Democracy*.
Baltimore: Johns Hopkins University.

Gaventa, John. 2004. "Triumph, Deficit or Contestation?: Deepening the
'Deepening Democracy' Debate." Paper prepared for discussion at
the Seminar on Deepening Democracy. Governance and Civil
Society Unit, Ford Foundation, Rio de Janeiro, Dec.

Heller, Patrick. 2009. "Democratic Deepening in India and South Africa."
Journal of Asian and African Studies, 44(1): 123－149.

Linz, Juan and Alfred Stepan. 1996. "Toward Consolidated Democracies."
Journal of Democracy, 7(2): 14－33.

O'Donnell, Guillermo. 1999. "Horizontal Accountability in New Democracies."
in *The Self－Restraining State: Power and Accountability in New
Democracies, edited by* Andreas Schedler, Larry Diamond, and Marc
F. Plattner, 29－52. Boulder: Lynne Rienner Publishers.

Schedler, Andreas. 1998. "What is Democratic Consolidation?" *Journal of
Democracy*, 9(2): 91－107.

Tate, Neal C. and Torbjorn Vallinder. 1995. *The Global Expansion of
Judicial Power*. New York: New York University Press.

2편

실질적 차원

08

민주주의 국가와 민주주의 주체들의 자유[*]: 1987년 민주화 이후 한국에서 '자유'의 변환에 따른 민주주의의 과제

홍태영

I. 서론

1987년 민주화 이후 1997년 말은 외환위기와 그에 힘입은 최초의 야당 정권이 수립되었고, 2007년은 다시 보수정권의 10년 시작을 알리는 해였고, 2017년은 헌정 사상 초유의 박근혜 대통령의 탄핵에 이은 문재인 민주당 정권의 탄생을 가져왔다. 1987년 민주화 이후 10년이라는 주기가 우연치 않게 한국 정치사에 의미 있는 전환점들을 만들어 온 듯하다. 1987년 민주화 이후 30년의 시간이 주는 의미는 무엇인가? 여야의 정권교체 경험, 외환위기와 한국사회의 신자유주의적 개편 그리고 다양한 시민운동과 시민정치의 활성화 등등 일련의 사건은 지난 30년 동안 한국 민주주의가 보다 성숙할 수 있는 기회이자 위기로서 작용하였다. 또한 우리는 지난 30년의 시간을 해방 이후 남한에서 국민국가 형성과 전환이라는 보다 더 긴 시간의 흐름 속에 둘 필요가 있다. 서구

---

[*] 이 글은『다문화사회연구』(2018) 11권 1호에 실린 글을 수정 보완한 것이다.

유럽의 국민국가 형성의 역사에서 그러하듯이 남한에서 국민국가 형성의 역사 속에서 민주주의는 그 중심에 있어 왔다. 그것은 민주주의를 통해 국민형성의 과정이 구체화되며 또한 민주주의를 통해 국가권력이 국민에 의해 전취되는 과정을 이루기 때문이다. 그러한 의미에서 1987년 민주화라는 사건은 남한에서 국민국가 형성의 일단락을 짓는 것이었다. 그리고 민주화 이후 민주주의의 새로운 전환을 요구하는 과제가 부과되었다. 이후 30년의 시간은 그 민주주의 전환이 어떠한 방향 속에서 어떠한 내용을 가지고 이루어져 왔는가, 또한 이후 한국 민주주의는 어떠한 과제를 안고 있는가를 보고자 한다.

우선 그와 관련하여 서구 민주주의 역사를 살펴본다면, '자유'의 문제는 민주주의의 출발점이자 동시에 가늠자 역할을 해왔다는 점은 분명하다. 소유와 생명에 대한 권리로 간주되는 자유권은 절대왕정으로부터 개인의 자유를 보호하기 위한 것에서 출발한 것으로 근대 정치공동체에서 가장 우선적으로 주장되고 획득되었다. 이후 정치적 권리의 실현을 통한 민주주의로의 이행 이후 '자유'는 민주주의 국가에서 실현되어야 하는 '적극적' 자유이자 또한 사회적 자유라는 개념적 전환 속에서 쟁점이 되었다. 서구의 다양한 복지국가의 형태들은 그러한 사회적 자유의 실현 방식을 둘러싸고 구분될 수 있다. 그러한 의미에서 민주주의로의 이행 이후 민주주의의 새로운 과제라는 차원에서 접근한다면, '자유'에 대한 평가의 문제는 현재 한국 민주주의의 위치와 과제를 가늠하게 한다.

서구에서 형성되어 온 국민국가의 역사에 비추어 본다면 해방과 한국전쟁을 거친 후 1987년 민주화 시기까지는 남한에서의 독자적인 국민국가 건설의 시기였다. 그러한 의미에서 민족주의적 과제, 민족적 주체의 형성과 그들에 의한 공동체의 구성이라는 과제가 국민국가 형성의 중심에 있었다. 그 과정에서 통합과 동원의 장치로서 민족주의는 하나의 이데올로기를 넘어서 민족 또는 국민 구성원의 삶을 구성하고 규정하고 그들의 품행과 행동을 결정하며 또한 민족주의적 지식을 확대·재생산한다는 점에서 푸코적인 의미의 '통치성' 차원에서 작동하였다. 이승만, 박정희 정권을 거치면서 형성된 '반공적' 국민은 또한 경제개발의 주체로서 남한에서 국민국가 형성의 중심에 있었다. 1987년 민주주의의 형성은 그러한 과정의 일단락이었고, 90년대는 민족주의적 통치성이 서서히 새로운 전환점을 맞는 시기였다. 그리고 1997년의 IMF 위기는 한국사회에 '신자유주의'와 '복지'라는 새로운 어젠다를 제시하였다. 그리고 서서히 '민족주의적 통치성'을 대체하는 '신자유주의적 통치성'이 형성되기 시작하였다. 따라서 1987년 민주화 과정에서 요구되고 민주화 이후 추구되었던 '자유'와 1997년 이후 '자유'는 분명 구별되어야 한다.

그러한 의미에서 '자유'는 양적으로 측정되고 지표화되기보다는 자유가 실현될 수 있는 사회적 조건의 문제나 개인들의 자유가 증대하면서 발생하는 개인들의 자유 간의 충돌, 개인의 자유와 공동체의 공공선과의 관계 등의 문제와 동시적으로 파악되어야 하는 사유의 지점이다. 결국 개인의 자유와 공동체의 문제, 즉 공공의 것으로서 '공화국' 혹은 '공화주의'의 문제가 제기된다. 따라서 한국사회에서 민주주의로의 이행 이후 민주주의의 주요한 과제로 제시되고 있는 것은 공화주의의 문제이다. 결국 민주화 이후 한국사회의 모습, 즉 어떤 한국사회를 만들 것인가의 문제이다. 자유의 문제와 관련하여 한국사회의 모습에 접근해 본다면, 우리는 얼마나 많은 자유를 누릴 수 있을 것인가? 또한 얼마나 많은 자유를 누려야 하는가? 하지만 동시에 개인들이 모여 사는 공동체의 모습에 대한 고민 역시 수반되어야 한다. 그러한 의미에서 어떠한 자유이어야 하는가에 대한 질문을 던져야 한다. 그것은 개인과 개인의 관계, 개인과 공동체의 관계에 대한 질문이기도 하다.

이 글은 이러한 권력의 변동과정, 국내외적 여건의 변화에 따른 삶의 질의 변동과정 등을 통해 국가와 주체들의 민주주의와 자유는 어떠한 의미들을 획득하고 어떠한 방향으로 변형되어 가고 있는가를 살펴보고자 한다. 이를 위하여 자유의 문제를 세 가지 수준에서 접근하고자한다. 첫째는 제도적, 법적 수준에서 '자유' 혹은 권리의 확대에 대한 이해이다. 둘째는 민주주의의 주체의 차원, 거대 주체를 대신하는 다양한주체들의 등장에 주목할 것이다. 셋째는 주체들의 구체적인 삶의 양식의 차원에서 접근할 것이다. 그리고 세 가지 수준의 접근에서 고려되어야 하는 접근은 자유에 대한 이해에 있어서 자유주의적 시각에서 개인의 자유의 확장이라는 측면과 공화주의적 자유라는 측면을 염두에 두고이루어질 것이다. 이러한 두 가지 축을 통한 자유의 이해는 위의 세 가지 수준에서 자유의 확장을 보면서도 그것의 방향성 혹은 그것이 갖는의미, 결국 개인과 공동체와의 관계 설정의 방식에 대한 이해를 통해, 30년 간 전환되고 있는 한국 민주주의의 특성과 이후 그 방향성을 이해하기 위함이다. 특히 민주주의로의 이행 이후 민주주의의 공고화의 과제를 위해 제시된 공화주의 혹은 공화국에 대한 이해의 심화와 구체적인 실천 및 내용의 문제이다.

Ⅱ. 국가권력의 민주화와 자유의 확장: 법적, 제도적 수준

1987년 민주화 이후 '자유'의 확장이라는 차원에서 본다면 무엇보다도 억압적 국가권력의 강압으로부터 개인의 자유의 확장을 바라볼 수있다. 하지만 개인의 자유와 국가권력 간의 관계를 이해할 때 반드시'제로섬 게임'의 차원에서만 접근할 수 있는 것은 아니다. 즉 개인의 자유가 구체적으로 실현되기 위해서는 국가권력의 일정한 개입과 '후견'이필요한 경우가 존재한다. 개인의 자유는 '국가권력으로부터 자유'와 동시에 '국가권력에 의한 자유'라는 측면에서 이해되어야 한다.

1. 국가권력으로부터 자유의 확장

1987년 민주주의로의 이행이라는 사건은 이후 한국 사회의 정치사회적 지형을 변화시켰다. 국가권력 자체가 국민으로부터 정당성을 부여받은 권력이라는 점 - 비록 노태우 대통령의 지지율이 과반을 넘지 못했다 하더라도 절차적 정당성을 지닌 것은 분명하다 - 으로부터 국민국가의 핵심적 과제인 민주주의의 일정한 완성을 의미한 것이다. 민주적 정당성을 확보한 국가 권력에 대하여 국민들은 그동안 억압되었던 자유에 대한 갈망을 표출하였고, 국가는 일정하게 그것을 보장하는 조치들을 취하기 시작하였다. 우선 국민의 기본적 권리 확대의 조치들을 살펴볼 수 있다. 1987년 개헌을 통해 기본적인 정치적 권리의 차원에서 국민이 자신의 대표, 특히 대통령을 직접 선출할 수 있는 권리를 가지게 되었고 그것은 12월 대통령선거를 통해 실현되었다. 그리고 헌법을 통해 국민의 기본적인 인권에 있어서 신체적 자유를 강화하기 위한 절차적 보장을 확대하였다. 예를 들어 체포 또는 구속 시에는 그 이유와 변호인의 조력을 받을 권리를 고지할 의무와 함께 가족 등에게 그 이유, 일시 장소를 통지할 의무규정을 신설하였고(제12조 5항), 구속적부심청구권의 전면보장(제12조 6항), 형사보장제도의 확대, 범죄피해자에 대한 국가구조제의 신설 등 국민의 신체와 생명에 대한 보호를 강화하고 언론, 출판, 집회, 결사에 대한 허가, 검열의 금지 등 표현의 권리를 최대한 보장하며(제21조 3항), 근로 3권의 실질적 보장과 최저임금제 실시 등 근로자의 인간다운 생활을 할 권리를 확충하여 기본적 인권을 신장하고자 하였다. 87년 개헌을 통한 원칙적 수준에서의 방향성 제시와 함께 이후 지속적으로 개인의 권리를 확장하려는 운동과 법률적 조치 등이 이루어져 왔다. 따라서 구체적인 시민들의 삶 속에서 자유는 어떻게 표현되고 확장되었는가를 살펴볼 필요가 있다.

우선 1990년대는 그간 억압된 자유의 분출의 시기였다. 민주화 이후 정부에 의해 주도된 문화적 자유화 정책에 따라 문화 영역에서 그동안 억압되었던 개인들의 욕망이 예술적 양식을 통해 표출되기 시작하였다. 일종의 표현의 자유의 확대라고 할 수 있다. 예를 들어 영화산업에서 에로티시즘 영화의 양산이나 로맨틱 코미디물의 양산이 그것이다.[108) 하지만 마광수 교수 사건에서 보이듯이 예술과 외설의 논쟁은 그것의 즉자적인 대립의 문제가 아니라 개인의 자유와 공공성의 문제의 갈등에 대한 이해라는 문제와 결합되어 있었다. 더구나 1987년 이전 억압되었던 자유는 단지 법조문에 나열된 자유만이 아니라 인간의 내면을 규정하는 삶의 문제이자 동시에 우리의 '감성'의 분할의 문제였다(Rancière 2008 참조). 1980년대 문학이 이성의 측면을 강조한 것에 비하여 1990년대 문학은 '욕망의 현상학'이 지배했다고 했다고 해도 과언이 아닐 것이라는 한 문학평론가의 진단은 그 특징을 잘 말해주고 있다(최강민 외 2005). 1992년 마광수 교수의 소설 〈즐거운 사라〉가 건전한 성의식을 왜곡하는 음란물이라는 이유로 구속되고 재판에서 결국 징역 8월에 집행유예 2년이라는 유죄판결을 받는다. 당시 보수층 인사들의 적극적 개입 등은 물론 진보적 층에서도 그에 대한 반발은 심하였다. 당시 판사는 판결문에서 "이 판결이 불과 10년 후에는 비웃음거리가 될지도 모르겠으나, 나는 판사로서 현재의 법 감정에 따라 판결할 수밖에 없다"고 명시하였다.[109) 민주화 이후 억압적 권력으로부터 벗어나면서 자유에

---

108) 70년대 박정희 정권에 의한 엄숙주의적 문화와 대비되어 1980년대 전두환 정권은 이른바 3s - sports, sex, screen - 정책을 통한 국민의 정치적 무관심화를 조장하고자 하였고, 그러한 가운데 에로티시즘 영화는 활발하게 등장하였다. 하지만 1990년대 민주화 이후 등장한 에로티시즘 영화는 이 시기와는 구별되는 점이 있다. 한편으로 에로비디오의 황금기와 더불어 장선우 감독과 같은 작가주의적 영화의 등장을 통한 예술영화가 그것이다(이윤종 2017).

109) 이러한 판사의 지적과 예견은 지극히 타당하였다. 마광수 교수는 1998년 복직되었고, 최근 퇴임이후 등단 40년을 맞아 가진 인터뷰(〈경향신문〉 2017. 1. 11)에서 한국문단에서 성애문학이 다뤄지지 않는 현실에 대해 답

대한 다양한 욕구가 분출하였지만 그러한 자유에 대해 깊이 있는 성찰이 이루어지지도 못한 상황에서 즉자적인 표출이 주를 이루었다고 할 수 있다. 무엇보다도 아직까지 1980년대의 사유방식의 틀을 유지하고 있었다고 할 수 있다.

1980년대는 분명 집단의 시대였고, 대의명분과 공적인 것이 사적인 것에 우위를 차지하던 시대였다. 그것은 이미 한반도의 근현대사 속에서 식민지 극복을 위한 반제국주의적 민족해방운동의 시기에 민족에 대한 강조에서 시작되어 공산주의에 반대하는 '반공적' 국민 그리고 경제개발의 주체로서 일하는 개발역군인 국민이라는 집단적 호명에 익숙한 탓이자 그 연속선상에 있다는 점에 기인한 바 크다. 비록 집단주의를 강조하는 제국주의나 군사독재에 반대하였지만, 그에 대항하는 저항세력 역시 집단성이 강조되었다. 이해영의 표현처럼 1980년대는 '우리'는 있되 '나'는 없었던 시대였다면, 1990년대는 '나'는 있되 '우리'는 보이지 않는 시대가 되어 갔다(이해영 1999, 30). 1980년대 민족문화 혹은 민중성에 대한 강조 속에서 개인에 대한 철저한 무시가 있었고, 그것은 문화의 측면에서 더욱 강하였다. 1970년대부터 박정희에 의한 민족문화에 대한 강조는 반대로 민주화 세력으로 하여금 '진정한' 민족문화가 무엇인지에 대한 논의를 통해 대립항을 만들고자 하였고, 그것은 동일하게 '민족' 혹은 집단 자체에 대한 강조로 이어졌다.[110] 개인과 집단의

답함을 토로하였다. 하지만 10년이 채 되지도 못한 시점에는 그보다 더 '음란한' 출판물이나 영상물들이 세간을 아무렇지 않게 떠돌고 있으며, 20여 년이 지난 현재에는 일상에서 훨씬 더 개방적인 성문화와 예술 작품들이 등장하고 있는 것이 사실이다. 아이러니하게도 2017년 9월 마광수 교수의 자살과 함께 결국 그에 대한 새로운 평가를 가능케 하는 듯하다.

110) 한국에서 민족주의는 통치세력과 저항세력 모두에게 유용한 정치적 동원자원으로 존재한다(박명림 2008, 35). 1960-70년대 저항적 자유주의자들 역시 '개인'보다는 전체로서의 '민족' 또는 '민중'을 권리의 담지자이자 저항의 주체로서 강조하였다(문지영 2009, 159-161).

대립은 물론 일상적인 것과 혁명성의 간극, 혹은 사적인 것과 공적인 것 사이의 불분명함 등이 1980년대 그리고 1990년대 초반까지 지속되고 있었다.[111] 당시의 사유틀 속에는 대의를 생각하고 대의를 위해 행동해야 할 공적인 것 혹은 올바른 삶에 대한 갈구 내지는 혁명적 투쟁 – '반미'와 '정권타도' – 과 개인적 즐거움과 향유, 욕망의 실현이라는 사적인 것 혹은 일상적인 것 – '커피'와 '코카콜라' – 과의 간극이 분명하였다. 1990년대 한국 사회도 조만간 그러한 간극을 극복하는 시간에 도달하였다. 1968년 유럽 5월 혁명의 주도세력을 "마르크스와 코카콜라의 아이들"이라고 표현하듯 일상성과 혁명의 간극의 없애고자 했던 시기가 서서히 오기 시작하였다(Le Goff 2008).

1990년대 등장한 이른바 '신세대'로 불리는 새로운 젊은 층들은 자신들의 의지와 욕망에 대한 적극적인 분출과 표현을 통해 기존의 억압적 권력 장치에 대항하기 시작하였다. 신세대 문화 속에서 '개인'에 대한 강조는 억압된 것들의 분출이라고 할 수 있다. '서태지와 아이들'로 표상되는 신세대는 기성세대의 집단주의와 몰개성적인 것에 대해 반발하였고 동시에 새로운 자신 고유의 정체성을 찾고자 하였다. '서태지와 아이들' 4집 음반의 〈시대유감〉이란 곡의 가사가 공연윤리위원회에 의해 수정을 요구받으면서 팬들에 의해 공연윤리위원회 철폐운동이 전개되었다. 결과적으로 음반 및 비디오물에 관한 법률 수정안이 통과됨으로써 음반의 사전 심의와 사후 처벌제도가 완전히 철폐되었다. 1992 –

---

111) 하나의 예로서 1991년 5월 투쟁과정에서 발생한 명지대 학생 강경대의 타살과 뒤이은 전남대 학생 박승희의 자살이라는 일련의 사건 속에서 박승희 유서를 보자. "제 길이 2만 학우 한 명 한 명에게 반미의식을 심어주고 정권타도에 함께 힘썼으면 하는 마음에 과감히 떠납니다. 불감증의 시대라고 하고 무관심의 시대라고도 하는 지금 명지대 학우의 죽음에 약간의 슬픔과 연민을 가지다가 다시 제자리로 안주해 커피를 마시고 콜라를 마시는 2만 학우가 되지 않기를 바라는 마음에서 비롯되었습니다."(강정인 2017, 81에서 재인용).

1996년 '서태지와 아이들'의 활동기 동안에 열광적이었던 그들의 팬클럽 활동은 지배 이데올로기 및 그것을 공고히 하는 제도적 장치에 대한 거부와 저항의 표현이 결합된 것이었다(김현정·원용진 2002). '서태지와 아이들'의 패션스타일은 90년대 패션의 서막을 알리는 것이었고, 그러한 스타일은 자신들의 감수성과 내적 욕망을 표현하는 방식이었다. 새로운 청소년 주체들의 불만과 사회적 검열의 거부 그리고 새로운 자유를 향한 욕망 등은 그들의 육체에 각인된 스타일을 통해 드러나며 그러한 스타일은 그들의 정체성 형성의 의지적 노력의 산물이었다(이동연 2000, 302).

자유의 확장이라는 문제와 관련하여 1990년대에 주목해야 할 주요한 사회적 현상 중의 하나는 소셜 네트워크의 발달이다. 2002년 6월 27일 헌법재판소는 전기통신사업법 제53조 불온통신 조항에 대해 위헌결정을 내렸다. 헌법재판소는 "표현의 자유를 규제하는 입법에 있어서 명확성의 원칙은 특별히 중요한 의미를 가지"며 그렇기 때문에 "'공공의 안녕질서 또는 미풍양속을 해하는'이라는 불온통신의 개념은 너무나 불명확하고 애매하다"고 밝히면서 위헌판결을 내린 것이다(주성수 2017, 123). 이러한 인터넷 상에서 표현의 자유에 대한 헌법적 차원에서의 자유의 보장에도 불구하고 현실은 그대로 반영되지는 않았다. 정부 – 물론 최근의 사태 속에서 드러나듯이 이명박, 박근혜 정부에서 특히 – 는 범죄행위나 반국가활동까지 용인될 수 없다고 하면서 인터넷검열제를 지속하였으며, 네티즌들과 시민사회단체의 반발을 지속적으로 불러일으켜왔다. 2010년 UN은 한국의 표현의 자유를 점검하기 위해 특별보고관을 파견하였고, 보고서에서 "정부의 입장과 일치하지 않은 견해를 밝힌 개인들을 국제법에 부합하지 않는 국내 법규에 근거해 사법조치하면서 개인의 의사표현의 자유를 제약하는 일이 증가하고 있다"고 평가하였다(주성수 2017, 250). 미네르바의 구속, 사이버모독죄 등으로 인터넷자유는 이명박 정부 들어서 2009년 북한이 속한 '인터넷 적국' 다음 단계인 '인터넷 감시국'으로 지정된 뒤 아직 그 단계에 머물고 있다(손호철 2017, 41). 그와 함께 언론의 자유 역시 2011년 이래 '부분적으로 자유로운(partly free)' 것으로 평가되어 왔다.

2005년 10·26사건을 다룬 영화 〈그 때 그 사람들〉에 대해 법원이 일부 삭제 판결을 내리자 영화단체와 언론단체들이 일제히 반대성명을 내고 '표현의 자유 지키기 시민대책위원회'를 구성하였다. 또한 2015년에는 한국영화제작가협회, 한국영화감독조합 등 70여개 영화계 단체와 영화제 등으로 구성된 '표현의 자유 사수를 위한 범영화인 대책위원회'가 결성되어 영화진흥위원회의 영화제 사전심의, 부산시의 부산국제영화제 개입 등에 대해 조직적으로 반발하였다. 시민의 기본권에 해당하는 표현의 자유에 대해 헌법에서 원칙적으로 보장함에도 불구하고 실제적 차원에서 현실은 그러한 자유가 제대로 실현되고 있지 못하다는 것을 보여준 사례들이다. 표현의 자유가 제약받는 경우는 대부분 정치적으로 민감한 부분이거나 새로운 사회현실에 법적 적용이 제대로 적응하지 못한 경우들이다. 특히 전자의 경우는 표현의 자유가 개인적 차원에서 그치는 문제가 아니라 공동체 차원의 문제 그리고 정치적 자유의 문제와 결합되어 있음을 말해주는 것이다.[112]

하지만 최근 신자유주의가 강세를 보이는 시점에서부터 개인의 자유와 관련하여 새로운 현상, 이른바 '후기 근대적 개인화 또는 개인주의'가 등장하는 것을 목도할 수 있다. 우리 사회의 경우 87년 민주화 이후 그동안 잊혀 왔던 '개인'에 대한 성찰과 발견이 이루어진 것이 사실이다. 한국 사회에서 근대적 개인의 존재는 제국주의로부터 독립을 위한

---

112) 2017년 문재인 정권에 의해 시작된 '적폐 청산'의 구호 속에서 두드러진 사건이 '문화계 블랙리스트'이다. 그러한 것들이 사실이라면 그러한 사실들은 권력의 전횡, 통치철학의 빈곤, 자유에 대한 천박한 사유들을 드러낸 것이라고 할 수 있다.

투쟁의 과정에서도, 민주주의로의 이행을 위한 민주화과정에서도 미약하였다. 1987년 민주화 이후에야 비로소 '개인'의 존재와 개인의 자유에 대한 발견이 이루어지기 시작했다고 해도 과언이 아니다. 이러한 개인들의 자유와 그들의 존재의 부각은 개인이 오랫동안 잊힌 존재였던 탓에 의미 있는 작업일 수 있다. 하지만 개인의 자유에 대한 강조가 1997년 외환위기 이후 신자유주의가 강세를 이루면서 극단화되는 경향이 나타나기 시작하였다. 무엇보다도 개인의 공동체성, 공동체와의 유대, 개인들 간의 유대에 대한 문제의식은 사라져 버리고 오직 개인의 이익만이 행위 판단기준으로 자리 잡은 것이다. 바우만은 이러한 후기 근대적 개인화를 '액체근대'라는 표현을 통해 묘사한다(Bauman 2005). 근대 초, 즉 고체 단계의 근대에서는 개인의 해방이 주요한 쟁점이 되고 거대한 권력을 어떻게 제어하고 견제할 것인가의 문제에 집중했다면, 이제 액체 단계, 즉 후기 근대에서는 지나치게 개인화된 사회가 문제가 된다. 사적인 것을 식민화했던 공적인 것이 문제가 아니라 사적인 것들이 공적 공간을 식민화하고 있다. 예를 들어 공영방송과 더불어 종편방송의 범람으로 방송사 간의 과열경쟁은 방송의 고유한 기능인 공적 공간의 역할을 제대로 수행하지 못하게 하고 있다. 이른바 푸드포르노라고 비판받는 먹거리 방송이나 타인의 사생활에 대한 관음증, 자극적인 성상품화 방송 등이 공영방송을 침범하고 있다. 다시 1968년 서구의 혁명을 상기한다면, 당시 나왔던 구호, "금지된 것을 상상하라"는 억압적 권력이 금기시하는 것을 행동을 통해 거부함으로써 권력에 대한 비판과 개인의 자유의 확장이라는 목표를 달성하는 것이었다. 하지만 68혁명에서 등장한 자율성, 자발성, 리좀적 능력, 창조성 등이 1980년대 유럽사회에서 "그 체제에 의해 세심하게 이윤으로 전화"되었던 것을 상기한다면, 우리 역시 예외가 아닌 듯하다(Boltanski et al. 1999, 150). 권력에 의해 억압된 개인의 자유가 표현되는 공간이 열렸지만, 그 공간은 차근 차근 자본의 논리에 의해 지배당하고 있다. 자본에 대항하는 저항의 힘 조차도 자본에 의해 이윤의 확장 논리에 포섭되고 있는 것이다. 사회적 네트워크가 해체되고 그와 함께 개인의 선택들을 집단적 기획들이나 행동들과 연결시켜 주던 유대관계들이 사라져 버리면서 개인들이 지배하는 세상에서 개인들은 모든 것들에 대한 책임을 스스로 떠맡아야 한다. 1990년대 한국사회의 모습은 억압적 국가권력으로부터 개인을 해방시키고자 하고 개인의 자유를 확대하고자 하는 '뒤쳐진 근대'의 과제와 함께 바우만이 묘사한 후기 근대, 액체근대의 모습을 동시에 지녔다. 특히 1997년 외환위기 이후 한국 사회는 더욱 그러하였다.

결국 윤리적 관점 그리고 공동체 고유의 것에 대한 공화주의적 관점의 부재이다. 하지만 동시에 공동체의 시각에 대한 '지나친' 강조는 과거 권위주의적 정부가 행해 왔던 개인의 자유에 대한 억압을 반복할 수 있다는 우려가 제기된다. 1987년 민주화 이후 개인의 자유에 대한 강조의 과정에서 공동체의 안전 및 공공선의 시각과 충돌되는 사례가 종종 발생한 것이다.

2. 공동체적 자유 혹은 공화주의적 자유

국가권력으로부터 자유와 더불어 우리는 권력에 참여 혹은 공동체적 자유의 확대라는 차원에서 개인의 자유와 권리의 확장을 1987년 이후 30년의 역사 속에서 찾아볼 수 있다. 이러한 자유의 경우 반드시 국가권력이 개인의 자유의 실현에 있어서 장애요인으로 작용하지 않는다. 더구나 민주화된 국가에서 국가권력은 기본적으로 국민의 일반의지를 표상한다고 할 수 있으며, 그러한 경우 국가권력과 개인의 자유 사이에 모순이 발생하지는 않는다. 물론 그것의 극단적인 이론화 작업이 루소의 일반의지론이겠지만, 적어도 국민주권의 차원에서 본다면 개인의 자유의 실현을 위해 반드시 국가권력을 배제해야 할 이유는 없다. 더구나 공동체의 공공선의 표상으로서 국가권력이 존재한다면, 그러한 공공선의 실현을 위해 개인은 적극적으로 국가권력의 구성을 위한 자유의 실험을 행해야 한다. 또한 민주화 이후 민주주의의 문제, 즉 민주주의의 공고화 및 심화라는 차원에서 어떠한 민주주의를 구성해 낼 것인가의 문제에 직면하여 한국 민주주의는 공화주의의 문제에 대해 서서히 고민하기 시작하였다.

이러한 경우 개인의 자유를 한계 설정하는 문제가 제기된다. 즉 개인의 자유가 공동체가 규정하는 공공선 혹은 공동체의 가치가 충돌할 경우 개인의 자유를 제한할 수 있는지의 문제이다. 그와 관련하여 오랫동안 한국사회에서 쟁점이 된 사안은 국가보안법이다. 국가보안법은 1948년 제정 이래 명칭의 변동 혹은 일부 개정에도 불구하고 내용에 있어서 변동을 보이지 않고 있다. 1987년 민주화 이후 사회의 다양한 부문에서 국가보안법 폐지 요구가 있었고 1991년 국가보안법에 대한 개정을[113] 통해 일부 항목들에 대한 수정이 이루어지기도 하였다. 특히 국가보안법을 해석 적용함에 있어서 국민의 기본적 인권을 최대한 보장해야 한다는 규정을 신설하는 등 6개 항의 수정이 이루어진다.[114] 하지만 이러한 개정에 대해서도 미흡한 개정이라 판단한 많은 이들에 의한 국가보안법 폐지운동이 지속적으로 이루어지고 있다.

2014년 12월 19일 헌법재판소는 재판관 8:1이라는 압도적 다수의

---

113) 5.16쿠데타에 의해 반공법으로 개정된 국가보안법은 다시 1980년 국보위에 의해 국가보안법으로 개정되었다.
114) 당시 국가보안법 개정이유는 "금품수수죄, 잠입·탈출죄, 찬양·고무죄, 회합·통신죄 등의 구성요건에 헌법재판소의 한정합헌결정 취지를 반영하여 국가의 존립·안전이나 자유민주적 기본질서를 위태롭게 하는 행위만을 처벌하도록 함으로써 입법목적과 규제대상을 구체화하고 남북교류협력에 관한법률과의 적용한계를 명백히 하는 동시에 국가보안법에 의한 처벌대상을 축소함으로써 기본적 인권을 최대한 보장하고 민족자존과 통일번영을 위한 대통령 특별선언(7·7선언)에 따른 대북정책의 효율적인 추진을 적극 뒷받침"한다는 명분이었다(오동석 2015, 187).

의견으로 통합진보당이 위헌정당이라고 판시하고 당의 해산을 명하였고 소속 국회의원들의 직을 박탈하였다. 한국 사회에서 '주사파' 혹은 '종북좌파'라는 호칭을 통해 규정되는 집단이었던 통합진보당의 해체는 한국정치의 현주소, 특히 북한 문제와 관련한 한국정치의 현주소를 보여주는 사건이었다. '좌파' 그리고 좀 더 극명하게는 '빨갱이'라는 호명이 갖는 정치적 효과와 의미는 이미 분단과 한국전쟁을 거치면서 남한에서 국민국가 형성과정에 내재화되었다.[115] 남한의 주적으로서 38선 이북의 북한이라는 존재는 절멸의 대상이었고 동시에 회복되어야 할 영토였다. 따라서 북한을 추종하는 사람들은 내부에 존재하는 '적'이었고, 남한의 국민은 그 '적'에 대립하는 '반공적 국민'이어야 했다. 1987년 민주화 이전까지 이승만, 박정희, 전두환 정권은 좌파와 빨갱이라는 호명을 통해 민주화 세력을 탄압해 왔다. 그리고 민주화 이후 사회주의 몰락과 함께 냉전 분위기가 서서히 사라지기 시작하였고 남북한 유엔동시 가입, 남북정상회담 그리고 무엇보다도 체제경쟁에서 남한의 절대적 우위는 좌파에 대한 두려움을 불식시키기 시작하였고 그 의미 자체를 이해하기 시작하였다. 하지만 해방 이후 처음으로 탄핵을 통해 정권에서 물러난 박근혜 정부에서 이루어진 통합진보당의 해산의 명목은 종북주의의 절멸이었다. 현 시점에서 우리는 북한의 존재를 어떻게 이해하고 있는가? 한국사회에서 사상의 자유는 어디까지 용인될 수 있는가? 결국 한국 민주주의의 성숙도는 어느 정도인가라는 질문에 대한 답을 한 셈이다. 프랑스의 한 정치철학자가 프랑스의 민주주의 발달의 수준을 가늠하는 잣대로 제시한 것 중의 하나가 '자신을 부정하는 세력까지도 포용할 수 있는 체제'로 민주주의를 규정하는 것은 민주주의가 어디까지

---

115) 김득중(2009)은 여순사건을 거치면서 한국사회에서 '빨갱이'라는 말이 어떻게 탄생하게 되었는가를 잘 짚어주고 있다. 아감벤(Agamben 2008)이 말하는 '호모사케르'로서 빨갱이의 존재는 반공주의적 한국사회에서 권력의 작동양식을 이해하게 하는 주요한 열쇠이다.

확장될 수 있는가를 보여주는 예이다(Gauchet 1995).

북한이라는 '적'의 존재 때문에 한국사회에서 병역은 중요한 의무이자 권리로 존재해 왔다. 병역을 둘러싼 다양한 사회적 잡음이 존재해 왔고, 그 중 하나의 문제가 '양심적 병역거부' 문제이다. '양심적 병역거부'의 경우 결국 개인의 사상 혹은 종교, 양심의 자유와 공동체의 구성원으로서의 의무라는 것이 충돌하는 예이다. 2005년 국가인권위원회는 국가기구로서는 최초로 양심적 병역거부를 인정하고 대체복무제를 허용하라고 권고하였다. 나아가 국가인권위원회는 "양심상의 결정을 실현하는 행위를 국민의 기본권의 범주에 포함"하는 것으로 보고 "양심적 반전권 또는 양심적 병역거부권"에 대해서도 규정하였다(국가인권위원회 2005, 10). 또한 2006년 유엔 자유권규약위원회는 대한민국 정부에 대해 병역거부자에 대한 차별을 중지하고 적절한 조치를 취할 것을 권고하였고, 2010년에는 병역거부에 인해 형을 살았던 정치적 병역거부자 11명이 제출한 개인청원에 대해 권리침해를 인정하고 즉각적인 시정을 권고하기도 하였다(임재성 2011, 283). 따라서 국제적 혹은 보편적 규범과 한국적 특수성을 고려하면서 병역에 대한 국민적 논의와 합의 과정이 필요한 상황이다.116) 동족 간의 전쟁 경험과 남북분단의 상황, 오랜 시간 동안의 냉전적 대결 등은 병역과 관련한 문제가 단순한 문제가 아님을 말해준다. 이와 유사한 충돌의 예는 간통죄의 위헌 결정(2015. 2. 26) 그리고 아직도 사회적으로 용인되지 못하고 있는 동성애자에 대한 법적, 사회적 판단이다.117) 간통죄의 경우 개인의 자유라는 차원에서 사회적 규범과의 시간적 차이를 메꾸면서 위헌 결정으로 이어졌지만, 동성애자의 경우 여전히 사회적 시선의 압력 하에서 법적으로도 용인되

---

116) 2017년 현재 병역거부에 대해 1심에서 무죄 판결이 나오기는 했지만, 대법원에서까지 무죄판결로 이어지는 경우는 없다.

117) 간통죄의 경우 1990년 6:3 합헌, 1993년 6:3 합헌, 2001년 8:1 합헌, 2008년 4:5합헌의 우여곡절을 거치면서 2015년 7:2 위헌결정이 내려졌다.

지 못하고 있는 상황이다. 이와 같이 개인의 자유와 공동체 가치 사이의 충돌은 결과적으로 공동체라는 이름의 권력에 의한 개인의 자유 제한으로 나타나고 있다. 우리의 공동체는 어느 정도 수준까지 공동체에 반(反)하는 세력이나 가치들을 용인할 것인가? 공동체의 이름으로 우리는 개인의 자유를 어디까지 제한할 수 있는가?

다른 한편으로 눈여겨볼 만한 자유화 조치 중의 하나는 교육과 관련해서이다. 1995년 5월 31일 교육개혁을 통해 탈규제, 다양성, 자율성, 소비자주권 등이 주장되었고, 2000년 4월 27일 헌법재판소는 과외금지 조치에 대해 위헌판결을 내렸다. 헌법재판소는 "경제력의 차이 등으로 말미암아 교육의 기회에 있어서 사인 간에 불평등이 존재한다면, 국가는 원칙적으로 의무교육의 확대 등 적극적인 급부활동을 통하여 사인 간의 교육기회의 불평등을 해소할 수 있을 뿐, 과외교습의 금지나 제한의 형태로 개인의 기본권행사인 사교육을 억제함으로써 교육에서의 평등을 실현할 수는 없는" 것이라며 「학원의설립·운영에관한법률」 3조가 위헌이라는 판결을 내렸다. 이후 사교육 시장이 급속히 팽창하면서 소득과 자산이 교육 불평등을 가져오는 효과를 발휘하면서 '다중격차'가 발생하고 있는 것이 현실이다(황규성·강병익 2017). 물론 사교육금지에 대한 헌법재판소의 위헌 판결의 취지는 기본적으로 개인의 기본권의 차원에서 자유의 확대를 이루고자 하는 것이고, 교육 불평등의 해소를 위한 노력은 국가적 차원에서 성취해야 할 다른 차원의 문제임을 말하고 있다는 점에서 정당하다. 오히려 현재 비판의 지점은 사교육의 자유화에 대한 것이 아니라 이후 발생할 교육 불평등에 대한 국가의 적절한 조치와 노력의 부재에 맞추어져야 할 것이다. 더구나 최근 한국사회에서 부의 세습이라는 것과 관련하여 '금수저', '흙수저' 논란은 그러한 현상이 얼마만큼 일상화되었는가를 보여주는 단면이다. 이 경우는 개인의 자유의 확장적 실현을 위해 공동체가 적극적으로 행위를 할 것을 요구하는 영역이라고 할 것이다.

자유의 확대라는 차원에서 볼 때 중요한 변화 중의 하나가 국가가 시장에 개입하던 과거와 달리 급속히 국가가 후퇴하였다는 점이다. 물론 박정희 시대 이래 국가가 시장에 과잉 개입했다는 비판과 더불어 그 반대항으로 시장의 자율성과 기업의 자유가 확대되었다고 볼 수 있다. 그러한 맥락 속에서 흔히들 박정희 정권 이래 한국에 성립되었던 '발전국가'가 해체되었다고 본다. 발전국가의 대표적 예 중의 하나였던 '경제개발계획'이 1993년부터 폐지되었고, 정부조직 중 '경제기획원'을 해체하고 재무부와 통합하여 재정경제원을 신설하고 상공자원부를 축소 개편하는 등 경제관련 정부부처들이 전면적으로 재조직되었다.[118] 김영삼 정부에 들어서면서부터 '세계화'라는 구호는 그러한 조치들의 상징이었다. 1980년대 말부터 서서히 그리고 김영삼 정부 출범과 더불어 1993년부터는 신속하게 몇몇 첨단기술 산업에서 연구개발을 지원하는 것을 제외하고는 산업정책을 해체하고 공식적으로 경제개발계획 수립 실행을 종식하였다(신장섭·장하준 2004, 82-83). 이제 본격적인 시장주의적 경제개혁이 추진되었으며, 국가정책은 거시경제 관리 전략보다는 미시적 조정과 노동력의 안정적 공급에만 관여하는 방향으로 선회한 것이다. 김영삼 정부는 국가주도의 발전전략이라는 '발전국가' 모델의 한계를 지적하고 한국이 이제 '선진국 문턱'에 있다는 점을 강조하면서 '세계화 전략'을 제시하였다. 이러한 세계화 전략의 출현에는 자본의 성장에 따른 국가의 상대적 자율성의 쇠퇴, 자본의 지구화 추세에 따른 국가의 후퇴, '관세 및 무역에 관한 일반협정(GATT)', 우루과이라운드에 이은 세계무역기구(WTO)의 출범으로 세계경제가 통합되고 국가의 역

---

118) 물론 이미 1980년대 박정희의 죽음 이후 쿠데타로 등장한 신군부에 의해 경제개발 5개년 계획은 '경제사회개발5개년계획'으로 변경되고, 서서히 발전주의를 비판하면서 신자유주의적 경향의 경제관료들에 의해 경제자유화가 진행되고 있었다(김윤태 2012).

할이 축소되고 있다는 인식이 바탕이 되었다(김종태 2017, 78-79). 김영삼 정부는 OECD 가입의 조건으로 제시된 시장 개방의 수용 그리고 금융세계화를 단행하였다. 하지만 김영삼 정부가 주도한 재벌개혁, 금융개혁, 노동개혁은 모두 좌초되었다(지주형 2017, 143). 재벌경쟁력 강화를 목표로 한 재벌개혁 정책은 재벌의 지배구조를 개선하는 대신 재벌들의 과잉투자로 이어졌다. 또한 노사관계의 선진화를 목표로 제시하면서 정리해고 법안을 1996년 12월 날치기 통과시킴으로써 사상 최대의 총파업을 유발시켰다. 국가, 자본, 노동 간의 팽팽한 세력관계 속에서 대내외적 조건의 변화와 함께 발전국가가 해체되는 과정을 거치게 된다. 주요 수출품 가격 하락에 따른 대규모 적자와 단기 해외차입의 증가로 인한 외환/외채 위기, 대기업의 과잉투자로 인한 도산, 채권은행의 부실화 등은 결국 IMF 구제금융만이 선택할 수 있는 유일한 길이었다. IMF 구제금융의 조건에는 한국의 금융·자본 시장의 완전개방, 주식, 기업, 부동산의 외국인 소유의 완전자유화 이외에도 정리해고나 파견근로자 제도와 같은 노동개혁, 금융 및 재벌구조개혁 등을 내용으로 하고 있었다(지주형 2017, 144; 지주형 2011, 153-167). IMF가 제시한 조건들을 충족시키는 한국사회의 구조조정은 결국 신자유주의적 구조조정이었고 한국사회를 산업의 논리가 아닌 금융의 논리, 경제적 의사결정에서 국가보다는 자본의 힘을 강화시키는 결과를 가져왔다.

과거 노무현 대통령의 말처럼, "시장으로 권력이 넘어갔다"는 지적은 이러한 상황을 단적으로 표현한 것이었다. 또 다른 측면에서 본다면 분명 시장의 자율성이 확대되고 기업의 자유가 증대되었다는 점에서 국가의 시장 개입의 여지가 줄어든 것은 분명하다. 자유의 확장이라는 기준에서 본다면 분명한 사실이지만, 이것이 한국이라는 공동체의 차원에서 바람직한 것인가에 대해서는 달리 문제를 제기할 수 있다. 특히 1997년 IMF 위기를 겪은 이후 재구조화된 한국사회는 말 그대로 신자유주의 사회가 되었다. 결국 한국사회에서 '사회적인 것'의 문제가 등장함과 동시에 신자유주의가 지배하게 되면서 그 해결방식이 신자유주의적인 해결방식으로 귀결되었던 것이다. 사회적 위험이 일상화되는 반면에 그것에 대비할 개인적 차원 내지는 사회적 차원에서의 보호장치는 사라졌다. 신자유주의적 논리가 한국사회를 지배하면서 국가는 IMF 이후 급속히 증가한 한국사회의 '위험'에 대한 사회적 안전망을 제공해야 하는 과제를 안게 되었다. 시민의 자유 실현을 위한 최소한의 조건을 '사회'의 이름으로 혹은 '국가'의 이름으로 제공해 주어야 했다. 하지만 복지 역시 신자유주의 논리와 같이 연동되었다. 1980년대 이후 서유럽 복지국가들이 신자유주의라는 세계적 흐름 속에서 '제3의 길' 혹은 '일하는 복지(workfare)'와 같은 어젠다를 통한 복지국가 개혁이 한국에서는 복지국가의 도입과 함께 동반되었다.

1987년 이후 개인의 자유가 점점 확대되는 양상을 보여 왔다. 개인의 자유 실현에 방해가 된다고 간주되는 국가권력의 후퇴도 눈에 띄었다. 하지만 개인의 자유를 억압하고 제한했던 국가는 그 국가의 구성원의 동의로부터 정당성을 가진 공동체의 권력이 아니었다. 그러한 의미에서 우리는 민주화 이후 서서히 국민의 권력으로서 민주주의적 정당성을 가진 국가가 자신의 행위를 공동체의 일반이익을 위해 수행할 수 있어야 한다는 점을 고려할 필요가 있다. 그러한 권력은 시민들의 정치적 자유의 실현을 통해 적극적으로 구성되고 또한 공동체의 공동선을 실현하는 권력으로 작동할 수 있어야 한다. 국민의 민주주의의 권력이 공동체의 이름으로 구성원의 자유의 확장을 위해 행위할 수 있으며 또한 그러한 필요성 역시 강하게 존재한다. 자유의 확장은 단지 권력의 부재를 통해서만 실현되는 것이 아니라 권력의 적극적 작동을 통해서도 가능할 수 있으며, 또한 그러하여야만 하는 지점도 존재한다.

Ⅲ. 민주주의적 주체의 형성과 분화: 거대주체의 죽음과 자유로운 개인주체들의 등장

해방과 분단 이후 남한에서 독자적인[119] 국민국가 건설의 본격화가 시작된 박정희 정권 이후 가장 큰 주체로서 호명된 것은 '민족', '국민'이다. 그것은 정권의 입장에서는 반공적 국민이자 또한 경제건설의 역군으로서 국민이었다. 대항권력의 입장에서 민족은 곧 '민중'이었고, 1987년까지 민주주의적 '민중'이 그 주체로서 호명되었다. 1987년 민주화 이전까지 남한의 국민은 그 명칭의 차이들에도 불구하고 경제개발의 주체, 반공적 주체 그리고 민주화의 주체로서 단일한 거대 주체였다. 이러한 단일한 주체는 1987년 7-8월 노동자대투쟁 이후 노동자 계급의 본격적인 등장과 '시민'의 등장, 결국 민주화 이후 전망의 상이함 혹은 민주화 이전에는 잠재되어있던 미분화된 주체들이 민주화 이후 분화되고 새롭게 등장하기 시작하면서 해체된다. 그리고 90년대 이후 새로운 그리고 다양한 주체들이 등장한다.

1987년 6월 민주화투쟁 이후 7-9월 노동자대투쟁은 1970년대 이후 경제개발과 함께 성장해 온 노동운동이 민주화운동 과정에서 광범위한 연대 속에 있음을 보여주었고, 본격적으로 '노동자 계급'이라는 정체성의 형성을 통한 독자적인 세력화를 시작하는 계기가 되었다. 1987년 7-9월 3개월 동안에 전개된 노동자대투쟁은 3,311건으로 1970년대 중반 이후 한국사회에서 발생한 쟁의 총 건수를 합한 것보다도 더 많은 것이었다(김동춘 1995, 100). 1987년 노동자대투쟁의 결과로 민주노조는 사업장들에서 조직화되고 기업 노동조합의 설립요건을 완화시키는 노

---

119) '독자적인'이라는 표현을 사용한 것은 이승만 정권 시기만 하더라도 한국전쟁 직후 '북진통일'이라는 과제가 명목상이라도 최우선의 과제로 설정된 반면, 박정희 정권부터는 남북한의 경쟁이라는 구도가 설정되면서 분단된 두 나라의 '독자적인' 국가건설에 몰두하기 시작했다는 점에서이다.

동법 개정이라는 성과를 얻어냈다. 하지만 단위 사업장의 노동조합 활동은 어느 정도 자유화되었지만 노조 간 연대활동을 제한할 수 있는 노동통제장치, 구체적으로 복수노조의 금지, 제3자 개입금지, 노동조합의 정치활동 금지 등 권위주의적 노동법 조항은 그대로 존속되면서 민주노조운동을 통제하고 노동정치의 민주화를 봉쇄하는 장치가 되었다(노중기 2008, 151-152). 실제로 민주노조운동을 기업의 울타리에 가두려는 국가와 자본의 의도는 일정하게 관철되었다. 민주노조운동은 1987년 이후 노동쟁의의 강도가 거세지고 1995년 전국적 연대조직으로 민주노총이 결성되는 성과를 만들어냈지만, 대기업 중심의 노동운동, 계급적 연대 기반의 잠식, 정치 세력화 전망의 부재 등 기업중심 노조활동의 폐해가 지속되면서 임금인상, 노동조건 개선 등 경제적 요구 투쟁에 고착되고 조직의 규모에 있어서도 정체되어 있었다(노중기 2008, 153; 김동춘 1995, 93-94). 특히 한국사회의 노동운동이 정치운동으로 발전해 나가거나 정치적 세력과 결합하여 독자적인 세력화를 꾀하는 것에 실패하거나 그러한 시도 자체를 섣불리 하지 못하였다. 그것은 노중기(2008)의 지적처럼 1987년 체제의 특징 즉 자본과 국가의 배제전략이라는 것뿐만 아니라 김동춘(1995)의 지적처럼 한국 노동계급 형성의 특성인 국가에 의한 경제개발과 계급이전에 국민으로서의 호명과 한국의 정치적 특성인 지역주의 및 노동자 자신의 조직적 실천적 무능력에 기인하는 바가 있다. 이러한 정치적 세력화의 부재 속에서 오히려 노동자 이기주의가 등장하기 시작하였고, 그것은 더욱 더 그들의 정치적 세력화를 어둡게 하였다. 반면에 다양한 시민운동이 그들의 자리를 차지하기 시작하면서 정치의 전면에 등장하였다.

새로운 운동 혹은 새로운 주체들의 등장은 한편으로는 1989년 베를린 장벽의 붕괴로 상징되는 사회주의의 몰락과도 무관하지 않다. 남성노동자, 대기업 노동자 중심으로 이루어진 노동운동이 한국사회 민중운동의 중심으로 자리 잡아가려는 시점에서 동시에 이른바 포스트모더니즘적 흐름의 등장은 다양한 소수자운동의 탄생을 가져왔다.[120] 노동운동이 자리를 잡기 시작하고 전국적인 조직화를 위한 움직임을 활발하게 벌이고 있는 상황에서 사회의 각 부문의 다양한 행위자들에 의한 부문운동 역시 꿈틀거리기 시작하였다. 노동운동의 독자적인 세력화는 '민중'이라는 단일한 주체의 해체과정을 말하는 것으로 노동운동은 물론, 여성운동, 환경운동, 성소수자운동 등 다양한 소수자 및 새로운 주체 형성 운동의 출현을 동반하였다. 이론적으로도 1980년대 사회과학계의 논의가 '한국사회성격'에 대한 논쟁에 집중했다면, 1990년대 들어서 '시민사회'에 대한 논의가 활발하게 진행되었다. 1987년 민주화와 함께 노동자대투쟁 이후 노동운동이 조직화하기 시작하면서, 여타 시민운동들 역시 새롭게 등장하였다. 또 다른 한편으로 1987년 민주화 이후 중산층은 서서히 보수화되기 시작하였고, 1991년 5월 투쟁은 중산층 그리고 그들의 시민운동과 민중운동의 분명한 분리가 보이기 시작한 시점이었다(전재호 2004). 이러한 상황에서 노동자운동과 여타 시민운동과의 관계 정립의 문제가 제기되는 가운데서 '시민사회'에 대한 논의가 전개된 것이다. 또한 동유럽 사회주의의 몰락과 그에 따른 마르크스주의에 대한 근본적 비판이 제기되는 상황에서 전통적인 계급론적 마르크스주의적 시각에서 벗어나고 동시에 이른바 부르주아 민주주의의 한계를 넘어서고자 하는 이론적, 실천적 시각에서 시민사회론이 등장한 것이라 할 수 있다. 서구 마르크스주의의 전통 속에서는 그람시(Gramsci)가 주목받았고 프랑크푸르트학파의 하버마스의 논의가 유입되었다.[121] 이러한

---

120) 1980년대 이후 한국 노동자의 성격이 크게 변화하기 시작하였다. 한국 노동자의 구성에서 중공업 대규모 사업장 노동자 비중이 크게 증가하였고, 반숙련 및 경험적 숙련을 갖춘 노동자의 구성이 완만하게 상승하기 시작하였으며 과거 저임금, 저학력, 미혼의 여성노동자에서 고졸 이상의 남성 노동자 중심으로 그 구성에서도 변화하였다(김동춘 1995, 155-166).

이론적 논의는 1989년 당시 등장한 '경제정의실천시민연합'과 같은 시민운동단체의 등장 속에서 시민운동의 위상과 방향성과 관련한 것이었다. '경실련'에 의해 주도되는 시민적 개혁운동은 한국 사회의 기본적인 모순이 '노동자와 자본가를 합한 생산자계층'과 '불로소득계층' 간의 모순이며 정권이 정치자금 마련 등을 위하여 경제에 부당하게 개입하는 것이 부정부패와 정경유착 등을 가져오고 자유로운 시장경제의 발전을 가로막는 중요한 문제점이라고 보면서 금융실명제의 실시, 토지공개념의 채택 등을 위한 운동을 전개하였다(김세균 1995, 182). 이후 경실련은 앞으로 정책대안 제시에서 더 나아가 총체적인 사회경제 체제에 대한 대안 모색을 운동의 목표로 삼고 있었다. 이러한 이유에서 계급론적 시각을 견지한 전통적 마르크스주의자들은 이러한 시민사회운동이 계급타협을 추구하고 자유시장경제를 옹호하고 있으며 결국 노동자계급과 민중의 운동의 성장을 가로막을 뿐이라고 비판하였다.

시민사회운동 혹은 시민운동은 그 주체들 그리고 그들이 쟁점화는 사안들의 다양성 측면에서 1990년대 이후 지속적으로 확대되어 왔다. 1994년 9월 10일, '참여와 인권을 두 개의 축으로 하는 희망의 공동체' 실현을 목표로 출범한 '참여연대'는 대표적인 시민운동단체이다. 참여연대는 "정치, 경제, 사회 각 분야 권력의 남용과 집중, 기회의 독점을 감시하고 고발함으로써 시민의 민주적 참여에 바탕을 둔 법의 지배 정착"이라는 목표를 가지고 각종 정책과 대안들을 제시하고자 하였으며 다양한 사회운동을 전개하여 왔다.[122] 1993년 4월 2일 "자연과 더불어 모든 인류가 자유롭고 평등하게 살아가는 공동체적 삶을 이루기 위해 노

---

121) 또 한편으로 마르크스 그리고 레닌 중심의 전통적 마르크스주의의 위기에 대한 문제 설정 속에서 서구 마르크스주의의 다양한 흐름들의 유입과 이른바 포스트모더니즘 흐름의 유입에 따른 탈근대적 사상과 운동의 형성도 주요한 현상 중의 하나이다.

122) 참여연대 홈페이지 http://www.peoplepower21.org/pspd20th 참조.

력할 것"을 목표로 출범한 환경운동연합 역시 한국사회의 대표적인 시민사회운동조직이다.

한국사회에 여성문제의 등장 및 여성의 주체화는 오랜 시간이 필요하였다. 1980년대 말까지도 대부분의 여성노동자들의 경우 스스로를 가정 내 존재로 규정하고 있었고 노동은 결혼 전에 한시적으로 하거나 생계를 위해 불가피하게 해야 하는 것으로 생각하고 있었다(오장미경 2003, 76). 하지만 서서히 남성=사회, 여성=가정이라는 이분법을 깨뜨리고 여성 스스로 독립적 존재로 인식하도록 하는 운동이 시작되었고 1987년 '한국여성노동자회'가 창립되었다. 1970년대 노동자운동이 '여공'들을 중심으로 하여 진행되었다면, 1980년대 들어서 서서히 남성 대기업 노동자중심으로 전환되기 시작하였고 1987년 이후 본격적으로 등장하여 조직화되기 시작한 한국사회 노동자운동은 더욱 그러하였다. 기존의 기본적인 시민권 개념에 덧붙여 성적 정체성, 성적 관계, 재생산 등 친밀성(intimacy) 영역에 대한 자기결정권을 포함하는 성적 시민권과 재생산권을 시민권으로 인정하라는 요구가 여성들에 의해 제기되기 시작한 것이다. 이러한 요구들은 이성애에 바탕을 둔 결혼과 가족에 대한 전통적 개념이 깨지고 동성애적 결합과 동거 등 친밀성의 개념이 변화하고 있다는 점을 반영한 것이다(Giddens 1992). 한국여성운동의 경우 1980년대 후반 이래 헌법에서 부여한 명목상의 평등권을 실질적 평등권으로 전환하고자 하는 여성의 시민으로서의 권리 회복운동으로 전개되기 시작하였다. 예를 들어 공직과 정치현장에서 여성 대표성을 제고하기 위한 시민참여투쟁 등은 물론 보육, 저출산, 난자기증 등 기존 시민권 개념 안에서 공론화하지 못했던 '사적 영역'의 문제들을 정책대상으로 제기한 것이다(조형 2007, 53). 또한 여성운동이 오랫동안 주요한 정책어젠다로 제시하고 주장하였던 호주제 폐지, 성매매방지법 제정 등 일정한 성과를 획득하였다. 해방 이후 오랫동안 한국사회에서 여성문제가 군사주의적 시각 그리고 가부장적 시각을 통해 규정되어 왔다는 점에서 우선은 그러한 시각들로부터의 탈피가 필요하였다(문승숙 2007). 그러한 노력의 산물이 호주제 폐지, 간통죄 폐지 등이다. 최근 이주노동자, 특히 여성이주노동자들의 문제와 관련하여 지구시민사회 여성주의적 시민의식의 필요성이 강조되기도 한다.[123]

2002년 8월 14일 서울행정법원은 동성애자 인터넷 사이트 '엑스존'이 청소년보호위원회를 상대로 제기한 소송, 즉 엑스존을 청소년 유해매체로 규정하고 고시한 행정처분이 무효임을 확인해달라는 요구를 이유없다고 기각하였다. 이미 이 소송 이전에 국가인권위원회는 청소년보호위원장에게 청소년유해매체물 심의기준에서 동성애 항목을 삭제하도록 권고하였었다. 그리고 이 소송에서도 법원 측이 원고 측에 패소판결을 내렸음에도 불구하고 엑스존 측의 주장을 상당 정도 수용하였다고 평가된다(서동진 2004, 103). 재판부는 판결문에서 "동성애를 조장하는 것"을 청소년유해매채물의 심의기준에 포함시킨 법(청소년보호법 시행령)이 "동성애자들의 인격권, 행복추구권, 평등권, 표현의 자유를 침해하는 것으로 헌법에 위반되고 ⋯⋯ 위임의 한계를 벗어난 위임입법으로서 법에 위반되어 무효"일 수 있으며, 이 규정에 따른 "청소년유해매체물 결정 및 고시 처분은 그 하자가 중대"할 수 있음을 인정하였던 것이다. 2003년 12월 22일 서울고등법원이 최종판결에서도 엑스존은 패소하였지만, 법원은 성적소수자인 동성애자들을 범죄자나 사회적 일탈자로 간주하지 않고 헌법상에 존재하는 개인의 인격권, 행복추구권, 성적자기

---

123) '3중의 정체성구성'이다. 첫째는 여성은 시민이 되어야 하며, 둘째는 여성주의 시민 그리고 마지막으로 지구시민사회의 여성주의 시민이 되는 중층경로를 의미한다(윤혜린 2007, 87). 예를 들어 여성이주노동자들의 흐름을 면밀하게 살펴본다면, 동남아에서 한국으로 이주하는 여성들의 경우 상당수 성산업과 관련되는 경우가 많다(김은실 2004). 여성들은 국민국가를 경계로 위계화되어 있고 또한 성차별주의에 기반한 성산업의 종사자가 된다.

결정권 등의 시각에서 접근하고자 하였다는 점을 분명히 하였다. 이처럼 동성애자들을 이성애주의 사회에서 주체로서 인정하기 시작한다는 것은 현재의 규범적 권력 내부로 정상화시키는(normalizing) 과정일 수 있다(서동진 2003, 260－261). 하지만 그러한 정상적(normal) 혹은 규범적(normative) 권력이 외부자들을 정상화시키는 과정을 통해 그 외연이 확장되고 종국적으로 그 내부와 외부가 구별되지 않는 시점에 이르는 순간 그것은 무의미해질 수 있다.

성소수자운동 이외에도 환경운동, 이주노동자, 양심적 병역거부자, 장애인 등에 의한 정체성의 정치가 출현하기 시작하였다. 이들은 소수자로서 거대담론에 의해 부과된 혹은 호명된 정체성이 아닌 자신 스스로의 고유한 존재를 인정받고자 하는 정치이다. 근대성이라는 거대 담론과 철학이 부과하는 '정상성/비정상성'의 이분법적 분류에 의해 진행되어온 억압에 대한 거부로서 소수자운동이 시작되었고 그것들은 아직도 진행 중이다.

또 다른 한편으로 1987년 민주주의로의 이행은 이른바 '제도적' 민주주의의 정착이라는 차원에서 접근했을 때, 근대 민주주의의 기본적인 틀이라고 할 수 있는 대의제민주주의의 정착이라고 할 수 있다. 특히 근대의 대의제민주주의는 기본적으로 정당을 통한 민주주의이다. 20세기 초반 이른바 '군중의 시대' 그리고 동시에 서구유럽에서 자유민주주의 체제가 정착되기 시작하면서 갓 자리 잡기 시작한 정당에게 "시민들의 감성과 의지를 분출시키는 통로 역할"을 부여하였던 오스트로고르스키(Ostrogorski 1993)는 정당을 통한 대의제 형태가 정치세력들 간의 자유로운 경쟁을 통한 민주주의의 발달을 가져올 수 있을 것이라는 점을 강조하였다(Ostrogorski 1993, 34－35). 대의제민주주의의 정착 과정에서 정당은 시민과 국가권력을 매개하는 역할을 하며, 그러한 역할을 통해 민주주의를 부정하지 않으면서 동시에 민주주의에 근거해 민주주의를 통제할 수 있다고 간주되었다. 대의제에 의한 민주주의의 통제라는 근대민주주의의 기본적인 긴장을 간직한 것이었다. 더구나 1987년 민주화 이후 한국정치에서 정당정치의 전개를 본다면 그 이데올로기적 한계가 분명하였다. 한국 정당정치의 한계는 우선은 좌우 정치적 스펙트럼의 한계, 즉 굳이 통합진보당의 해체를 말하지 않는다 하더라도 진보적 색채의 정당이 제대로 성장하지 못한 정치구조이다. 그리고 또한 한국에만 한정되지 않는 문제로서 정당정치에 근거한 근대 대의제민주주의의 한계이다.124) 이러한 상황에서 대중들의 직접적인 정치참여의 욕구가 분출되는 경우가 많아졌다. 2000년대 들어서 광화문광장에서 촛불집회를 통한 이른바 '광장정치'가 활성화된 것이다. 정당이라는 대표기관이 충분히 다양한 정치 주체들을 대표하지 못한다는 현실 속에서 적극적으로 주체들의 의사와 이익을 직접적으로 표현하고 또한 그것을 통해 정치에 참여하려 한다는 것이다.

대한민국의 헌법 제1조 1항 '대한민국은 민주공화국이다.' 2항 '모든 권력은 국민으로부터 나온다.'라는 것과 관련하여 국민들은 그 의미를 구체적으로 실현하고자 한 것이다. '민주공화국'이라는 개념을 통해 민주주의의 이행과 구체적인 '공화국'을 구현하고자 한 것이다. Res publica, 즉 '공공의 것'이라는 의미에서 민주주의의 공공성을 구현하고 또한 공화주의적 자유의 실현이라는 점에서 단지 국가권력으로부터 자유만이

---

124) 한국정치의 주요한 문제로서 '정당정치의 한계' 즉 이데올로기적 수준이나 이익정치의 차원에서 충분히 대표(representation)하고 있지 못하다는 비판에 대해서는 많은 정치학자나 사회학자들이 동의한다(최장집 2002; 김동춘 2006, 361). 하지만 그에 대한 해결책을 찾는 과정에서는 차별성이 뚜렷하다. 즉 혹자는 정당정치의 활성화를 위한 방안을 찾고자 하기도 하지만, 또 다른 혹자는 정당정치가 갖는 근대적 한계를 넘어서는 새로운 정치 – 김동춘(2006)의 경우 생활세계에 기반한 시민운동의 정치 혹은 유사한 형태로, 조희연(2004)의 경우 제도정치를 넘어서는 급진민주의 정치 내지는 신사회운동의 문제의식 – 의 가능성을 찾는다.

아니라 공동체의 공공선을 실현하기 위해 시민들의 적극적인 자유의 실현을 주장한 것이다. 그것이 바로 권력이 국민으로부터 나온다는 의미를 실현하는 것이었다. 광장의 정치는 그러한 의미들의 구체화였다. 2002년 월드컵 응원의 경험은 시민의 성숙함을 보이는 것이었고, 광장의 주인이 시민들 자신임을 보여주는 경험이었다. 그리고 새로운 정치적 이슈들이 등장하면서 기존의 정치권이 시민들의 의지를 제대로 수렴하여 전달하지 못할 때, 시민들의 자신이 주권자임을 보여주고자 했다. 월드컵 응원을 위해 모였던 광장은 같은 해 미군 장갑차에 의해 죽음을 당한 효선, 미순 학생을 위한 추모의 공간으로 전환되었다. 그리고 2004년 봄에는 노무현대통령의 탄핵반대를 위한 집회가 두 달여 동안 쉬지 않고 열렸다. 그리고 그 절정은 2016년 가을부터 2017년 봄까지 계속된 박근혜 탄핵을 위한 촛불집회였다. 시민들은 자신들이 뽑은 대통령을 다시 직접 권좌에서 끌어내리기 위해 한 목소리를 냈고, 그것은 제도권 정치행위자들이 시민들의 의지를 거스를 수 없도록 만들었다.

사적인 영역에서의 독립이라는 '소극적' 자유에 한정되지 않고 '적극적'으로 공동체에 참여하면서 공공선을 만들어내고 그것을 통해 자신을 실현하고자 하는 '적극적' 자유에 대한 갈망이었다. 개인의 자유는 권력의 부재를 통해서가 아니라 권력에 대한 참여, 즉 권력의 적극적 구성의 과정을 통해 실현될 수 있다. 민주화라는 단일의 목표 속에서 단일한 주체로서 존재하였던 민주화 세력은 다양하게 분화되어 사회구성 속에서 다양한 방식의 자유에 대한 요구와 그 실현의 다양성을 추구하면서 다양한 주체들로 분화되고 전환되어 간다. 민주주의적 주체들의 다양화는 민주주의와 관련한 다양한 문제들의 복합적 구성과 구조화를 의미한다. 근대적 방식으로 거대한 그리고 보편적 주체에 의한 민주주의의 구성이 아니라 다양한 주체들에 의해 구조화되고 또한 얽혀있는 민주주의의 과제들이 존재한다는 의미이다. 그러한 의미에서 근대 정치의 한계상황에 도달했음을 알 수 있다. 근대정치의 주요한 장치였던 대의제 정치의 한계가 드러난 것이고 민주주의의 확장의 기제이자 장치로서 '광장의 정치'가 등장했음을 알 수 있다. 그리고 민주주의의 질적 도약은 그러한 광장에 등장하는 민주주의의 다양한 주체들에 의해 자유의 갈망이 표현되고 실현되는 것이다.

IV. 신자유주의적 통치성과 품행의 자유

1987년 민주화와 함께 남한에서 국민국가 건설, 즉 국민형성(nation-building)과 국가형성(state-building)의 과정을 일단락 짓기까지 남한에서는 민족주의적 기획이 지배하였다. 푸코의 용어를 빌려서 말한다면, 그것은 '민족주의적 통치성'의 시기였다. 국민국가 건설이라는 과제를 위해 공동체 구성원의 삶의 방식, 좋은 삶에 대한 규정, 권력의 작용과 지식의 역할 등에서 민족주의적 삶이 통치성의 중심에 있었다. 그리고 1987년 민주화 이후 새로운 통치성으로의 전환이 이루어지려는 시기에 1997년 IMF 체제가 등장하였고, 이미 시작된 자유주의화의 과정에 더해져 신자유주의적 통치성이 형성되기 시작하였다. 이는 III절에서 언급한 다양한 주체들의 형성과도 맞물린다. 급격한 신자유주의화로서 한국사회는 신자유주의적 가치와 삶의 방식을 규정하면서 개인의 품행 즉 행동양식을 결정지었다. 푸코의 표현을 빌자면 '사회의 국가화'가 아니라 '사회의 통치화'가 문제가 되기 시작한 것이다(Foucault 1998). 신자유주의에 의한 한국사회의 변화를 김동춘은 1998년 이후 한국 사회가 '기업사회'로 변화하였다고 묘사한다(김동춘 2006). 그는 1987년 이후 한국에서 시민사회가 확대되고 시장이 자율성을 획득해 나갔지만, 1997년 외환위기를 계기로 효율성과 경쟁력의 제고라는 기업과 시장의 논리를 강조하고 나아가 그것이 사회를 식민화하는 기업사회로 변화해가고 있다는 것이다.

1997년 IMF 체제의 등장은 노동운동에 있어서도 커다란 변화를 가져왔다. 한국사회에서 노동운동의 경우 대기업노조를 중심으로 한 노동자연대를 추구하면서 전개되어 왔다면, 1997년 이후 노동운동은 노동자 개인들의 직업적 안정성을 추구하는 방향으로 전환되면서 노동자운동의 연대는 부차화 되기 시작하였다. 1997년 3월 노동법 개정은 정리해고의 법제화와 노동자 파견제도 등을 통해 한국의 노동사회를 신자유주의적 구조조정의 길로 들어서게 하였다. 예를 들어 최근에 문제가 되었던 대기업에서 노조를 통한 고용승계 조항이나 비정규직 내지는 외국인노동자들과의 연대를 고려하지 않는 것들은 노동조합이 이제는 노동자연대의 장치가 아니라 조합원들의 이익만을 대변하는 기관으로 변환되었음을 의미한다.

1987년 이후 10여 년 동안 즉 IMF체제의 등장 이전까지 노동정치는 "국가 자본의 배제 전략과 노동운동의 전투적 저항과 연대투쟁이 모순적으로 결합"되어 있었다(노중기 2008, 151). 즉 사회의 전반적인 민주화에도 불구하고 노동부문에서 자유화는 사업장 내의 노동활동에 한정함으로써 노동정치의 활성화의 가능성을 배제하였다. 10여 년간 지속한 이러한 통제체제는 1997년 말 외환위기 이후 등장한 IMF체제와 김대중 정부에 의해 새로운 전환을 맞게 되었다. 김대중 정부에 의해 주도된 '노사정위원회'는 한국노동정치 전개 과정에서 제기된 '사회적 합의주의'의 한 실험이기도 하였고, 무엇보다도 IMF체제 속에서 '국민적 합의 기구의 형성' 혹은 '국민적 대타협에 기반을 둔 국정운영'이라는 정치적 성과를 목표로 하는 김대중 정부의 의지이기도 하였다(노중기 2008, 230, 368-370). 노사정위원회를 통한 사회적 합의에 의해 정부는 IMF체제가 요구하는 구조조정과 정리해고제 등에 대한 합의를 이끌어냈다. 노조는 반대급부로 노사관계의 자유화 등의 조치를 이끌어내긴 했지만,

구조적으로 눈에 띠는 반대급부를 얻어내기 쉽지 않았다. 이후 전개되는 상황은 임금삭감과 노동조건의 악화, 소득불평등의 심화, 재벌기업들의 구조조정에 따른 대량해고와 실업자의 양산, 고용불안 등으로 이어졌다. 김대중 정부 말기에 재정경제부가 내놓은 보고서에서 4대 부문 12대 핵심 개혁과제를 아우르는 말은 "시장원리에 입각한 상시적 구조조정"이었다. 김대중 정부 신자유주의적 기조에 충실하게 집행한 정책의 특징은 자유화, 개방화, 유연화, 사유화로 요약할 수 있다(이병천 2014). 결국 노사정위원회를 통한 '사회적 합의'는 정부와 사용자 측의 요구가 일방적으로 관철되는 듯한 인상을 주었고, 새로운 노동정치체제에 대한 전망도 보여주지 못하였다. 따라서 합법적인 교섭의 장으로 나온 민주노총은 상당한 조직적 타격을 입었고, 노동자들은 사회적 합의에 대해 부정적 인식을 강화할 뿐이었다(노중기 2008, 235).

신자유주의적 구조조정과 사회체제의 신자유주의적 구성은 그간 부침을 거듭해 오던 노동자운동에 커다란 전환을 가져왔다. 적어도 1987년 노동자대투쟁 이후 10여 년 동안 노동정치를 형성하면서 민주주의의 중심세력으로 존재해 왔다면, IMF체제와 이후 신자유주의적 개혁의 바람 속에서 노동자운동은 노동자이기주의 특히 대기업 중심의 '닫힌' 노조운동 혹은 이익집단운동으로 변질되었다는 비판을 지속적으로 받아 왔다(박승옥 2004; 최영기 2001). 분명 외환위기 이후 대기업 정규직 노동자와 여타 노동자 집단 간에 임금 및 복지, 고용조건 및 직업안정성 등에 있어서 심각할 정도의 양극화가 발생하고 있는 것이 사실이다(이병훈 2005; 강현아 2005; 손정순 2005). 물론 이러한 노동의 양극화가 발생하는 데에는 여러 가지 요인이 있을 수 있지만, 외환위기 이후 한국사회의 급격한 신자유주의화가 주요한 요인인 것은 분명하다. 하지만 노동운동의 관점에서 더욱 중요한 문제는 이러한 양극화에도 불구하고 노동자연대는 더 위기를 맞고 있다는 것이고 그 해결의 기미는 보이지 않는다는 점이다. 현재 노동운동의 진행 속에서 비정규직 노동자, 외국인 노동자, 여성노동자 등 가장 취약한 노동계층에 대한 배려나 연대는 찾아볼 수 없다는 것이다.

1997년 IMF체제의 경험을 통해 등장한 신자유주의적 주체는 분명 이전과는 질적으로 달라진 주체들이다. 그러한 의미에서 1987년과 1997년 이른바 '1990년대'의 존재와 그 의미에 대해서 분명히 할 필요가 있다. 앞서 언급하였듯이 1990년대 새로운 주체들이 등장한 것은 분명 하지만 상당 부분 그것은 1980년대의 연장선상에서 진정성(authenticity)의 에토스가 지배하고 있던 시기였다(김홍중 2009; 김영찬 2017). 비록 1980년대의 윤리적, 규범적 가치들과는 거리를 두려 하면서 개인들의 솔직한 욕망과 쾌락의 발산을 시도하면서 새로운 주체형성을 시도하였 지만, 1980년대의 자장으로부터 완전히 벗어나지는 않았다. 그러한 점 에서 1997년 IMF체제의 등장은 1980년대 그리고 그 연장선상에 있었 던 1990년대와의 명확한 단절을 의미하였다. 1980년대, 1990년대의 에 토스와 윤리, 규범적 가치 등과 명백히 단절하고 명확한 '자본의 논리' 에 의해 사회가 규정되고 사회적 가치와 규범, 윤리가 확립되기 시작하 였다는 점에서 그러하다는 것이다. 그러한 의미에서 '자유'의 의미와 가 치 역시 새롭게 정립되었다고 할 수 있다. 진정성을 추구하는 주체가 자기 성찰적이며 동시에 공적인 지평 속에서 공동체와의 관계설정 및 좋은 삶과 바람직한 공동체에 대한 사유와 실천을 중심에 놓고서 자유 의 문제를 사유했다면, 이제 '자유'의 문제는 공적 지평 속에서가 아니 라 자신의 이익과 속물적 욕망을 충족시키기 위한 수단으로서 사유되고 실천된다. 그러한 의미에서 1987년 체제는 1980년대의 연장선상에서 하나의 매듭일 수 있으나 근본적인 전환이 발생한 것은 아니다. 개인의 삶 그리고 공동체의 방향성과 관련하여 근본적인 전환이 발생한 것은 1997년 외환위기와 그에 따르는 IMF 체제에 의해서이다.[125]

---

125) 손호철(2017)은 1987년 체제보다 훨씬 더 근본적인 1997년 체제를 언급한다. 1997년 체제는 그동안 한국사회를 지배해온 발전국가를 해체하고 등장한

1987년 민주화 이후 1996년까지는 노동조합운동의 활성화를 통한 임금상승의 효과에 따라 소득불평등이 일정하게 완화되었던 시기이다(황규성·강병익 2017, 41). 하지만 1997년 말 경제위기와 후속조치 이후 불평등은 급속히 심화되었다. 하지만 이른바 '자유'라는 항목은 '단편적으로' 본다면 그 부분은 확대되었다고 할 수도 있다. 문제는 그 자유의 의미와 효과에 대한 면밀한 분석이다. 예를 들어 1997년 이후 이른바 '소유(집착적) 개인주의(possessive individualism)'가 확산되고 개인들의 행위의 지배적 규범이 되었다고 평가된다. 이로부터 한국인들이 '시장인간'으로 거듭 태어나고 있다는 진단이 이루어지고 있는 것이다(최현 2011). 따라서 자유 역시 그러한 시장적 인간의 이윤추구의 극대화를 위한 활동으로서 추구된다. 그러한 의미에서 국가는 후퇴하고 개인들의 자유로운 경쟁의 공간이 마련되었다.

민주주의 국가의 등장 이후 신자유주의적 통치성은 개인들의 '자기개발', '경쟁력 있는 개인'을 스스로 잘 만들어낼 것을 요구한다. 민주주의의 공고화 및 심화 과정에서 등장하는 개인 또는 시민 권리의 확장 그리고 그와 함께 국가권력의 확장 – 복지국가/사목권력화 – 이라는 서구적 길이 아니라, 개인의 책임성이 확장되는 방식으로 신자유주의적 통치성이 형성되고 있다.[126] 신경제, 신경영, 지식기반경제 등 다양한 이름의 자본주의적 변형들은 '자기개발하는 주체'를 만들어내면서 새로운 사회적 실천과 삶의 방식을 구현하고자 한다(서동진 2009).[127] 자유

신자유주의 체제라는 의미에서 이다. 물론 1997년이 한국사회의 근본적인 전환을 가져왔다는 점에서 동의할 수 있지만, 손호철의 다양한 분류학이 분석적 의미 이상을 발견하기는 쉽지 않다.

126) 신자유주의 시대의 새로운 인간형으로 세넷은 기존의 조직이나 관습에 의존하지 않는 것을 자랑스럽게 여기는 독립적 개인, 불안정한 현실과 미래의 불확실성을 긍정적으로 수용하면서 카멜레온처럼 변신을 시도하는 능력을 가진 새로운 인간형을 출현에 주목한다(Sennett 2006).

127) 서동진은 민주화의 문제를 "단순히 권리를 신장하고 확장하는 것이라는 주

로운 주체들의 실천과 삶의 구성이 거대한 신자유주의적 권력의 망 속에 포섭되고 그 권력에 예속된 '자유'로운 삶이 된다. 신자유주의적 통치성이 지배하고 그에 따라 그것에 적응하고 저항하지 못하는 수동적 주체로 타락해 버린 현재의 정치적 삶이 문제가 된다. 일군의 사회학자들의 표현처럼 '속물'과 '잉여'들만이 존재하게 되었다. "현재의 체제 내에 포섭되어 축적하고 소비하는 주체"로서 '속물' 그리고 "속물 대열에 가담하여 속물지위를 얻고자 노력했으나 실패한 자들 가운데 속물 되기를 유예하고 있는 존재들"로서 잉여이다(백욱인 2013, 3-4). 신자유주의 통치성 하에서 경쟁과 생존의 논리가 지배하고 생존을 위해 남을 지배하고 배제하고 딛고 일어서야 하는 존재로서 속물 되기가 진행되고 그러한 경쟁에서 어쩔 수 없이 패배하고 배제된 이들의 푸념만이 존재하는 사회가 되어 가고 있다. 진정성을 추구하고 자기 성찰적 주체가 사라져가고 그 자리를 속물들이 대체하고, 체제에 대해 저항하고 적극적으로 자신의 욕망을 실현하기 위해 탈주하는 아웃사이더가 아니라 경쟁에서 탈락한 잉여들의 푸념들이 그 자리를 대체하고 있다. 이러한 속물과 잉여의 시대에 정치는 '오락화' 되어 간다. 즉 쉽게 열광하고 욕하기를 반복하는 '냉소적 포퓰리즘'과 '열광적 포퓰리즘'이 반복되면서 성찰적 민주주의의 힘과 지속성이 사라져 간다(백욱인 2013, 17). 포퓰리즘 정치가 전 세계적 현상이 되어가고 있다. 그렇다고 인민이 그 정치의 중심에 있는 것도 아니다. 과거 그것이 진보적 흐름이든 보수적 흐름이

권적이면서도 사법적인 관점에 머물러 있을 수 없는" 것이며, 오히려 중요한 것은 "언제나 바로 그 민주화되어야 하는 사회란 무엇인가, 그 사회에서 펼쳐지는 삶을 규제하고 조정하는 형식은 무엇인가"를 판단하는 것이라고 본다(서동진 2009, 20). 이것은 푸코가 말하는 통치화의 대상이자 그것이 발생하는 공간으로서 사회의 문제 그리고 권력에 의한 주체화과정에 대한 규명을 필요로 한다는 것을 의미한다. 이러한 문제설정 속에서 '자유'의 문제 역시 좀 더 심도있게 이해될 수 있다.

든 극단의 정치가 대세를 이루면서 공화주의적 연대나 진정성의 정치가 보이지 않는다.

V. 결론

1990년대 초반 브레히트의 시와 동명의 소설 『살아남은 자의 슬픔』 (박일문 作) 그리고 김별아의 소설 『개인적 체험』은 1990년대 들어서 1980년대를 회상하는 소설들로서 1980년대에 대한 애증을 드러내고 있다. 한편으로 1980년대의 집단적 혹은 공적인 문제의식에 공감하면서도 그곳에서 실종된 개인의 아픔에 대한 아쉬움 혹은 회한까지도 내보인다. 하지만 그러한 초반의 문제의식이 세계경제의 흐름인 탈냉전과 포스트모더니즘의 과잉 등으로 마치 '아이를 씻긴 후 목욕물과 아이를 같이 버리듯' 사라져버리지 않았나 하는 강한 의구심이 든다. "살아남았다"라는 자책이 오히려 1980년대가 가졌던 시대적 과제와 문제의식마저도 버리게 하지 않았는가 하는 것이다. 1990년대 특히 외환위기 이후 신자유주의적 통치성 하에서 겨우 살아남은 개인들은 공적인 개인이 아니라 생존의 본능과 '만인을 위한 만인의 투쟁' 상태에서 살아남기 위해 끊임없이 자기개발하고 자기의 능력 발휘를 통해 타자를 딛고 일어서야 하는 주체만이 남게 되었다. 그들은 끊임없이 자기의 자유의 확장을 요구하고 사회는 역시 그들에게 '자유'를 부여한다. 우리들의 자유는 잘 길들여진 '자유'가 되어 가고 있다. 그럼에도 불구하고 민주주의 사회 속의 개인들의 자유에의 갈망과 표출은 권력의 망을 넘어 확장되려 한다. 항상 어느 지점에서 그 표출은 권력의 상상력을 넘어서게 된다.

1987년 민주화 이후 한국 민주주의는 개인의 자유의 확장을 위해 노력하였고 실질적인 성과를 거두어 왔다. 하지만 개인의 자유의 확장 과정에서 공동체의 문제에 대한 충분한 검토가 이루어지지 못한 아쉬움이 크기도 하다. 더구나 1997년 외환위기가 가져온 급격한 신자유주의화는 한국인의 삶의 방식을 전적으로 새롭게 규정하기 시작하였다. 자유는 이제 공동체와의 관계 속에서 공공선을 실현하기 위한 장치로서가 아니라 철저하게 개인이 살아남기 위해 추구되어야 할 방편으로서 존재할 뿐이다. 더불어 사는 공동체적 삶에 대한 사유의 빈곤 속에서 개인의 자유가 추구될 뿐이었다. 그러한 의미에서 현 시점에서 우리는 다시 민주주의와 자유의 관계를 새롭게 사유해야 한다. 민주주의라는 공동체의 원칙 속에서 그리고 공동체의 민주주의의 심화라는 차원에서 개인의 자유를 고려해야 한다는 것이다.

참고문헌

강정인. 2017. 『죽음은 어떻게 정치가 되는가』. 서울: 책세상.

강현아. 2005. "노동조합의 불평등 구조와 여성노동자." 최장집 편. 『위기의 노동: 한국 민주주의의 취약한 사회경제적 기반』, 300－324. 서울: 후마니타스.

국가인권위원회. 2005. 〈양심적 병역거부 관련 결정문〉.

김동춘. 1995. 『한국사회 노동자연구』. 서울: 역사비평사.

_____. 2006. 『1997년 이후 한국 사회의 성찰』. 서울: 도서출판 길.

김득중. 2009. 『빨갱이의 탄생』. 서울: 선인.

김세균. 1995. "'시민사회론'의 이데올로기적 함의 비판." 유팔무·김호기 편. 『시민사회와 시민운동』, 151－184. 서울: 한울.

김영찬. 2017. "'90년대'는 없다." 계명대학교 한국학연구원 편. 『1990년대의 증상들』, 7－28. 대구: 계명대학교 출판부.

김윤태. 2012. 『한국의 재벌과 발전국가』. 서울: 한울.

김은실. 2004. "지구화시대의 성매매 이주여성, 국민국가 그리고 시민권." 최협 외 엮음. 『한국의 소수자, 실태와 전망』, 350－380. 서울: 한울.

김종태. 2017. "한국의 발전국가와 발전주의." 김윤태 편. 『발전국가: 과거 현재 미래』. 54－87. 서울: 한울.

김홍중. 2009. 『마음의 사회학』. 서울: 문학동네.

김현정·원용진. 2002. "팬덤진화 그리고 그 정치성: 서태지 팬클럽 분석을 중심으로." 『한국언론학보』 46권 2호, 253－278.

노중기. 2008. 『한국의 노동체제와 사회적 합의』. 서울: 후마니타스.

문승숙. 2007. 『군사주의에 갇힌 근대』. 서울: 또 하나의 문화.

문지영. 2009. 『지배와 저항』. 서울: 후마니타스.

박명림. 2008. "박정희 시대 재야의 저항에 관한 연구, 1961－1979: 저항의제의 등장과 확산을 중심으로." 『한국정치외교사논총』 30권 1호, 29－62.

박승옥. 2004. "한국 노동운동, 종말인가 재생인가." 『당대비평』 27호, 169－184.

백욱인. 2013. "속물정치와 잉여문화 사이에서." 백욱인 편. 『속물과 잉여』, 1－34. 서울: 지식공작소.

서동진. 2003. "커밍아웃의 정치학을 다시 생각한다." 박노자. 『탈영자들의 기념비』, 258-275. 서울: 생각의나무.

_____. 2004. "성적 시민권과 비이성애적 주체." 최협 외 엮음. 『한국의 소수자, 실태와 전망』. 100-123. 서울: 한울아카데미.

_____. 2009. 『자유의 의지 자기계발의 의지』. 서울: 돌베개.

손정순. 2005. "이중의 고용 - 파견노동과 사내하청." 최장집 편. 『위기의 노동: 한국 민주주의의 취약한 사회경제적 기반』, 325-354. 서울: 후마니타스.

손호철. 2017. 『촛불혁명과 2017년 체제: 박정희, 87년, 97년 체제를 넘어서』. 서울: 서강대출판부.

신장섭·장하준 저·장진호 역. 2004. 『주식회사 한국의 구조조정 무엇이 문제인가』. 서울: 창비.

오동석. 2015. "분단체제와 국가보안법", 『황해문화』 89호, 180-196.

오장미경. 2003. 『여성노동운동과 시민권의 정치』. 서울: 아르케.

윤혜린. 2007. "지구시민사회 맥락에서 본 여성주의 시민의 정체성." 조형 외. 『여성주의 시티즌십의 모색』, 71-108. 서울: 이화여자대학교출판부.

이동연. 2000. "헤드뱅잉에서 스노우노드까지: 서태지와 하위문화 스타일", 고길섶 외. 『문화읽기: 삐라에서 사이버문화까지』, 297-310. 서울: 현실문화연구.

이병천. 2014. "외환위기 이후 한국의 축적체제: 수출주도, 수익추구 성향과 저진로 함정." 이병천·신진욱 편. 『민주정부 10년 무엇을 남겼나』. 29-90. 서울: 후마니타스.

이병훈. 2005. "노동양극화와 운동의 연대성 위기", 최장집 편. 『위기의 노동: 한국 민주주의의 취약한 사회경제적 기반』, 275-299. 서울: 후마니타스.

이윤종. 2017. "장선우와 에로비디오: 1990년대 한국의 전환기적 포르노 영화." 계명대학교 한국학연구원 편. 『1990년대의 증상들』, 108-222. 서울: 계명대학교 출판부.

이해영. 1999. "思想史로서의 1980년대: 우리에게 1980년대란 무엇인가?", 이해영 편. 『1980년대. 혁명의 시대』. 25-84. 서울: 새로운 세상.

임재성. 2011. 『삼켜야했던 평화의 언어: 병역거부가 말했던 것, 말하지 못했던 것』. 서울: 그린비.

전재호. 2004. "한국민주주의와 91년 5월 투쟁의 의미", 전재호·김 원·김정한.

『91년 5월 투쟁과 한국의 민주주의』, 15-72. 서울: 민주화운동기념사 업회.

조 형. 2007. "여성주의 시민화 시대의 시티즌십과 시민사회", 조형 외. 『여성 주의 시티즌십의 모색』, 17-70. 서울: 이화여자대학교출판부.

조희연. 2004. 『비정상성에 대한 저항에서 정상성에 대한 저항으로』. 서울: 아 르케.

주성수. 2017. 『한국 시민사회사』. 서울: 학민사.

지주형. 2011. 『한국 신자유주의의 기원과 형성』. 서울: 책세상.

_____. 2017. "한국의 발전국가와 신자유주의 국가." 김윤태 편. 『발전국가』. 서울: 한울.

최강민·고명철·엄경희·고인환·이경수. 2005. "좌담: 90년대 문학을 결산한 다." 작가와 비평 편. 『비평, 90년대 문학을 묻다』, 11-73. 서울: 여름 언덕.

최영기. 2001. "87년 이후 노동정치의 전개와 전망: 개발모델의 해체와 노동운 동의 미래." 최영기·김 준·조효래·유범상. 『1987년 이후 한국의 노 동운동』, 10-51. 한국노동연구원.

최장집. 2002. 『민주화이후 민주주의』. 서울: 후마니타스.

최 현. 2011. "시장인간의 형성: 생활세계의 식민화와 저항." 『동향과 전망』 81 호, 156-194.

황규성·강병익 편. 2017. 『다중격차 Ⅱ: 역사와 구조』. 서울: 페이퍼로드.

Agamben, Giorgio 저·박진우 역. 2008. 『호모사케르: 주권 권력과 벌거벗은 생명』. 서울: 새물결.

Baumann, Zygmunt 저·이일수 역. 2005. 『액체근대』. 서울: 강.

Boltanski, Luc, and Ève Chiapello. 1999. *Le nouvel esprit du capitalisme*. Paris: Gallimard.

Foucault, Michel 저·박정자 역. 1998. 『사회를 보호해야 한다: 1976, 콜레주 드 프랑스에서의 강의』. 서울: 동문선.

Gauchet, Marcel. 1995. *La révolution des pouvoirs, La souveraineté, le peuple et la représentation 1789-1799*. Paris: Gallimard.

Giddens, Anthony. 1992. *The transformations of intimacy*. Cambridge: Polity.

Le Goff, Jean Pierre. 2008. "Mai 68: la France entre deux monde", *Le Débat*. No. 149.

Ostrogorski, Motsei. 1993. *La démocratie et les partis politiques*. Paris: Fayard.

Rancière, Jacques 저·오윤성 역. 2008. 『감성의 분할: 미학과 정치』. 서울: 도서출판 비.

Sennett, Richard 저·유병선 역. 2009. 『뉴캐피털리즘: 표류하는 개인과 소멸하는 열정』. 서울: 위즈덤하우스.

09

민주화 이후 한국의 불평등과 민주주의의 질

마인섭

I. 서론

　민주주의가 사회를 더 평등하게 만들어 줄 것이라는 기대는 일견 당연한 것처럼 여겨진다. 민주주의는 다수의 결정에 따르는 정치제도이고, 어느 사회이든 경제적으로 중간 정도의 위치에 있는 집단이 다수를 차지하며, 이들은 부유한 계층에게만 유리한 정책을 원하지 않을 것이기 때문이다. 그러나 민주주의에 대한 이런 기대는 종종 실현되지 않거나 오히려 민주주의에서 불평등이 더 악화되는 상황이 발생하여 대중의 불만이 커지기도 한다. 민주주의는 과연 불평등을 더 잘 치유하는가? 민주주의에서 불평등이 더 악화되는 것은 왜 그런가? 왜 어떤 민주주의에서는 불평등이 줄어들고 다른 민주주의에서는 악화되는가? 불평등은 민주주의를 질적으로 평가하는 기준일 수 있는가? 불평등을 기준으로 보면 어떤 민주주의가 더 '좋은' 민주주의인가? 불평등과 민주주의에 관한 현재까지의 많은 연구들은 이런 질문들에 대해서 일관되거나 만족스러운 답을 제시하지 못하였다. 이 장에서는 민주화 이후 한국에서의 불평등의 변화를 살펴보고, 한국의 민주주의를 질적으로 평가하고자 한다.

한국에서의 불평등과 민주주의에 관하여는 다시 다음의 세 가지 문제들을 제기하고 답하였다. 첫째, 권위주의에서 민주주의로 정치체제가 전환할 때 불평등에 어떤 변화가 있었는가? 민주화는 불평등을 완화했는가? 둘째, 민주주의가 정착된 이후에는 불평등에 어떤 변화가 있었는가? 민주주의는 과연 대중의 기대에 부응하여 평등한 사회를 실현하고 있는가? 만약 다수의 의사에 의해 정책을 결정하는 민주주의가 정착되었음에도 불구하고 불평등이 확대되었다면 왜 그런가? 셋째, 민주화 이후 정부에 따라 불평등에 대한 정책과 성과에는 어떤 차이가 있었나? 왜 어떤 정부에서는 불평등이 줄어들고 다른 정부에서는 그렇지 않았을까? 이 장에서는 이 질문들에 대하여 비교민주주의와 비교정부의 연구에서 주목받고 있는 민주주의의 다양성(varieties of democracy)의 관점에서 살펴볼 것이다. 그리고 한국 불평등을 민주화의 세 단계, 전환(transition), 정착(consolidation), 그리고 심화(deepening)[128] 로 나누어 변화를 분석하였다.

한국은 민주화 이후 약 30년 동안 절차적이고 형식적인 의미에서의 민주주의가 성공적으로 정착한 한 사례이다. 프리덤하우스(Freedom House) 자유도 지표나 폴리티(Polity)를 비롯하여 민주주의의 수준을 측정하는 지표들은 한국 민주주의에 대한 이러한 평가를 뒷받침한다. 그러나 절차적인 민주주의의 발전에도 불구하고 시민들의 기대는 충족되지 않았거나 오히려 불만이 더 커지는 현상도 포착된다. 정치적 자유도 획득하였고, 시민적 권리도 향상되었으며, 자유로운 선거에 의하여 정부를 선택하는 민주주의의 여러 제도도 발전하였으나, 한국의 민주주의는 아직 시민들의 기대에 부합하지 못하고 있다.

---

128) 투표를 넘어 시민의 참여와 권리의 회복하는 민주주의. 다이아몬드와 몰리노 (Diamond and Morlino 2005, xi), 코피 아난 재단 이니셔티브(Kofi Annan Foundation Initiatives 2017), 펑과 라이트(Fung and Wright 2003) 참조.

민주주의에 대한 이런 불만의 큰 원인 중의 하나가 불평등이다. 권위주의체제에서도 불평등의 수준이 상대적으로 낮았던 한국은 1987년 민주화 이후 약 30년 동안 전반적으로 불평등이 악화되었다. 좀 더 구체적으로 보면 민주화 직후에는 짧은 기간 불평등이 감소하다가, 민주주의가 안정적으로 정착하던 시기 동안에는 오히려 불평등이 악화되었다. 그리고 2010년쯤부터는 또 불평등이 개선되고 있다. 흥미로운 점은 불평등을 해소하는 데 보다 더 적극적이었던 진보정부들에서 불평등은 더욱 악화된 반면에 그 후의 보수정부들에서 불평등이 개선되는 추이를 보이고 있다는 것이다. 30년 동안 한국의 신생민주주의는 기대했던 만큼 불평등을 해소하지 못하거나 오히려 악화시켰기 때문에 민주주의에 대해 실망하거나 불만이 쌓였고, 최근에 미약하나마 불평등의 지표들이 개선되었지만 아직 시민들은 실감하지 못하고 있다. 민주주의가 더 발전하고 성숙하면 시민들의 요구대로 불평등은 더 개선될 것인가?

　　불평등에서 비롯되는 불만은 비단 한국에만 국한된 것이 아니다. 제3의 물결 이후의 많은 신생민주주의에서도 불평등은 해소되지 않거나 악화되고 있고, 북미와 서구의 오랜 민주주의 국가들에서도 불평등은 심각한 사회갈등으로 나타나기도 한다. 2011년 미국에서 일어난 월가점령사태는 사회경제적 불평등에 대한 항의의 상징적인 사건이었다. 학자들과 전문가들은 신자유주의 세계화가 본격적으로 시작된 1980년대 이후 세계적으로 불평등이 악화되었다고 지적한다(OECD 2011). 피케티(Piketty 2014)는 21세기 들어 증가하고 있는 부의 불평등의 위험성을 경고하고, 강력한 누진 재산세를 제안하였다. 신생민주주의 국가들 뿐 아니라 기성의 발달된 민주주의에서도 불평등이 악화되고 있는 현상에 대해 학자들의 우려가 더 커지고 있다. 미국정치학회는 소득과 부와 기회의 불평등이 미국에서 더 심하게 나빠지고 있어서 평등한 시민과 반응하는 정부라는 이상이 위협받고 있다고 경고하고, 학자들의 관심과 시민들의 참여를 촉구하였다(APSA 2004). 불평등이 확대되면서 정부에 대한 불만이 커지고 신뢰가 약해지면서 민주주의체제가 불안정해 질 것이라는 주장이 제기되었고, 심지어 민주주의가 불평등을 완화시키는 기제가 아니라 오히려 불평등을 키우는 제도라는 주장까지 등장했다(Bartels 2008).

불평등과 민주주의에 관한 대부분의 연구들은 경제학 분야에서 주도한 통계자료의 양적분석이다. 그러나 다양한 방법론을 사용한 계량분석 연구들은 민주주의와 불평등의 관계에 대한 합의된 결론을 내리지 못하고 있다. 특히 다수사례 통계연구에서 일반성과 합의의 수준이 높은 결론을 찾는 것은 어려운 과제로 보이고, 오히려 분석모델과 변수 그리고 사례와 자료의 특성에 따라 결과가 달라진다는 것을 드러냈을 뿐이다. 정치학계에서는 비교복지국가를 연구하는 학자들이 불평등문제를 간접적으로 다루었을 뿐 민주주의가 불평등에 미치는 영향에 대해서는 본격적인 관심이 소홀한 편이었고, 이러한 경향은 서술적인 비교역사분석에서도 마찬가지이다.

이 연구는 민주화 이후 한국의 불평등 정치에 대한 서술적 분석이다. 불평등과 민주주의에 관한 여러 이론들이 제시한 이론과 가설에 비추어볼 때 한국의 경험을 어떻게 해석하고 평가할 수 있을지를 탐구하였고, 새로운 가설을 주장하는 것은 아니며, 기존 연구의 이론을 검증하여 그 가설들을 확인하거나 부정하는 것도 아니다. 두 변수에 대하여 일견 인과성이 비치는 설명을 하였더라도 그 결론은 다분히 잠정적이고 추정적이다. 계량분석을 하지 않은 것은 필자가 주로 비교역사 분석에 집중해왔고, 단순히 통계방법에 대하여 미숙한 때문이기도 하다.

이 연구가 한국의 사례를 통해 얻은 잠정적인 추정은 첫째, 민주주의가 불평등을 완화한다는 것은 보편적인 현상이 아니며, 둘째, 민주화 과정에서 시민의 권리와 정치적 자유의 확대가 반드시 불평등을 축소하는 결과로 나타나지는 않고 오히려 증가시킬 수도 있지만, 셋째, 그럼에도 불구하고 민주주의가 성숙하여 좋은 민주주의로 발전할 경우 불평등이 지속적으로 완화할 가능성이 있다는 것이다.

이 연구는 다음과 같은 순서로 진행한다. 제2장에서는 불평등과 민주주의의 관계에 관하여 기존 연구들이 제시한 이론과 쟁점을 살펴본다. 기존연구들을 긍정가설과 부정가설의 두 부류로 분류하였다. 제3장에서는 중범위(middle range)의 변수들에 기초하여 한국에서의 불평등과 민주주의를 설명할 때 중심이 될 개념과 변수를 제시한다. 제4장은 민주화 이후 한국에서의 불평등과 민주주의 정치과정의 연관에 관한 설명이다. 마지막 장은 한국 민주주의의 질을 평가하고 전망하였다.

II. 기존이론 검토: 불평등과 민주주의

민주주의 또는 민주화가 빈부의 격차를 줄이고 불평등한 사회를 교정하는 효과가 있을 것이라고 기대한 것은 전통적인 정치학이나 경제학에서의 주류 시각이었다. 그러나 서구의 초기 산업 민주주의의 국가들로부터 현대에 이르기까지 그 낙관적인 상관관계는 역사적인 경험과 통계자료로 뒷받침되지 않았고, 오히려 민주화가 불평등을 확대하거나 안정적으로 발전한 민주주의에서도 빈부의 격차가 확대되는 경향이 발견되었다. 이에 따라, 지난 20여 년 동안 민주주의와 불평등의 불편한 동반에 관해 연구가 크게 늘어났다. 앞의 전통적인 연구들은 긍정적인 관계를 가정하는 가설들로 대게 그 분석대상의 시·공간적인 적용을 최대한 확대한 다수사례 일반이론적인 유형이고, 뒤의 연구들은 지역과 단일사례의 특이성과 차이를 설명하는 변수와 가설들을 제시하는 소수사례 비교분석 유형이라고 할 수 있으며, 대게 두 변수 사이의 부정적인 관계를 설명하고 있다.

1. 긍정가설: 자유(Liberté) = 평등(Egalité)[129]

민주주의의 불평등에 대한 낙관적인 기대를 함의하는 거시이론들은 많다. 립셋(Lipset 1960)과 근대화 이론가들은 서구의 근대가치 수용, 경제성장 그리고 민주화에 이르는 단계적 진화과정에서 소득중간계층의 확대와 그에 따르는 빈부격차의 완화가 발전의 핵심 내용이라고 주장했다. 이는 개인주의, 평등, 성취, 경쟁 등으로 가치관이 바뀌고, 사회경제적 지위의 상승과 성공을 추구하는 중간계층의 인구가 늘어나면, 평등한 분배에 대한 요구가 증가할 것이라는 추론을 전제한다. 쿠즈네츠(Kuznets 1955)는 경제성장의 초기에는 불평등이 확대되지만 일정한 시점을 지나면 불평등이 다시 감소할 것이라고 주장하여 성장과 불평등 사이의 뒤집어진 U곡선을 제시하였는데, 그 곡선의 정점이 자유주의적 정치개혁이나 민주화의 시점일 것으로 해석할 수 있다. 애쓰모글루와 로빈슨(Acemoglu and Robinson 2000)은 19세기 영국, 프랑스, 독일과 스웨덴 등 서유럽 국가들에서 보통선거권이 확대된 것은 정치엘리트가 불평등에서 비롯되는 사회불안과 혁명을 예방하기 위해 선제적으로 시행한 조치였고, 그 민주화의 결과가 전례 없던 재분배 정책이었다고 분석하였다.

멜처와 리처드(Meltzer and Richard 1981)의 민주주의에서의 정부의 크기(size of government)에 대한 설명은 민주주의와 불평등의 연구에서 가장 창의적인 업적 중 하나이다. 그들은 정부의 크기는 정부에 의해 재분배되는 소득의 크기(share of income redistributed)로 측정되는데, 민주주의에서는 재분배정책이 당연히 다수결의 원칙에 의해 결정되고, 결정적 투표자인 중위투표자는 자기의 소득이 평균소득보다 낮으면 재분배 정책을 추진하는 정부를 선호한다고 추론하였다. 이 가설에 따르

---

129) 그래드스타인과 밀라노비치(Gradstein and Milanovic 2004)의 흥미로운 제목의 논문에서 인용함.

면 민주화 초기에는 유권자가 중하위 소득층으로 확대됨에 따라 중위투표자의 소득이 평균소득으로부터 더 멀어져 불평등의 해소에 대한 압박도 증가하고 따라서 재분배 소득의 크기도 증가한다고 예상할 수 있다.

재분배, 불평등과 민주주의의 관계에 관한 통계분석의 대표적인 연구 중 하나는 린더트(Lindert 1994; 2004)의 연구이다. 이 연구들은 사회지출의 다양한 유형을 다수사례에 대한 "정량적 역사분석"(quantitative history)의 필요성을 강조함으로써 방법론적으로도 선구적인 것으로 평가할 수 있다. 그는 서유럽, 북미, 남미, 동유럽의 많은 산업국가들을 사례로 1880년부터 1930년 사이 사회지출(social spending)이 증가한 다양한 유형을 분석하고, 사회지출 증가의 전통적인 원인인 소득증가보다는 민주주의, 인구의 변화(노령화)와 종교가 그 증가와 다양성을 더 잘 설명한다고 하였다. 즉, 민주주의의 발전 특히 여성 유권자의 확대와 중하층 계층의 투표율(선거참여율)의 확대, 노령층의 증가에 따른 정치적 요구의 증가 등이 모두 정부의 재분배정책을 강화한 요인들로 지목된다.

로드릭의 연구(Rodrik 1999)는 정치적 경쟁이 제조업에서 임금을 상승시키는 결정적인 요인이라는 가설에 강력한 인과적 추론과 유의미한 통계분석 결과를 제시한 대표적인 연구의 하나이다. 왜 민주주의는 임금상승에 유리하고 노동에 우호적인 정치체제일까? 임금은 노동자와 고용인들 사이의 협상의 결과이지만 그 협상에는 정치적인 환경이 작용한다. 협상에 동원되는 자원은 노동의 상대적인 협상력, 노동의 외부옵션(outside options), 그리고 고용주의 외부옵션인데 정치제도는 이 세 가지에 모두 영향을 미치고, 노동자들의 주장에 대한 반응성이 높은 민주주의가 임금상승에 유리한 정치제도라는 것이다.

불평등을 완화하는 민주주의의 자동적인 역할에 대한 설명들은 연구가 축적될수록 오히려 역사적이거나 경험적 자료의 강한 지지를 받지는 못했다. 초기 근대화 이론은 이미 1960년대부터 많은 내부 비판으로 인해 경제성장과 정치체제의 다양한 진화경로의 가능성을 허용하였고, 내부적으로 경제성장, 불평등과 민주화에 대해서는 아직도 합의 가능한 결론은 없다(Stiglitz 1996; Boix 2003; Houle 2009). 2차 대전 이후의 신흥산업국과 신생민주주의의 사례들만 살펴보더라도 남미와 동아시아 그리고 동유럽은 각기 서로 다른 경로를 거치고 있고, 지역 간뿐 아니라 지역 내에서도 국가마다 경험은 다양한 것으로 나타났다. 멜처와 리처드의 혁신적인 가설은 끊임없는 검증의 대상이 되고 있지만, 특히 다수사례 교차국가 통계분석들에서 두 변수의 경험적인 상관관계는 모호하고 강하지 않거나,130) 두 변수 간 상관관계가 없다고 결론을 내린 연구도 많다(Mulligan et al. 2004; Timmons 2010). 심지어 불평등지수(중간계층의 소득)와 한계조세율 그리고 민주주의 사이에는 유의미한 통계적인 상관관계가 없거나, 심지어 민주주의와는 역의 관계를 발견하고, 중위투표자 가설의 타당성에 의문을 제기하는 연구도 많다(Perotti 1996; Bassett et al. 1999; Milanovic 2013).

사례연구와 지역연구에서도 민주주의가 불평등을 완화할 것이라는 기대는 크게 충족되지 않았다. 그래드스타인과 밀라노비치(Gradstein and Milanovic 2004)는 체제전환 이후 동유럽에서 불평등이 더 심해지는 현상을 지적하였고, 웨이글(Wagle 2009)도 남아시아에서는 민주주의가 오히려 불평등을 키우고 있어서 긍정가설에 부합하는 지역이 아니라고 결론지었다. 미국에서의 불평등과 민주주의 부정적인 연결에 대한 연구는 많은데 뒤의 절에서 살펴보기로 한다.

권혁용(2007)은 1980년대 이후 한국에서 불평등이 커지고 중위투표자들의 재분배정책에 대한 요구가 따라서 커지면 정부의 사회복지지출

---

130) 시로이와 인켈스(Sirowy and Inkeles 1990)와 그래드스타인과 밀라노비치 (Gradstein and Milanovic 2004)의 선행연구 정리 참조.

이 증가할 것이라는 가설은 한국에 맞지 않았고, 오히려 복지국가의 탄력성(welfare elasticities)의 관점에서 보면 민주적 정부가 유권자들의 요구에 반응하지 않거나 역행하였다고 분석하였다. 문우진(2014)은 한국의 정당들은 재분배정책에서의 유권자의 선호를 반영할 정도로 차별적이지 않아서 인물투표가 촉진될 가능성이 많고, 선거에서의 정책 외적인 요소들(낮은 소득재분배 효과, 낮은 이슈 현저성, 양극화된 유권자 그리고 복지와 증세 사이의 무임승차효과 등) 때문에 멜처와 리처드의 이론이 적용되지 않는다고 주장한다.

2. 부정 가설: 불평등 민주주의

왜 민주주의에서도 불평등은 방치되거나 심지어 더 악화될까? 바텔즈(Bartels 2008)는 민주주의에 내재한 다수결의 정치체제가 불평등을 키우는 원인이라고 주장하며, 이를 불평등 민주주의(Unequal Democracy)라고 명명하여 많은 관심을 끌었다. 그에 따르면, 미국의 경제적 불평등은 반세기 동안 급격하게 악화하였고, 민주당보다는 공화당의 집권 시기에 빈부격차가 더 확대되었다. 공화당이 지배하는 의회와 정부가 부유계층의 이익을 더 적극적으로 반영함에도 불구하고 백인 노동자들이 공화당을 지지하는 이유는 무엇인가? 바텔즈는 도덕적인 가치의 우선, 단기적인 소득증가와 그 타이밍, 선거비용의 차이, 감세와 상속세 그리고 최저임금에 대한 이해부족 등이 공화당 승리의 비밀이라고 분석하였다. 결국 경제적 불평등은 유권자의 무지에서 비롯되어 정치적 자원과 영향력의 불평등으로 연결되고, 다시 빈부격차와 정치적 불평등이 확대되는 악순환이 지속된다는 것이다. 말하자면 '국민의 국민에 의한 국민을 위한' 미국의 민주주의가 이제 소수 부자들의 이익을 반영하는 불평등한 민주주의로 전락한 셈이다.

2000년대에 들어서면서 미국의 경제학자와 정치학자들 사이에 미국의 불평등과 민주주의에 대한 불만에 관한 연구가 증가했다. 바텔즈는 저서에 앞서 2002년에 발표한 그의 논문 "경제적 불평등과 정치적 대표"에서 미국 상원은 가난하거나 중간 소득의 선거구보다는 부유한 선거구의 유권자들의 이익에 더 충실히 반응한다고 분석한 바 있다. 미국 민주주의가 승자독식 정치의 전형인 다수결주의이고, 이 제도가 불평등의 원인이라는 다양한 연구들이 있다. 핵커와 피어슨(Hacker and Pierson 2010)은 미국의 정치학자들이 지금까지 극심한 불평등을 경시함으로써 승자독식의 정치를 부추기는 정부정책과 이런 정치가 야기할 조직형태(organizational landscape)의 장기적인 변형에 대해 충분한 주의를 기울이지 않는다고 경고하였다. 길렌스(Gilens 2005)의 미국 민주주의에 대한 비판은 더욱 통렬하다. 그의 연구에 따르면, 미국 대중의 요구와 미국 정부의 정책은 높은 상관관계가 있지만, 불행히도 정부는 중하위 계층이 아니라 가장 부유한 미국인들의 요구에 보다 민감하게 반응한다고 결론을 내렸다. "가장 중간임금을 받는 미국인들은 공직자들이 "나와 같은 사람들"의 선호에 별로 신경을 쓰지 않을 것이라고 생각한다. 슬프게도, 위에서 제시한 결과들은 아마도 그들이 옳다는 것을 보여준다. 정책 결과에 대한 영향력은 소득분포의 최상층에게 배타적으로 부여되어 있는 것으로 나타난다"(Gilens 2005, 794). 보니카와 공동저자들(Bonica et al. 2013)은 미국의 민주주의에서 정당의 보수화, 이민자와 저소득층의 낮은 투표율, 절대 소득의 향상, 부유층의 선거 영향력과 게리맨더링 등 정치제도의 왜곡이 불평등을 교정하는 민주주의의 역할을 방해한다고 주장했다.

불평등과 민주주의의 불편한 동반은 미국에만 있는 것은 아니다. 전 세계의 나라들을 개관하면 얼핏 국민소득이 높고 민주주의의 수준도 높은 나라들에서 불평등의 수준도 낮을 것으로 추정된다. 그러나 민주화 이후 남미에서도 불평등은 크게 줄어들지 않았고, '불평등의 해결책으로서의 민주주의'에 대한 시민들의 신뢰도 부족하며(이양호 외 2014), 중하위 소득계층의 복지정책이나 재분배 정책에 대한 선호도 강하지 않고, 따라서 심지어 좌파정부에 대한 지지는 불평등과 무관하다는 연구도 있다(Kaufman 2009).[131] 개혁개방과 민주화 이후의 동유럽에서도 빈부격차는 대게 증가했다. 그러나 그 정도는 지역 내의 국가들에 따라 큰 편차를 보이고 있고, 경제성장과 민주주의의 발전에 따라 불평등이 감소하는 경향을 보이기도 하여 민주주의 장기적인 발전의 효과는 더 지켜보아야 할 것으로 보인다(Gradstein and Milanovic 2004). 서환주와 김준일(2014)은 서유럽 국가들에서도 미국과 같이 소득불평등이 정치불평등, 기회불평등과 상호작용하여 누적적으로 증가하고 있는 모델을 제시하여, 불평등 민주주의의 정치과정이 미국에 국한된 현상이 아님을 경험적인 자료분석으로 확인하였다. 동아시아의 많은 나라들에서도 민주화 이후에 빈부격차는 더 벌어지고 있다(예를 들어, 한국과 대만의 경우, 지은주·권혁용 2014 참조).

한국에 대한 사례연구도 민주주의가 불평등을 해소하는 적절한 제도가 아니며, 경제적인 불평등이 일으키는 정치적인 부작용으로 인해 민주주의에 대한 지지와 참여가 줄어들고 있다는 주장이 제기되고 있다. 신광영(2016, 74)은 한국에서 "민주주의 제도를 통해서 기득권층의 이익이 제도적으로 강화되는 '민주주의의 역설'이 나타나고 있고", 경제적 불평등은 시민들을 민주주의적 정치과정에서 이탈(투표불참여)하도록 하였다고 분석하였다. 불평등과 정치적 양극화가 더욱 심화되는 악순환의 구조에서 비롯되는 신뢰의 위기는 곧 민주주의의 위기라고 주장했다. 허석재(2015)도 유사한 맥락에서 경제적인 불평등이 정치적인 자원

---

131) 이에 대해서는 이견이 있다. 이양호 외(2014)의 연구는 라틴아메리카에서의 좌파집권의 이유 중 하나는 가난하여 재분배를 선호하는 유권자들의 지지이지만 불평등의 감소는 유권자들의 기대에 미치지 못하는 것으로 보았다.

과 영향력의 양극화로 이어지고, 그것은 다시 투표와 같은 제도적 참여는 하락시키고, 대신 성명서, 집회와 시위 등의 비제도적 참여를 증가시켰다고 보았다. 서휘원(2016)은 불평등의 문제에 한국의 민주주의가 적절히 대응하지 못하는 이유는 저소득계층이 자기의 이익에 반하는 정당과 후보에 투표하기 때문이라고 분석했다.

III. 불평등, 민주주의의 다양성과 민주주의의 질

위의 두 부류의 연구들은 이론, 방법론 그리고 결론의 차이에도 불구하고 과도한 일반화의 한계를 공유하고 있다. 전자의 긍정가설은 다수사례로부터의 통계적인 상관관계를 거대이론으로 일반화하려는 경향이 있고, 후자의 부정가설은 대게 단일 사례이거나 소수 사례에서의 특수하고 개별적인 상황에서 발생하는 현상을 다른 모든 사례로 일반화하려는 경향이 있다. 두 부류의 가설을 오류라고 판정할 수는 없지만, 현실세계는 훨씬 복잡하고 다양하여 항상 두 극단적인 가설의 사이에 있다. 일련의 다양한 변이를 설명하기 위해서 좀 더 낮은 수준의 일반성과 추상성으로 구성된 질문이 필요하다. '민주주의가 불평등을 줄여주는가?'라는 근본적인 질문 대신에 '왜 어떤 (나라의) 민주주의에서는 불평등이 더 심하고 다른 (나라의) 민주주의에서는 덜 심한가?' 혹은 좀 더 구체적으로 '왜 (한 나라의) 어떤 정부는 더 많은 재분배를 하고 다른 정부는 그렇지 않을까?' 이미 경제적 불평등을 민주주의의 다양한 유형과 연결하여 더 섬세하고 세련된 변수와 가설을 제안한 연구는 많다. 이 글에서는 이런 다양한 가설과 변수들을 '민주주의의 다양성(varieties of democracy)'과 '민주주의의 질(quality of democracy)'이라는 관점에서 재구성하고 그것을 한국에 적용해 볼 것이다.

1. 불평등과 민주주의의 다양성

민주주의는 평등한 시민들이 자유롭고 공정한 선거를 통하여 다수의 결정으로 정부의 대표를 선택하는 것을 의미하고, 시민들은 자기 이익의 실현을 위해 투표로써 정부의 정책에 영향력을 행사한다. 그러나 이것은 민주주의의 이상일 뿐 아무리 자유롭고 공정하고 평등한 선거가 있어도 반드시 다수의 의견이 그대로 반영되지 않는다는 것은 오랜 상식이다. 그것은 다수의 결정과정이 다양한 민주주의의 제도와 구조의 영향을 많이 받기 때문이다.

민주주의의 다양성은 크게 제도, 구조 그리고 발전단계의 세 가지 측면에서 논의할 수 있다. 같은 민주주의 국가들에서도 정부형태와 선거제도, 정당체계에 따라 정치과정이 다르고, 경제체제의 차이에 따라 정책의 내용과 성과도 다르다. 국가와 시장, 국가와 시민사회, 시민사회 내에서의 경쟁하는 집단들의 역학관계는 나라마다 다르고, 그 사회구조의 차이는 정치체제와 경제체제의 차이와도 연결되어 있다. 민주화는 정치적이고 경제적인 약자들에게로의 투표권이 확대되는 것이지만, 이는 한순간에 이루어지지 않는다. 민주주의는 전환, 정착과 심화의 단계를 거쳐 발전하며, 사회경제적인 체제와 구조의 조건에 따라 진화하는 다양한 내용과 과정을 거친다. 불평등과 민주주의에 관한 기존 연구들은 특히 제도와 구조의 영향과 민주화의 각 단계에서의 성과의 차이에 대한 관심이 부족하였다.

다양한 정치제도에 따라 다른 성과(예를 들면, 성장, 고용, 임금, 세금, 물가)는 과거 경제학자들의 주된 연구영역이었으나 정치학에서도 1980년대 이후 복지국가, 코포라티즘, 자본주의의 다양성과 생산레짐 등이 인기 있는 주제가 됨에 따라 제도에 대한 관심이 크게 늘어났다. 그러나 민주주의의 어떤 유형이 불평등을 더 잘 해소하는가에 대한 관심은 여전히 부족하다. 최근 민주주의의 질과 연관하여 민주주의의 다양성

연구가 활발해지고 있고, 그 중 대표적인 연구는 스웨덴 예테보리대학의 V-Dem 연구소가 주도하고 있는 V-Dem 프로젝트이다.[132] 이외에도 다양한 학자들이 관련 연구를 진행하고 있는데 예를 들어, 아이버슨과 소스키스(Iverson and Soskice 2006)는 선거제도와 재분배의 성과를 분석하여 비례대표제가 재분배를 더 잘 하는 제도라고 하였다. 또한 펠드와 슈넬렌바흐(Feld and Schnellenbach 2007)는 대통령제-의회제, 다수대표제-비례대표제, 직접민주주의-대의민주주의 등 유형이 소득재분배에 미치는 영향에 대해 분석하였다. 한국에서는 문우진(2014)이 저소득층의 정보부재와 정당의 정책차별성 부재, 인물투표를 부추기는 선거제도 등이 소득불평등의 원인이라고 분석한 바 있다.

계급관계에 초점을 맞춘 논의는 주로 중간계급과 민주주의의 친화성을 전제하고 있으며, 이 중간계급이 재분배를 선호하여 불평등을 감소시킬 것이라고 주장한다. 그러나 중간계급이 항상 재분배를 선호하는 것은 아니다. 민주주의에서는 다수를 차지하는 중간계급의 이익이 반영된다고 하지만 그 중간계급이 사회의 다른 계층과 집단들 사이에서 어떤 정도의 힘을 가지고 있고 어떤 이익을 실현하려고 하는가에 따라 결론은 달라질 것이다. 애쓰모글루와 공저자들(2014)은 중간계급이 부자들과 가난한 사람들 양쪽으로부터 이익을 편취한다는 "디렉터(A. Director)의 법칙"(Stigler 1970)을 수정하여 민주주의에서 중간계급이 증세를 통한 불평등을 해소하는 정책을 반드시 선택하지는 않는다는 가설을 검증하였다. 페로티(Perotti 1996)와 바세트 외(Bassett et al. 1999)의 선행연구에서도 같은 결론을 내린 바 있고, 많은 연구들은 중간계급의 선호와 행동이 상황적임에 동의한다. 논리적으로 중간계급의 소득이 평균소득

---

132) V-Dem Project에서는 민주주의를 5개의 유형, 47개의 중간수준 지표와 350여 개의 세부지표로 세계의 민주주의를 평가하는 데이터베이스를 구축하고, 그를 기반으로 비교민주주의에 많은 연구업적을 내고 있다. V-Dem 홈페이지 https://www.v-dem.net 참조.

에 근접하거나 부유계층의 소득과도 차이가 크지 않을 경우에는 재분배 정책을 지지할 동기가 약하고, 오히려 자기의 이익을 위해 보수적인 현상유지를 지지하거나 재분배정책에 반대할 것이며, 심지어 결정투표자인 중간계급의 소득이 평균소득보다 높을 수도 있다(Bonica 2013). 강명세(2018)는 미국의 재분배 수준이 낮은 것은 고소득층의 투표율이 상대적으로 높아서 유권자 전체가 아니라 투표자의 중위소득이 높기 때문이라고 하여 중위투표자를 유권자와 투표자의 두 집단으로 분리하였다.

복지국가나 비교자본주의의 학자들은 노동자들이 노동조직, 좌파정당과의 연계와 정부구성에의 참여 등을 통해 복지, 임금, 세금 등 재분배적인 사회정책을 실현한다는 데에 동의한다(Huber and Stephens 2001; Korpi 2006; 지은주·권혁용 2014; 서환주·김준일 2014). 그런데 모든 노동자들이 항상 재분배를 선호하고 통일적인 계급 행동을 하는 것은 아니다. 노동계급의 자원과 힘은 나라마다 다르고, 그에 따라 행동과 성취도 달라진다. 또한 만약 노동계급의 내부에 이질성이 크고 응집력이 약하거나 분열되어 있을 경우(노동조합의 조직률이 높지 않거나 노동조직이 분산되어 있을 경우) 등 여러 다른 요건에 따라 노동자들의 정책 선호와 투표행태도 달라질 것이다. 중상층 노동자들의 소득이 평균소득과 큰 차이가 나지 않을 경우 재분배정책에 대한 지지는 약하거나 반대일 것이다. 계급의 이익과 역할에 대한 고정관념과 반대되는 현상은 비단 중간계급과 노동계급에 국한되지 않는다. 심지어는 상위 1% 집단의 소득이 평균소득과 큰 차이가 나지 않을 경우 그래서 세후의 소득에 더 큰 손실이 발생하지 않을 경우에는 굳이 증세를 통한 재분배정책을 반대하지 않을 수도 있다. 노동쟁의로 예상되는 기업의 장기이익의 손실보다 노동의 요구를 수용하는 것이 유리하다고 판단할 경우에도 자본가들은 재분배정책을 선제적으로 허용할 수도 있다.

1970년대 중반부터 약 40여 년간의 제3물결의 종착역은 민주주의가 아니었다. 오히려 많은 나라에서 민주화가 정체되거나 퇴행하였다. 소수의 민주주의만 성공적인 발전을 하고 있지만 이들 국가에서도 전환, 정착, 심화의 단계를 거치며 민주주의는 여전히 진화의 과정에 있다. 신생민주주의가 불평등의 문제를 어떻게 해결하였고 해결할 것인가의 문제는 기성의 민주주의와는 차별적이다. 제3의 물결 이후에 등장한 신생민주주의에서는 독재체제이거나 제한민주주의체제에서 법적으로는 이미 선거권은 주어져 있기도 하였으나 실질적인 정치적 자유와 시민권은 아직 확대되는 과정에 있다. 기존의 민주주의와 비교했을 때 신생민주주의 국가에서는 정치엘리트와 정부와 시민이 모두 민주정치의 경험이 부족하며, 그래서 이들 국가에서 자유와 권리의 확대로 다수 시민의 이익이 얼마나 제대로 반영되고 실현될 것인가의 문제는 여전히 회의적이다. 신생민주주의의 유형은 기성의 민주주의들보다 훨씬 더 다양하다. 남미, 동아시아, 동유럽과 아프리카의 신생민주주의가 민주화 이전의 정치와 경제의 역사와 구조의 측면에서 다르고, 그래서 제도와 과정도 매우 다를 것이다. 전 기간을 한꺼번에 평가하거나 신생민주주의를 하나의 형태로 간주하는 것은 현실적이지 않다. '다른 조건이 같다면 (ceteris paribus)'은 신생민주주의의 비교연구에는 매우 힘든 전제이다. 그래서 신생민주주의의 비교연구는 발전의 단계별로 살펴야 하고, 그 성과도 민주주의의 장기적인 지속의 효과를 기다려야 할지도 모른다 (Muller 1988; Gradstein and Milanovic 2004; Islam 2016; 신진욱 2015, 15).

2. 불평등과 민주주의의 질

"누적되어가는 공중의 불만과 환멸을 해소하도록 (신생이든 기성이든) 민주주의를 개혁하여 '민주주의의 질'을 향상시키고 민주주의를 심화시키는 것은 도덕적인 재화(과업)"이다(Diamond and Morlino 2005, ix). 그런데 개혁과 심화를 위해 민주주의를 질적으로 평가하는 것은 어려운 문제이다. 정치학에서는 절차적 민주주의의 개념이 오랜 관행이었고, 그것은 비교민주주의에서 소통의 혼돈을 방지하는 튼튼한 개념틀이었다. 그런데 "질적으로" "좋은" 민주주의라는 개념은 주관적이거나 상대주의적인 용어와 발상으로 인해 엄청난 혼란을 야기한다. 또한 민주주의로부터 기대되는 성과와 목표들, 예를 들면 인권과 안보, 정치적 대표성과 경제적인 효율성, 개인의 자유와 공동체의 평화 등 흔히 충돌하는 목표들의 성과로부터 민주주의의 질을 어떻게 평가할 것인가도 해결난망의 과제이다(Plattner 2005). 미국과 스웨덴의 민주주의는 여러 기준에서 대조적이지만 어느 민주주의가 질적으로 더 좋은지를 단언하기는 어렵다. 그래서 민주주의의 질적 구성요소와 평가기준에 대한 고민은 더 체계적이고 종합적이어야 한다(마인섭·이희옥 2014, 21-23).

심각한 불평등은 모든 정치체제에 해롭다. 특히 민주주의에서 시민들은 스스로 선택한 정부와 정책이 상대적 빈곤과 좌절을 준다면 민주주의를 불신하고 그 체제에 저항할 것이다. 자유롭게 참여하고 경쟁하여 선택한 정부와 체제에서 자유로운 삶을 영위하지 못하는 모순이 발생할 수도 있다. 그러면 "민주주의는 무엇을 위한 것인가?"(Ringen 2007). 그러나 경제적인 불평등이 심하다고 바로 민주주의를 탓할 수는 없다. 그 불평등의 기원이 민주주의이거나 민주주의 체제에서 불평등이 방치되거나 악화되어야 민주주의를 비난할 수 있다. 이런 경우 민주주의는 "질적으로" "나쁜" 정치체제로 평가할 수 있다. 반대로 많은 긍정가설들이 전제하듯이 모든 민주주의에서 불평등이 완화되고, 그 원인이 다수결의 원리에 있다면 민주주의는 본질적으로 "좋은" 정치제도이다. 그러나 현실은 모든 민주주의체제가 항상 본질적으로 좋거나 나쁘거나 한 것이 아니라 그 양극단의 사이에 있고, 그래서 다양한 민주주의체제들을 불평등의 관점에서 "질적으로" 평가하는 것이 흥미로운 과제이다.

불평등을 시정하라는 시민의 요구에 반응하지 않거나, 불평등을 방치하고 악화시키고 있는데도 불구하고 책임져야 할 정부와 정당이 계속 집권을 하는 것은 시민이 지배한다는 민주주의의 원리와 모순된다. 그래서 불평등은 그 자체의 문제이기보다 대표성, 효능감, 반응성, 책임성 등의 민주주의의 질의 문제로 비화할 가능성이 크다. 길렌스(Gilens 2005)는 경제적 불평등 문제에 대해 미국 민주주의가 부유계층에 대해 강한 편향 반응성을 가지고 있어서 미국인들이 소중하게 여기는 정치적 평등성과는 상반되고, 따라서 미국사회의 대의민주주의의 원리를 의심하게 한다고 질타하였다. 앤더슨(Andersen 2012)은 유럽, 북미 그리고 오스트레일리아 등 오래된 민주주의에서조차도 경제적인 불평등이 시민들의 민주주의에 대한 부정적 태도를 촉발한다고 분석하였다. 강우진(2012)은 경제적인 불평등이 민주주의의 효능감을 저하시키는 가장 중요한 요인이라고 분석하였고, 신진욱(2015)도 한국 민주주의가 사회경제적 불평등을 요구하는 시민들의 여론에 잘 반응하지 않으며, 선거에서도 정책과 공약을 잘 실현하지 않아 민주주의가 사회경제적 불평등을 해결하는 효과적인 기제가 아니라고 결론지었다.

더 큰 문제는 불평등의 해결 능력과 성과를 기준으로 민주주의를 질적으로 평가하는 것이다. 정책의 성과를 기준으로 질을 평가할 경우 그 성과가 정말 그 정책과 정부의 공헌이었는지를 판단하기도 어렵다. 한국의 최근 두 보수정부에서 불평등의 지수는 향상되었지만, 두 정부를 좋은 민주주의라고 평가하려면 정책의 결정과 수행성과에 대한 상세한 사례분석이 필요하다. 불평등의 원인은 너무도 많고 복잡하고, 정책의 성과도 일정한 시차를 두고 발생하기 때문에 어떤 정책의 결과였는지를 밝히는 것도 어렵다. 결국 불평등과 민주주의의 질적 연구는 다른 평가 영역과의 체계적인 연관과 종합적인 분석이 요구된다.

Ⅳ. 민주화 이후 불평등의 정치과정

1. 민주전환과 불평등의 완화

1987 – 1992년 노태우 정부는 군부독재에 대한 반대와 민주화에 대한 국민들의 강력한 압력을 통해 등장했다. 이 시기는 권위주의에서 민주주의로의 전환기인 동시에 경제적으로는 하위계층의 소득이 증가하고, 중산층(middle class)이 두텁게 형성되면서 경제적 불평등이 완화된 때로 기록된다. 이전 전두환 정부는 1970년대 말부터 시작된 불황을 극복하기 위해 경제안정화 정책을 추진하면서 구조조정과 긴축정책을 실시했다. 일련의 정책은 중하위계층의 경제적 어려움을 가중시켰다. 사회복지 등 적절한 재분배정책이 빈약한 상황에서 정부의 확대재정과 기업투자에 따른 일자리 창출이 대중소득을 늘리는 거의 유일한 경로인데 이 길이 좁아진 것이다. 1980년대 중반, 이른바 3저 호황133)이 도래했지만 경제적 성과가 구조조정 이후 독점화 경향이 강화된 대기업에 집중되고, 중하계층의 경제적 어려움을 해결하지 못하면서 대중들의 불만은 더욱 커졌다. 1987년 6월 항쟁은 이런 경제적 배경에서 추동되었고, 6.29 권위주의체제 개방 직후 7 – 9월 노동자대투쟁으로 이어졌다. 약 3개월간의 투쟁기간 동안 3천 건 이상의 노동쟁의가 발생했고 이런 과정에서 빠른 속도로 노동조합이 결성됨으로써 노동과 자본의 역학관계에 상당한 변화를 초래했다.

노태우 정부 시기 경제적 불평등의 완화는 1차적으로 분배영역에서 임금상승이 결정적인 역할을 한 것으로 볼 수 있다. 1988 – 1992년 연평균 명목임금상승률이 18%(연평균 실질임금상승률은 9.6%)에 육박했고, 특히 저소득층의 소득상승률이 다른 집단에 비해 높았다. 1980년대 후

---

133) 3저 호황은 달러가치, 국제금리, 유가 하락으로 인해 1980년대 중반에 도래한 경제호황을 의미.

반의 이러한 폭발적인 임금상승은 전투적 노동운동과 이전 정부에 비해 상대적으로 관대한 노동정책 그리고 당시의 경기호황국면이 맞물린 복합적 결과물로 볼 수 있다. 1980년대 중반 시작된 3저 호황은 노동자들의 임금인상 요구를 국가와 자본이 수용할 수 있는 경제적 조건으로 기능했다. 1980년대 긴축정책의 영향으로 장기간 임금상승이 억제된 노동자들도 민주화의 흐름에서 보다 적극적으로 자신들의 몫을 찾아 나서기 시작했다. 〈그림 9-1〉에서 확인되듯이 이전과 비교하여 파업이 폭발적으로 증가했고, 노조조직률도 급격하게 늘어났다.

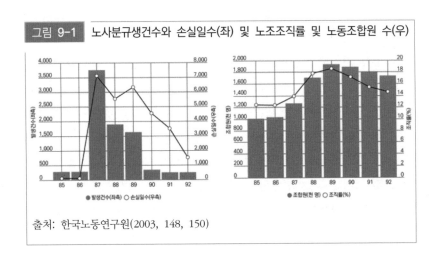

그림 9-1   노사분규생건수와 손실일수(좌) 및 노조조직률 및 노동조합원 수(우)

출처: 한국노동연구원(2003, 148, 150)

1987년 6월 항쟁과 민주화의 흐름 속에서 집권한 노태우 정부는 성장과 분배의 조화와 민주주의의 구현에 압박을 받고 있었다. 대선 당시 노태우 후보의 공약은 분배정의, 복지증대, 적정임금보장 등 분배에 관한 것이 많았다(이연호 2015). 이런 상황에서 노동자들의 임금상승요구와 노동운동에 대해 이전 정부와는 다른 입장을 취할 수밖에 없었다. 더욱이 경기호황국면에서 기업이 임금상승을 충분히 감당할 수 있다는 관료들의 판단도 존재했다. 이에 따라 노태우 정부는 사측에 유리하게 공권력을 투입하여 노사분규에 개입하는 과거의 방식을 탈피하고, 정부의 개입을 줄이고 노사 간 타협을 통해 자율적으로 해결하는 방법을 선호했다. 이는 노동과 자본의 기울어진 힘의 균형을 조금이나마 완화하는 효과가 있었다. 또한 최저임금제를 실시하여 저임금 노동자를 보호하고 소득을 늘리는 데 기여했다(허재준 2012). 앞서 언급한 것처럼 노태우 정부시기 저소득층의 소득상승률이 다른 집단보다 높게 나타나 불평등을 완화하는 데 기여했는데 이것은 일정 부분 최저임금제의 효과로 볼 수 있다. 또한 근로기준법을 개정하여 주당노동시간을 줄이고 연차유급휴가를 늘리는 등 노동친화적인 정책을 실시하기도 했다. 그러나 이런 성과에도 불구하고 이 시기는 대기업-중소기업 간 임금격차 현상이 본격화되는 부작용이 나타났다. 박정희, 전두환 정부에서 기업별 노조를 법으로 정하고 산별노조가 형성되지 못하였다. 당시 노동운동은 기업별 노조가 사측에 임금인상 등의 처우개선을 요구하는 것이 일반적인 형태였고, 노동자 간 연대, 전체적인 소득분배 개선과 같은 집단적인 노력은 거의 없거나 의제화되지 못했다. 결국 이때부터 노조가 있는 대기업과 노조가 없는 중소기업 노동자 사이의 임금격차가 벌어지기 시작했다(이장규 2011).

노태우 정부의 불평등완화 정책에서 한 가지 추가로 살펴볼 것은 토지공개념과 신도시건설을 포함한 200만호 주택공급정책이다. 1980-1987년 연평균 10.5% 상승했던 땅값은 노태우 정부 들어와 1988년 27.5%, 1989년 32%, 1990년 20.6% 상승했으며 집값과 전세금도 동시에 크게 올랐다(이장규 2011). 이는 내 집 마련을 목표로 소비를 억제하고 저축을 하던 중산층의 불만을 야기했다. 노태우 정부는 중산층의 불만을 억제하고 취약한 지지기반을 강화하기 위해 토지공개념을 수용하고 200만호 주택공급에 나섰다. 토지공개념의 도입과 관련 입법들(택지소유상한제, 개발이익환수제, 토지초과이득세)이 자체로 불평등을 완화하는 효과가 있었는지는 미지수이다. 그러나 관련 논쟁의 과정에서 부동산 자산의 불평등이 폭로되었고, 토지 등 부동산 공공재라는 가치가 확산되었으며 향후 국가의 부동산정책이 표면적으로라도 공공성을 지키도록 하는 일종의 가이드라인으로 작동했다. 신도시건설을 포함한 200만호 주택공급은 여러 가지 부작용이 있었지만 불평등 완화라는 측면에서는 일정하게 기여한 것으로 평가할 수 있다. 우선, 주택보급률이 높아지고 주택가격이 안정되면서 자산불평등을 완화했다. 또한 건설부문 호황으로 인해 관련 노동자들의 임금이 크게 상승했고, 제조업 노동자들이 건설현장으로 이동하면서 제조업분야의 임금도 동시에 끌어올렸다(이장규 2011, 247-248). 주로 저소득, 저숙련 노동자들이 건설부문에 종사한다는 점에서 임금상승은 하위계층의 소득을 높이는 데 기여한 것으로 볼 수 있다. 일련의 부동산정책은 중산층의 보수화에 일정하게 기여한 것으로 볼 수 있다. 중산층의 "내 집 마련" 욕구를 일정하게 충족시킴으로서 급진화의 가능성을 제한했고 국가복지보다는 자신들이 소유한 집값에 몰입하도록 만들었다. 이는 영국의 대처정부 시절, 재산소유 민주주의(property owning democracy)라고 불리는 주택소유를 통한 중산층 보수화와 매우 유사한 것으로 볼 수 있다.

불평등을 완화하는 두 번째 기제는 조세와 사회복지로 표현되는 정부의 재분배정책이다. 노태우 정부시기 재분배는 제도적으로는 상당한 발전을 이루었지만, 실질적인 재분배 효과는 크지 않은 것으로 나타났다. 노태우 정부는 3대 복지제도(최저임금제, 전국민의료보험, 국민연금)를 시행하는 등 다양한 재분배정책을 실시했다(안상훈 외 2010). 그러나 시장소득과 가처분소득을 비교한 결과 차이가 크지 않아서 재분배정책의 효과는 낮았던 것으로 평가된다(강신욱 2012, 394-395). 최저임금제는 10인 이상 근로자를 고용하는 제조업, 광업, 건설업에만 적용되면서 경제활동인구의 50%를 포괄하는데 그쳤다(김도균 2018, 137). 복지예산을 늘리고 복지대상을 확대했지만, 기본 틀은 사회보험방식으로서 국가의 부담을 최대한 억제하는 발전주의 유산을 계승한 것으로서 불평등 완화에 한계가 있었다(양재진 외 2008, 339-340; Yang 2017). 조세정책의 측면에서도 다양한 소득공제를 통해 근로소득세를 낮추고 면세대상자를 늘림으로써 복지를 늘릴 수 있는 국가재정의 확대를 제약했고, 조세의 재분배효과를 약화시켰다(김도균 2018, 120-127).

노태우 정부에서는 민주화가 진행되고 분배를 개선하기 위한 다양한 정책적 노력이 있었지만 복지정책의 본격적인 시동이나 불평등을 완화하는 경제정책 등 재분배의 문제를 본격적으로 시행하지는 못했다. 이는 당시의 민주화가 엘리트 간의 협약에 기초함으로써 다양한 사회운동세력을 배제한 결과인 동시에 강력한 정치세력인 중산층이 민주전환 직후부터 급격히 보수화된 결과이기도 하다. 1987년 6월 항쟁에서 "넥타이부대"로 상징된 개혁적 성향의 중산층은 소득이 늘어나고, 주택소유의 가능성이 커지면서 급속도로 보수화되었다. 예를 들어, 1980년대 후반 근로소득세 초과징수에 대한 조세저항에서 확인되듯이 중산층은 증세를 통해 복지혜택의 확대를 원했던 것이 아니라 세금을 줄여서 자신들의 소득을 극대화하려고 했다(김도균 2018, 128-129). 이것은 그 당시까지만 해도 세금의 공적 선순환에 대한 국민과 특히 중산층 시민들의 이해가 부족했기도 했지만, 국가에 대한 불신과 함께 납부한 세금이 국가에 의해 재벌대기업에 불균등하게 배분되었던 개발주의의 전통, 대다수 하위계층이 세금을 납부하지 않는 현실에서 중산층의 나름대로의 합리적인 판단이라고 볼 수 있다. 그러나 결론적으로 복지국가의 달성은 요원한 일이 되었고, 이후 정부들에서 민주주의가 정착되는 과정에서는 중산층이 오히려 재분배정책의 짐이 되게 되었다. 결국 민주전환, 시민사회의 부활, 정치참여의 확대, 민주적 정치제도의 도입의 결과로 일시적으로 시행했던 분배와 재분배의 정책실험은 잠시 동안 불평등 완화의 효과를 남기는 데 그치게 되었다.

2. 민주주의의 정착과 불평등의 악화

노태우 정부는 직선제를 통해 선출되었지만 권위주의의 유산이라는 비판으로부터 완전히 자유로울 수 없었다. 이에 반해, 김영삼 정부는 진정한 민간정부로서 정당성을 가지고 있었고, 뒤이은 김대중 정부 시기 평화적 정권교체를 이루었다는 점에서 이 시기는 한국 민주주의가 이행을 넘어 정착이 시작된 때로 볼 수 있다. 그러나 민주화가 진전되는 이 시기에 경제적 불평등은 오히려 악화되는 양상을 보였다. 1970년대부터 시작된 케인즈주의에서 신자유주의로의 국제 경제질서의 변화라는 압력 속에서 김영삼 - 김대중 정부의 경제자유화라는 방향선택의 결과로 볼 수 있다. 1980년대부터 시작된 전두환 - 노태우 정부의 자유화가 강력한 발전주의의 유산과 정당성의 부족, 취약한 지지기반을 통해 조심스럽게 추진되었다면, 김영삼 - 김대중 정부는 비교적 일관되게 경제적 자유화를 추진했고, 오히려 보다 높은 정당성과 국면적 특성(군부청산, 외환위기 등)에 기초하여 이전 정부보다 더욱 급진적인 자유화를 추진하는 모습을 보여줬다. 또한 경제적 자유화는 단순히 경제정책을 넘어 과거 권위주의로부터의 탈피라는 정치적 의미를 가지고 있었다. 그러나 적절한 규제와 사회보장이 부족한 상황에서 자유화를 추진하면서 1997년 외환위기가 촉발되었고, 분배는 지속적으로 악화되었다.

이 시기 소득불평등의 핵심원인은 저소득층의 근로소득하락이다(이성균 2007, 16 - 17). 저소득층의 소득하락은 경제적 자유화에 따른 개방경제로의 전환이 가장 큰 원인으로 파악되고 있다(전병유 2013, 21 - 23). 국제적으로 자유무역에 대한 압력이 커졌고 중국이 적극적으로 개혁개방에 나서는 상황에서 한국은 빠른 속도로 무역을 개방했다. 섬유산업과 같은 한계업종을 중심으로 해외이전과 폐업이 발생했고, 제조업 고용이 1991년 516만 명에서 2009년 384만 명으로 40% 이상 감소했다. 제조업이 줄어들면서 방출된 노동자들은 대거 저수익·저임금 서비스업으로 이동했다(조윤제 2017a, 92-94). 즉, 저소득층 일자리가 사라졌고, 제조업에서 서비스업으로의 산업구조 전환이 급속도로 진행되었다. 일반적으로 서비스업의 생산성이 낮고 생산성 상승 역시 매우 더딘 것이 현실이었으며, 이에 따라 서비스산업은 저임금의 취약한 일자리를 만들어 내었다. 즉, 제조업에서 서비스업으로의 전환은 저소득층의 소득을 감소시키는 효과를 나타냈다. 이에 따라, 일을 해도 가난한 근로빈곤자(working poor)로 불리는 노동빈곤층이 등장했다. 이런 시장의 급격한 변화에 따른 불평등을 완화할 수 있는 것은 복지를 비롯한 재분배정책이다. 그러나 경제적 자유화를 우선과제로 추진하면서 김영삼 정부 시절은 전임 노태우정부에 비해 복지부문은 후순위로 밀려났다. 이에 따라 김영삼 정부 시기, 시장소득 지니계수와 가처분소득 지니계수가 거의 일치했는데 이는 조세재정정책과 복지정책이 재분배기능을 거의 하지 못했다는 것을 의미한다(김은경 2006, 78-80). 적절한 재분배정책이 존재하지 않는 상황에서 분배영역에서 불평등의 심화는 계층 간 격차를 점차 벌어지게 만들었다.

1997년 외환위기는 불평등의 양상을 보다 복잡하게 만들었다. 외환위기 이후 정리해고, 비정규직 등 신자유주의적 제도화가 진행되면서 노동소득분배율의 악화에서 확인되듯이 노동과 자본의 역관계가 자본에 더욱 유리한 방식으로 재편되었다. 이런 상황에서 노동은 대기업, 정규직 노동조합의 행태에서 확인되듯이 내부적으로 연대하기보다는 이기적인 각자도생을 추구했다. 즉, 1997년 외환위기 이후 한국의 노동조합은 고임금 노동자의 임금을 더 높이는 역할을 담당했다(전병유 2013, 26). 노동조합이 연대를 통해 저임금 노동자의 임금을 높이고 노동자 내부의 격차를 줄이기보다는 이미 고임금을 받는 조합원의 이익을 위해 더 많은 임금소득을 얻는 데 주력한 것이다. 대기업은 임금상승의 부담을 비정규직 고용은 늘리고 중소기업에 전가하는 방식(예를 들어, 단가

후려치기)으로 대응했다. 비정규직 노동자는 정규직에 비해 적은 임금과 낮은 복리후생을 감내해야했고, 중소기업 노동자들 역시 임금상승이 억제되었다. 이에 따라, 대기업-중소기업, 정규직-비정규직 격차가 확대되면서 불평등이 심화되었다. 더욱이 대기업 내부에서도 성과주의 보수체계의 도입과 기업지배구조의 변화가 일어나고, 간부와 평사원의 임금차이가 커지면서 노동 내부의 임금격차를 확대하는 데 기여했다(김낙년 2017, 146-147). 자본주의의 다양성 논의에서 확인되듯이 이러한 시장의 불평등은 정치적 선택과 정부정책에 의해 상당 부분 교정될 수 있다. 1997년 외환위기 직후 치러진 대선에서 정권교체가 일어났고 김대중 정부가 출범했다. 성장과 분배, 자유화와 민주화라는 측면에서 김대중 정부는 적어도 가치상으로는 분배와 민주화에 보다 무게중심을 두었다고 볼 수 있다. 이는 IMF국면에서 심각한 불황과 중하위계층의 경제적 몰락, 사회경제적 불평등의 심화라는 구조적 조건과 함께 1970년대부터 대중경제론을 주장한 김대중 개인의 신념이기도 했다(이연호 2015, 173-180). 즉, 정권교체라는 정치적 선택이 분배와 재분배 강화라는 정부정책으로 발현될 조건을 갖추게 되었다. 그러나 동시에 두 가지 제약이 존재했다. 첫째, 1997년 외환위기의 원인이 관치경제에 있다는 광범위한 사회적 합의가 존재했고 구제금융을 제공한 국제통화기금 역시 경제적 자유화를 처방으로 제시하고 있었다. 둘째, 이른바 DJP연합을 통해 집권한 김대중 정부는 일정하게 보수파에게 양보를 해야 했고, 정권의 안정적 운영을 위해 보수 세력을 안심시켜야 했다. 이에 따라 김대중 정부의 경제정책은 시장영역에서 신자유주의적 개혁을 추진하면서 사회복지측면의 재분배정책을 강화하는 형태를 취했다. 불평등의 측면에서 이는 시장에서 불평등이 확대되는 것을 재분배를 통해 교정하려는 시도로 볼 수 있다. 그러나 결론적으로 말하면 이 시기 시장영역의 불평등이 너무 커지면서 재분배를 통한 완화효과가 매우 낮게 나타났다.

이런 상황에서 김대중 정부는 전통적인 부동산 경기부양과 신용카드 대란으로 귀결된 부채주도성장(debt-led growth)을 선택함으로써 시장에서 불평등을 더욱 악화시켰다.

일반적으로 김대중 정부는 한국의 사회복지체계가 사회안전망으로서 기본 틀을 갖추게 된 시기로 인식된다. 1997년 외환위기 이후 신자유주의적 구조조정이 본격화되는 상황에서 부작용을 줄이기 위한 복지예산이 늘어났고 복지정책이 발전했다. 예를 들어, 사회보험의 적용이 확대되었고, 급여수준 역시 인상되었으며, 국민기초생활보장제도를 통해 공적부조제도가 획기적으로 개선되었다. 그러나 김대중 정부의 "생산적 복지" 구호에서 알 수 있듯이, 이는 보편적 복지를 통한 복지국가와는 거리가 먼 것이었다. 당시 김대중 정부의 재벌개혁에서 확인되듯이 IMF구제금융이라는 특수한 조건에서 국가의 자율성은 상당히 높았고, 이런 조건에서 보편적 복지국가를 추진했다면 상당한 성과를 거둘 수 있을 것이라는 판단이 가능하다. 그러나 사회보험 중심의 사회복지의 기본 틀이 유지되었고, 제도발전에 비해 국가의 재정투입이 보수적으로 이루어지면서 오히려 불평등의 문제를 악화시키는 결과를 초래했다. 대기업-중소기업, 정규직-비정규직의 노동시장 이중화가 고착되고, 비정규직, 특수고용노동자 등 사회보험의 사각지대에 놓인 노동자들이 점차 늘어나는 상황에서 내부자-외부자 격차가 더욱 강화된 것이다(양재진 외 2008).

이 시기 소득격차와 함께 자산격차를 통해 불평등이 더욱 악화되는 양상을 보인다(전병유 2013). 통계청 가계동향조사, 국세청 자료 등 현재의 통계자료는 누락, 과소보고 등의 여러 가지 한계로 인해 자산의 불평등을 충분히 드러낼 수 없다(조윤제 2017a, 101-102). 그럼에도 불구하고, 고소득층으로 올라갈수록 자산소득의 비중이 커지며 자산불평등이 점차 심각해지고 있다는 것은 여러 연구에서 확인되고 있다(정승일

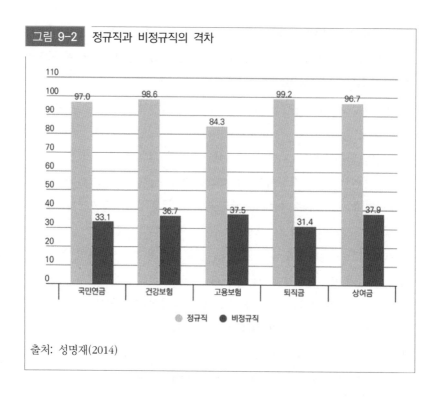

| 그림 9-2 | 정규직과 비정규직의 격차 |

출처: 성명재(2014)

2017, 76－80). 토지와 주택 등 자산불평등은 한국 자본주의의 지속적인 고민이었지만, 2000년대 중산층과 일부 하위계층까지 금융을 활용한 자산시장에 대거 참여하는 이른바, 재테크의 대중화가 나타나면서 더욱 심각한 문제가 되었다. 소득증가율이 둔화되고 국가의 재분배정책이 효과를 발휘하지 못하여 불평등이 심화되면서 중산층은 금융기관들을 통해 적극적으로 자산시장에 뛰어들었다(황규성·이재경 2013). 앞서 언급했듯이, 정부는 부동산 경기부양과 함께 수요부족을 해결하기 위해 금융개혁이라는 이름으로 소매금융을 확대하고, 가계가 보다 쉽게 빚을 낼 수 있도록 지원했다. 한국의 중산층은 증세를 통한 보편복지보다는 임금상승과 자산증식에 기초한 개별적인 복지를 더욱 선호하는 경향을 나타냈고, 집값으로 대표되는 부동산 가격은 2000년대 거의 내내 상승

했다. 양극화 경향의 심화로 인해 중산층의 경제적 불안이 커지는 상황에서 조세부담이 늘어나는 복지국가보다는 개별적인 렌트추구에 나선 것이다. 당시 종부세로 촉발된 세금폭탄론이 광범위한 지지를 얻은 것에서 확인되듯이, 중산층은 증세를 통한 복지확대에 대한 의지가 없던 것으로 볼 수 있다. 인적공제, 특별공제, 근로자소득공제 등을 통해 납세자의 거의 50%가 납세예외자로서 경제적 하위계층이 조세부담을 거의 하지 않는 현재의 조세구조에서 중산층이 증세를 거부하는 것은 경제적 부담을 회피하는 합리적 선택이라고 볼 수 있다(김미경 2008, 223). 2000년대 불평등의 심화는 신자유주의적 구조개혁, 금융화된 중산층의 선택 이외에도 고령화라는 인구학적 변동과 밀접한 관련이 있는 것으로 알려져 있다. 한국은 OECD국가 중에서 노인빈곤율이 가장 높은 국가인데 이는 낮은 소득대체율 등 연금제도가 취약한 상황에서 은퇴 후 소득감소로 인한 필연적인 결과물로 볼 수 있다. 즉, 고령화가 심화될수록 소득불평등이 심화되는데 더욱이 노년층의 경우 다른 연령집단에 비해 불평등이 더욱 심하고 조세와 사회보장지출이 격차를 완화하는 데 효과가 낮은 것으로 나타났다(반정호 2013). 이에 따라, 기초노령연금이 도입되는 등 노인 빈곤과 불평등을 완화하기 위한 다양한 복지정책이 수립되었지만 불평등과 빈곤을 완화하는 데 큰 효과를 거두지는 못하고 있는 것으로 판단된다.

이런 상황을 극복할 거의 유일한 수단으로 기대되는 정치는 제 기능을 못했다. 1997년 외환위기 이후 지속적으로 불평등이 심화되었지만 한국정치는 경제적 불평등을 진지하게 다루지 않았다(신진욱 2015). 2000년대 불평등의 심각성에 대한 여론이 지속적으로 높았고 선거마다 분배 이슈가 최우선과제로 지목되었지만 집권세력은 정치개혁(노무현), 성장정책(이명박)으로 응답했을 뿐이다. 민주주의가 시민들의 요구에 적절히 반응하지 않고 불평등의 문제를 해결하는 데 역량을 보여주지 못함으로써 시민들은 민주주의에 대한 효능감을 느끼지 못하고 회의가 점차 높아졌다(강우진 2012). 2009년부터 본격화된 경제민주화 논의와 2012년 대선은 경제적 불평등이 핵심적인 정치적 의제로서 부상했음을 보여주며 또한 민주주의에 대한 시민들의 믿음을 복원할 수 있는 기회였다. 그러나 박근혜정부는 선거전략용 정치슬로건에 그친 경제민주화와 한국형 맞춤복지의 이슈를 선점함으로써 대통령 선거에는 승리할 수 있었지만(마인섭 2012) 집권 이후 불평등을 완화하는 정책보다는 전통적인 부동산 경기부양과 성장정책으로 회귀함으로써 국민들을 실망시켰다. 즉, 2000년대 한국의 민주주의는 시민들이 원하는 정책을 민주적 과정을 통해 반영하는 반응성이라는 측면에서 매우 낮은 평가를 받을 수밖에 없다.

멜처와 리처드의 가설은 불평등이 심화될수록 평균소득보다 적은 소득을 얻게 되는 중위투표자들이 자신들에게 유리한 보다 관대한 조세재정정책을 요구할 것이라는 가정을 전제한 것이다. 그러나 2000년의 한국에서는 평균소득대비 중위소득이 지속적으로 감소했지만(전병유 2013, 19), 이때 한국의 중산층은 불평등의 심화를 재분배정책에 대한 요구 등 정치적 과정을 통해 집단적으로 해결하기보다는 개별적인 고임금추구(예를 들어 대기업 노조활동)와 자산획득을 통해 극복하려고 했다. 이 가설이 이 시기 한국에 맞지 않는다는 점은 국가의 지속적인 감세정책에서도 확인된다.[134] 소득불평등이 심화됨에도 불구하고 거의 모든 정부가 감세정책을 추진했다. 김영삼 정부는 근로소득세 부담을 대폭 경감시켰고, 김대중 정부는 서민중산층 지원을 목표로 근로소득세율을 인하하고 각종 소득공제를 인상했다. 이러한 정책기조는 이후에 노무현, 이명박, 박근혜 정부로 이어졌다. 이는 민주주의에서 경제적 불평등이

---

134) 국가기록원. 「시대별조세정책」. http://www.archives.go.kr/next/search/list SubjectDescription.do?id=008711&pageFlag=.

심화된다면 국민들이 재분배정책을 지지하는 정치세력에게 투표하고 민주주의 정부가 재분배정책을 실시하여 불평등을 완화시킬 것이라는 전통적인 직감과는 매우 다른 것이다. 애쓰모글루 등의 지적처럼 중간계급은 불평등을 완화하는 정책을 지지하는 것이 아니라 자신들을 위하는 정책을 지지하는 것처럼 보인다(Acemoglu et al. 2014). 또한 이런 상황은 오페(Claus Offe)의 "복지국가에 반하는 민주주의"와도 연결이 된다(김미경 2008). 복지국가에 반하는 민주주의란, 복지국가는 효용의 극대화를 추구하는 합리성이 아니라 사회구성원 사이의 연대, 타자에 대한 연민 등 규범적 정향에 의한 것으로서 민주주의가 곧 복지국가를 뜻하는 것이 아니라는 것이다. 즉, 민주주의가 정착되더라도 중산층을 비롯한 사회구성원이 자신들의 이익추구를 극대화하는 방식을 고수한다면, 복지국가의 달성은 쉽지 않은 일이 될 것이다. 그러나 이것이 멜처와 리처드의 가설이 틀렸거나 기각된다는 것을 의미하는 것은 아니다. 후술하겠지만, 2000년대 한국의 복지국가는 점차 확대되었고 2010년을 전후로 불평등이 완화되는 양상이 포착된다. 이는 민주주의가 더욱 발전함에 따라 불평등이 완화된다는 가설이 일정하게 타당할 수도 있다는 것을 암시한다(Gradstein and Mianovic 2004의 정리와 주장 참조).

3. 민주주의의 심화와 불평등의 교정

김대중 정부 이후 노무현, 이명박, 박근혜 정부를 거치면서 한국 민주주의는 심화·발전했다고 평가할 수 있다. 선거에 의한 안정적인 정권교체가 반복되었고 미약하고 느리게나마 복지국가로의 변화가 나타났다. 이런 과정에서 김영삼 정부에서 악화되고, 김대중 정부에서 심각한 수준으로 확대된 경제적 불평등이 완화되는 양상도 포착되었다. 물론, 2000년대 후반 소득분배의 개선 등 불평등의 완화는 지표마다 결과가 다르게 나타나면서 논란의 소지가 있다(조윤제 2017b, 21-23). 그러나 대표적으로 활용하는 지니계수를 보면 불평등 완화가 비교적 뚜렷하게 나타난다. 2000년대 후반 불평등 완화는 소득과 자산 두 측면에서 모두 확인된다. 우선, 소득에서는 저소득층의 소득이 크게 증가했고, 고소득층의 소득이 적게 증가했다. 저소득층의 경우, 정규직 노동자의 비율이 늘었고, 복지정책의 확대를 통해 이전소득이 증가했다. 반면 주로 대기업종사자인 고소득층의 경우 2008년 금융위기로 인해 임금이 동결, 삭감되면서 소득증가가 둔화되었다. 또한 2008년 금융위기 이후 평가절하를 거치면서 2010 – 2013년 제조업 고용이 일부 늘어난 것도 소득분배의 개선에 일부 기여한 것으로 판단된다(조윤제 2017a, 95). 자산불평등의 완화는 자산가격의 안정화에 의한 결과로 볼 수 있다(전병유 2016). 2000년대 가파르게 상승하던 자산가격은 부동산 가격의 하락과 주식시장의 침체, 저금리가 맞물리면서 하락, 안정화되었다. 불평등완화의 보다 근본적인 원인은 국가의 분배와 재분배정책의 효과로 볼 수 있다. 1980년대 후반부터 도입된 여러 분배, 재분배 정책과 제도가 민주주의 정부를 거치면서 점차 안정되고 확대되었다. 예를 들어, 1987년 제정된 최저임금제는 김대중 정부와 노무현 정부를 거치면서 각각 연평균 5.5%, 7.7%로 빠른 속도로 증가하여 저임금노동자를 보호하는 데 일정하게 기여했다(이정우 2017, 46). 또한 복지예산의 규모 역시 노무현 정부를 거치면서 전체 예산에서 차지하는 비중이 20%에서 28%로 증가했다. 노무현 정부는 집값폭등으로 인한 부동산 정책실패, 실업문제, 양극화 등의 비판을 받았지만, 복지정책에서는 기존제도를 확대하고 저출산·고령화 등 새롭게 등장하는 위험에 대응하기 위해 새로운 정책을 추진했다. 예를 들어, 저출산고령사회기본법을 제정하고 공보육 등 육아지원예산을 대폭 늘렸으며 기초노령연금과 노인장기요양보험제도를 도입했다. 또한 기초생활수급자 선정기준을 완화하고 최저생계비를 인상하고 긴급지원제도를 도입하는 한편 근로장려세제(EITC)를 입안하여 빈곤층에 대한 지원을 확대했다. 노무현 정부 시기 노동계와의 심각한 갈등, "권력이 시장으로 넘어갔다"라는 대통령 발언과 한미 FTA 추진에서 확인되는 자유화 기조로 인해 시장의 불평등을 완화하기 어려웠다. 즉, 일련의 복지제도들의 도입은 분배영역의 정책실패와 불평등을 재분배정책을 통해 최대한 교정하려고 한 것이다. 그러나 주요 복지정책이 임기 중후반에 도입, 추진되면서 정작 정책의 효과는 다음 정부인 이명박 정부 시기부터 나타나기 시작했다.

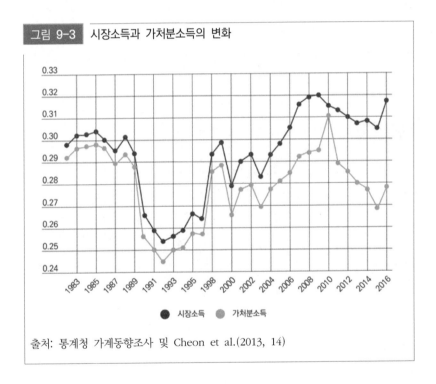

그림 9-3 　시장소득과 가처분소득의 변화

출처: 통계청 가계동향조사 및 Cheon et al.(2013, 14)

〈그림 9-3〉에서 나타나듯이 2010년 이후 불평등이 완화되었고 특히, 시장소득과 가처분소득의 차이가 벌어져 재분배정책이 일정한 효과를 거두는 것으로 확인되었다. 이명박 정부는 7·4·7공약과 4대강 사업을 통해 확인되듯이 과거의 성장드라이브 정책을 추진하려고 했다. 그

러나 2008년 금융위기 때문에 성장일변도의 정책을 펼치기 어려웠고 희망근로 등 한시적이지만 저소득층을 위한 사업을 추진해야 했다. 감세정책을 강력히 추진한 이명박 정부는 기본적으로 작은 정부를 지향했다. 그러나 현실은 반대로 진행되었다. 더욱이 2000년대부터 복지예산은 계속 늘어났고, 노인과 영유아 등을 위한 새로운 복지정책이 등장했다. 2006-2009년 복지예산 증가율은 매년 10%를 상회했고, 이명박 이후 박근혜 정부에서도 느리지만 복지예산은 지속적으로 증가했다. 그러나 복지정책의 불평등완화 효과를 과도하게 높이 평가할 필요는 없다. 신생민주주의 국가에서 복지지출이 증가하지만 불평등을 감소시키는 효과가 제한적이라는 연구결과는 한국에서도 유사하게 나타나고 있는 것 같다(강우진 2012, 153).

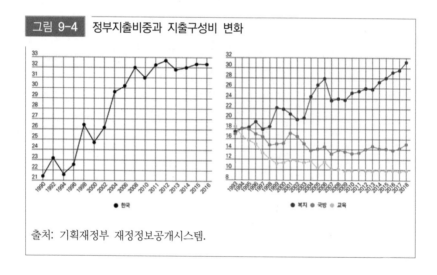

그림 9-4 정부지출비중과 지출구성비 변화

● 한국

● 복지 ● 국방 ● 교육

출처: 기획재정부 재정정보공개시스템.

불평등이 심화됨에 따라 중산층의 정치적 중요성은 더욱 커졌다. 민주주의에 대한 회의가 커지면서 전반적인 투표율이 감소하는 상황에서 특히, 저소득층, 비정규직 등 주변화된 집단들의 참여가 더욱 저조한 것으로 나타났다(신광영 2016). 일각에서 "중산층 독재"라고 표현할 만큼

인구의 다수를 차지하는 중산층의 선택이 정치적 결론으로 귀결될 확률이 커진 것이다. 즉, 스티글러(Stigler 1970)의 "디렉터(A. Director)의 법칙"이 상당 부분 타당하다는 것을 보여준다. 그런데 바로 이 시기에 중산층의 선호가 변화하는 양상이 포착된다. 경제적으로도 기존의 임금소득 증가와 자산획득을 통한 중산층의 개별적인 생존전략으로는 주변화의 압력을 감당할 수 없다는 것이 분명해졌다. 중산층의 비율은 1990년대 73.7%, 2000년 69.7%, 2010년 59.7%로 지속적으로 감소했다.

그림 9-5 소득집단 비중 변화

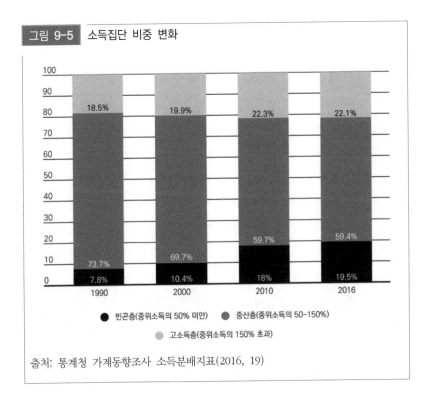

출처: 통계청 가계동향조사 소득분배지표(2016, 19)

2008년 금융위기를 통해 대기업의 임금상승이 억제되고 부동산 등 자산가격이 안정되면서 하우스푸어의 등장에서 확인되듯이 중산층의 개별적인 자산획득전략에 한계가 나타나기 시작했다. 이명박·박근혜 정부에서 추진된 다양한 성장정책이 중산층의 안정성을 제공하는 데 실패했고, 정책의 과실이 특권층에게 유리하게 배분됨에 따라 대안으로서 분배정책에 대한 관심이 높아졌다. 한국복지패널 부가조사에 따르면, 사회복지확대를 위해 세금을 더 거둬야한다는 의견에 동의하는 비중도 지속적으로 증가했다(황규성·강병익 2014). 중산층에서 복지를 증대해야 한다는 입장이 70%에 육박했고, 경제민주화가 정치적으로 중요한 논쟁으로 등장했다(정한울 2011). 일정한 사회적 가치와 의식의 변화도 확인된다. 예를 들어, 출판계에서 공동체주의 철학자인 샌델(Michael Sandel)의 저서가 베스트셀러가 되고, 정의와 공정성에 대한 대중적 민감성이 커지기 시작했다. 마을공동체, 사회적경제 등 개인과 경쟁이 아닌 공동체와 협력을 강조하는 사회운동이 다양한 국가와 지방정부의 정책과 조응하면서 확대되기 시작했다. 경제적 수준에 상관없이 아이들에게 보편적으로 양질의 식사를 제공하자는 무상급식이 지방선거의 핫이슈로 부상했고 이에 반대한 오세훈 서울시장이 물러나는 결과를 초래했다. 이런 과정에서 심지어 보수정당의 박근혜 대통령 후보가 분배개선을 핵심으로 하는 "경제민주화"를 핵심공약으로 수용하는 초유의 사태가 발생한 것이다. 즉, 이 시기는 경제적 불평등이 어떤 문턱에 근접하여 대중적으로 재분배에 대한 요구가 커지는 상황으로 볼 수 있다. 그러나 정치는 또 다시 시민들을 배신했다. 경제민주화는 선거용 구호로 끝나고 창조경제, 부동산 경기부양이 그 자리를 대신했다. 공무원 연금개혁 논란 등에서 나타나듯이 세대갈등 프레임을 통해 불평등 문제를 왜곡하려고 하는 다양한 세대정치의 양상도 나타났다(전상진 2018; 조현연·김정석 2016). 프레임효과를 통해 시민들의 불만을 사회 내 다른 집단에게 전가하고 정치의 무능을 숨기려는 일종의 비판회피전략이 작동한 것이다. 이런 상황에서 국정농단사태가 발생하고 촛불집회가 시작되었다. 대통령이 탄핵당하고 조기 대선을 통해 정권이 교체되었다. 결론적으로 시민들의 직접행동을 통해 정치의 무능과 배신을 심판한 것이다. 새롭게 등장한 문재인 정부는 소득주도성장을 강조하고 최저임금을 대폭 인상하고 복지의 확대를 추진 중이다. 그러나 과연 분배를 어느 정도 개선할 수 있을지는 여전히 미지수이다. 가계부채가 1,500조에 육박하는 상황에서 증가된 소득이 소비로 이어지지 않고 부채를 축소하는 흐름으로 갈 확률이 크다. 또한 최저임금인상에 대한 영세자영업자를 포함한 광범위한 반대가 나타나고 있다. 복지확대 역시 제한적으로 진행될 확률이 크다. 복지를 대폭 확대하기 위해서는 중산층에 대한 증세가 필요하다(오건호 2010, 120-121). 그러나 여전히 중산층은 부유층 증세와 국가의 재정투입에 대한 욕구가 보다 큰 것으로 보인다. 즉, 복지를 비롯한 재분배는 강화되어야 하지만 그것의 부담을 나누는 데 인색한 것이 오늘날 한국 중산층의 모습이다. 이에 따라, 분배를 강조하는 문재인 정부조차도 중산층과 서민에 대한 증세는 없다는 것을 반복적으로 강조하고 있다.

2010년대에 들어서면서 경제적 불평등의 지표는 완화되었지만 장기 불황은 지속되고 있고, 사회구성원의 경제적 어려움은 가중되고 있다. 국제비교를 통해 지니계수가 높은 편이 아니라는 설명은 평등주의적 심성이 강한 한국인들을 충분히 설득하지 못하고 있다. 한국의 경제적 불평등은 이제 문턱을 넘었고 대중들의 재분배에 대한 인식과 압력은 폭발적으로 증가하고 있다. 지난 촛불운동은 이런 사회경제적 불평등에 대한 분노와 함께 한국 민주주의의 낮은 반응성과 책임성에 대한 엄중한 경고로 볼 수 있다. 즉, 지금은 민주주의의 효능감을 높이기 위한 전략과 정책이 필요한 시점이다. 무엇보다도 불평등을 완화하고 해소하는 것이 시급하다.

촛불집회 이후 등장한 문재인 정부는 격차해소를 위해 적극적인 불평등완화 정책을 추진하고 있다. 특히, 주목할 것은 이전 정부가 시장분배의 불평등에 개입하지 않고 재분배정책을 통해 이를 교정하려고 했다면, 이번 정부는 소득주도성장론을 강조하면서 최저임금을 대폭 인상하고 비정규직의 정규직화를 추진하는 등 시장분배의 직접적인 개선을 시도하고 있다는 것이다. 또한 참여정부를 표방한 노무현 정부와의 연속선상에서 다양한 시민참여의 통로를 개방하고 청와대 국민청원과 같은 방법을 통해 시민들의 요구에 반응성을 높이려 한다. 그러나 시장의 독과점, 자본과 노동의 불균등한 힘의 관계, 노동시장 내부의 이중화와 불평등, 고령화, 대규모 가계부채 등에 의해 현재의 정책이 효과를 발휘할지는 가늠하기 어렵다. 다만 만약 일련의 정책들이 성공하지 못하거나 장기간 정체된다면 민주주의에 대한 의심은 더욱 커질 것은 분명해 보인다. 미국과 유럽의 경험은 불평등이 계속됨으로써 민주주의가 후퇴하고 포퓰리즘이 확대될 수 있다는 것을 보여주고 있다. 민주주의의 보루로 인식된 중산층이 자신들의 이익을 위해 민주주의를 포기하고 독재와 포퓰리즘을 선택하는 사례도 많았다. 즉, 민주주의의 가장 중요한 정치세력으로 등장한 중산층이 어떤 선택을 할지에 따라 후퇴의 가능성은 언제나 열려 있다. 또한 사회적 양극화가 심화되고 빈곤층의 어려움이 가중되고 있는 지금 중산층의 이익에 충실한 민주주의가 과연 좋은 양질의 민주주의인지는 향후 추가로 고민할 과제일 것이다.

V. 결론

한국에서의 경제적 불평등은 M형의 곡선으로 개선과 악화, 다시 완화의 국면을 거치고 있으며, 여러 가지 원인으로 인해 향후 완화가 지속될 가능성이 크다. 한국 민주주의는 성공적인 전환과 정착 단계를 거쳐 심화와 성숙의 과정을 지나고 있다. 불평등에 대처하는 정책적인 의지와 능력과 성과는 민주화의 각 단계마다 차이가 있었고, 각 정부에 따라도 차이가 있었다. 민주전환의 단계에서 불평등이 일시적으로 감소한 것은 민주화의 불평등 교정효과로 해석할 수 있고, 정착 단계에서의 불평등의 가파른 악화는 사회경제구조 특히 중간계급의 보수화와 노동계급의 양극화와 보수화가 결정적인 원인이었다. 민주화의 심화단계에서의 불평등의 완화는 흥미로운 변화이다. 불평등이 완화되기 시작한 시기는 두 보수정부였고, 그 정부의 사회경제정책은 보수적인 중상층과 지역의 선호에 더 적극적으로 반응하였기 때문이다. 그런 의미에서 이 시기 불평등의 완화는 민주화 이후의 모든 정부들이 정도의 차이는 있지만 복지확대와(Yang 2017) 성장과 분배의 동반을 정책목표로 추진한 효과가 시차를 두고 발생한 것일 가능성이 크다. 김대중정부와 노무현정부에서는 연금개혁을 둘러싼 시민단체, 정당, 정부의 복지정치도 중요해졌고, 선거경쟁에서 복지가 중요한 쟁점이 되었다(김영순 2012). 이런 변화는 사회경제구조의 변화에 조응하였던 것으로 세계화와 신자유주의의 환경에도 불구하고 또는 그 결과로 사회저변에서 복지와 재분배를 요구하는 새로운 중산층이 성장하는 조류의 변화가 있었던 것으로 짐작된다. 그런 측면에서 한국의 민주주의의 질도 민주화 이후에 작은 N형의 파동을 그리면서 '장기적으로는' '좋은 민주주의'의 방향으로 발전하고 있다고 평가할 수 있다.

이 연구가 한국의 경험이 불평등과 민주주의의 관계연구에 주는 함의는 다음과 같이 정리할 수 있겠다.

첫째, 한국에서의 불평등은 30년의 기간에도 파동을 그리며 변화하여 왔고, 그 변화는 민주화 이후 민주주의 단계적 발전과 무관하지 않은 것으로 보인다. 전환, 정착, 심화의 민주화 각 단계는 나름대로 특징적인 사회경제구조를 가지고 있었고, 각 정부정책의 변화와 성과는 각 단계에서 그 정부와 정당들이 추진한 정책의 큰 틀에 조응하였던 것으로 해석할 수 있다(강병익 2015). 둘째, 민주주의가 불평등을 시정하는 능력에 대한 여러 가설들은 긍정가설이거나 부정가설이 선택적이거나 배타적으로 옳거나 그르다는 것은 아니다. 개별 사례들은 긍정과 부정 사례의 사이에서 끊임없이 변화하고 있고, 그 변화와 다양성을 어떻게 설명할 것인가가 더 중요한 연구과제이다. 이 연구가 채택한 민주주의 다양성(제도, 구조, 발전단계(장기효과))은 이런 사례와 변화의 다양성 그리고 두 변수 사이의 장기적인 관계에 대한 해석을 가능하게 한다는 점에서 유용하였다. 셋째, 민주주의의 질적 평가는 민주주의를 최소한의 정의를 넘어서서 평가하려는 노력이기 때문에 결국 민주주의의 다양성과는 분석틀로서의 친화력과 유용성이 높을 것으로 보인다. 넷째, 이 주제에 관한 엄청난 연구업적들은 대부분 다수사례 교차국가의 통계자료 분석의 결과들이다. 불평등에 대한 민주주의의 해결 능력으로 민주주의의 질을 평가하고, 민주주의의 다양한 유형들을 그 과정과 연결하기 위해서는 정책이 형성되는 정치과정과 제도에 대한 역사서술도 동시에 유용한 연구방법일 것이다.

이 연구로부터의 이론적이고 방법론적인 함의는 여전히 제한적이고 잠정적이다. 보다 안전한 결론을 위해서는 민주화 30년의 짧은 기간이 더라도 더 상세한 정치과정과 경제체제에 대한 서술이 필요하고, 불평등의 다른 원인들 그리고 민주주의의 다양성과 질을 분석하고 평가하는 다른 항목들에 대해서도 더 체계적인 숙고가 필요하다.

참고문헌

강명세. 2018. "정부는 사회의 재분배 선호를 반영하는가?" 성균관대학교 SSK 뉴노멀 시대의 뉴 데모크라시 제3차 월례회의 발표. 서울. 5월.

강병익. 2015. "한국의 정당은 불평등에 어떻게 대응했나?: 사회보장법, 비정규 보호법, 조세정책을 둘러싼 정당경쟁."『민주사회와 정책연구』28호, 82−114.

강신욱. 2012. "노태우 정부 복지쟁책의 성취와 한계." 강원택 편.『노태우 시대 의 재인식』, 379−403. 파주: 나남.

강우진. 2012. "한국 민주주의에서 경제적 불평등에 대한 인식의 정치적 효과: 민주주의의 효능성에 대한 효과를 중심으로."『한국과 국제정치』28권 2호, 145−175.

권혁용. 2007. "한국의 소득불평등의 정치경제: 탐색적 분석."『아세아연구』50 권 1호, 209−281.

기획재정부. 재정정보공개시스템.

김낙년. 2017. "한국의 소득 불평등." 이창곤 편.『불평등 한국, 복지국가를 꿈 꾸다』, 137−148. 서울: 후마니타스.

김도균. 2018.『한국 복지자본주의의 역사』. 서울: 서울대학교출판문화원.

김미경. 2008. "한국의 조세와 민주주의: 복지국가에 반하는 민주주의의 한국적 기원에 대하여."『아세아연구』51권 3호, 196−305.

김영순. 2012. "한국의 복지정치는 변화하고 있는가?: 1, 2차 국민연금 개혁을 통해 본 한국 복지정치." 한국복지국가연구회 편.『한국 복지국가의 정 치경제』, 283−318. 서울: 아연출판부.

김은경. 2006. "양극화와 재정·조세정책: 쟁점과 과제."『사회경제평론』27호, 73−109.

마인섭. 2012. "한국 정당의 복지정책과 선거." 한국복지국가연구회 편.『한국 복지국가의 정치경제』, 251−283. 서울: 아연출판부.

마인섭·이희옥. 2014. "아시아에서의 '좋은 민주주의'의 모색: 개념과 평가." 『비교민주주의 연구』10권 1호, 5−31.

문우진. 2014. "정치정보, 정당, 선거제도와 소득불평등." 이신화 외.『불평등과 민주주의』, 156－187. 서울: 고려대학교출판부.

이양호·문우진·권혁용. 2014. "한국의 소득불평등과 유권자 선호, 그리고 정당의 재분배정책." 이신화 외.『불평등과 민주주의』, 210－236. 서울: 고려대학교출판부.

반정호. 2013. "우리나라 소득불평등 실태와 재분배 정책의 효과."『노동리뷰』 1월호, 62－75.

서휘원. 2016. "한국 선거에서 불평등 민주주의: 제18대 대선 소득별 투표 행태 분석."『인하사회과학논총』 31호, 159－183.

서환주·김준일. 2014. "소득불평등, 정치적 불평등 그리고 기회불평등의 누적적 증가에 대하여: 복지제도와 노동조합의 새로운 역할."『사회경제평론』 45호, 231－275.

성명재. 2014. "『21세기 자본론』과 한국의 소득분배: 우리나라 분배구조의 변화 추이와 생애주기 효과." 한국경제연구원·아시아금융학회 피케티의『21세기 자본론』과 한국 경제 세미나. 서울. 9월.

신광영. 2016. "한국사회 불평등과 민주주의." 한국사회학회 심포지엄 논문집, 73－95.

신진욱. 2015. "불평등과 한국 민주주의의 질: 2000년대 여론의 추이와 선거정치."『한국사회정책』 22권 3호, 9－39.

안상훈·김수완·박종연. 2010. "한국형 복지국가의 미래 전망." 기획재정부 연구용역보고서.

양재진·김영순·조영재·권순미·우명숙·정흥모. 2008.『한국의 복지정책 결정과정』. 파주: 나남.

오건호. 2010.『대한민국 금고를 열다』. 서울: 레디앙.

이성균. 2007. "한국의 소득불평등과 복지제도의 불평등감소 효과." 한국사회학회 후기사회학대회. 서울. 12월.

이양호·지은주·권혁용. 2014. "라틴아메리카의 불평등과 민주주의." 이신화 외.『불평등과 민주주의』, 46－72. 서울: 고려대학교출판부.

이연호. 2015.『불평등발전과 민주주의』. 서울: 박영사.

이장규. 2011.『경제가 민주화를 만났을 때』. 서울: 올림.

이정우. 2017. "한국은 왜 살기 어려운 나라인가?" 이창곤 편.『불평등 한국, 복지국가를 꿈꾸다』, 39－54. 서울: 후마니타스.

전병유. 2013. "한국 사회에서의 소득불평등 심화와 동인에 관한 연구."『민주 사회와 정책연구』23호, 15-40.

_____. 2016. "한국의 자산 불평등."『월간복지동향』216호, 18-27.

전상진. 2018.『세대 게임』. 서울: 문학과지성사.

정승일. 2017.『누가 가짜 경제민주화를 말하는가』. 서울: 책담.

정한울. 2011. "주민투표 이후 복지정국과 계급정치의 부상."『EAI 여론브리핑』 102호, 11-21.

조윤제. 2017a.『생존의 경제학』. 파주: 한울.

조윤제 편. 2017b.『한국의 소득분배』. 파주: 한울.

조현연·김정석. 2016. "박근혜 정부의 '다원적 두 국민 전략'과 세대갈등."『경 제와 사회』110호, 270-299.

지은주·권혁용. 2014. "동아시아의 불평등한 민주주의: 한국과 대만에서 불평 등의 심화와 정부의 대응." 이신화 외.『불평등과 민주주의』, 17-45. 서울: 고려대학교출판부.

통계청. 2016.『가계동향조사-소득분배지표』.

한국노동연구원. 2003.『2003 KLI 노동통계』.

허재준. 2012. "노태우 정부 노동정책의 의의와 위상." 강원택 편.『노태우 시대 의 재인식』, 343-378. 파주: 나남.

황규성·강병익. 2014. "한국의 조세담론 정치."『민주사회와 정책연구』26호, 108-138.

황규성·이재경. 2013. "금융화와 소득 및 주택의 불평등 심화."『동향과 전망』 91호, 199-231.

Acemoglu, Daron and James A. Robinson. 2000. "Why Did the West Extend the Franchise?" *Quarterly Journal of Economics* 115(4): 1167-1199.

Acemoglu, Daron, Suresh Naidu, Pascual Restrepo, and James A. Robinson. 2014. "Democracy, Redistribution, and Inequality." In *Handbook of Income Distribution (Volume 2)*, edited by Anthony B. Atkinson and François Bourguignon, 1885-1966. London: Elsevier.

American Political Science Association Task Force. 2004. "American Democracy in an Age of Rising Inequality." *Perspectives on Politics* 2(4): 651-

666.

Bartels, Larry M. 2002. "Economic Inequality and Political Representation." Paper presented at the annual meetings of the American Political Science Association in Boston, U.S.A. August.

_____. 2008. *Unequal Democracy: The Political Economy of the New Gilded Age.* Princeton: Princeton University Press.

Bassett, William F., John P. Burkett, and Louis Putterman. 1999. "Income Distribution, Government Transfers, and the Problem of Unequal Influence." *European Journal of Political Economy* 15(2): 207−228.

Boix, Carles. 2003. *Democracy and Redistribution.* Cambridge: Cambridge University Press.

Bonica, A., Nolan McCarty, Keith T. Poole, and Howard Rosenthal. 2013. "Why Hasn't Democracy Slowed Rising Inequality?" *Journal of Economic Perspectives* 27(3): 103−124.

Cheon, Byung You, Jiyeun Chang, Gyu Seong Hwang, Jin Wook Shin, Shin Wook Kang, Byung Hee Lee, and Hyun Joo Kim. 2013. "Growing Inequality and Its Impacts in Korea." The Gini Projects.

Diamond, Larry and Leonardo Morlino (eds.). 2005. *Assessing the Quality of Democracy.* Baltimore: The Johns Hopkins University Press.

Feld, Lars P. and Jan Schnellenbach. 2007. "Still a Director's Law?: On the Political Economy of Income Redistribution." Research report commissioned by the Institut de Recherche en Economie et Fiscalité (IREF).

Fung, Archon and Erick Olin Wright. 2003. *Deepening Democracy: Institutional Innovations in Empowered Participatory Governance.* London; New York: Verso.

Gilens, Martin. 2005. "Inequality and democratic responsiveness." *Public Opinion Quarterly* 69(5): 778−796.

Gradstein, Mark and Branko Milanovic. 2004. "Does Liberté=Egalité? A Survey of the Empirical Links between Democracy and Inequality with some Evidence on the Transition Economies." *Journal of*

Economic Surveys 18(4): 515-537.

Hacker, J. and P. Pierson 저·조자현 역. 2012. 『부자들은 왜 우리를 힘들게 하는가?』. 파주: 21세기 북스.

Houle, Christian. 2009. "Inequality and Democracy: Why Inequality Harms Consolidation but Does Not Affect Democratization." *World Politics* 61(4): 589-622.

Huber, Evelyne and John D. Stephens. 2001. *Development and Crisis of the Welfare State: Parties and Policies in Global Markets*. Chicago: The University of Chicago Press.

Islam, Muhammed. 2016. "Does Democracy Reduce Income Inequality?" *Empirical Economics* 51(4): 1299-1318.

Iversen, Torben and David Soskice, 2006. "Electoral System and the Politics of Coalition: Why Some Democracies Redistribute More than Others." *American Political Science Review* 100(2): 165-187.

Kaufman, Robert R. 2009, "The Political Effects of Inequality in Latin America: Some Inconvenient Facts." *Comparative Politics* 41(3): 359-379.

Kofi Anna Foundation Initiatives. 2017. "Deepening Democracy: A Strategy for Improving the Integrity of Elections Worldwide."

Korpi, Walter. 2006. "Power Resources and Employer-centered approaches in Explanations of Welfare States and Varieties of Capitalism: Protagonists, Consenters, and Antagonists." *World Politics* 58(2): 167-206.

Kuznets, Simon. 1955. "Economic Growth and Income Inequality." *American Economic Review*, 45(1): 1-28.

Lindert, Peter H. 1994. "The Rise of Social Spending, 1880-1930." *Explorations in Economic History* 31(1): 1-37.

_____. 2004. *Growing Public: Social Spending and Economic Growth since the Eighteenth Century*. Cambridge: Cambridge University Press.

Lipset, Seymour M. 1960. *Political Man: The Social Bases of Politics*. Garden City: Doubleday.

Meltzer, A. H. and S. F. Richard. 1981. "A Rational Theory of the Size of

Government." *Journal of Political Economy* 89(5): 914 – 927.

Milanovic, B., 2013. "Global Income Inequality in Numbers: In History and Now." *Global Policy* 4(2): 198 – 208.

Muller E. 1988. "Democracy, Economic Development, and Income Inequality." *Am Sociological Review* 53(1): 50 – 68.

Mulligan, Casey B., Ricard Gil, and Xavier Sala – i – Martin. 2004. "Do Democracies Have Different Public Policies than Nondemocracies?." *Journal of Economic Perspectives* 18(1): 51 – 74.

OECD. 2011. *Divided we stand: Why inequality keeps rising.* Paris: OECD.

Perotti, Roberto. 1996. "Growth, Income Distribution, and Democracy: What the Data Say." *Journal of Economic Growth* 1(2): 149 – 187.

Piketty, T. 2014. *Capital in the Twenty – First Century.* Cambridge Massachusetts: Belknap Press of Harvard University Press.

Plattner, Marc F. 2005. "A Skeptical Perspective," In *Assessing the Quality of Democracy,* edited by Larry Diamond and Leonardo Morlino, 77 – 84. Baltimore: The Johns Hopkins University Press.

Ringen, S. 2007. *What Democracy is For: On Freedom and Moral Government.* Princeton: Princeton University Press.

Rodrik, Dani. 1999. "Democracies Pay Higher Wages." *Quarterly Journal of Economics* 114(3): 707 – 738.

Sirowy, Larry and Alex Inkeles. 1990. "The Effects of Democracy on Economic Growth and Inequality: A Review." *Studies in Comparative International Development* 25(1): 126 – 157.

Stigler, George J. 1970. "Director's Law of public income redistribution." *Journal of Law and Economics* 13(1): 1 – 10.

Stiglitz, Joseph E. 1996. "Some Lessons From The East Asian Miracle." *The World Bank Research Observer* 11(2): 151-177.

Timmons, Jeffrey F. 2010. "Does Democracy Reduce Economic Inequality?" *British Journal of Political Science* 40(4): 741 – 57.

Yang, Jae – jin. 2017. *The Political Economy of the Small Welfare Stagte in South Korea.* Cambridge: Cambridge University Press.

10

민주주의에 대한 시민들의 태도: 변화와 지속

박종민

Ⅰ. 서론

한국은 1987년 권위주의 체제에서 민주주의로 극적인 전환을 이룬 후 지난 30년 동안 선거민주주의를 유지해 왔고 민주주의의 공고화를 위한 지속적인 발전을 이루어 왔다(Diamond and Shin 2000). 구체적으로 보면 중앙과 지방의 모든 수준에서 정부를 선발하기 위한 자유공정 선거가 주기적으로 실시되어 왔다. 여전히 국가보안법이 존재하지만 시민적 자유와 정치적 권리가 확대되어 왔다. 민주주의의 핵심적 요소가 보편참정권, 자유공정선거 및 복수정당체제라 한다면(Dahl 1971), 한국의 현 정치체제는 이러한 최소한의 민주주의의 기준을 충족하고 있다고할 수 있다. 보다 중요한 것은 지난 30년 동안 선거를 통해 세 번의 정권교체를 이루면서 민주주의의 공고화를 나타낸다는 2회의 정권교체 테스트를 통과한 것이다(Huntington 1991). 주목할 만한 것은 1997년 아시아 금융위기로 촉발된 최악의 경제위기에도 불구하고 민주주의가 후퇴하지 않았다는 것이다. 또한 2000년대 후반 세계적인 금융위기와 경제 불황 속에서도 한국의 민주주의는 활력을 잃지 않았다(Diamond

2008). 이제 한국이 대만과 더불어 동아시아에서 가장 공고화된 제3의 민주주의 가운데 하나라는 점에는 의문의 여지가 없는 것처럼 보인다.

그러나 이러한 민주적인 제도적 변화에도 불구하고 각종 여론조사는 특히 민주화 10년이 지나면서부터 현 정치제도와 과정에 대한 대중의 불만이 계속 증가해 왔음을 분명히 보여준다(Park 2011). 일반 한국인들은 대의민주주의의 핵심 기구들에 대해 신뢰를 상실하였고, 민주주의의 운영과 성과에 대해 불만을 나타냈으며, 보편적 가치로서의 민주주의에 대해 의구심을 가졌고, 전통적인 형태의 정치참여로부터 떠났다. 일반 대중의 정치적 불신 및 항의집회와 시위가 현재 한국의 정치적 풍경의 현저한 특징으로 나타났다. 한국이 민주주의와 경제번영의 동아시아 모형으로 널리 간주되고 있지만 이제는 정치적 불만이 가득한 나라가 된 것처럼 보인다.

본 연구에서는 아시아바로미터조사(Asian Barometer Survey, 이후부터 ABS)[135] 및 한국민주주의바로미터(Korea Democracy Barometer, 이후부터 KDB)[136] 데이터를 활용해 한국인들이 실천과 이상으로서 민주주의에 대해 어떻게 생각하는지를 체계적으로 살펴본다. 구체적으로 한국인들이 현 정치체제의 민주적 질을 어떻게 평가해 왔으며 이상으로서의 민주주의를 얼마나 지지해 왔는지 특히 민주주의가 시작되고 10년 이후부터 현재까지 민주주의에 대한 태도의 변화를 추적하고자 한다. 이를 통해 본 연구는 민주화 30년 이후 한국의 현 민주주의가 직면한 한계와 도전의 성격을 밝히고자 한다.

---

135) ABS의 배경과 방법론에 대해서는 www.asianbarometer.org 참조.
136) KDB에 대해서는 신도철과 이재철(Shin and Lee 2006) 참조.

Ⅱ. 민주주의에 대한 태도: 구조

이스턴(Easton 1965; 1975)이 발전시킨 정치적 지지(political support)의 개념은 민주주의에 대한 태도를 체계적으로 기술하는 데 있어 유용한 출발점이 될 수 있다. 그는 정치적 지지를 한 개인이 갖는 정치체제에 대한 긍정적 혹은 부정적 태도라고 규정하고 있다. 그리고 태도의 대상인 정치체제를 정치공동체(political community), 통치체제(regime) 및 당국(authorities)으로 세분한다. 첫째, 정치공동체는 정치적 분업으로 묶여 있는 개인들의 집단을 가리킨다. 둘째, 통치체제는 권위구조 및 그를 정당화시키는 가치와 운영규범을 가리킨다. 셋째, 당국은 현재 권위 역할을 담당하고 있는 집권자들을 가리킨다. 민주주의는 통치체제의 한 유형이며 따라서 본 연구에서 다루는 민주주의에 대한 태도는 통치체제 수준의 정치적 지지라고 할 수 있다.

이스턴에 따르면 통치체제는 가치와 원리, 규범과 규칙 및 권위구조로 구성되어 있다. 가치와 원리는 "일상적인 정책의 지침으로 당연하게 수용될 수 있는 것에 대한 전반적인 경계"를 제공한다. 규범과 규칙은 "요구를 처리하고 집행하는 데 있어 기대되고 수용되는 절차"를 가리킨다. 권위구조는 "결정의 권위적 작성 및 집행과 관련해 권력이 배분되고 조직되는 공식 및 비공식 패턴"을 의미한다. 이러한 구분에 따르면 민주주의에 대한 시민의 태도는 민주주의의 가치와 원리, 규범과 절차 및 제도 각각에 대한 태도를 포함한다고 할 수 있다.

민주주의에 대한 시민의 태도를 다룬 경험적 연구는 이러한 개념적 구분에 기초하고 있다. 예를 들면 노리스(Norris 1999)는 통치체제의 지지의 대상으로 원리, 성과(performance) 및 제도를 구분한다. 구체적으로 체제 원리에 대한 지지는 정치체제의 핵심적 가치에 대한 태도와 관련된다. 체제 성과에 대한 지지는 정치체제의 실제적인 작동에 대한 태도와 관련된다. 그리고 체제 제도에 대한 지지는 의회, 법원, 경찰, 정당, 군 등 구체적인 통치기구에 대한 태도와 관련된다. 이와 유사하게 달톤(Dalton 2004)도 통치체제 지지의 대상으로 원리, 규범과 절차 및 제도를 구분한다. 더 나아가 그는 태도의 유형을 둘로 구분한다. 하나는 정서적(affective) 태도이고 다른 하나는 평가적(evaluative) 태도이다. 전자는 대상에 대한 가치와 이상에 대한 헌신(commitment)을 그리고 후자는 정치현상에 대한 판단을 반영한다.

이러한 개념적 구분에도 불구하고 실증연구는 통치체제 지지의 상이한 유형을 경험적으로 구분하는 데 어려움을 겪고 있다. 실제 경험적 측정은 통치체제 지지의 다차원적 성격을 구분해 내는데 뒤처져 있다고 할 수 있다. 그럼에도 불구하고 통치체제 지지의 다차원적 개념화는 민주주의에 대한 시민들의 태도를 체계적으로 기술하고 그 복잡성과 역동성을 이해하는 데 도움을 준다. 즉, 지지의 대상을 구체화함으로써 민주주의에 대한 시민들의 태도의 변화가 갖는 함의를 더 잘 이해할 수 있다.

선행이론과 연구에 따라 본 연구에서도 민주주의에 대한 시민들의 태도를 세 차원으로 구분한다. 이들은 가치, 운영규범과 규칙 및 공식제도이다. 뿐만 아니라 아이디어 즉 관념으로서의 민주주의에 대한 정서적 태도와 실제로서의 민주주의에 대한 평가적 태도를 구분한다. 전자가 민주주의에 대한 이상주의자(idealist) 시각을 반영한다면 후자는 민주주의에 대한 현실주의자(realist) 시각을 반영한다고 할 수 있다.

먼저 관념으로서의 민주주의에 대한 정서적 태도를 보면 첫째 차원은 민주주의의 가치에 초점을 둔다. 여기서 문제는 민주주의의 궁극적 가치가 무엇인지에 대해 일치된 합의가 없다는 것이다. 여론조사에서 이 차원의 태도는 흔히 민주주의가 최상의 정부형태인가 혹은 가장 선호하는 정치체제인가에 대한 동의 여부로 측정된다. 본 연구도 그에 따라 민주주의에 대한 선호 및 민주주의의 유효성에 대한 태도를 통해 가치와 원리로서의 민주주의에 대한 지지를 측정한다. 둘째 차원은 민주주의의 운영규범 및 규칙과 관련된다. 본 연구에서는 이를 측정하기 위해 세 개의 지표를 사용한다. 이들 지표는 제한정부의 관념과 연결된 핵심 규범인 견제와 균형의 원리, 법의 지배 및 사회적 다원주의를 각각 측정한다. 셋째 차원은 민주제도와 관련된다. 본 연구에서는 일반적인 권위주의 제도에 대한 태도를 측정해 민주주의 제도에 대한 태도를 간접적으로 파악한다. 즉 선거와 의회를 대신한 독재통치, 복수정당체제가 아닌 일당체제 및 군부통치가 그것이다.

실제로서의 민주주의에 대한 평가적 태도를 보면 첫째 차원은 민주주의의 공급에 대한 인식 혹은 판단과 관련된다. 여론조사에서는 민주주의에 대한 만족(satisfaction with democracy)이 현실의 민주주의의 성과에 대한 평가를 측정하는 데 종종 사용된다. 비록 그 의미에 대해 논쟁이 있지만 이 연구에서도 이 문항을 사용한다. 현 정치체제의 민주적 수준에 대한 평가를 측정하기 위해 여기에 하나의 지표를 추가한다. 둘째 차원은 민주적 절차와 규범이 구현되는 정도를 나타내는 다양한 차원의 민주주의의 질과 관련된다. 여기에는 법의 지배, 부패통제, 참여, 선거경쟁, 수직적 및 수평적 문책성, 자유와 평등이 포함된다. 셋째 차원은 실제 정치제도의 운영 및 성과와 관련된다. 여기서는 대의민주주의의 핵심 제도인 의회 및 정당에 대한 신뢰 등 두 개의 지표로 사용한다.

다음은 이러한 개념적 분석틀에 기초해 민주주의에 대한 한국인들의 태도를 기술하고 그 변화를 추적한다.137) 먼저 실제로서의 민주주의에 대한 평가적 태도를 세 부분으로 구분해 다룬 후 관념으로서의 민주주의에 대한 정서적 태도를 동일하게 세 부분으로 나누어 다룬다.

---

137) 분석 자료는 모두 ABS 혹은 KDB에서 온 것임.

Ⅲ. 민주주의의 수준 평가와 만족

민주주의의 질에 대한 일반적 평가는 실제로서의 민주주의에 대한 태도 가운데 첫째 차원과 관련된다. 먼저 대부분의 한국인들은 한국의 현 정치체제가 기본적으로 민주주의라는 데 이견이 없는 것으로 보인다. '우리나라의 민주주의가 어느 정도'라고 생각하는지를 묻는 질문에 '완전한 민주주의'라고 응답한 사람들이 2006년 5%, 2011년 4%, 2015년 5%로 소수였다. 그러나 '민주주의지만 작은 문제들이 있다.'고 응답한 사람들은 2006년 56%, 2011년 63%, 2015년 61%였고 '민주주의지만 큰 문제들이 있다.'고 응답한 사람들은 2006년 34%, 2011년 29%, 2015년 30%였다. 한편 '민주주의가 아니다.'고 응답한 사람들은 2006년, 2011년, 2015년 조사 각각에서 단지 2%였다. 현 정치체제가 흠이 없는 민주주의라고 생각하는 응답자는 소수지만 민주주의가 아니라고 생각하는 응답자는 그보다도 더 적었다. 한국인 거의 대부분은 자신들이 민주주의 하에서 살고 있다고 믿고 있었다. 그러나 여기서 간과할 수 없는 것은 사람들마다 민주주의의 수준에 대한 인식이 다르다는 것이다. 아주 소수만이 '완전한 민주주의'라고 생각하는 반면 대부분은 작든 크든 결함이 있는 민주주의라고 생각하였다. 그리고 결함이 있다고 한 응답자들 가운데서 작은 결함을 지적한 사람들이 큰 결함을 지적한 사람들보다 많다는 것은 주목할 만하다. 조사 기간 중 평균 한국인 3명 가운데 2명은 현 정치제제를 완전한 혹은 거의 완전한 민주주의로 간주하고 있었다. 그러나 여전히 3명 가운데 1명에 가까운 사람들이 현 정치체제를 결함이 많은 민주주의로 생각하고 있다는 것은 민주주의에 대한 보통 사람들의 기대가 높다는 것을 시사한다.

둘째, 지난 10년간 민주주의의 일반적 성과에 대해 시민들의 만족은 그다지 개선되지 않은 것으로 나타났다. '현재 우리나라에서 민주주의가 실시되고 있는 방식에 대해 얼마나 만족하는지 혹은 만족하지 않는지'를 묻는 질문에 대해 '매우 만족' 혹은 '약간 만족'한다고 응답한 사람들은 2003년 61%, 2006년 48%, 2011년 59%, 2015년 62%였다. 실제로서의 민주주의에 대한 만족이 노무현 정부 때 급락하였고 이명박 정부 때 반등하였으며 박근혜 정부 때 조금 더 상승하였다. 흥미로운 것은 민주주의에 대한 만족이 2008-2009년 세계 경제위기 속에서 반등했다는 것이다. 이는 경제적 성과만이 민주주의의 성과에 대한 만족을 결정하지는 않음을 시사한다. 하락과 상승의 원인이 무엇이든 민주주의에 대한 만족은 시간이 지나면서 깊어진 것은 아니었다. 조사 기간 중 평균 한국인 5명 가운데 3명은 민주주의의 성과에 대해 만족을 나타냈다. 낮지 않은 수치이기는 하지만 이는 실제로서의 민주주의의 성과가 여전히 보통 사람들의 기대에 미치지 못함을 시사한다.

Ⅳ. 민주주의의 질과 성과 평가

민주주의의 질에 대한 구체적 평가는 실제로서의 민주주의에 대한 태도 가운데 둘째 차원과 관련된다. 앞서 분석한 민주주의의 성과에 대한 만족은 실제로서의 민주주의에 대한 전반적인 평가를 측정하는 지표로 광범하게 사용되고 있다. 그러나 민주주의가 다차원적인 현상이기 때문에 민주주의 만족 지표는 민주주의의 다양한 차원들이 어떻게 작동하는지를 평가하는 데 적합하지는 않다. 그렇기 때문에 민주주의의 질에 대한 체계적 연구는 민주주의의 여러 차원을 구분하고 각 차원에 대한 평가를 측정한다(Lijphart 1999; Altman and Perez-Linan 2002; Morlino et al. 2011; Park 2017). 이들 선행연구에 따라 여기서도 민주주의의 차원을 구분하고 각 차원에서 민주주의의 성과를 어떻게 평가하는지를 살펴본다. 여기서 다루는 차원은 법의 지배, 부패통제, 참여, 선거경쟁, 수직적 및 수평적 문책성, 자유 및 평등을 포함한다(Diamond and Morlino

2004). 앞의 여섯 개 차원은 민주주의의 절차적 측면과, 뒤의 두 개 차원은 내용적 측면과 각각 관련되는 데 분석결과는 이를 구분해 제시한다.

1. 절차적 차원

첫째, 법의 지배, 즉 법치의 차원은 정부의 권력행사를 제약하는 사법제도의 효과성과 관련된다. 지난 10년간 법의 지배에 대한 한국인들의 평가는 대체로 부정적인 것으로 나타났다. 2006년 조사에서 '정부 공직자들이 얼마나 자주 법을 지킨다고 혹은 지키지 않는다고 생각하느냐?'는 질문에 대해 응답자의 17%만이 '항상' 혹은 '자주' 지킨다고 하였다. 그리고 '법원은 고위공직자라도 죄가 있으면 항상 처벌한다.'는 견해에 대해 응답자의 13%만이 '매우' 혹은 '약간' 동의하였다. 2011년과 2015년 조사에서 문항의 표현이 다소 바뀌었지만 응답 패턴에는 거의 변화가 없는 것으로 나타났다. '정부지도자들이 얼마나 자주 법을 어기거나 권력을 남용한다고 생각하느냐?'는 질문에 대해 2011년에는 응답자의 29%만이 그리고 2015년에는 응답자의 31%만이 단지 '가끔' 그러하거나 '거의' 그렇지 않다고 하였다. 그리고 '범죄를 저지른 정부 공직자들이 얼마나 처벌받지 않는다고 생각하느냐?'는 질문에 대해 2011년에는 40%가 그리고 2015년에는 47%가 '거의 처벌받거나' '가끔' 처벌받지 않는다고 하였다. 법의 지배를 긍정적으로 평가하는 비율이 높아졌지만 여전히 시민들의 기대에는 미치지 못하는 것으로 보인다. 조사기간 중 평균 한국인 2명 가운데 1명 미만만이 정부가 법에 의해 제약되고 있다고 평가하였다.

둘째, 부패통제의 차원은 법의 지배와 구분되는 굿거버넌스의 핵심적 요소로 간주된다. 국제투명성기구(Transparency International)의 부패인식지수(Corruption Perceptions Index)에 따르면 한국은 2003년 133개국 가운데서 50위, 2006년 163개국 가운데서 42위, 2011년 183개국 가운데서 43위, 2015년 168개국 가운데서 37위를 차지하였다. 이는 부패 통제에서 점진적인 개선이 이루어지고 있음을 보여준다. 하지만 이런 전문가들의 평가는 보통 사람들의 부패인식과 차이를 보이고 있다. '중앙정부 공직자들 가운데서 얼마나 많은 사람들이 부패와 뇌물수수에 관여되어 있다고 생각하느냐?'는 질문에 '거의 아무도 관여되어 있지 않다' 혹은 '일부만이 부패하다.'고 응답한 사람들은 2003년 53%, 2006년 50%, 2011년 42%, 2015년 49%였다. 한편 '지방자치단체 공직자들'에 대한 질문에 '거의 아무도 관여되어 있지 않다' 혹은 '일부만이 부패하다.'고 응답한 사람들은 2003년 56%, 2006년 55%, 2011년 45%, 2015년 49%였다. 금융실명제나 공직자 재산공개 등 정부의 투명성을 제고하고 공직윤리를 강화하는 일련의 개혁에도 불구하고 정부부패에 대한 인식은 조금이지만 오히려 악화된 것으로 나타났다. 조사 기간 중 평균 한국인 2명 가운데 1명 미만만이 정부부패가 통제되고 있다고 평가하였다.

셋째, 참여의 차원은 기본적으로 보편참정권 즉 모든 성인이 정부구성을 결정하는 권리를 향유하는 것을 포함한다. 민주화 이후 민주적 시민권의 핵심인 투표권에 대한 제한은 없었다. 사실 과거 권위주의 통치 하에서조차 비록 유권자들이 자신의 정치적 선호를 자유롭게 표현하거나 모든 정치인에게 공직 출마를 보장한 것은 아니었지만 성별이나 문맹을 이유로 투표권이 제한된 적은 없었다. 민주화 이후 참여를 증진시키기 위한 주요한 개혁 가운데 하나는 2005년 투표 연령을 20세에서 19세로 낮추어 정치적 공간을 보다 포괄적으로 만든 것이다. 그럼에도 불구하고 한국인들은 선거참여로부터 점차 떠나는 것으로 보인다. 예를 들어 대통령 선거의 투표율을 보면 1987년 89%에서 1992년 82%, 1997년 81%, 2002년 71%, 2007년 63%로 감소하다가 2012년 76%로 반등하였고 대통령 탄핵 후 실시된 2017년 77%로 거의 변화가 없었다.

여기서 주목할 것은 최근 두 대선 투표율의 평균이 민주화 이후 첫 두 대선 투표율보다 거의 10% 정도 낮다는 것이다. 이와 유사하게 국회의원 선거의 투표율을 보면 1988년 76%에서 1992년 72%, 1996년 64%, 2000년 57%, 2004년 61%, 2008년 48%로 점차 하락하다 2012년 54%로 반등하였고 2016년 58%로 다시 조금 상승하였다. 여기서 관심을 끄는 것은 최근 두 총선 투표율의 평균이 대선 투표율과 유사하게 민주화 이후 첫 두 총선 투표율보다 거의 20% 정도 낮다는 것이다. 투표일이 공휴일로 지정되어 있지만 민주주의로 전환되면서 실시된 1987년 '정초' 선거 이래 한국인에게 있어 투표의 중요성은 점차 감소해 온 것으로 보인다.

또 주목할 만한 것은 정당에 대해 일체감을 갖는 유권자의 비율이다. "가깝게 느끼는 정당"을 묻는 질문에 '없다'고 한 응답자의 비율이 2003년 27%에서 2006년 34%, 2011년 39%로 점차 증가하다가 2015년 54%로 급증하였다. 2명 가운데 1명 이상은 지지하는 정당이 없었다. 무당파의 급격한 증가는 기성 정당에 대한 불만을 반영하며 정당의 영향력이 급격히 감소하고 있음을 시사한다.[138]

이러한 패턴과 유사하게 시민들의 정치적 관여도 낮은 것으로 평가되고 있다. 2011년 조사에서 '대부분의 시민들이 정부결정에 영향력을 행사하려고 하지 않는다.'는 의견에 대해 응답자의 39%만이 '별로' 혹은 '전혀' 동의하지 않았다. 같은 조사에서 '이웃 가운데서 얼마나 많은 사람들이 지역사회 문제에 관심을 나타낸다고 생각하느냐?'는 질문에 응답자의 30%만이 '대부분의 사람들' 혹은 '상당수의 사람들'이라고 하였다. 조사 이전 거의 20년 이상 민주주의를 경험해 왔음에도 불구하고

---

138) "정치에 얼마나 관심이 있느냐?"는 질문에 대해 "별로 없다." 혹은 "전혀 없다."고 한 응답자의 비율은 2003년 56%, 2006년 56%, 2011년 58%, 2015년 57%로 지난 10년 이상 거의 변화가 없이 절반 이상은 정치에 무관심함을 보여주고 있다.

한국인 3명 가운데 1명만이 동료 시민들이 정치참여에 적극적이라고 평가하는 것으로 나타났다. 시민들의 낮은 정치적 관여가 현 정치질서에 대한 만족을 반영할 수도 있겠지만 설사 그렇다 해도 이는 민주주의의 활력을 훼손할 수 있다.

넷째, 선거경쟁의 차원은 정당이나 후보자들이 선거에서 자유롭고 공정하게 경쟁하는 정도, 즉 '운동장'이 얼마나 기울어져 있지 않고 평평한지와 관련된다. 이는 개인 혹은 조직화된 집단(정당)이 자유공정 선거에서 경쟁하는 권리를 강조하는데 민주화 이후 정치권력을 위해 경쟁할 수 있는 권리를 거부당한 정치인이나 정당이 거의 없었다는 것은 참정권이 효과적으로 보장되어 왔음을 가리킨다. 보다 중요하게 민주화 이후 현재까지 세 차례의 정권교체가 선거를 통해 이루어져 왔다는 사실 자체는 대선의 경쟁성을 보여준다고 할 수 있다. 또한 같은 기간 국회 내 다수의석을 가진 정당이 주기적으로 바뀌어 왔다는 사실 자체도 총선의 경쟁성을 보여준다고 할 수 있다.

대선 및 총선에서의 승자－패자의 반응을 반영하듯 2006년 조사에서 '2004년 국회의원 선거가 얼마나 자유롭고 공정했다고 생각하느냐?'는 질문에 응답자의 13%는 '문제가 전혀 없이 자유롭고 공정했다.'고 하였고 44%는 '문제가 약간 있었지만 자유롭고 공정했다.'고 하였다. 반면 18%는 '문제가 많았지만 자유롭고 공정했다.'고 하였고 단지 9%만이 '자유롭지도 공정하지도 않았다.'고 하였다. 전체적으로 보면 유권자 5명 가운데 3명은 2004년 총선이 완전 혹은 거의 자유공정 선거였다고 평가하였다.

2011년 조사에서 '2007년 대통령 선거'의 자유공정성을 묻는 질문에 응답자의 25%는 '완전히 자유롭고 공정했다.'고 하였고 50%는 '자유롭고 공정했지만 작은 문제들이 있었다.'고 하였다. 반면 9%는 '자유롭고 공정했지만 큰 문제들이 있었다.'고 하였고 단지 9%만이 '자유롭거나 공정하지 않았다.'고 하였다. 그리고 2015년 조사에서 '2012년 대통령 선거'의 자유공정을 묻는 질문에 응답자의 21%는 '완전히 자유롭고 공정했다.'고 하였고 54%는 '자유롭고 공정했지만 작은 문제들이 있었다.'고 하였다. 반면 13%는 '자유롭고 공정했지만 큰 문제들이 있었다.'고 하였고 단지 6%만이 '자유롭거나 공정하지 않았다.'고 하였다. 전체적으로 보면 유권자 4명 가운데 3명은 2007년 혹은 2012년 대선이 완전 혹은 거의 자유롭고 공정한 선거라고 평가하였다.

그러나 선거의 질에 대한 평가에서 한국의 유권자들은 혼합적인 태도를 보이고 있다. '선거 때 모든 정당과 후보자는 방송이나 신문을 동등하게 이용할 수 있다.'는 의견에 대해 '매우' 혹은 '약간' 동의한 응답자는 2006년 66%, 2011년 65% 그리고 2015년 60%였다. 반면 '선거가 유권자에게 서로 다른 정당과 후보자를 선택할 수 있는 기회를 얼마나 자주 제공한다고 생각하냐?'는 질문에 '항상' 혹은 '자주'를 선택한 응답자는 2006년 47%, 2011년 51%, 2015년 45%였다. 조사 기간 평균 한국인의 절반 이상은 선거경쟁이 공정하다고 평가하였지만 선거경쟁이 의미가 있다고 평가한 응답자는 절반을 넘지 못하였다. 이러한 엇갈린 평가는 지지기반이 주로 정책선호보다 지역연고에 있는 정당들의 성격과 관련되는 것으로 보인다(Kim 2000). 한국의 정당들은 차별적인 프로그램이나 정강을 갖고 서로 구분하지 못하는 포괄(catch-all)정당이기 때문에 유권자들 눈에는 선거가 거의 비슷한 정당들 간의 경쟁으로 의미 있는 선택을 유권자들에게 제공하지 못한다고 평가하는 것으로 보인다.

다섯째, 수직적 문책성(accountability)의 차원은 유권자들이 정부 지도자들에 대해 결정과 관련해 책임을 물을 수 있느냐와 관련된다. 이러한 유형의 문책성은 주인(principals)인 시민들로부터 대리인(agents)인 선출된 정치인들로 향하고 있다. 지난 30년 동안 세 차례의 정권교체가 있었다는 사실은 그 자체가 수직적 문책성이 작동하고 있음을 보여주는 증거라 할 수 있다. 그러나 수직적 문책성은 선거에 의한 문책성 그 이상을 요구한다. 그것은 유권자들이 다음 선거가 있을 때까지에도 정부를 모니터할 수 있고 정부의 결정과 그 논거에 대한 설명을 정부에 요구할 수 있다는 것을 포함한다.

'선거 때 말고는 국민이 정부정책에 대해 책임을 물을 방법이 없다.'는 의견에 대해 '별로' 혹은 '전혀' 동의하지 않는 사람들이 2006년 36%, 2011년 35% 그리고 2015년 37%로 지난 10년간 개선됨이 없이 대체로 부정적이다. 모든 수준의 정부에서 주기적으로 선거가 있었지만 조사 기간 평균을 보면 한국인 3명 가운데 1명 정도만이 선거와 선거 사이 수직적 문책성이 작동한다고 평가하였다. '국민은 자신이 좋아하지 않은 정부를 바꿀 힘이 있다.'는 의견에 대해 '매우' 혹은 '약간' 동의하는 사람들은 2006년 44%, 2011년 51%, 2015년 43%로 2007년 선거에서 정권교체가 이루어진 다음인 2011년 잠시 증가했다가 다시 감소하였다. 지난 30년 간 세 차례의 정권교체에도 불구하고 조사 기간 평균을 보면 2명 가운데 1명 미만만이 국민이 집권정부를 교체할 수 있다고 믿고 있었다. 이는 지역에 대한 충성이 선거에서 정당과 후보자에 대한 선택을 좌우해 선거를 통한 문책성을 약화시키기 때문으로 보인다 (Kang 2003).

끝으로, 수평적 문책성의 차원은 자유민주주의 핵심적 요소인 제도적 견제와 균형의 원리와 관련된다(Schedler et al. 1999). 민주화 이후 한국에서 주목할 만한 개혁의 하나는 정부권력의 제한 즉 권력분립과 견제균형의 제도화라고 할 수 있다. 구체적으로 입법부와 사법부에 대한 행정부의 권력이 크게 축소되었다. 국회의 행정부에 대한 감시감독이 강화되었고 사법부는 보다 독립적이 되었다. 특히 새로 신설된 헌법재판소는 위헌법률 심사를 통해 행정부만이 아니라 입법부 권력에 대한 견제 역할을 확대해 왔다. 여전히 행정부가 입법부나 사법부보다 강력한 집권적인 권한을 가지고 있고 '제왕적 대통령'의 관행이 남아 있지만 견제와 균형의 제도가 어느 정도 구축되었다고 할 수 있다. 이러한 제도적 변화에도 불구하고 수평적 문책성이 얼마나 잘 작동하는지에 대해 보통 사람들은 엇갈린 평가를 내리고 있다. '국회가 정부를 견제할 능력이 얼마나 있다고 생각하느냐?'는 질문에 '많이' 혹은 '약간' 있다고 응답한 사람들이 2006년 53%, 2011년 50%, 2015년 56%로 나타났다. 국회가 행정부를 감시하고 통제할 수 있는 수단을 갖고 있지만 국회의 감시와 통제의 효과성에 대해 상당한 정도 의구심이 존재하는 것으로 보인다. 또한 '정부지도자들이 법을 어겼을 때 법원이 할 수 있는 일이 아무것도 없다.'는 의견에 대해 '별로' 혹은 '전혀' 동의하지 않는 사람들은 2006년 43%, 2011년 40%, 2015년 50%였다. 행정부의 결정에 대한 사법제도의 개입이 증가해 왔음에도 불구하고 독립된 사법부의 영향력은 보통 사람들이 보기에 여전히 한계가 있는 것으로 비추어졌다. 대통령과 행정부에 대한 제도적 제약이 증가했음에도 불구하고 조사 기간 중 평균 보통 사람들의 겨우 과반 정도만이 견제와 균형이 이루어지고 있다고 보았다. 아마도 이는 권위주의 혹은 유교적 온정주의 통치의 유산이라고 할 수 있는 '제왕적' 대통령제의 통치스타일의 지속과 관련된다고 할 수 있다(Im 2004; Lee 2007).

2. 실질적 차원

민주주의의 성과에 대한 평가가 내용적 차원에서 이루어지려면 자유와 평등에 대한 평가가 포함되지 않을 수 없다. 왜냐하면 자유와 평등은 민주주의의 궁극적인 목적을 구성하기 때문이다. 첫째 자유의 차원은 정치적 권리와 시민적 자유가 보장되는 정도와 관련된다. 앞서 언급한 것처럼 민주화 이후 한국에서 시민적 자유와 정치적 권리를 신장하는 데 있어 지속적인 발전이 있었다. 자유를 확대하는 데 있어 심각한 장애물은 민주화 이후 거의 사문화되었다는 국가보안법의 존재라고 할 수 있는데 인권운동가들은 이를 시민적 자유의 잠재적 침해로 간주해 왔다. 자유의 보장에 대한 보통 사람들의 평가는 전문가들의 평가와 일치하게 대체로 긍정적이다. '사람들이 두려움 없이 생각하는 바를 자유롭게 말할 수 있다.'는 의견에 대해 '매우' 혹은 '약간' 동의하는 사람들은 2006년 57%, 2011년 52%, 2015년 50%로 점차 감소하였지만 여전히 과반수가 긍정적인 평가를 내리고 있다. 또한 '사람들이 두려움 없이 좋아하는 단체에 자유롭게 가입할 수 있다.'는 의견에 대해 '매우' 혹은 '약간' 동의하는 사람들은 2006년 64%, 2011년 66%로 거의 변화가 없다가 2015년 56%로 감소하였지만 여기서도 여전히 과반수가 긍정적인 평가를 내리고 있다. 조사 기간 긍정적인 평가가 감소하였지만 평균을 보면 한국인의 과반수는 표현과 결사의 자유가 있다고 평가하였다. 여기서 주목할 만한 것은 지난 10년간 자유의 질에 대한 보통 사람들의 평가가 악화되었는데 이는 정치적 권리에 대한 프리덤하우스(Freedom House)의 평가에서 한 단계 하향 조정된 점수를 받은 것과 비슷하다고 할 수 있다.

둘째, 평등의 차원은 무엇보다도 정치적 및 법적 평등과 관련되는데 여기에는 정부로부터 평등한 대우가 포함된다. 헌법이 모든 시민들에 대한 동일한 대우를 강조하지만 이에 대한 보통 사람들의 평가는 압도적으로 부정적이다. 2006년 조사에서 '국민 모두가 정부로부터 동등한 대우를 받고 있다.'는 의견에 대해 단지 13%만이 '매우' 혹은 '조금' 동의하였다. 좌파 성향의 노무현 정부가 외견상 경제적 및 사회적 평등을 위한 정책을 추진하였지만 10명 가운데 1명만이 정부로부터 평등한 대우를 받는다고 인식하였다. '부자나 가난한 사람이나 정부로부터 동등한 대우를 받고 있다.'는 의견에 대해 '매우' 혹은 '약간' 동의하는 사람들은 2011년 19%, 2015년 26%였다. 재산의 많고 적음에 상관없이 모두가 동등한 대우를 받는다는 보통 사람들의 평가가 다소 개선되기는 하였지만, 정부의 대우가 재산에 따라 다르지 않다고 평가한 사람들은 조사 기간 평균 4명 가운데 1명뿐이었다. 한국 사회가 인구구성에 있어 민족적으로 매우 동질적이지만 최근 국제결혼과 다문화가정이 증가해 왔다. 이를 염두에 두고 '다른 민족 혹은 문화적 배경을 가진 국민도 정부로부터 동등한 대우를 받고 있다.'는 의견에 대해 동의하는지 않는지를 질문하였는데 이에 '매우' 혹은 '약간' 동의한 사람들은 2011년 33%, 2015년 38%였다. 민족적 소수자들이 정부로부터 동등한 대우를 받는다고 평가한 사람들은 조사 기간 평균 3명 가운데 1명뿐이었다. 조사가 이루어지기 전 20년 이상 민주적 통치를 추구해 왔음에도 불구하고 소수의 응답자들만이 정부의 대우가 평등하다고 평가하고 있어 보통 사람들의 눈에는 평등한 가치와 존엄이 모든 시민들에게 보장되어 있지 않은 것으로 비추어지고 있다.

전체적으로 보면 한국의 현 민주주의는 평등의 차원에서 가장 부정적으로 평가되는 반면 자유와 선거경쟁의 차원에서 가장 긍정적으로 평가되는 것으로 나타났다. 한국의 현 정치체제는 민주적 문책성이나 부패통제보다 법의 지배나 시민의 정치관여가 더 부족한 것으로 평가되었다. 비교적 긍정적인 전문가들의 평가와 비교해 보통 사람들의 평가에 따르면 한국의 현 정치체제는 아직은 질이 높은 자유민주주의 혹은 완전한 민주주의는 아닌 것으로 보인다.

V. 정치제도에 대한 신뢰

제도 신뢰(institutional trust)는 실제로서의 민주주의에 대한 태도 가운데 셋째 차원과 관련된다. 제도 신뢰는 통치체제의 수준에서 정치적 지지를 나타내는 핵심 지표의 하나로 광범하게 사용되어 왔다(Dalton 2004). 신뢰의 대상으로 흔히 조사된 제도 혹은 기구는 의회, 법원, 정당, 군, 경찰 및 공무원제(civil service)를 포함한다. 이들 가운데 의회와 정당은 대의민주주의의 주요 제도라고 할 수 있다. 때문에 이들 제도에 대한 불신은 보다 추상적 차원의 현 정치질서와 구분되는 구체적 차원의 현 정치제도에 대한 부정적 태도를 반영한다고 할 수 있다(Torcal and Montero 2006).

〈그림 10-1〉은 대의민주주의의 핵심인 국회와 정당을 신뢰하는 응답자들의 비율을 보여준다. 각 제도에 대한 공공의 신뢰는 2011년 하락을 멈추고 상승하기 시작하기 전까지 민주주의의 두 번째 10년인 1997-2006년 기간 동안 극적으로 하락하였다. 국회를 '매우' 혹은 '약간' 신뢰하는 응답자들은 1996년 49%에서 1997년 21%로 급락하고 2003년 15%, 2006년 7%로 계속 하락세를 이어가다가 2011년 11%로 다소 반등하였고 2015년 13%로 상승세를 이어갔다. 이와 유사하게 정당을 '매우' 혹은 '약간' 신뢰하는 응답자들도 1996년 39%에서 1997년 19%로 급락하고 이어 2003년 15%, 2006년 9%로 계속 하락세를 이어가다가 2011년 13%로 반등하였고 2015년 16%로 상승세를 이어갔다. 전체적인 추세는 현 정치체제의 주요 대의기구에 대한 보통 사람들의 냉소가 얼마나 광범하고 단단한지 보여준다.

다른 국가제도에 대한 공공의 신뢰 역시 동일 기간 동안 하락했지만 하락의 정도가 그렇게 급격한 것은 아니다. 예를 들면 군을 '매우' 혹은 '약간' 신뢰하는 응답자들은 1996년 74%에서 1997년 66%, 2003년 59%, 2006년 48%로 계속 하락하다가 2011년 58%로 일시 반등하였고 다시 2015년 49%로 하락하였다. 이와 유사하게 경찰을 '매우' 혹은 '약간' 신뢰하는 응답자들도 1996년 57%에서 1997년 41%로 하락하다가 2003년 50%로 반등하였고 2006년 43%로 하락했다가 2011년 49%로 재반등한 후 2015년 53%로 상승세를 이어갔다.

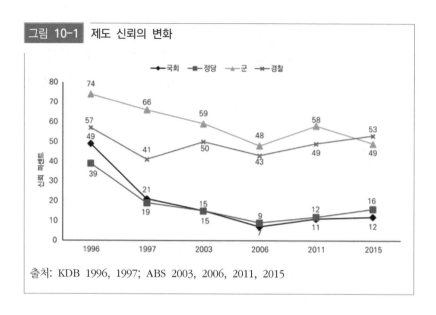

그림 10-1 제도 신뢰의 변화

출처: KDB 1996, 1997; ABS 2003, 2006, 2011, 2015

여기서 주목할 만한 것은 각 조사 시점마다 대의제도에 대한 신뢰가 과거 권위주의적 정치질서를 유지하기 위해 동원된 군과 경찰 등 억압 제도에 대한 신뢰보다 낮다는 것이다. 보다 중요한 것은 두 유형의 제도에 대한 공공의 신뢰의 차이가 더 벌어졌다는 것이다. 예를 들면 경찰에 대한 신뢰와 국회에 대한 신뢰의 차이는 1996년 8%였는데 2011년에는 38%, 2015년에는 40%로 더 벌어졌다. 군에 대한 신뢰와 국회에 대한 신뢰의 차이 역시 1996년 25%였는데 2011년에는 47%, 2015년에는 36%로 상승하였다. 국회와 정당에 대한 낮은 신뢰가 지속되는 것은 민주주의 전체의 위기가 아니라 해도 적어도 대의제도의 위기를 나타내는 것이라 할 수 있다.

출생 코호트 분석은 제도 신뢰의 하락 혹은 상승이 시기(period)의 영향을 반영함을 시사한다. 〈그림 10-2〉에서 보여주는 것처럼 1996년과 2006년 사이 국회를 신뢰하는 비율이 모든 출생 코호트에서 급락하였다. 그리고 2006년과 2011년 사이 국회를 신뢰하는 비율이 거의 모든 출생 코호트에서 상승하였다. 예외는 1977–1988년에 태어난 코호트였다. 2011년과 2015년 사이 국회를 신뢰하는 비율은 거의 모든 출생 코호트에서 추가 상승하였다. 예외는 1980년대 민주화운동에 적극적이었던 소위 386세대가 큰 부분을 차지하는 1957–1966년에 태어난 코호트였다. 여기서 주목할 만한 것은 하락의 크기가 출생 코호트별로 거의 차이가 없다는 것이다. 이와 유사하게 증가의 크기도 출생 코호트별로 그다지 차이가 없다는 것이다. 하향 이동이 모든 출생 코호트에서 동시에 일어나고 상향 이동이 대부분의 출생 코호트에서 일어난 것이다. 그리도 하향 이동은 상향 이동보다 그 폭이 큰데 이는 두 시기의 영향이 다르다는 것을 보여준다.

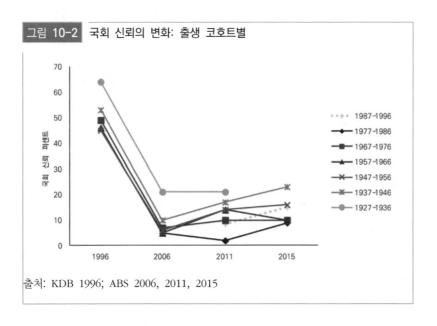

그림 10-2 국회 신뢰의 변화: 출생 코호트별

출처: KDB 1996; ABS 2006, 2011, 2015

　　라인 간의 간격을 보면 1996년 조사에서 가장 나이 든 코호트와 다른 출생 코호트 간에 주목할 만한 차이가 있다. 모든 출생 코호트에서 동시에 하향 이동이 있었지만 여전히 코호트 간 차이가 안정적으로 유

지되는데 이는 세대의 영향, 즉 특정 시기에서 태어나 사회화된 하위인 구집단의 고유한 특징을 시사한다. 2006년 조사에서는 가장 나이 든 코호트를 제외하고 모든 출생 코호트에서 국회를 신뢰하는 비율이 수렴되는 반면 2011년과 2015년 조사에서는 다소 분기하였다. 앞서 언급한 것처럼 2015년 조사에서는 386세대가 주요 부분을 차지하는 출생 코호트에서 국회를 신뢰하는 비율이 감소하는 반면 모든 다른 출생 코호트에서는 증가하고 있어 세대, 즉 코호트 영향을 시사하고 있다.

〈그림 10-3〉에 제시된 것처럼 정당을 신뢰하는 응답자의 비율도 유사한 패턴을 보이고 있다. 1996년과 2006년 사이 정당을 신뢰하는 비율이 모든 출생 코호트에서 급락하였다. 한편 2006년과 2011년 사이 정당을 신뢰하는 비율이 새로 진입한 출생 코호트(1977-1986년에 태어난 사람들)를 제외하고 모든 출생 코호트에서 증가하였다. 그리고 2011년과 2015년 사이 정당을 신뢰하는 비율이 모든 출생 코호트에서 추가 증가하였다. 하락의 크기는 가장 나이 든 코호트와 다른 출생 코호트 간에 주목할 만한 차이를 보이고 있어 세대 혹은 코호트 영향을 시사하고 있다. 반면 증가의 크기는 출생 코호트 간 별 차이가 없었다. 하향 이동이든 상향 이동이든 모든 출생 코호트에서 동시에 발생해 시기 영향을 나타내는 것으로 보인다. 국회 신뢰와 마찬가지로 하향 이동은 크고 상향 이동은 작아 두 시기가 상이한 영향을 미치고 있음을 시사한다.

라인 간의 간격을 보면 1996년 조사에서는 출생 코호트 간 별 차이가 없었다. 그런데 하향 이동이 있고 난 후 가장 나이 든 코호트와 다른 젊은 코호트 간에 주목할 만한 차이가 나타나 젊은 사람들보다는 나이 든 사람들이 이 시기의 영향을 덜 받았음을 보여준다. 2006년 조사에서는 정당을 신뢰하는 비율이 가장 나이 든 코호트만 제외하고 모든 출생 코호트에서 수렴하는 반면 2011년 조사에서는 다소 갈라지고 있다. 정당을 신뢰하는 비율이 가장 젊은 두 코호트에서는 변화가 없는 반면 다른 나이 든 코호트에서는 증가하고 있어 세대 간 차이를 보여주고 있다. 한편 2015년 조사에서는 정당을 신뢰하는 비율이 다소 수렴하고 있다. 흥미로운 것은 가장 젊은 코호트(1987－1996년에 태어난 사람들)와 가장 나이 든 코호트가 수렴하고 있다는 것이다. 반면 두 번째 및 세 번째로 젊은 코호트는 다른 출생 코호트로부터 구분되는 것으로 보인다.

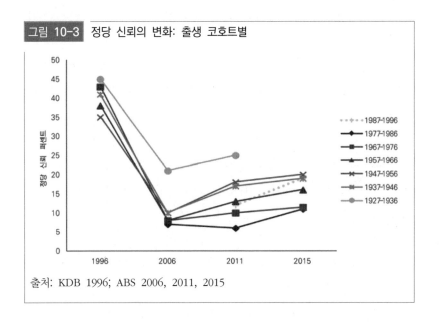

그림 10-3 | 정당 신뢰의 변화: 출생 코호트별

출처: KDB 1996; ABS 2006, 2011, 2015

여기서 우리의 관심을 끄는 것은 1996년과 2006년 사이에 관찰된 제도 신뢰의 급락 원인이다. 제도 신뢰를 떨어뜨린 원인은 1996－2006년 사이에 발생한 사건과 관련된다고 할 수 있다. 그리고 유력한 후보는 아마도 1997년의 경제위기라고 할 수 있다. 민주화되기 이전 수십 년간 지속적인 경제성장을 기록한 한국은 아시아 경제위기 때 국가 부도의 위기에 직면하였고 그 과정에서 한국인들은 심각한 경제적 충격을 경험하였다. 이러한 파국적인 경제 상황이 모든 출생 코호트에서 제도 신뢰를 동시적으로 급락시킨 주요한 원인인 것으로 보인다.

Ⅵ. 민주주의에 대한 선호

여기서부터는 실제로서의 민주주의가 아니라 관념, 즉 아이디어로서 민주주의에 대한 태도를 분석한다. 이러한 태도 가운데 첫째 차원은 민주주의의 가치 혹은 원리에 대한 태도이다. 민주주의의 궁극적 가치에 대한 합의가 없기 때문에 본 연구는 선행 연구에 따라 민주주의가 최선의 정치체제인지에 대한 태도를 통해 민주주의의 가치에 대한 지지를 측정하였다.

지난 20년 이상 한국인들은 다음과 같은 세 개의 주장 가운데서 하나를 선택하라는 질문을 반복적으로 받아왔다: '① 민주주의가 다른 어떤 정부형태보다 항상 더 낫다. ② 상황에 따라서는 독재가 민주주의보다 더 낫다. ③ 나 같은 사람에게는 민주주의나 독재나 상관없다.' 〈그림 10-4〉에 보고된 것처럼 민주주의가 다른 어떤 대안보다 항상 더 낫다고 한 응답자의 비율은 1996년 65%에서 1998년 54%, 2001년 45%, 2006년 43%로 지속적으로 하락하다가 2011년 66%로 반등하였고 다시 2015년 63%로 다소 감소하여 20년 전의 수준과 비슷해졌다. 특히 1997년 경제위기 이후 10년간 지속적으로 감소하다가 최근 반등이 이루어졌는데 이러한 회복이 새로운 추세의 시작을 나타내는지는 좀 더 두고 볼 일이다. 이와 유사하게 민주주의의 효과성에 대한 공공의 신념 역시 조사 기간 중 등락을 거듭하였다. '민주주의는 우리 사회의 문제를 해결할 수 있다.'고 믿는 응답자의 비율은 2003년 72%에서 2006년 55%로 급락했다가 2011년 70%로 반등한 후 2015년 71%로 다시 하락하거나 추가 상승은 없었다. 민주주의에 대한 보통 사람들의 지지가 세계적인 '민주적 불황(democratic recession)' 속에서도 반등했지만 최선의 정부로서의 민주주의에 대한 신념이 전개되는 사건에 따라 흔들리고 있어 그 뿌리가 깊지 않은 것으로 보인다.

주목할 만한 것은 관념으로서의 민주주의에 대한 지지가 가장 크게 하락한 때는 1997년의 경제위기 이후라는 점이다. 이는 경제성과가 민주주의의 정당성에 대한 신념에 가장 큰 영향을 준다는 것을 시사한다. 그렇지만 2008 – 2009년 세계경제 위기 속에서 관념으로서의 민주주의에 대한 지지가 증가한 것은 단순한 경제적 해석의 일반화에 의문을 던진다. 물론 1997년 시작된 경제위기가 한국인의 삶에 준 영향이 2008 – 2009년 세계경제위기보다 훨씬 더 충격적이고 파괴적이었다고 할 수 있다. 그럼에도 불구하고 경제성과가 가장 중요하다면 관념으로서의 민주주의에 대한 지지는 세계경제위기 속에서 하락했거나 혹은 적어도 증가하기보다 떨어졌던 수준을 그대로 유지했어야 했다. 이렇게 보면 2006년과 2011년 사이에 발생한 비경제적 사건이 관념으로서의 민주주의에 대한 지지를 상승시킨 원인일 수 있다. 이의 유력한 후보는 2007년 실시된 대통령 선거인데 이 선거에서 인기가 추락한 좌파 성향의 대통령이 보수 야당 후보로 대체되었다. 인기가 없는 집권정부를 선거를 통해

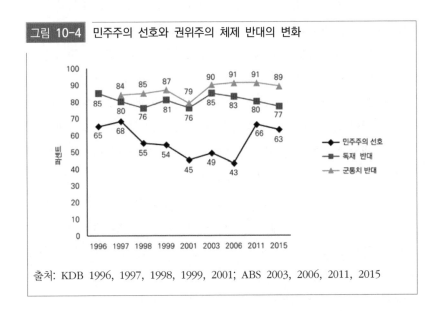

그림 10-4 민주주의 선호와 권위주의 체제 반대의 변화

출처: KDB 1996, 1997, 1998, 1999, 2001; ABS 2003, 2006, 2011, 2015

몰아내는 수직적 문책성의 작동으로 한국인들은 민주주의가 다른 대안보다 나은 정치체제 즉 영국의 수상 처칠이 말한 '덜한 악(lesser evil)'이라는 확신을 회복한 것으로 보인다(Rose et al. 1998). 여기서 흥미로운 것은 보수주의자들이 소위 '잃어버린 10년'이라고 부르는 좌파 성향의 정부가 집권한 동안 민주주의에 대한 지지가 지속적으로 하락해 왔다는 것이다.

출생 코호트 분석은 관념으로서의 민주주의에 대한 지지의 하락이 시기의 영향을 반영함을 시사한다. 〈그림 10-5〉는 각 출생 코호트에서 민주주의에 대한 지지를 나타낸 응답자의 비율을 보여준다. 민주주의에 대한 지지 비율은 1996년 조사와 2001년 조사 사이 모든 출생 코호트에서 급락하였다. 그리고 2001년 조사와 2006년 조사 사이 나이 든 코호트 둘만 제외하고 모든 출생 코호트에서 다소 감소하였다. 반면 2006년 조사와 2011년 조사 사이 모든 출생 코호트에서 급증하였다. 그리고 2011년 조사와 2015년 조사 사이 가장 나이 든 코호트와 가장 젊은 코호트를 제외하고 모든 출생 코호트에서 다소 감소하였다. 1996년 조사와 2001년 조사 사이 하락의 크기는 출생 코호트 간 차이가 있었다. 반면 2006년 조사와 2011년 조사 사이 증가의 크기 및 2011년 조사와 2015년 조사 사이 감소의 크기는 대부분의 출생 코호트 간 별 차이가 없었다. 하향 이동과 상향 이동 모두 모든 출생 코호트에서 동시에 발생하였는데 이는 시기의 영향을 시사한다. 하향 이동의 정도와 상향 이동의 정도가 비슷하다는 것은 민주주의에 대한 지지를 생성하는 데 있어 정치적 성과가 경제적 성과만큼이나 중요하다는 것을 시사한다.

라인 간의 간격은 세대 혹은 코호트의 영향을 보여준다. 1996년 조사에서 출생 코호트 간 차이가 별로 없었다. 이는 민주주의의 가치에 대해 세대 간 이견이 거의 없음을 시사한다. 그러나 2001년 조사에서 주목할 만한 차이가 나타나는데 그 차이는 시간이 지나면서 그다지 안정적이지는 않았다. 2006년 조사에서 민주주의의 정당성을 지지하는 각 출생 코호트 내 응답자의 비율은 가장 나이 든 코호트만 제외하고 수렴하였다. 이러한 패턴은 2011년 조사에서도 지속된다. 1927－1936년에 태어난 코호트가 포함되지 않은 2015년 조사의 경우 일부 출생 코호트가 독특한 추세를 보이고 있지만 출생 코호트 간에 차이는 거의 없다. 세대 즉 코호트 영향의 상당 부분이 점차 사라져 세대 간 민주주의의 가치에 대한 일반적인 합의가 회복된 것처럼 보인다. 주목할 만한 것은 1996년 조사와 2001년 조사 사이의 하향 이동이 가장 나이 든 코호트(1927－1936년에 태어난 사람들)에서 가장 많이 두드러졌고 가장 젊은 코호트(1967－1976년에 태어난 사람들)에서 가장 덜 두드러졌다는 것이다. 또 다른 흥미로운 것은 2001년 조사와 2006년 조사 사이의 상향 이동이 예외적인 패턴을 보여주고 있는 것인데 가장 나이 든 코호트, 즉 권위주의 통치하에서 산업화를 이끈 세대가 다른 모든 세대들과 구분되고 있었다.

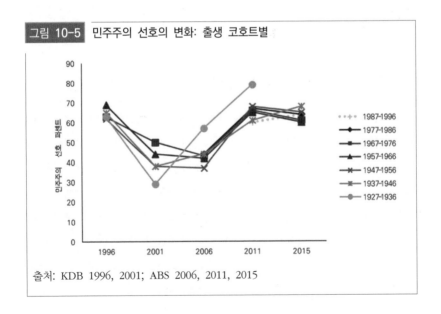

그림 10-5 민주주의 선호의 변화: 출생 코호트별

출처: KDB 1996, 2001; ABS 2006, 2011, 2015

앞서 논의했지만 1996년 조사와 2001년 조사 사이에 발생한 동시적 하향 이동은 1997년 경제위기에서 주로 그 원인을 찾을 수 있다. 그와 반대로 2006년 조사와 2011년 조사 사이에 발생한 동시적 상향 이동은 선거를 통한 문책성의 작동에서 그 원인을 찾을 수 있다. 민주주의에 대한 지지가 세계적인 경제 불황 속에서도 감소하거나 정체된 것이 아니라 오히려 증가하였다는 것은 경제성과가 민주주의의 정당성에 가장 중요하다는 주장에 의문을 제기한다.

전체적으로 관념으로서의 민주주의에 대한 태도의 가장 추상적 차원인 민주주의의 정당성에 대한 신념은 전개되는 경제적 및 정치적 상황에 따라 등락을 거듭하고 있어 아직은 깊이 뿌리를 내린 것으로 보이지 않는다. 독재정부가 이룬 경제 성공과 비교해 민주정부의 경제 부진과 실패는 보편적 가치로서의 민주주의에 대해 의구심을 불러일으키는 것으로 보인다. 그러나 자유공정 선거를 통해 '나쁜' 정부를 문책하고 교체해본 경험은 다른 체제와 비교해 그래도 덜 나쁜 체제로서의 민주주의에 대한 현실적인 태도를 강화하는 것으로 보인다.

Ⅶ. 자유주의 규범에 대한 지지

자유주의 규범(liberal norms)에 대한 지지는 관념으로서의 민주주의에 대한 태도의 둘째 차원과 관련된다. 이는 자유민주주의(liberal democracy)의 자유주의적 측면, 즉 제한정부와 관련된 제도와 규범에 초점을 둔다. 자유민주주의의 민주적 측면이 '국민에 의한 지배' 즉 보편참정권(universal suffrage)을 강조하지만 자유주의적 측면은 정부의 권력행사에 대한 제약을 강조한다. 자유주의적 규범은 정부권력으로부터 개인의 권리와 자유를 보장하는 데 필수적인 제한정부의 제도와 기제를 정당화시킨다. 여기에는 견제와 균형, 법의 지배, 사회적 다원주의 등이 포함된다(Rosenblum 1995).

1. 견제와 균형

견제와 균형의 자유주의적 규범은 정부권력을 나누고 이를 행사하는 제도를 독립시켜 상호 견제하게 함으로써 수평적 문책성을 담보하는 권위구조를 정당화한다. 견제와 균형의 자유주의적 규범에 대한 지지를 측정하기 위해 응답자에게 다음의 의견에 대해 동의 여부를 질문하였다: ① "판사들은 중요한 판결을 내릴 때 정부의 입장을 수용해야 한다." ② "국회가 정부를 끊임없이 감시하면 정부는 중요한 일을 해낼 수가 없다." 첫째 문항에 대한 부정적 응답은 사법부의 독립에 대한 지지를, 둘째 문항에 대한 부정적 응답은 의회의 정부견제 역할에 대한 지지를 각각 반영한다고 할 수 있다.

먼저 사법부의 독립성을 지지하는 응답자의 비율을 보면 2003년 69%에서 2006년 72%로 조금 증가했다가 2011년 67%로 감소하였고 2015년 68%로 거의 변화가 없었다. 조사 기간 평균은 69%로 3명의 한국인 가운데 2명 이상이 "판사들이 중요한 판결을 내릴 때 정부의 입방을 수용해야 한다."는 의견에 '별로' 혹은 '전혀' 동의하지 않았다. 둘째 입법부의 정부견제 역할을 지지하는 응답자의 비율을 보면 2003년 54%에서 2006년 57%, 2011년 62%로 증가하였다가 2015년 57%로 감소하였다. 여야 정쟁으로 국회 파행과 국정 마비가 이어지면서 입법부의 정부견제 역할에 대한 지지가 감소한 것으로 보인다. 조사 기간 평균은 58%로 2명 가운데 1명 이상은 "국회가 정부를 끊임없이 감시하면 정부는 중요한 일을 해낼 수가 없다."는 의견에 '별로' 혹은 '전혀' 동의하지 않았다. 흥미로운 것은 입법부의 정부견제 역할이 사법부의 독립성보다 덜 지지받고 있는데 이는 국회가 법원보다 시민들로부터 덜 신뢰를 받고 있다는 것과 무관하지 않다. 두 문항 모두에 '별로' 혹은 '전혀' 동의하지 않는 응답자의 비율은 2003년 39%에서 2006년 46%, 2011년 47%로 증가하였다가 2015년 44%로 감소하였다. 이는 제도적 견제와 균형을 온전히 지지하는 사람들이 과반수에 미치지 못함을 보여 준다.

2. 법의 지배

법의 지배는 정부의 권력행사에 대한 제약을 정당화시키는 또 다른 자유주의적 규범이다. 로즈, 미쉴러 및 하퍼(Rose, Mishler and Haerpfer 1998)가 지적한 것처럼 법치의 자유주의적 관념은 사회통제의 수단으로서 사용되는 의법주의 즉, 형식적 합법성을 넘어서는 것이다. 보다 중요하게 법의 지배는 정부의 자기 억제 즉 정부가 사회의 규칙에 따라야 한다는 것을 강조한다. 법의 지배에 대한 지지를 파악하기 위해 응답자에게 다음의 의견에 동의하는지 아닌지를 질문하였다: ① "나라가 어려운 상황에 처했을 때 이를 해결하기 위해서라면 정부는 법을 어겨도 괜찮다." ② "정치지도자에게 가장 중요한 것은 절차를 지키지 못하더라도 목표를 이루는 것이다." 각 질문에 대한 부정적 반응은 정부의 법 구속성, 즉 준법성에 대한 지지를 반영하는 것으로 볼 수 있다.

먼저 첫째 문항에 대해 '별로' 혹은 '전혀' 동의하지 않는 응답자의 비율을 보면 2003년 77%에서 2006년 74%, 2011년 71%, 2015년 69%로 점차 감소해왔다. 그럼에도 조사 기간의 평균은 73%로 4명 가운데 3명 가까이 정부의 준법성을 지지하였다. 둘째 문항에 대해 '별로' 혹은 '전혀' 동의하지 않는 응답자의 비율을 보면 2003년 77%, 2006년 75%로 조사 기간 중 평균 4명 가운데 3명 이상이 정부의 준법의무를 지지하였다. 두 문항 모두에 '별로' 혹은 '전혀' 동의하지 않는 응답자의 비율은 2003년 63%, 2006년 59%로 과반수가 법과 규칙에 기반을 둔 통치를 지지하는 것으로 나타났다.

3. 사회적 다원주의

정체성과 이익이 경쟁하고 공존하는 다원화된 시민사회의 형성에 기여하는 사회적 다원주의는 권위구조를 정당화하는 규범과 직접 연결되어 있지 않다. 그러나 다원화된 시민사회가 시민적 자유의 안전장치 그리고 사회적 문책성의 중심지로 작동하고 나아가 정치적 다원주의의 토대를 구성한다는 점에서 사회적 다원주의는 제한정부의 원리와 연결된 자유주의적 규범의 하나로 간주될 수 있다. 사회적 다원주의에 대한 지지를 파악하기 위해 응답자들에게 다음의 의견에 대한 동의 여부를 질문하였다: ① "사람들이 단체를 많이 결성하면 공동체의 조화가 깨질 것이다." ② "사람들의 사고방식이 너무 다양하면 사회는 혼란에 빠질 것이다." 각 질문에 대한 부정적 반응은 다원화된 시민사회의 형성에 대한 지지를 반영하는 것으로 볼 수 있다.

첫째 문항에 대해 '별로' 혹은 '전혀' 동의하지 않는 응답자의 비율은 2003년 65%에서 2006년 55%로 감소했다가 2011년 59%, 2015년 62%로 증가하였다. 조사 기간의 평균은 60%로 한국인 5명 가운데 3명은 자발적 단체의 자유로운 결성을 지지하였다. 둘째 문항에 대해 '별로' 혹은 '전혀' 동의하지 않는 응답자의 비율은 2003년 53%에서 2006년 52%로 거의 변화가 없다가 2011년 56%, 2015년 58%로 증가하였다. 조사 기간의 평균은 55%로 한국인의 절반 이상이 선호와 이익의 다양성을 지지하였다. 두 문항 모두에 '별로' 혹은 '전혀' 동의하지 않는 응답자의 비율은 2003년 39%에서 2006년 36%로 감소했다가 2011년 42%, 2015년 43%로 점차 증가하였다. 사회적 다원주의를 지지하는 사람들은 과반에도 미치지 못하는 것으로 나타났다.

여기서 분석된 자유주의적 규범 가운데 법의 지배에 대한 지지가 가장 높았고 사회적 다원주의에 대한 지지가 가장 낮았다. 자유민주주의의 특징인 견제와 균형에 대한 지지가 그다지 높지 않은 것은 주목할 만하다. 전체적으로 추상적 차원에서의 민주주의에 대한 지지와 달리 보다 구체적인 자유주의적 규범에 대한 지지는 광범하게 형성되어 있지 않은 것으로 보인다. 이는 선거민주주의를 넘어 민주주의의 심화를 위한 정치문화의 토대가 견고하지 않음을 시사한다.

VIII. 민주제도에 대한 지지

관념으로서의 민주주의에 대한 태도 가운데 셋째 차원은 제도, 즉 민주적 정치제도에 대한 지지와 관련된다. 여기서는 비민주적 제도에 대한 태도를 측정해 민주적 제도에 대한 태도를 간접적으로 파악한다. 민주주의의 핵심적 제도는 보편참정권, 자유공정선거 및 복수정당제라고 할 수 있다. 따라서 선거와 의회를 대체한 강력한 지도자에 의한 통치, 군에 의한 통치 혹은 일당에 의한 통치를 반대하는 것은 민주제도에 대한 지지를 나타낸다고 할 수 있다.

앞의 〈그림 10-4〉에 제시된 것처럼 반민주적 통치에 대한 일반인의 거부는 광범하게 형성되어 있는 것으로 나타났다. '국회와 선거를 없애고 강력한 지도자가 결정하도록 해야 한다.'는 의견에 대해 '별로' 혹은 '전혀' 동의하지 않는 응답자의 비율은 1996년 85%, 1997년 80%, 1998년 75%, 1999년 81%, 2001년 76%, 2003년 95%, 2006년 83%, 2011년 80%, 2015년 77%였다. 강력한 지도자의 독재에 대한 일반인의 거부가 1997년 경제위기 이후 감소하였지만 2002년 대통령 선거 이후 즉시 최고 수준으로 회복하였다. 그 후로 다시 점차 감소해 왔지만 그럼에도 조사 기간의 평균을 보면 한국인 5명 가운데 4명은 국회와 선거를 없애고 강력한 지도자의 독재체제를 세우는 것에 반대하는 것으로 나타났다. 여기서 볼 수 있는 것은 국회에 대한 신뢰가 급락하고 선거의 질에 대한 불만이 지속됨에도 불구하고 민주주의의 핵심 제도라고 할 수 있는 대의기구와 선거제도의 폐지에 대해 압도적인 반대가 있다는 점이다.

민주적 정치제도를 훼손하는 군의 통치에 대한 거부는 더 깊다. '군대가 국가를 통치해야 한다.'는 의견에 대해 '별로' 혹은 '전혀' 동의하지 않는 응답자의 비율은 1997년 84%, 1998년 85%, 1999년 87%, 2001년 79%, 2003년 90%, 2006년 91%, 2011년 91%, 2015년 90%였다. 2001년의 일시적 하락에도 불구하고 조사 기간의 평균을 보면 한국인 10명 가운데 9명이 군의 통치에 대해 반대하는 것으로 나타났다.

끝으로 일당독재에 대한 거부 역시 광범한 것으로 나타났다. '정권을 잡기 위해 경쟁하는 야당은 없어야 한다.'는 의견에 '전혀' 혹은 '별로' 동의하지 않는 응답자의 비율은 2003년 87%였다. 이와 유사한 질문인 '하나의 정당만 선거에 나오고 국정을 맡도록 해야 한다.'는 의견에 '별로' 혹은 '전혀' 동의하지 않는 응답자의 비율은 2006년 88%, 2011년 88%, 2015년 84%였다. 조사 기간의 평균을 보면 한국인 10명 가운데 9명이 일당독재를 거부하는 것으로 나타났다. 이는 민주주의의 핵심인 복수정당제에 대한 지지가 압도적임을 시사한다.

대의민주주의의 핵심 기구인 국회와 정당에 대한 신뢰가 하락하는 가운데서도 대부분의 한국인들은 국회와 선거제도를 폐지하고 강력한 지도자의 독재체제를 세우는 것에 반대하였고 복수정당 간의 경쟁을 허용하지 않는 일당 지배를 거부하였다. 군에 대한 신뢰가 국회나 정당보다 높지만 군에 의한 통치를 압도적으로 반대하였다. 선거, 정당, 대의기구 등 핵심적인 민주제도를 위협하는 권위주의 통치방식에 대한 반대는 광범하고 견고한 것으로 보인다. 강력한 지도자든 정당이든 혹은 군이든 자유공정선거와 복수정당 간의 경쟁을 보장하지 않는 권위주의 통치는 더 이상 보통 사람들에게 호소력이 없는 것으로 보인다.

IX. 결론

최근 범세계적인 민주주의의 퇴보와 정체에도 불구하고 한국에서 민주주의는 성공적으로 유지되고 형식적으로 개선되어 왔다. 사실 한국은 동아시아에서 민주주의의 공고화 모형으로 간주되고 있다. 그러나 한국의 보통 사람들은 민주주의로 간주되는 현 정치체제의 국회와 정당에 대해 신뢰를 잃었고 보편적 가치로서 민주주의에 대해 의구심을 떨쳐버리지 못했으며 전통적인 정치참여로부터 점차 멀어져 갔다. 그들이 실제 경험하는 민주주의의 현실이 그들이 민주주의에 대해 가졌던 기대와 차이가 나는 것처럼 보인다.

본 연구에서 이루어진 한국민주주의바로미터 및 아시아바로미터 데이터 분석은 한국인들이 민주주의로 간주되는 현 정치체제에 대해 엇갈린 평가를 내리고 있음을 보여준다. 한국인들은 현 정치체제를 결함이 없는 완전 민주주의는 아니더라도 거의 민주주의라고 생각하고 있었다. 그리고 민주주의로서 현 체제의 작동에 대한 만족은 오르내림을 보이지만 그렇다고 낮지는 않았다. 그러나 구체적으로 들여다보면 민주주의의 핵심 제도의 질은 높게 평가되지 않았다. 특히 평등, 법치, 참여의 차원에서 현 체제의 민주적 성과는 시민들의 기대에 미치지 못하는 것으로 보인다.

지난 20년 사이 발생한 가장 주목할 만한 현상은 대의제도에 대한 공공의 신뢰가 급격히 하락한 것이다. 한국의 유권자들은 국회와 정당을 거의 신뢰하지 않는 것으로 나타났다. 이들 대의기구가 누리는 공공신뢰는 군이나 경찰 등 강압적 국가기구가 누리는 공공신뢰보다도 낮았다. 주목할 만한 것은 민주주의의 성과에 대한 부정적 평가 및 대의제도에 대한 불신이 있다고 해서 사람들이 독재체제를 수용하는 것은 아니었다. 그렇지만 보편적 가치로서 민주주의에 대한 선호는 여전히 견고하지는 못한 것으로 보인다. 특히 최선의 정부형태로서 민주주의에 대한 회의적 시각이 독재정부와 비교되는 민주정부의 경제실패로 되살아나기도 하였다.

본 연구에서 주목할 만한 또 다른 발견은 민주주의에 대한 지지와 정치제도에 대한 신뢰의 극적인 감소가 1997년의 경제위기에서 그 원인을 찾을 수 있다는 것이며 이는 민주적 정당성의 근원에 대한 경제적 설명을 강화한다. 모든 출생 코호트에서 거대한 하향 이동이 일어났다는 것은 경제적 재난이 민주주의에 대한 태도에 미친 시기의 영향을 보여준다. 반면 최근 세계 경제위기 속에서도 민주주의에 대한 지지가 극적으로 반등한 것은 단순한 경제적 설명을 경계하도록 한다. 커다란 상승은 선거를 통해 '나쁜 정부'를 갈아치운 민주적 문책성의 작동에서 그 원인을 찾을 수 있기 때문이다. 흥미로운 것은 민주주의에 대한 지지와는 달리 대의제도에 대한 신뢰는 동일 기간 반등하지 않았다는 것이다. 이는 선거에 의한 문책성이 구체적인 정치제도에 대한 신뢰 회복에는 별로 중요하지 않지만 일반적인 민주주의의 가치에 대한 지지에는 중요하다는 것을 시사한다. 이는 구체적인 정치제도에 대한 공공의 신뢰가 정치적 성과보다 정책적 성과를 반영할 수 있음을 시사한다.

전체적으로 지난 30년 동안 민주주의를 경험한 한국에서 민주주의 그 자체는 아니더라도 민주주의 대의제도는 심각한 도전에 직면한 것으로 보인다. 최근의 정치적 불만은 대의제도의 기능 불량과 관련되는 것으로 보인다. 국회와 정당은 정치적 냉소주의의 주요 대상이 되었다. 그나마 다행스러운 것은 그러한 정치적 불만이 일반 대중으로 하여금 정치적 권위주의를 수용하도록 만들지는 않았다는 것이다. 한국의 민주주의는 서구의 오래된 민주주의가 직면한 유사한 정치적 도전에 직면해 있다고 할 수 있다(Norris 1999; Pharr and Putnam 2000). 관념으로서의 민주주의는 지지하지만 현 정치제도에 대해서는 냉소적인 이른바 '비판적 시민들(critical citizens)'이 증가한 것이다. 이들은 주장적 시민들(assertive citizens)로 민주주의를 지지하면서 동시에 현 정치제도를 신뢰하는 충성적 시민들(allegiant citizens)과 구분된다(Dalton and Welzel 2014). 그리고 보편적 가치로서 민주주의에 대해 의구심을 가지면서 동시에 현 정치제도에 냉소적인 시민들도 있다. 이들은 보편적 가치로서 민주주의에 대해 의구심을 가지면서 현 정치제도를 신뢰하는 시민들과 구분된다. 현 정치체제의 민주적 질을 높이기 위해서는 다원화된 사회의 이익과 선호에 반응할 수 있도록 제도적 역량을 개선해야 한다. 시민들의 목소리에 보다 반응적인 정치제도의 발전은 현재 한국 민주주의가 직면한 가장 중요한 도전이라고 할 수 있다.

　　한국에서 민주주의는 린츠와 스테판(Linz and Stepan 1996)이 말한 "유일 가능한 선택(the only game in town)"일까? 통치체제로서 민주주의에 대한 시민의 지지가 어느 정도인지, 반체제 정당이나 운동이 존재하는지 그리고 민주적 규칙에 대한 수용이 어느 정도인지가 그 기준이라면 그 질문에 대한 답은 혼합적이다. 민주주의에 대한 선호가 높지만 상황에 따라 권위주의 정부가 좋다는 생각이 없어지지 않았고, 독재체제에 거부는 압도적이지만 민주주의의 효과성에 대해 회의적인 시각이 남아 있다. 추상적 차원의 민주주의에 대한 지지는 비교적 높지만 자유주의적 규범과 규칙에 대한 지지는 낮은 편이다. 한국에서 민주주의가 광범한 정당성을 확보한 '유일 가능한 선택'으로 공고화되려면 자유민주주의의 이상과 가치가 구현될 수 있도록 현 정치체제가 제도적 질을 개선하는 것이 필요한 것으로 보인다.

참고문헌

Altman, David and Anibal Perez－Linan. 2002. "Assessing the quality of democracy: Freedom, competitiveness and participation in eighteen Latin American countries." *Democratization* 9(2): 85‒100.

Dahl, Robert. 1971. *Polyarchy: Participation and Opposition.* New Haven: Yale University Press.

Dalton, Russell J. 2004. *Democratic Challenges, Democratic Choices: The Erosion of Political Support in Advanced Industrial Democracies.* Oxford: Oxford University Press.

Dalton, Russell J. and Christian Welzel(eds.). 2014. *The Civic Culture Transformed: From Allegiant Citizens to Assertive Citizens.* New York: Cambridge University Press.

Diamond, Larry. 2008. *The Spirit of Democracy: The Struggle to Build Free Societies throughout the World.* New York: Times Books.

Diamond, Larry and Doh Chull Shin(eds.). 2000. *Institutional Reform and Democratic Consolidation in Korea.* Stanford: Hoover Institution Press.

Diamond, Larry and Leonardo Morlino. 2004. "The quality of democracy: An overview." *Journal of Democracy* 15(4): 20‒31.

Easton, David. 1965. *A Systems Analysis of Political Life.* New York: Wiley.

_____. 1975. "Theoretical approaches to political support." *Canadian Journal of Political Science* 9: 431‒448.

Huntington, Samuel. 1991. *The Third Wave: Democratization in the Late Twentieth Century.* Norman: University of Oklahoma Press.

Im, Hyug Baeg. 2004. "Faltering democratic consolidation in South Korea: Democracy at the end of the three Kims' era." *Democratization* 11(5): 179‒198.

Kang, David. 2003. "Regional politics and democratic consolidation in Korea." In *Korea's Democratization,* edited by Samuel Kim, 161‒180. New York: Cambridge University Press, 161‒180.

Kim, Byung—Kook. 2000. "Party politics in South Korea's democracy: The crisis of success." In *Consolidating Democracy in South Korea*, edited by Larry Diamond and Byung—Kook Kim, 53—85. Boulder: Lynne Rienner Publishers.

Lee, Sangmook. 2007. "Democratic transition and the consolidation of democracy in South Korea." *Taiwan Journal of Democracy* 3(1): 99-125.

Lijphart, Arend. 1999. *Patterns of Democracy: Government Forms and Performance in Thirty—Six Countries*, New Haven: Yale University Press.

Linz, Juan J. and Alfred Stepan. 1996. *Problems of Democratic Transition and Consolidation*. Baltimore: Johns Hopkins University.

Morlino, Leonardo, Bjorn Dressel, and Riccardo Pelizzo. 2011. "The quality of democracy in Asia—Pacific: Issues and findings." *International Political Science Review* 32(5): 491-511.

Norris, Pippa. 1999. "Introduction: The growth of critical citizens?" In *Critical Citizens: Global Support for Democratic Governance*, edited by Pippa Norris, 1—27. Oxford: Oxford University Press.

Park, Chong—Min. 2017. "Political trust in Asia—Pacific region." In *Handbook on Political Trust*, edited by Sonja Zmerli and Tom W.G. van der Meer, 488—508. Cheltenham: Edward Elgar.

_____. 2011. "Political discontent in South Korea." *International Review of Sociology* 21(2): 391-412.

Pharr, Susan J. and Robert D. Putnam(eds.). 2000. *Disaffected Democracies: What's Troubling the Trilateral Countries?* Princeton: Princeton University Press.

Rose, Richard, William Mishler and Christian Haerpfer. 1998. *Democracy and Its Alternatives: Understanding Post—Communist Societies*. Baltimore: The Johns Hopkins University Press.

Rosenblum, Nancy L. 1995. "Liberalism." In *The Encyclopedia of Democracy*, Vol. Ⅲ, edited by Seymour Martin Lipset, 756—761. London: Routledge.

Schedler, Andrea, Larry Diamond, and Marc F. Plattner(eds.). 1999. *The Self—restraining State: Power and Accountability in New Democracies*.

Colorado: Lynne Rienner.

Shin, Doh Chull and Jaechul Lee. 2006. "The Korea Democracy Barometer surveys: Unraveling the cultural and institutional dynamics of democratization, 1997-2004." *Korea Observer* 37(2): 237-75.

Torcal, Mariano and Jose Ramo Montero(eds.). 2006. *Political Disaffection in Contemporary Democracies.* London: Routledge.

찾아보기

(ㄱ)

(ㅍ)

(ㅎ)

저자 약력

김석호
University of Chicago 사회학 박사
서울대학교 사회학과 부교수

마인섭
Northwestern University 정치학 박사
성균관대학교 정치외교학과 교수

박종민
University of California, Berkeley 정치학 박사
고려대학교 행정학과 교수

오현진
University of Virginia 정치학 박사
고려대학교 정부학연구소 연구교수

윤광일
University of Michigan, Ann Arbor 정치학 박사
숙명여자대학교 정치외교학과 교수

임 현
Universität Regensburg 법학 박사
고려대학교 행정학과 부교수

조원빈
Michigan State University 정치학 박사
성균관대학교 정치외교학과 부교수

조인영
University of Oxford 정치학 박사 수료

최진욱
University of Chicago 정치학 박사
고려대학교 행정학과 교수

홍태영
파리 사회과학고등연구원(EHESS) 정치학 박사
국방대학교 안보정책학부 교수

한국 민주주의의 질: 민주화 이후 30년

초판발행	2018년 6월 29일
편저자	박종민 · 마인섭
펴낸이	안종만
편 집	조혜인
기획/마케팅	이영조
표지디자인	권효진
제 작	우인도 · 고철민
펴낸곳	(주)**박영사**
	서울특별시 종로구 새문안로3길 36, 1601
	등록 1959. 3. 11. 제300-1959-1호(倫)
전 화	02)733-6771
f a x	02)736-4818
e-mail	pys@pybook.co.kr
homepage	www.pybook.co.kr
ISBN	979-11-303-0607-0 93300

* 잘못된 책은 바꿔드립니다. 본서의 무단복제행위를 금합니다.
* 저자와 협의하여 인지첩부를 생략합니다.

정 가   22,000원